高职高专规划教材

连锁企业经营管理与实务

第二版

杨高英 主 编
宁秀君 李墨溪 副主编

 化学工业出版社
·北京·

本书介绍了连锁经营的特征、优势和风险、基本形式、经营战略、内部组织管理等基础知识，并对连锁企业的店铺开发、商品管理、商品采购与配送、卖场设计与商品陈列、促销管理、信息系统等内容进行了重点介绍。每章都设有引导性案例、学习目标、职业指导、案例分析和实训项目，有利于学习者在掌握理论知识的基础上提高实践能力。本书在注重教学内容的实用性和可操作性的同时，也兼顾管理知识的完整性和系统性，以满足教学需要。

本书可作为高等职业院校、大专院校、开放大学连锁经营管理专业、物流管理专业及商贸类专业的教材，也可作为商业企业的培训教材。

图书在版编目（CIP）数据

连锁企业经营管理与实务/杨高英主编.—2版.—北京：化学工业出版社，2019.10
 ISBN 978-7-122-34934-7

Ⅰ.①连⋯ Ⅱ.①杨⋯ Ⅲ.①连锁企业-企业经营管理-高等职业教育-教材 Ⅳ.①F717.6

中国版本图书馆 CIP 数据核字（2019）第 161225 号

责任编辑：王文峡　　　　　　　装帧设计：张　辉
责任校对：张雨彤

出版发行：化学工业出版社（北京市东城区青年湖南街13号　邮政编码100011）
印　　装：三河市双峰印刷装订有限公司
787mm×1092mm　1/16　印张16¼　字数411千字　2020年1月北京第2版第1次印刷

购书咨询：010-64518888　　　　　　　售后服务：010-64518899
网　　址：http://www.cip.com.cn
凡购买本书，如有缺损质量问题，本社销售中心负责调换。

定　　价：49.00元　　　　　　　　　　　　　　　　　　　版权所有　违者必究

前言
FOREWORD

本书在《连锁企业经营管理与实务》第一版的基础上修订而成。主要内容包括：连锁经营概述、连锁企业战略、连锁企业内部组织管理、连锁企业店铺开发、连锁企业商品管理、连锁企业商品采购与配送、卖场设计与商品陈列、连锁企业促销管理、连锁企业管理信息系统。

近几年，我国连锁经营发展非常迅速，开展连锁经营的行业范围不断扩大。连锁经营已经成为很多行业、企业做大做强的主要途径，连锁经营作为一种商业模式，已经成为一些企业的核心竞争力。一批优秀的连锁经营企业已经构建了比较完善的连锁经营组织体系，我国的连锁经营法规、标准、连锁企业的经营管理也更加完善。这些变化对教材的修订提供了契机，也对教材内容提出了更高的要求。

此次修订没有对教材的框架和章节进行大的调整，保持了原教材的基本体例和特色。对教材内容进行了补充、完善和更新。本书的修订既考虑了当前高职高专教育的需要，也兼顾了连锁企业经营管理的发展对人才的需求。

本书突出了操作性和职业性。为培养高职学生的职业素养和职业能力，本书每章都设计了"引导案例""学习目标"和"职业指导"等栏目，使学习者在学习理论知识的同时，锻炼和提高自身的职业能力。为培养学习者的专业技能，在每章后配有案例分析和实训项目，使学习者提高理论知识的运用能力和实际操作能力。

本书由杨高英修订第一章、第五章、第六章、第七章、第八章和第九章，宁秀君修订第四章、第二章，李墨溪修订第三章。杨高英对全书进行统稿和定稿。

由于编者知识、能力及时间所限，书中难免存在不足之处，敬请广大读者批评指正。

编者
2019 年 4 月

第一版前言
FOREWORD

在我国，连锁企业目前已进入蓬勃发展期，连锁经营作为现代主流商业模式，其在拓展市场、扩大销售、规范流通秩序、满足人民需求、提高人民生活质量、扩大就业等方面都发挥了重要的作用。对我国现代商业经济的发展也产生了深远的影响。

要成为连锁经营企业经营管理人才，一方面，需要在经营管理企业中不断培育；另一方面，需要高职院校加大开展具有针对性的教学服务。为提高学习者的技能，满足教学需要，满足社会对高等职业技术人才的需要，本书在"理论够用"的基础上，基于连锁企业经营管理工作过程，形成本课程的核心教学内容，并力求体系完整。

本书通过对连锁经营概述、连锁企业经营战略、连锁企业内部组织管理、连锁企业店铺开发、连锁企业商品管理、连锁企业商品采购与配送、卖场设计与商品陈列、连锁企业促销管理、连锁企业管理信息系统的阐述，提高了整个教材的整体联系，便于教和学。

本书突出操作性和职业性。为培养高职学生的专业技能，本书在每章后配有案例分析和实训项目，使学生提高理论知识的运用能力和实际操作能力；为培养高职学生的职业素养和职业能力，本书在每章设计了"引导性案例""学习目标"和"职业指导"栏目，使学生在学习理论知识的同时，锻炼和提高自身的职业能力。

本书由杨高英主编，宁秀君副主编。杨高英负责设计全书框架，拟定编写大纲。本书编写分工如下：杨高英编写第一章、第五章、第六章、第七章、第八章和第九章；杨涛编写第二章；刘迪编写第三章；宁秀君编写第四章。

由于编者知识、能力及时间所限，书中难免存在不足之处，敬请广大读者批评指正。

编者
2011 年 8 月

目录 CONTENTS

第一章 连锁经营概述 ························ 1

引导性案例 ····························· 1
学习目标 ······························· 2
职业指导 ······························· 3
第一节 连锁经营的含义 ················· 3
　一、连锁经营的概念 ··············· 3
　二、连锁经营的特征 ··············· 3
　三、连锁经营与传统经营的本质
　　区别 ······························· 5
第二节 连锁经营的优势与风险 ········· 5
　一、连锁经营的优势 ··············· 5
　二、连锁经营的风险 ··············· 10
　三、规避连锁经营风险的方法 ····· 12
第三节 连锁经营企业的行业分布

　与业态选择 ······················· 13
　一、业态的含义和分类 ············ 13
　二、连锁经营的业态分布 ········· 14
　三、连锁经营企业的业态选择 ····· 15
　四、无店铺经营 ···················· 16
第四节 连锁经营的基本类型 ··········· 20
　一、直营连锁 ······················ 20
　二、特许连锁 ······················ 21
　三、自由连锁 ······················ 23
本章小结 ····························· 25
复习思考题 ··························· 25
案例分析 ····························· 25
实训项目 ····························· 28

第二章 连锁企业战略 ························ 29

引导性案例 ··························· 29
学习目标 ····························· 29
职业指导 ····························· 30
第一节 连锁企业目标选择与市场
　　定位 ····························· 30
　一、连锁企业目标市场分析 ······· 30
　二、连锁企业目标市场的选定 ····· 32
　三、连锁企业的市场定位 ········· 34
第二节 连锁企业的运营战略 ··········· 39
　一、顾客满意战略 ················· 39
　二、连锁企业的商业化运作
　　战略 ····························· 41
　三、连锁企业的规模经营战略 ····· 41
　四、连锁企业的标准化战略 ······· 44
　五、连锁企业的专业化战略 ······· 46
第三节 连锁企业的市场竞争
　　战略 ····························· 47
　一、连锁企业的成本领先战略 ····· 47
　二、连锁企业的差异化战略 ······· 48
　三、连锁企业的目标聚集战略 ····· 50

第四节 连锁企业的扩张战略 ··········· 50
　一、连锁企业自建扩张战略 ······· 51
　二、连锁企业并购扩张战略 ······· 51
　三、连锁企业加盟扩张战略 ······· 52
　四、连锁企业合作扩张战略 ······· 52
第五节 连锁企业的品牌战略 ··········· 52
　一、品牌的含义及作用 ············ 52
　二、品牌战略的内容 ··············· 53
　三、品牌定位的实施 ··············· 54
第六节 连锁企业的形象战略 ··········· 56
　一、企业形象的涵义和内容 ······· 56
　二、连锁企业形象识别系统
　　（CIS）···························· 57
　三、连锁企业的理念识别系统
　　（MI）····························· 57
　四、连锁企业行为识别系统
　　（BI）····························· 58
　五、连锁企业视觉识别系统
　　（VI）····························· 59
　六、导入CIS战略的时机选择 ······ 59

七、CIS战略的导入程序 …… 60
本章小结 …… 61
复习思考题 …… 61
案例分析 …… 61
实训项目 …… 63

第三章 连锁企业内部的组织管理 …… 64

引导性案例 …… 64
学习目标 …… 64
职业指导 …… 64
第一节 连锁企业组织结构设计的要求 …… 65
 一、连锁企业组织结构的涵义与作用 …… 65
 二、设计连锁企业组织结构的基本要求 …… 65
 三、影响连锁企业组织结构设计的因素 …… 66
第二节 不同阶段连锁企业结构形态 …… 67
 一、中小型连锁企业组织 …… 67
 二、大型连锁企业组织 …… 67
第三节 连锁企业组织的基本职能 …… 68
 一、连锁企业总部的地位与作用 …… 68
 二、连锁企业总部的基本职能 …… 69
 三、连锁总部各部门职责 …… 71
 四、门店的基本职能 …… 72
第四节 连锁企业人力资源管理 …… 72
 一、连锁企业人力资源管理的定义 …… 72
 二、连锁企业人力资源管理的特点 …… 73
 三、连锁企业人力资源管理过程 …… 74
本章小结 …… 85
复习思考题 …… 85
案例分析 …… 85
实训项目 …… 87

第四章 连锁企业店铺开发 …… 88

引导性案例 …… 88
学习目标 …… 88
职业指导 …… 89
第一节 直营店开发 …… 89
 一、商圈 …… 89
 二、商圈调查分析 …… 94
 三、店铺的选址 …… 96
第二节 加盟店的拓展 …… 104
 一、选择合格的加盟者 …… 104
 二、选择高素质的盟主 …… 106
 三、加盟连锁的招募程序 …… 109
 四、加盟双方关系的处理 …… 110
本章小结 …… 113
复习思考题 …… 113
案例分析 …… 114
实训项目 …… 115

第五章 连锁企业商品管理 …… 116

引导性案例 …… 116
学习目标 …… 116
职业指导 …… 117
第一节 连锁企业商品定位与组合 …… 117
 一、连锁企业商品定位 …… 117
 二、连锁企业商品组合 …… 119
 三、商品组合的优化与调整 …… 121
第二节 连锁企业商品分类 …… 124
 一、以层级分类 …… 124
 二、以商品群分类 …… 125
 三、以购买习惯分类 …… 126
 四、以商品之间的销售关系分类 …… 127
第三节 连锁企业新商品引进 …… 127
 一、新商品的定义 …… 127
 二、商品的生命周期原理及应用 …… 127

三、新商品引进的系列化 …… 128
四、新商品引进的注意事项 …… 129
第四节　连锁企业畅销商品
　　　　管理 …… 129
一、商品畅销的原因分析 …… 129
二、畅销商品的识别方法 …… 130
三、畅销商品的管理方法 …… 130
第五节　连锁企业滞销商品
　　　　管理 …… 133
一、商品滞销的原因分析 …… 133
二、滞销商品的类型 …… 133
三、滞销商品的处理方法 …… 133

四、处理滞销商品应注意的
　　问题 …… 134
第六节　连锁企业自有品牌商品
　　　　管理 …… 134
一、自有品牌的优势分析 …… 135
二、自有品牌的开发途径 …… 136
三、自有品牌的品类选择 …… 136
四、自有品牌商品的陈列 …… 137
本章小结 …… 137
复习思考题 …… 138
案例分析 …… 138
实训项目 …… 139

第六章　连锁企业商品采购与配送 …… 140

引导性案例 …… 140
学习目标 …… 141
职业指导 …… 141
第一节　商品采购与配送概述 …… 141
一、商品采购的原则 …… 142
二、商品采购的方式 …… 144
三、连锁企业统一采购机制 …… 145
第二节　连锁企业商品
　　　　采购业务 …… 147
一、连锁企业采购业务流程 …… 147
二、采购时间的确定 …… 150
三、商品采购项目和
　　数量的确定 …… 150
四、供应商管理 …… 151
第三节　商品采购谈判 …… 154

一、采购员的素质要求 …… 154
二、采购谈判程序 …… 156
三、谈判中要注意的问题 …… 160
第四节　连锁企业配送管理 …… 162
一、商品配送模式 …… 162
二、配送中心及其功能 …… 162
三、配送业务流程 …… 165
四、配送作业管理 …… 167
五、连锁物流配送中心
　　常见问题的控制 …… 169
本章小结 …… 171
复习思考题 …… 171
案例分析 …… 171
实训项目 …… 172

第七章　卖场设计与商品陈列 …… 173

引导性案例 …… 173
学习目标 …… 173
职业指导 …… 174
第一节　卖场设计 …… 174
一、卖场出入口设计 …… 174
二、卖场收银台设计 …… 175
三、卖场通道设计 …… 175
四、卖场墙壁、地面及天
　　花板设计 …… 176
五、卖场照明设计 …… 177
六、卖场音响设计 …… 178
七、卖场色彩设计 …… 178

八、卖场卫生、气味的设计 …… 179
第二节　商品陈列 …… 181
一、商品陈列的目的 …… 182
二、商品陈列的工具 …… 182
三、商品陈列的原则 …… 184
四、磁石理论及应用 …… 187
五、商品陈列方法 …… 188
六、商品陈列注意事项 …… 192
本章小结 …… 194
复习思考题 …… 194
案例分析 …… 194
实训项目 …… 196

第八章 连锁企业促销管理 …… 197

引导性案例 …… 197
学习目标 …… 198
职业指导 …… 198
第一节 促销概述 …… 198
　一、促销目标与促销要求 …… 198
　二、促销时间及主题的确定 …… 199
　三、促销媒体的选择 …… 201
第二节 促销方式 …… 201
　一、广告促销 …… 201
　二、营业推广 …… 208
　三、公共关系 …… 212
第三节 促销策略 …… 216
　一、价格促销策略 …… 216
　二、会员制促销策略 …… 219
　三、POP广告促销策略 …… 220
第四节 促销活动的实施 …… 221
　一、制定有诱因的促销策略 …… 221
　二、选择合适的广告宣传品、赠品 …… 222
　三、确定促销商品储备数量 …… 222
　四、促销合作的洽谈 …… 223
　五、效果预估和费用预估 …… 224
　六、促销活动的检查、促销效果的评估 …… 225
本章小结 …… 227
复习思考题 …… 227
案例分析 …… 227
实训项目 …… 230

第九章 连锁企业管理信息系统 …… 231

引导性案例 …… 231
学习目标 …… 231
职业指导 …… 232
第一节 连锁企业管理信息系统概述 …… 232
　一、连锁企业常用的信息技术 …… 232
　二、连锁企业管理信息系统的层次 …… 233
　三、连锁企业管理信息系统的组成 …… 234
　四、信息系统管理在连锁企业中的作用 …… 234
第二节 连锁总部管理信息系统 …… 235
　一、连锁总部管理信息系统的目标 …… 235
　二、连锁总部管理信息系统的构成 …… 236
第三节 配送中心管理信息系统 …… 238
　一、配送中心管理信息系统的构成 …… 238
　二、配送中心管理信息系统的功能 …… 241
第四节 连锁分店管理信息系统 …… 242
　一、连锁门店管理信息系统目标 …… 242
　二、连锁门店管理信息系统的构成 …… 242
　三、连锁分店管理信息系统的功能 …… 243
　四、POS机及POS系统 …… 245
本章小结 …… 248
复习思考题 …… 248
案例分析 …… 249
实训项目 …… 250

参考文献 …… 251

第一章 连锁经营概述

引导性案例

中式快餐的连锁经营——以熊猫快餐为例

熊猫快餐是熊猫餐饮集团成长的引擎发动机。目前在美国、波多黎各、日本已有800间分店。熊猫快餐的成功与国内的中式快餐的失败形成强烈的反差。

熊猫快餐的成功之处在于中式快餐连锁经营模式。

一、组织结构

连锁店的组织结构是有一定讲究的,各个企业可以有着不同的组织结构,但应有以下几点共性。

(1) 部门化程度高。就一家餐饮连锁企业而言,有几个重点部门。

企划中心:肩负着建立、完善、维护企业品牌重任的中枢机构,建立和完善企业CIS系统,通过企业全体自上而下的CI教育和实施,向外界传达统一、标准的企业形象。同时,企划中心还要研究企业的发展状况、规模和前景,向集团高层提供企业经营方针、经营模式、经营理念的规划建议,规避企业经营投资风险。

人力资源中心:负责招聘和培训员工,制定严格的考核制度,为企业发现、选拔、输送人才。制定完善的员工福利制度。为员工提供专业培训及在职进修的机会。

食品研发部门:负责企业菜品的研究及创新。尤其是在当今社会大家在饮食方面都力求尝新,而且越来越重视饮食营养的问题,这个部门也不可小视。

(2) 构建管理团队。随着企业规模的不断扩大,建立起一个高效团结的管理团队也显得十分必要。复杂的竞争环境,不是靠任何一个人的智慧跟能力可以把它解决了的,必须要有非常完整的团队,在每一个环节上都有人能够非常专业地去面对这些问题,想方设法地找出解决问题的方案,同时打造一个系统。

二、技术改造

中餐具有品种丰富,口味多样,烹饪方式多样等特点。这是中餐的优势,但从连锁经营的角度看,这也是中餐的劣势所在。连锁企业必须做到标准化。中餐所面临的困难最为突出的就是解决进行标准化生产和保持中餐特色之间的矛盾。从生产的流程上看,标准化从以下几个方面着手。

(1) 原料标准化。首先,菜品的标准化离不开原料的标准化,连锁店对其原料的质量、重量、色泽、营养价值应该有自己详尽的标准。其次,这也对企业的物流配送体系提出了要求,餐饮业的物流不能单纯地从成本考虑,而应该以方便每家分店服务为中心。

（2）产品标准化。中餐连锁店应该主动规避传统中餐馆菜品多样的模式，因为连锁店的店面规模决定了其厨房的面积越小越好，而且物流成本也不允许丰富的菜品，因此，选取十几种左右的菜品较为合适，其中有一到两个特色菜品，作为保留菜品，其余可以进行定期创新。与此相适应的是菜单的标准化，在制作菜单时，应该考虑到标准化的问题。菜单应该简单易懂，并且易于勾起顾客的购买欲望。

（3）制作工艺的标准化。首先，在保持中餐传统特色的前提下摆脱定性化制作菜肴的模式，取而代之的是定量化的制作工艺，这样才能摆脱厨师主观的影响，并使烹饪环节易于复制和工业化生产。其次，要考虑到快餐的特点，必须简化烹饪工序，保证菜品在保质的前提下以最快速度完成，可以有以下两种方法：①合并烹饪工序，将传统中餐洗、切、煮等工序外包给原料供应商，即要求供应商完成原料的初加工，各个餐厅只需进一步加工半成品即可。②抛弃一些费工费时的烹饪方法，例如煲、生煎等，尽可能选用明火快炒的方式。

（4）营养标准化。中餐虽然也讲究"色、香、味、意、形、养"，但始终停留在定性的角度，相比较而言，更注重饮食的艺术性。

三、员工管理

中餐快餐连锁企业应该有以员工为核心的管理理念，为此必须从以下几个方面着手。

（1）加强员工培训。培训是使员工熟悉服务流程，提高员工服务质量的必要手段。餐饮业来说，培训细致具体，尽可能囊括真实情境中科能发生的情况，熊猫快餐采用了全真餐厅模拟培训，值得借鉴。

（2）建设企业文化。当一个连锁品牌扩大了以后，员工数量相应增加，让所有员工都有共同的信心、共同的信念，共同的准则。

四、熊猫快餐连锁经营的启示

第一，建设一个良好的餐饮业品牌形象周期长而且成本高，而毁掉一个品牌只需要一件小事，这就决定了餐饮企业在做连锁经营的时候必须慎之又慎。

第二，严格管理公司下属的所有分店，而且保持资金的高速周转，不给企业带来资金上的负担。谨慎是第一原则，切不可急功近利，盲目扩张。

第三，一家餐饮品牌在一个市场的生命力是十分有限的，在美国通常只有五年左右的时间，因此，采取必要的多元化经营是有一定必要性的，以熊猫集团为例，快餐就只是旗下的一个品牌，这是规避风险，扩大企业规模的有效之路。

资料来源：消费导刊

学习目标

了解连锁经营的含义；　　　　　　　　掌握连锁经营的特征和类型；

了解连锁经营与传统经营的区别；　　　掌握规避连锁经营风险的途径。

熟悉连锁经营的优势与风险；

职业指导

通过本章学习，在了解连锁经营基本内容的基础上，能够分析连锁经营与传统经营的区别；理解连锁经营的优势与风险，并能合理选择规避风险的方法；能根据企业特点合理选择经营业态；能分析三种具体连锁经营类型的优缺点，正确选择连锁经营类型。

第一节　连锁经营的含义

也许你一抬头就能看到南飞的雁群，它们一会儿排成"一"字，一会儿排成"人"字，加快飞行速度防止被猎杀，而落伍的大雁很难再追上雁群，只会成为枪下的猎物；也许你见过草原上数量庞大成百上千的野牛群，它们依靠数量的众多而令对手远远逃遁，它们遇到猛虎猎豹，就将头向外围成一个圈，用锐利的牛角形成一道铜墙铁壁，使来犯者无处下手，而单独行动的野牛，则常常成为猛兽的佳肴。个体的力量往往是比较弱小的，如落伍的大雁和独行的野牛一般，而如果将个体的力量进行捆绑，在共同的旗帜下利用群体的力量，才能使总体的力量远远大于个体力量相加的总和。在现代经营方式中，连锁经营就是这样一支力量。

一、连锁经营的概念

连锁经营是一种商业组织形式和经营制度，是指在核心企业或总公司的统一领导组织下，由分散的、经营同类商品或服务的若干个小企业，以一定的形式组成一个联合体，在整体规划下进行专业化分工，并在分工基础上实施集中化管理，把独立的经营活动组合成整体的规模经营，从而实现规模效益。

核心企业被称为连锁总部、总店或本部，分散的若干个小企业被称为连锁店。

二、连锁经营的特征

连锁经营的特征可以概括为4个统一，分述如下。

1. 企业识别系统及商标统一

这是连锁经营最基础层次的统一，是企业外在形象的统一。企业识别系统是指连锁企业所有暴露给公众的直观印象，主要包括连锁企业的招牌、标志、商标、标准色、标准字、装潢、外观、卖场布局、商品陈列、包装材料、员工服装、标识卡等。这种统一设计的企业识别系统，不仅有利于消费者识别、购买连锁企业各门店的商品，更重要的是有利于让消费者认同该企业，对企业产生深刻印象。

2. 商品和服务统一

这是连锁企业经营内容的统一，是满足同一目标顾客的营销方式的统一。为了达到整体经营效果，使消费者对连锁企业产生信任感和依赖感，连锁企业各门店所经营的商品都是经过总部精心策划和挑选的，是按照消费者需求做出的最佳商品组合，并不断更新换代；提供的服务也经过总部统一规划，对所有门店的服务措施进行统一规范，使消费者无论何时何地到任何一家门店，都保证可以享受到连锁商店提供的整齐划一的商品和服务，从而增强顾客的忠诚度。

3. 经营管理统一

这是企业内部管理模式的统一，是制度层面的统一。连锁企业必须在经营战略、经营策略上实行集中管理，即由总部统一规划，制定规范化的经营管理标准，并下达给各门店认真执行，各门店必须遵从总部所颁发的规章制度，一切标准化、制度化、系统化。目前，对于连锁企业而言，经营管理的统一性最集中的体现，在于连锁企业的营运手册上。许多连锁企业都开发了自己的营运手册，并据此构成了其统一经营管理的连锁体系。

4. 经营理念统一

这是企业全体员工的观念与行为的统一，是文化层面的统一。连锁企业的经营理念是该企业的经营宗旨、经营哲学、价值观念、企业定位和中长期战略的综合，是其全部经营管理活动的依据。连锁企业无论拥有多少门店，都必须持有共同的经营理念，只有经营理念真正统一，连锁企业才能将各门店锁在一起，无限发展，永续经营。

连锁经营的四个统一是由低级向高级相互衔接在一起的，只有店名和店貌的统一而没有商品和服务的统一，那只有连锁企业的"形"，而无连锁企业的"神"；如果没有经营和管理的统一，那就会虽然门面相同，但各自为政。结果无法做到商品和服务的统一，即使有统一也是暂时的。只有具备经营理念的统一，才能将连锁企业的经营战略完全贯彻下去，形成连锁企业的长期经营特色。四个层次的统一如图1-1所示。

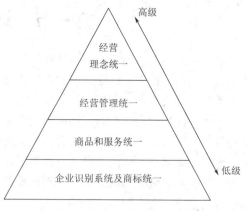

图1-1 连锁经营四个层次的统一

【知识链接】

连锁经营的3S原理

（1）简单化（simplification） 简单化，即尽可能地将作业流程"化繁为简"，创造任何人都能轻松且快速熟悉作业的条件。连锁经营简单化是由其行业特点决定的。连锁经营简单化取决于减少经验因素的影响。

（2）标准化（standardization） 标准化，是指连锁企业适应市场竞争的需要而采取的作业形式，是为持续性地生产、销售预期品质的商品和服务而设定的既合理又较理想的状态、条件，并能反复运作的经营系统。

标准化的三个步骤：首先，科学制定各项作业标准和管理标准；其次，通过严格的培训让操作人员掌握各项标准；再次，通过严格的管理保证标准化的实施。

（3）专业化（specilization） 专业化是指连锁企业的营运必须在整体规划下进行专业分工，在分工的基础上实施集中管理，从而将工作特定化和进一步专家化，追求独特和卓越，开发创造出独具特色的技巧及系统。专业化的表现如下。

① 表现在连锁经营系统内部总部与门店之间的职能分工；
② 表现在连锁总部设置不同职能部门进行业务管理分工；
③ 表现在连锁门店依据运营程序与作业特点进行岗位分工。

例如：统一而专业化的商品采购分工；统一而专业化的商品配送体系；销售业务专业化；经营管理专业化。

【案例 1-1】

某快餐集团的炸薯条作业

某快餐集团将炸薯条的作业分解成七个简单的动作,作业员只需要完成以下七个动作。
(1) 用已经标准化的容器舀一勺薯条。
(2) 用手将容器上凸出的薯条抹掉(此时容器里的薯条数量是标准重量的)。
(3) 将薯条倒入油槽,此时油槽里的油温是事先设定好的。
(4) 按一下时间控制开关。
(5) 听到时间提示音后,用漏勺将薯条捞起。
(6) 将漏勺抖一下,把勺中的油抖掉。
(7) 将炸好的薯条倒入恒温箱中。
在这个作业设计中,就充分体现了 3S 主义的精髓。

三、连锁经营与传统经营的本质区别

从经营方式上看,连锁经营是资源整合后的规模经营,而传统商业经营是灵活应变的特色经营。

从管理方式上看,连锁经营是以制度为中心的规范管理,传统商业经营是以人为中心的经验管理。

从组织形式上看,网络化的连锁组织可以快速渗透市场,而传统单体店市场辐射范围有限。

从管理手段上看,连锁经营可以借助现代信息技术进行精细化管理,传统商业经营只能依靠手工操作进行粗放式管理。

第二节 连锁经营的优势与风险

连锁经营和超级市场,被称为"现代流通革命"的两大标志。世界最大的商业零售企业美国沃尔玛公司 2016 年的营业收入达到 4858.70 亿美元,超过了众多的汽车公司。一家属于传统产业的零售企业,能够在销售收入上超过"制造业之王"的汽车公司,超过一些大银行、保险公司等金融机构,超过引领"新经济"的信息企业,其奥妙就在于发展连锁经营。

一、连锁经营的优势

连锁经营之所以被世界上许多国家采用并快速发展,关键就在于这种经营模式有许多传统企业无法比拟的优势,具体体现在以下几点。

(一)规模扩张优势

连锁企业在规模效益的驱动下不断追求规模扩张,而连锁经营的三种基本模式——正规连锁、特许连锁和自由连锁,极有利于迅速实现资本的大量集聚。一是采取投资自建兼并收购、租赁等形式大力发展直营店;二是采取发展加盟店的形式,在无须投资的情况下,在短时间内大幅增加门店数量;三是通过协商达成合作契约,实行大范围的自愿连锁。

(二)市场拓展优势

连锁经营网点多、分布广、市场占有率高,伴随连锁企业门店数量的不断增加,市场空间

范围的不断扩大,其市场份额也相应迅速而大幅度地集中,世界各国的零售巨头,如美国的沃尔玛、法国的家乐福、英国的乐购、日本的伊藤洋华堂、泰国的易初莲花等,无一不是连锁企业。全球零售巨头沃尔玛,自 1961 年创建以来一直保持着强劲的快速发展势头,1993 年以 673.4 亿美元的销售额超过了 1992 年排名第一位的西尔斯(Sears),雄居美国零售业榜首。1995 年沃尔玛实现销售额 936 亿美元,创造了零售业的世界纪录,从此成为全球零售业的巨无霸。2002 年沃尔玛又以年销售 2445 亿美元的骄人业绩荣登财富世界 500 强榜首,并连续四年保持了霸主地位,此后又于 2007 年、2008 年分别以 3511.39 亿美元和 3787.99 亿美元的营业收入蝉联两届庄主,美国连锁百强企业的市场份额占全美年零售总额的三分之一。上海联华超市公司于 1999 年以 73 亿元的销售业绩彻底改写了长期以来单体百货店称霸中国零售业的历史,以此为开端,10 年来雄居我国零售业领先地位的均为大型连锁集团,我国连锁百强企业年销售额增长连续多年大幅度高于全社会消费品零售总额的增长。

(三) 效益优势

连锁经营的效益优势体现在以下几点。

1. 经营技术开发的专业化,有利于店铺经营水平的提高

在连锁体系内部都有总部和店铺两个层次。总部的重要职责之一就是研究企业的经营技巧,包括货架的摆放、商品的陈列、店容店貌的设计、经营品种的调整等,直接用于指导店铺的经营,这就使店铺摆脱了传统零售业那种靠经验操作的模式,转而向科学要效益。连锁总部统一开发的经营技巧可以广泛应用于各个店铺,使各店铺的经营水平普遍提高,从而获得技术共享效益(相对其他企业来说是一种超额利润),同时分摊技术开发的成本。这是单个企业所无法做到的。

2. 标准化的经营,有利于改善服务、扩大销售

在商业连锁经营方式中,商店的开发、设计及标准化的设备、陈列、产品、操作程序、技术管理、广告设计等,都集中在总部。总部负责连锁店的选址及开办前的培训工作,提供全套的商业服务方案,并始终不断地对各连锁店进行监督、指导、交流和培训工作,从而保证了各连锁店在产品、服务、店名店貌等方面的统一性,以满足消费者对标准化的产品和服务质量的要求,达到吸引顾客,扩大销售的目的。标准化的经营对树立店铺的形象更是意义重大。

3. 物流中心承担了部分批发职能,使批发环节的部分利润由社会转到了企业内部

零售环节的利润很大程度上取决于商品所经过的流通环节数量。一般而言,流通环节越少,商业流通费用越低,零售环节所能获得的销售利润也就越多。

连锁企业一般都设有物流中心,专门为店铺进行商品配送。这些商品一部分直接从工厂进货,减少了流通环节;同时还有一部分商品从供应商取得时是原材料或半成品,需要物流中心进行加工、包装、分类等装配作业,增加了商品的附加值,从而将一部分利润转移过来。

4. 集中化的经营与管理,有利于降低企业的经营成本

连锁经营的同业性,使各个店铺的一些共同性活动,如采购、储运、广告宣传、会计核算等,可以集中起来由总部统一操作。这样,众多的店铺共享一套经营设施,共享一套管理机构,各个店铺无须设置烦琐的管理机构,无须配备相应的管理人员。这样做的好处有两个:其一,从总体上降低了企业的管理成本;其二,集中操作所带来的经营成本的降低也是显而易见的。如进货,由于有多个店铺而创造了大量销售的条件,所以总部可以通过大批量采购,从厂家获得较低的价格即批发价格。又如,由于有总部送货,各个店铺需要的库存面

积及库存量都很小，从而可以扩大销售面积，减少资金占用。

5. 连锁经营有利于减少商业投资风险

连锁企业经营多个店铺，即使个别店铺经营上失败也不会影响整体的经济效益，因为某一决策的失误所造成的损失可以由许多店铺共同分摊，这样大大降低了商业投资的风险。对于购买特许经营权的被特许人而言，加盟一个特许连锁店，可以利用一个已得到实践检验的成功的商业交易方式，获得特许人的指导和帮忙，比起其单独开店，成功的概率大大提高了，大大减少了行业新人面临的各种风险。难怪有人说，特许经营是进入商界的"安全通道"。

6. 连锁经营有利于提高零售商业的地位，有利于指导生产，组织适销对路的商品

连锁经营店自产生和发展以来，对生产领域的促进作用日益增强，一是连锁店联合起来大批量购买，使生产过程的连续性得到保证，生产厂商减少了生产费用。二是连锁店一头连着消费者，另一头连着厂家，能更及时地向厂家反馈消费者的信息，指导厂家生产适销对路的商品。同时，连锁店还给厂家提供了在广大地域内迅速、经济地试验新产品的零售实验室。三是连锁店的形成增加了社会产品的总量。因为零售费用的降低相对扩大了消费者的购买力，购买力的增加反过来刺激了生产的发展，也增加了商店的销售额。

除此之外，连锁经营网点多、辐射范围广、市场占有率高，能够迅速大规模地集中资金，实现投资的灵活转移，取得市场机会效益等，这些都是连锁经营取得良好经济效益的重要原因。

连锁经营将规模化经营与集约化管理有机结合，有利于降低成本，提高经济效益。连锁企业在大规模经营的基础上统筹利用人、财、物、信息及技术等资源，分摊进货、销售、管理和财务成本，大大节约了各项费用。

（1）连锁企业集中采购的大订单，可取得价格谈判的主动权，适当压低进价，节约了进货成本；

（2）连锁企业统一配送的专业化物流管理，可严格控制库存，减少流动资金占用，还可合理运筹仓储运输设施、配送时间和配送路线，降低物流成本；

（3）连锁企业的新闻媒体广告宣传费用，可由十多个、几十个、甚至成百上千个连锁店共同分摊，比起由一家单体店承担要节约很多；

（4）连锁企业在经营理念、市场营销技术、服务技术、商品配置及陈列技术、业务流程及操作技术等方面的研发成果，可由众多门店共享，节约了管理成本；

（5）连锁经营的科学管理也在促进高质量、高效率的同时，有效地减少了损失浪费，成本降低使企业利润相对提高，并且还可以低成本支持低售价取得竞争优势，扩大销售。通过对同种业态、同类规模的门店进行调查显示，连锁经营的费用成本与传统经营相比较，一般低 10%～12%。

（四）品牌成长优势

连锁经营高度集中的经营决策和高度统一的 CIS 企业识别系统运作，有利于内强素质、外塑形象，提升企业品牌价值。

连锁经营突出强调"八个统一"的运营模式，使所有门店的商号、门面及店堂设计、商品组合、商品价格、商品陈列、服务设施和服务项目、促销措施、广告宣传、服务规程和业务流程等严格保持一致，形成了统一的经营特色及风格，维护了统一的服务质量和经营管理水平，从而树立起鲜明、独特的企业形象，达到深入人心和深得人心的制胜效果。同时，连锁经营的跨地域扩张也为扩大企业知名度和美誉度创造了有利契机，如

美国的沃尔玛、麦当劳、肯德基，法国的家乐福，德国的麦德龙，英国的百安居等零售（快餐）商，因国际化的连锁经营，使之成为几乎"地球人"都熟悉和信赖的知名品牌。另外，连锁经营还十分有利于开发自有品牌（即由零售商从设计、原料、生产、注册商标到经销全程控制的产品），连锁企业可利用自身的企业品牌价值和声望优势开发定制产品品牌，并借助于自身跨地域扩张的市场优势迅速扩大销售，获得较高的利润。目前，世界上声名显赫的大型连锁零售商都热衷于实施自有品牌战略，所开发自有品牌的种类由食品、日用品、厨房用品和服装扩展到小家电、电脑及配件等，沃尔玛拥有自有品牌13类1000余个，且设计新颖、品种丰富多样、包装精美、质量优良、价格低廉，预期销售额将占其营业收入的20%左右。世界第二大零售商家乐福拥有近2000个食品和非食品自有品牌，价格比同类商品便宜20%。百安居拥有2000多个自有品牌，涵盖各类家装、家居用品，并以明显的低价格、高品质竞争优势深受消费者欢迎，销售额比重达10%～15%。在日本，连锁经营销售自有品牌的比重占20%，日本最大的零售商大荣连锁集团自有品牌的数量占卖场内所经营商品种类的40%左右。美国第二大超市西尔斯零售公司90%的商品是自有品牌。英国马莎公司销售的所有产品都是"马莎牌"，在伦敦，一提起马莎的产品，人们的第一反应就是品质好。

（五）科技化和现代化优势

连锁经营就其实质而言，属于先进的经营方式和组织形式，它是流通方式现代化的重要标志之一，体现了现代流通业发展的必然趋势。连锁经营大大提高了流通业的组织化程度和产业集中度，造就出一个又一个在社会经济生活中产生举足轻重影响的商业巨头，有效地改善了传统经营时代流通主体小、散、差，不适应现代化大市场、大流通的落后状态，为政府产业政策的制定及其指导作用的发挥，为市场经济条件下商业企业竞争公平性、有序性的实现创造了基础条件，对于引导和促进流通业健康发展具有重大意义。当前现代批发企业、现代零售企业、现代物流企业、现代服务企业的发展都必须以连锁经营为方向和重点，连锁经营在发达国家已处于明显的主导地位，连锁经营的市场份额已达到60%以上。从欧洲连锁店在德国、英国、法国、比利时、荷兰等国家的集中分布可发现，越是先进的国家，连锁经营越是发达。连锁经营的现代化取向还表现为对现代科学技术的迫切需求，就运行条件和运作手段来看，连锁经营必须依赖现代化的管理思想、方法和技术才能得以生存和发展，包括现代经营理念、现代管理原理、现代企业制度、标准化管理方法、计算机技术、网络技术、现代通信技术、现代物流技术、现代营销技术等，否则，根本无法保证机构庞大且门店分散的经营组织正常运转。其中信息技术的引入则标志着连锁经营进入了高科技时代，率先实施信息化战略的沃尔玛正是借此成全其全球零售业霸主地位的。

（六）连锁经营的制度优势

1. 直营连锁的制度优势

（1）规模优势　在直营连锁的经营方式下，总部对同属于某个资本的多个店铺实行高度统一的经营，总部对各店铺拥有全部所有权和经营权，包括对人、财、物及商流、物流、信息流等方面实行统一管理。这种制度安排有利于集中力量办事，可以统一资金调运，统一人事管理，统一经营战略，统一采购、计划、广告等业务以及统一开发和运用整体性事业，以大规模的资本力同金融界、生产部门打交道；在培养和使用人才、运用新技术开发和推广产品、实现信息和管理的现代化等方面，也可充分发挥连锁经营的规模优势。

（2）经济优势　功能集中化体现了直营连锁的经营经济优势。如利用总部统一集中大批量进货，容易开发稳定的供货渠道和获得折扣，以达到减少管理费用、降低经营成本、比较低价格出售商品的目的，而这是独立零售店所不具备的优势。

（3）技术优势　在各个零售连锁店工作的从业人员，虽然人数少且不一定都很专业，但因有总部的直接指导和援助，仍然可使连锁店获得预期成果。

2. 特许连锁的制度优势

特许经营的核心是特许权转让，通过总部与加盟店一对一地签订特许合同，总部在教给加盟店完成事业所必需的所有信息、知识技术的同时，还要将店名、商号、商标、服务标记等在一定区域内的垄断使用权授予加盟店，并允许其在开店后继续经营。所以，特许经营的制度优势主要表现在其对连锁体系中经营者（盟主）、加盟者、消费者三方的优势上。

（1）特许连锁经营对盟主的优势

第一，盟主既节省了资金，也获得了扩大市场的机会，能够提高其知名度，加速连锁事业的发展；

第二，盟主开展新业务时，有合伙人共同分担商业风险，能够大大降低经营风险；

第三，加盟店是盟主稳定的商品流通渠道，有利于巩固和扩大商品销售网络；

第四，盟主可根据加盟店的营业状况、总部体制和环境条件的变化调整加盟店数量和布局策略，掌握连锁经营的主动权；

第五，统一加盟店的店面设计、店员服装、商品陈列等，能够形成强大而有魅力的统一形象，有助于企业品牌的塑造。

（2）特许连锁经营对加盟店的优势

第一，没有经验的创业者也能经营商店，可以减少失败的危险性；

第二，能借用连锁总部的促销策略；

第三，用较少的资本就能开展创业活动；

第四，能进行高效率的经营，能够受到总店的参谋指导，可以持续地扩大和发展事业；

第五，能稳定地销售物美价廉的商品，并能够专心致力于销售活动；

第六，能够适应市场变化。

（3）特许连锁经营对消费者的优势

第一，标准化的经营使消费者在任何一个加盟店都能享受到标准化的优质商品和服务；

第二，加盟店通过扩大规模、简化环节，降低了销售费用，使消费者能享受到物美价廉的商品和服务。

3. 自由连锁的制度优势

自由连锁是在保留单个资本的所有权的基础上实行的联合，各分店都独立核算、自负盈亏、人事自立，总部对各分店的管理功能较弱，侧重于指导和服务功能。自由连锁的优势体现在以下几个方面。

（1）灵活性　在自由连锁的经营方式下，各分店有较大的独立性，因此灵活度较高，能充分调动经营者的积极性，迅速跟踪市场行情作出及时有效的调整。

（2）学习性　自由连锁各分店具有横向联系，有利于相互学习、共同发展。

（3）流通性　自由连锁将两个以上流通环节的职能互相结合，能够实现流通的"纵向组合"并发挥出更高的效能。例如，自由连锁可以在批发和零售职能相结合的基础上，引入设计、加工的职能，从而提高商品的附加值。

（4）获利性　自由连锁总部是由加盟店集资组成的，所以加盟店可以得到总部利润中作为战略性投资的、持续性的利润返还。

【知识拓展】

连锁经营发展状况

由于激烈的竞争，企业期望通过兼并获得更大的市场份额，更大限度的配置资源，节约采购、物流和管理成本，并使体系的运转更有效率和对加盟者的支持更有力度。同时技术进步也使兼并后的超大型企业的高效管理成为可能。

例如，希尔顿饭店连锁集团与汉普顿集团宣布合并后的新公司将拥有1700个中高档饭店和六个特许连锁分号；麦当劳公司在一年多的时间内先后收购了墨西哥风味烤肉特许连锁店、伦敦的阿罗玛咖啡连锁店、比萨连锁店和波士顿炸鸡公司。

据一些美国权威的连锁经营专家预测分析，未来被看好的连锁业仍将是服务业，其潜力巨大，大有可为。例如，这些服务业包括健身减肥中心、美容美发院、短期私人服务业、鲜花速递、印刷和影印服务、医疗保健中心、探亲旅游服务、服饰、私人护理服务以及教育性商品和服务。

现代信息技术已引发一场商业革命，电子商务必须以现实的物流为基础。所以，未来的电子商务企业需要寻求与拥有完善成熟的物流配送系统的商业企业联合。例如，连邦今年开辟的网站"网上连邦"（BtoB）就是遵循"以传统商业模式为基础"而开展的，他们使用6年来在全国100多个城市建起的近300家加盟店进行BtoB业务，甚至已经为加盟店算好为消费者送货的成本。可以看到，无论对加盟者还是消费者，"网上连邦"的"地基"是坚实的，他们的盈利是实实在在从"商务活动"得来的，BtoB对于连邦来说只是个加速器。

传统的连锁商业企业则利用其成熟的分销网络，向电子商务领域进军。特许品牌在发展地面联合扩张的同时也向电子商务领域寻求新的联合。特许者通过使用互联网、局域网和网上采购等新技术，拥有了更经济的手段来加速体系的扩张。例如，大部分特许企业建立了自己的网站以招募加盟者。很多加盟者也自己开办网站以吸引当地的消费者。除了服务顾客，很多特许企业开始发起网上批量采购活动，让加盟者订购设备、货品，由供应商直接向加盟店供应，以此获得更优惠的价格。

二、连锁经营的风险

在连锁经营以其显著的优越性支撑其强劲的发展势头的同时，也潜伏着各种危机，除作为经营性组织普遍存在的自然风险道德风险、决策风险、竞争风险等各种风险之外，从连锁经营的特殊性角度分析还将面临以下七种风险。

1. 扩张过快风险

连锁企业往往通过不断扩张以图获得更大的规模效益，然而扩张成功与否将受到企业内外各种因素的制约。如果条件不成熟，增加门店未必能收到理想的效果，有时甚至将原本优势的企业拖垮。扩张失败的原因呈多样性，主要应从三大方面分析。

一是企业内部物质资源条件是否具备。有的是因资源配置比例失衡，如门店增多而物流配送能力不匹配，或适合岗位要求的管理和业务人员不足，导致商品供应和服务质量下滑。

二是企业经营管理能力是否相适应。有的是因管理手段和管理水平跟不上，在门店增多尤其跨地域扩张的情况下管理失控，导致工作效率和经济效益下降。

三是市场环境是否允许。有的是因市场饱和仍重复建设，如不顾及地区的经济发展水平超前兴建大型购物中心,在近距离重复开设大型综合超市,导致购买力不足或过度竞争使经营难以为继等。

另外还有一个不可忽视的因素是连锁企业以兼并、收购的形式扩张时因文化差异难以融合,导致人员思想和经营秩序混乱,其根本问题是对规模的经济性缺乏理性考虑,片面追求数量和速度,忽略了客观条件的适应性。

2. 选址不当风险

连锁企业在实施规模扩张战略中,新门店的选址策略十分关键,正确选址可以说是新店成功经营的首要条件。经常有新门店开张不久即关闭的现象,其主要原因往往与选址失误有直接关系,选址不当的风险性表现为多种情况:有的是盲目进入一个已经饱和或被强大竞争对手控制的市场,由于过度竞争导致盈利微薄甚至亏损;有的是商圈内消费者数量少或消费水平低,因缺少足够的购买力导致销售额不理想;有的是门店所在位置交通不便或交通管制不利(门前街道有栅栏封闭),引起客流不畅而严重影响销售;还有的是在异地扩张尤其跨国扩张时对选址地区的经济政策、治安状况、市政规划等情况缺乏了解而遭受重大损失。其根本问题是在选址决策前没有进行科学、充分的调查预测,简单草率行事造成无法挽回的重大损失。

3. 人才流失风险

许多连锁企业人员流动比例较大,原因与服务行业人员流动性较大的特点相同。

(1) 从高层管理人员看,虽然薪酬不菲,但比较证券、银行、保险、石油等行业仍差距悬殊,缺乏留住高级人才的诱惑力。

(2) 从中层管理人员看,跳槽已成为职务升迁的一个捷径。

(3) 从一般员工看,商业服务行业营业时间长,工作繁忙,节假日不能正常休息,收入不高,社会地位低,因而通过频频更换环境来改善工作条件。

人员流动性大给连锁企业带来的不利影响比单体店更突出,可导致经营模式及管理制度方面知识产权的流失、技术人才和关键岗位业务人员匮乏以及技术和供应商或客户大量流失、新手比重增大、员工队伍素质下降、业务熟练人手缺少影响新店开设,较大的人员培训和培养投入因人员流失而损失等。根本问题是企业欠缺科学完善的约束和激励机制,从而难以保证人员队伍的稳定性。

4. 连锁体系的整体性风险

三国故事中的"火烧赤壁"就是连锁体系的整体性风险的最好诠释。船只"连锁"后发挥着优势,同时也隐藏着劣势——当孙权、刘备用"火攻"来破曹时,曹操把很多船只"连锁"的劣势表现得淋漓尽致。

连锁企业一样,它的劣势同样隐藏在它的优势中,这就是连锁体系的整体性风险。即使是世界超级连锁品牌,也难以避免和防范这种整体性风险。从 2003 年亚洲爆发大规模禽流感以来,以鸡为主打食品的肯德基亚洲连锁体系遭遇了打击,据悉年营业额下降高达 20%。2005 年,肯德基又遇到了"苏丹红 1 号"危机,小小佐料存在的隐患却让一个庞大的快餐连锁王国遭遇了短时间的重创。

5. 监管不力风险

连锁企业机构庞大,门店多且分散,有的遍布世界各地,距离遥远,鞭长莫及,大大增加了管理的难度,因此,连锁经营对应用各种现代化管理方法技术的依赖性较大,对各层次管理人员和业务技术的素质要求较高。然而,达到经营管理的高水平和保证作业过程的万无一失也都存在很大难度。在现实中,许多国内外赫赫有名的大型连锁企业都曾曝出不良新闻：如商品促销造成顾客拥挤踩踏事故、出售不符合食品质量标准的商品、保安人员殴打顾客、加盟商卷走供应商货款、在退换商品方面刁难顾客、商品促销搞价格欺诈、对供应商极度盘剥、侵犯员工合法权益等，此类现象在连锁企业中比较普遍，根本问题是目前连锁企业的经营管理水平和人员素质与其自身的社会经济地位作用及消费者的要求存在较大差距，有待改善和提高。

6. 市场需求变化带来的风险

市场变化莫测，消费者的需求呈现多层次、多样化的趋势，连锁经营者面对的是不确定因素的增加和更加激烈的市场竞争。连锁企业是卖产品或者卖服务的，当市场上不再需求某一类产品或者某一类服务时，连锁企业能否尽早感知市场需求的变化，以变化来应对变化，从而保证连锁网络的有效性。

7. 加盟失控风险

发展加盟店是连锁企业实现低成本快速扩张的有效途径，但随之而来的各种问题及状况也使其面临多方面危机，主要表现为以下几方面。

（1）加盟店管理水平低，服务质量差严重损害连锁企业的形象和声誉；

（2）加盟店不严格执行统一管理规则，商品经营失控；

（3）加盟者道德缺失，恶意侵占供应商货物及货款，甚至卷席而逃，造成极其恶劣的社会影响等。

根本问题是对加盟者的资格缺乏严格审查，对加盟者的经营行为缺乏严格监控。

三、规避连锁经营风险的方法

对连锁经营中存在的风险进行风险规避的主要方法有自我评估、行业评估、连锁集团的评估、消费者评估等。

（一）自我评估

主要是评估以下两方面内容。

1. 企业是否要开展连锁经营

要确定这一点，必须评估以下几方面：品牌实力如何？是否有独特的技术、专利技术或管理技术？是否有开展连锁经营的人才储备？是否有足够的资金实力？

2. 对于特许连锁经营，加盟者需检验自己是否适合成为加盟者

加盟者要参加一个加盟体系，一定要明确地认识自我的需求及发展方向，确认自己能否融入某个连锁体系。因为加盟是一种事业而非一份工作，加盟给予的是经营传承而非成功的保证。

（二）行业评估

连锁企业经营者必须认真研究所选行业的发展前景：是属于流行性的行业？有发展后劲的潜力行业？还是如餐饮业和日常生活用品的零售业一样的平稳性行业？

（三）连锁集团的评估

这里的连锁集团评估只能是针对特许连锁中的盟主，因为直营连锁决策完全由总部决定，分店只能去执行，只有特许加盟店才会考察集团总部。

考察的内容包括盟主的经验、开店时间、店铺数量、专业化程度、企业文化、人才实力、资金实力、服务状况、社会口碑、经济效益、产品生命周期、费用情况、店铺成活率等。

(四) 消费者评估

做好消费者评估就等于做好市场评估，这里有两种评估。

1. 对当地消费者的评估

评估内容主要包括人数、年龄、收入水平、消费欲望、生活方式、家庭结构、文化层次、社会地位、消费结构、消费倾向等。

2. 进行消费者比较评估

目的是考察清楚样板店的繁荣是不是就是自己开店的繁荣，就像是营销学里讲的市场有机会，但不一定是自己的营销机会一样，进行比较确定，发现不同市场的差异，或扬长避短，或对症下药，采取相对应的目标策略，才能把握消费者的消费行为。

连锁企业由于地域广、分布散，做好消费者评估显得尤为重要。

第三节　连锁经营企业的行业分布与业态选择

连锁经营作为一种先进的经营方式，首先在零售业中运用获得巨大的发展，而且日益渗透到餐饮业和服务业中，充分发挥了它潜在的优势。

一、业态的含义和分类

(一) 业态的含义

业态是零售店向确定的顾客群提供确定的商品和服务的具体形态，是零售活动的具体形式。通俗理解，业态就是指零售店卖给谁、卖什么和如何卖的具体经营形式。

(二) 业态的分类

零售业态是零售企业为满足不同的消费需求进行相应的要素组合而形成的不同经营形态。零售业态分类标准是科学的规范和引导零售业发展的前提，是形成结构合理、功能完善、层次分明、体系完整的商品市场格局的重要基础。

2004年上半年中国连锁经营协会会同有关单位，对我国的原《零售业态分类》进行了研究和重新修订，并由国家质量监督检验检疫总局、国家标准化管理委员会联合颁布。新国家标准按照零售店铺的结构特点，根据其经营方式、商品结构、服务功能，以及选址、商圈、规模、店堂设施、目标顾客、和有无固定场所等因素将零售业分为18种业态。《零售业态分类》(GB/T 18106—2004) 于2004年10月1日起开始实施。《零售业态分类》同以前相比有两大变化：一是先划分为有店铺经营和无店铺经营两类；二是业态数量增加了不少。《零售业态分类》的18种业态分类如下。

(1) 有店铺零售业态　食杂店、便利店、折扣店、超市、大型超市、仓储式商场、百货店、专业店、专卖店、家居建材商店、购物中心、厂家直销中心。

(2) 无店铺经营业态　电视购物、邮购、网上商店、自动售货亭、直销、电话购物等。

为便于感性认识，下面举例说明。

1. 食杂店

我国食杂店存在非常普遍，在市场经济不发达的时期存在于街头巷尾、小区村落。如小区里的小卖部、村头的杂货店等。

2. 便利店

世界较著名的便利店是日本7—11便利店。7—11便利店在2004年初开了北京第一家店。我国的北京物美集团、上海联华超市、江苏苏果超市等也开办了一些便利店。便利店往往投资少、选址方便、资金回收快。随着人们工作节奏加快，生活习惯的改变，便利店在我国也有很大的发展空间。

3. 折扣店

折扣店是小型超市的一种，商品在价格上低廉。如迪亚折扣店。

4. 超市

超市在我国是20世纪90年代才发展起来的一种零售业态，如北京物美超市、华润超市、上海华联超市等。

5. 大型超市

大型综合超市在我国发展很快，但主要集中在经济发达的大城市。随着人们生活水平的提高，交通条件的改善，大型综合超市必将在我国快速发展。近年来，如法国的家乐福、沃尔玛综超等主要是以这一业态进入我国内的。上海农工商超市公司、北京物美、小白羊、亿客隆开设的也主要是大型综合超市。

6. 仓储式商场

仓储式商场在我国起步较晚，目前主要是以外资或合资合作方建立的，如沃尔玛山姆会员店、上海锦江麦德龙、北京普尔斯玛特。

7. 百货店

百货店目前仍是我国零售业的主力业态之一，如上海第一百货商店、北京王府井百货大楼、北京燕莎友谊商城等。百货店在一些大中城市已处于饱和状态，相互间的竞争也非常激烈。

8. 专业店

专业店在我国发展已经比较成熟，如各种服装经营店、钟表店、电器店、鞋店、计算机店、药店等。如山东三联商社、北京国美电器、江苏苏宁电器、北京大中等专业店已经具有相当的规模。

9. 专卖店

我国专卖店近年来也得到了很快的发展，特别是服装品牌的专卖、电器的专卖、化妆品的专卖发展很快。如李宁专卖店、联想专卖店等。专卖品在树立品牌形象，防止假冒产品方面有着很好的效果。

10. 家居建材商店

这种业态在我国非常普及，只是上规模的还比较少，规模比较大的有东方家园、居然之家、红星美凯龙等。

11. 购物中心

我国称为购物中心的零售企业很多，但真正的购物中心并不多。在北京的购物中心有北京金源购物中心、北京东方广场等。

12. 厂家直销中心

制造商直接进入零售领域，建立销售渠道的一种方式。如佛山陶瓷销售中心，某酒厂的驻京办事处兼有直销的功能。

13. 直销

如美国安利、天津天狮等。

14. 无店铺销售

二、连锁经营的业态分布

连锁经营主要分布在零售业（主要有大型综合超市、超级市场、方便店、廉价店）、餐饮业（主要有快餐店、酒吧、便当店、比萨店）、服务业（主要包括补习班、酒店、出租车、不动产）等三大行业。

（一）零售业

现代连锁经营最早发迹于零售业，通过适应当时的市场环境、消费条件加上经营者的顽强拼搏，引起轰动效应，各个行业纷纷仿效，最终成为当代西方发达国家在流通领域的重要经营形式。零售业的特点是市场相对稳定。

（二）餐饮业

餐饮业一直是连锁经营的主力业种，西方国家餐饮业广泛采用连锁经营这种模式。人们非常熟悉的就有"麦当劳""必胜客""肯德基""星巴克"等。餐饮业的特点是市场随着经济的发展和人口的增加而扩大。

饮料连锁也是餐饮业中颇具竞争性的方面。如"可口可乐"和"百事百乐"，世界上实力最强的两家软饮料公司的竞争，也通过合资连锁的形式，在全球范围内争夺市场份额。

20世纪60年代，由于海外大型饮食业集团进驻中国大陆市场，国内餐饮业面临着严峻挑战，一些企业以连锁形式（粗放式的开分店）应战，利用自身的优势，开始连锁经营的探索。如上海"荣华鸡"、天津"狗不理"集团已发展壮大起来。20世纪80年代，北京"全聚德"、天津"桂发祥"也试行了连锁。90年代，这些企业和马兰拉面、北京的老家肉饼、沈阳"好利来"、成都"谭鱼头"、内蒙古"小肥羊"等也依靠连锁发展壮大。

（三）服务业

服务业作为第三产业的重要组成部分，包含旅馆饭店、美容美发、信息咨询、家庭服务部门、娱乐业、休闲旅游业、培训教育等。服务业由于涉及的行业广泛，应该说有着巨大的开发空间。服务业多采用特许经营形式开展连锁。

对于大多数服务行业，如维修服务业、娱乐业、休闲旅游业、培训教育等，它在连锁经营中采用的多是特许经营形式，应该说有巨大的开发空间。

三、连锁经营企业的业态选择

连锁经营不是独立的零售业态，是一种企业经营形式和管理模式。它必须与具体的业态相结合，才显示它的存在形式和独特的魅力。

（一）影响连锁业态选择的三要素

具体地说，决定连锁业态主要有以下三个要素。

1. 经营品种、品种结构和范围

便民店经常只经营食品和日常用品；专卖店只销售某一单一品牌的商品；专业店则经营某一系列产品，而百货商店所经营的是综合性、挑选性强的消费品以及高价值、高技术、高服务的高档次的商品。具有相同或相似的经营范围和商品结构是认识或划分零售业态的基本条件。

2. 销售形式

销售形式是指经营者以何种形式出售商品。包括商品摆设、顾客与商品接触方式、结算办法等。小商贩是以散装为主，零星出售；仓储商店则主要采取成箱、成捆批量销售；而超市、便民店则实行定量包装、敞开售货、自选商品、集中收款的形式。

3. 经营方式

经营方式是指经营商品过程所采取的手段和方法，包括网点设置、服务形式及与顾客联系的方式。百货店建在市中心繁华地段，购物中心则处于城郊的结合部，超市、便民店必须设在居民区以方便群众购买。百货店、专业店要求全方位服务，而超市、仓储商店更多采取

顾客自我服务形式。

实行会员制或价格俱乐部成为仓储商店特点。零售业态选择可考虑商店位置、运营过程、所提供的商品与服务、定价策略、购物环境、客户服务及促销方式等要素组合来确定。

（二）连锁经营业态选择的原则

随着生活方式日益多样化，消费者的需求日益多样化，满足不同的购买用途，是区别商业经营方式的主要标志。现在以客层划分为标志的店铺定位随着社会进步逐步被按用途区别的业态选择所取代。因而选择业态必须考虑消费用途的区别。

选择业态的四个基本原则如下。

1. 提供用途的差异

即向消费者提供能满足他们某些用途的商品。以食品为例，可以分为三类：

（1）每日三餐桌上必需的食品则是食品超市经营的品种；

（2）隔一段时间才购买一次，是部分高档专业食品店或百货店经营的品种；

（3）偶然性、一次性购买的食品，是更多的地方特色店、礼品店经营的类型。

2. 价格带与服务水平的差异

价格带是指某一类品种的价格以基本价位为基础从低到高形成的价格范围，是区别业态的一个主要标志。用途不同，价格带自然不同，用途的区别意味着使用频率和购买频率不同。使用频率、购买频率高的商品，价格必须在消费者容易接受的范围内，而且同类商品价格差异不宜太大，否则不利于消费者选择购买。

3. 来店频率的差别

经营商品越是大众日常生活中使用和购买频率高的商品，价格带越低，顾客越是易于、乐于购买，顾客来店频率越高；相反，经营商品如果是使用和购买频率低、价位高且价格带宽的品种，顾客来店的频率必然低，相应地店铺商圈必然也大。

4. 每一店铺商圈人口的差别

不同业态对商圈大小要求也不同。经营大众日常必需品的店铺70％以上消费者会经常光顾，因而一般以店铺周围地区消费者为主，商圈范围不大。

现在单店式经营的百货店逐步走向衰落，而超级市场、大型综合超市、折扣商店、便利店、家居中心、专业店等类型业态正风靡中国市场。我国进入WTO已有多年，2004年底零售业已全面开放，迫于形势，连锁创新成为连锁经营的必由之路，因此随着经济的不断发展，将会出现新的连锁业态。

四、无店铺经营

1. 无店铺经营的含义

无店铺经营是指经销商不通过店铺而直接向消费者销售商品和提供服务的营销方式。作为一种与传统店铺经营相对应的经营业态，无店铺经营在信息技术迅猛发展的今天具有良好的发展前景和深远的经济意义。

2. 无店铺经营的基本形式

根据国家最新公布的《零售业态分类》，我国的无店铺经营可以划分为5种基本形式。

（1）电视购物　以电视作为向消费电视购物者进行商品推介展示的渠道，并取得订单的零售业态。

（2）邮购　以邮寄商品目录为主向消费者进行商品推介展示的渠道，并通过邮寄等方式将商品送达给消费者的零售业态。

(3) 网上购物　通过互联网络进行买卖活动的零售业态（现已成为实体店铺的最有力的竞争形式）。

(4) 自动售货亭　通过自动售货机进行商品售卖活动的零售业态（目前发展速度迅猛，市场蕴含巨大潜力）。

(5) 电话购物　主要通过电话完成销售或购买活动的一种零售业态。

3. 无店铺经营在我国发展的制约因素

无店铺经营引进国内时日已久，却一直不像美日等发达国家那样蓬勃发展，综合考虑，主要有以下几点影响因素：

第一，厂商因素。

一方面，厂商通过"无店铺经营"方式销售的一些产品是滞销商品，有的甚至是假冒伪劣商品，这在一定程度上损害了厂商的信誉；

另一方面，目前从事"无店铺经营"行业的营销人员大多未经过系统的培训，不讲求经营技巧，更有甚者期望迅速致富的心态导致短期缺乏诚信行为的发生，也是使整个业界不安定的另一个因素。这些少数营销商的不良行为使得整个"无店铺经营"形象受损，难以在消费者心目中树立起正规经营、尽职尽责的形象。

第二，消费者因素。

首先，随着我国经济的持续发展，人民生活水平的不断提高，物质需求逐渐让位于精神的愉悦与满足，人们仍然视逛街为一种乐趣，甚至是一种休闲活动，这是"无店铺经营"所不能提供的心理满足；

其次，人们一向相信眼见为凭，手摸为信，货比三家，择廉购买，凡是无法直接看到或摸到的商品，要说服他们购买，仍然相当困难；

再次，陆续发生的一些销售纠纷与困扰，如所送商品与实际标的不符、换货不易、缺货、等待时间过长、重复催缴、过分夸大产品功能，甚至欺瞒等现象，更使得消费者难以对这种新兴的营销方式予以接受。

第三，环境因素

首先，"无店铺经营"从名单的取得、商品的配送，到货款的回收，整个产业的相关配合作业都未尽善尽美。如配送作业通过邮局，时间就会拖得较长，因而削减了消费者的热情与兴趣，而各公司的快递配送服务，在便捷性与普及性上仍待加强。

其次，各种规章制度、法令条款的配合层面也存有问题，如道路管理条例使得自动售货机难以全面走上大街小巷；有线电视普及性不强，使得新媒体销售少了一项广告利器等因素都对"无店铺经营"方式的普及产生阻碍。

再次，银行授信机制不配套也使得"无店铺经营"的运作遭到许多现实困难。在美日欧等发达国家，各种与"无店铺经营"有关的货款交付，都可以采用现金或信用卡账号直接转账，而国内各项金融法规的限制致使银行在转账业务上不能有效的采取配套服务，因而也连带影响了"无店铺经营"的推广。

【知识拓展 1-1】

世界连锁经营发展的总趋势

一、各种新式的连锁加盟行业不断涌现

品牌嫁接活动已开始在特许经营领域普遍出现，合作双方的品牌引力和营销活动给双方带来了更多的商机,不断上扬的地价也是促使品牌嫁接的重要原因。加油站是品牌嫁接的先行者,澳大利亚最大的超市公司 Coles 与澳大利亚美孚石油公司联手,在美孚加油站旁边开设了"快鲜超市"。当汽车加油时,司机们可以在旁边的"快鲜超市"买到食品、水果、蔬菜、面包,还可以品尝咖啡。

大的特许品牌与小零售商的合作以及小的特许品牌与大零售商的合作开始出现:沃尔玛公司与一家从事计算机检修的特许企业合作,在沃尔玛的大型综合超市向顾客提供电脑维修服务,如果进展顺利,该特许商将依托沃尔玛的连锁网络推广自己的特许体系。还出现了许多新型连锁业,几乎包含了所有的商品零售业和不少的服务业。

二、连锁加盟店的内部结构和管理将不断出现重大变化

1. 连锁形式的变化

连锁企业最早的形式是仅出售某一特定公司的产品和借用商品商标的传统式连锁,这种销售经营形式以汽车经销商、加油站、饲料经销商为代表。尽管这种传统式连锁店的总营业额占全国连锁业总营业额的 70%,但其比重与总店数正在逐年减少。这类连锁店的数量 1984 年时有 160500 多家,1987 年则降至 146000 多家。而与此相对应的是另一种被美国连锁加盟专家们称为经营模式型的连锁,其扩张发展却是如日东升。这种连锁对加盟店不但提供商标、商品,还要提供全套的管理制度和操作技巧及一些配套服务。这种连锁业尤以速食餐饮业为代表,如麦当劳、肯德基的快速发展就证明了这一点。

2. 连锁规模的变化

目前,在西方发达国家,较少的大型零售商主导着零售市场,前 10 名的零售商占零售总额的 56%。沃尔玛占美国本土零售额的 20% 以上,家乐福占法国本土零售额的 40% 以上。随着零售企业的大型化,西方零售业的组织结构呈集中化趋势,意味着主导商业企业的巨型化、规模化,可以达到规模效益。现在这一趋势并没结束。

三、特许企业的联合兼并活动将前所未有地活跃

世界连锁巨头们的联合兼并活动主要表现在以下几点。

(1) 企业的经济活动不再局限于本国,有很大的比重在国外。

(2) 企业的运行机制、制度规范与国际市场接轨。

(3) 国内流通领域充分对外开放。

主要原因是:企业期望通过兼并获得更大的市场份额,更大限度地配置资源,节约采购、物流和管理成本,使体系的运转更有效率,对加盟者的支持更有力度;同时全球经济一体化进程的大大加快和技术的进步也使超大型企业的高效管理成为可能。

首先是希尔顿饭店连锁集团与汉普顿集团宣布合并,合并后希尔顿-汉普顿公司将拥有 1700 个中高档饭店,新公司麾下包括希尔顿饭店、大使馆饭店、汉普顿饭店等六个特许连锁分号。麦当劳公司也加快了兼并的步伐,在短短一年多的时间里,先后收购了 chipotle 墨西哥风味烤肉连锁店、伦敦阿罗玛咖啡连锁店、Donatos 比萨连锁店和波士顿炸鸡公司。如果说大规模的并购活动进一步升温,特许领域的头把交椅将很可能在一夜之间易主。

四、区域性连锁公司的兴起

连锁总公司在一些大的地区,找几个区域性连锁公司,在该区域内授权其代理执行协助加盟店的训练、经营管理、促销等本应由连锁总公司来发挥行使的功能。代收的加盟金、指导费部分用作区域性连锁公司的应得报酬。这种做法十分有利,最主要的是可以扩充市场,增强竞争实力,同时,也可防止资金外流。但这种做法也有其缺点,就是对于各个加盟店不易控制,品质方面参差不齐也在所难免。因此,区域性连锁公司的选择与训练对于连锁总公

司来说是至关重要的。

五、集中相关行业而组成连锁企业购物商场（加盟店购物中心）的形式崛起

这种连锁购物商场以与汽车业相关联的行业为主，如汽车经销商通常都是只卖一个品牌的车，而连锁购物商场却可以集中几种品牌的经销商在一块儿。同时，它还可以把轮胎店、一般汽车维修店、汽车五金店、汽车电机店等集于一个专业小商场中，让顾客感到便利。目前，在美国这种以与汽车相关的行业为主的连锁购物商场多达150余处。另一方面，许多加油站也吸纳了这种优点，在原来单一的加油站里附设了汽车维修中心，出人意料的是汽车维修中心的收入竟高过了加油的利润；还有些加油站设置了小型的便利商店，增设了24小时便利商店。在我国一些汽车经销连锁专卖店，也开始进入大型商场、汽车城等地。如北京的今日新概念汽车连锁店就设于大型的汽车城里。

六、连锁加盟者出现多样化、复杂化

因为加盟连锁业的门槛比较低，年轻的、年老退休的、妇女等加盟连锁业者愈来愈多。那些二十出头的年轻人，学校毕业后既不想当上班族拿固定薪水，可是又没有经商的技术或经验的；在退休的一些人中，有许多身体很健壮的，大都有一笔为数可观的退休金，尤其是具有创业雄心，但苦于没有经商创业经验的；在美国社会里，妇女也同样受到"男主外，女主内"这种传统观念的束缚，因而在公司或政府机关里地位都不如男士，在这种备受歧视的社会现状下，她们唯一可以取得男女平等地位的途径便是在经济上独立，但自己创业并非易事。这些人都愿意加盟连锁业。原因就是风险低，成功率高。

七、商业性服务的分工详细为连锁发展提供了前提

由于现代社会生产过程的分工越来越精细，专业化程度越来越高，使得许多公司（不论是大公司，还是小公司）都将从前由其内部自行制造或处理的工作，转包到外部的专门公司去进行，特别是商业事务的处理，从而促进此方面需求的服务业也形成连锁企业。如会计记账、代理收款服务、快递公司、秘书服务、广告代理、包装和邮寄服务、企业顾问、保安公司、信息公司、调研公司、信誉测验公司、报税公司，以及其他各种不胜枚举的私人性服务，都因市场需求量的激增和服务质量的提升而发展为连锁加盟企业。

八、连锁企业大国将为扩展其海外市场而展开更加激烈的角逐

美国是当今世界上最大的连锁业王国。其连锁加盟网不但遍及全美国的各个角落，而且已向全球渗透。加拿大、日本、澳大利亚依次是美国拓展其连锁业海外市场的三个主要国家。该三国也在引进美国连锁的刺激与交流下，独自孕育出许多有自己特色的连锁企业，活跃了自己的零售业流通系统，并且挤入了连锁企业大国的行列。而连锁大国扩张的最好工具就是庞大的跨国连锁集团，像沃尔玛、麦德龙、家乐福、7-11、普尔斯马特、麦当劳、肯德基、罗森等早已登陆中国市场，并展开激烈角逐。世界市场这块蛋糕也不那么好切了。

九、服务业仍将是被普遍看好并大有发展潜力的连锁加盟行业

据美国和日本的权威连锁经营专家预测，21世纪被连锁业看好的仍将是服务业，其潜力巨大，大有可为。其中包括健身减肥中心、美容美发院、短期私人服务、鲜花速递、印刷和影印服务、医疗保健中心、探亲旅游服务、服饰、私人护理服务、房地产服务、图书销售服务、眼镜配置服务以及教育性商品和服务。从目前美国、加拿大、日本、中国香港地区以及东南亚等国家和地区的连锁市场来看，几个比较蓬勃发展的行业，几乎都与这些权威人士的预测不谋而合。

十、连锁经营和电子商务整合将引发双方的经营革命

方兴未艾的信息技术已引发了一场商业革命，电子商务异军突起，其激烈程度不亚于任

何一种商业领域竞争,但电子商务发展必须以现实的物流为基础,所以,未来的电子商务企业需要寻求与拥有完善成熟的物流配送系统的商业企业联合。连邦软件前几年开辟的网站"网上联邦(BtoB)"就是遵循"以传统商业模式为基础"而开展的。他们使用6年来在全国100多个城市建起的近300家加盟店进行BtoB业务,联邦总裁李儒雄甚至已经为加盟店算好了为消费者送货的成本。从这里可以看到,无论对加盟者还是对消费者,"网上联邦"的"地基"是坚实的。他们的盈利是实实在在从"商务活动"得来的,对于连邦来讲,BtoB只是个加速器。而传统的连锁商业企业利用其成熟的分销网络,向电子商务领域进军。特许品牌在发展地面的联合扩张的同时也向电子商务领域寻求新的联合。如今,通过使用互联网、局域网和网上采购等新技术,特许者拥有了更经济的手段加速体系的扩张。目前,大部分特许企业都建立了自己的网站,其目的除招募加盟者,还进行网上会议、各种资讯的传输和接收。很多加盟者也自己开办网站以吸引当地的消费者,除了服务顾客,很多特许企业开始发起网上批量采购活动,让加盟者订购设备、货品,供应商直接向加盟店供应,并获得更优惠的价格。所以,连锁化和电子化是未来连锁发展的必然趋势。

十一、物流配送中心将主导连锁零售业

在连锁零售业中,配送中心起到了批发零售、商流物流结合为一体的新型商业的核心作用。它是集采购、送货、配货、服务于一体的多功能服务机构,是企业经营规模和效率的集中体现;同时为供应商提供了方便。由于配送中心的枢纽作用,它将在高效的价值链中起核心作用,将主导连锁的发展方向。如德国汉高公司在德国只需要4个连锁企业就可以达到汉高90%的销量。高效的价值链管理主要由先进的信息、通信、管理来实现的。其中最主要的部分是MIS系统。MIS的核心部分是POS系统、EDI系统、EOS系统。

十二、全球型供应商条件谈判将更加普遍

现在,大型的连锁零售企业在逐步实行全国化、全球化采购。将来商店的识别将不以商品的地方特色和采购地来区分,而是以所属的业态、市场定位、目标顾客及品牌、服务特色来区分。例如,法国的主要商团之一"欧尚"(Auchan)集团已在十几个国家建立了200多家不同规模的超级市场,分别占其大中型超市的20%左右。为了采购物美价廉的商品,分别在美国、中国、泰国等国家设立了采购点。

第四节 连锁经营的基本类型

连锁经营是一种商业组织形式和经营制度,是指经营同类商品或服务的若干个企业,以一定的形式组成一个联合体,在整体规划下进行专业化分工,并在分工基础上实施集中化管理,把独立的经营活动组合成整体的规模经营,从而实现规模效益。连锁经营包括直营连锁、特许连锁和自由连锁三种形式。

一、直营连锁

(一)直营连锁的定义

直营连锁也称正规连锁、公司连锁,是连锁企业总部通过独资、控股或兼并等途径开设门店,发展壮大自身实力和规模的一种连锁形式。连锁企业的所有门店在总部的直接领导下统一经营,总部对各门店实施人、财、物及商流、物流、信息流等方面的统一管理。意思指透过经营渠道的拓展从消费者手中获取利润。因此直营连锁实际上是一种"管理产业"。

国际连锁协会对正规连锁经营的定义是:以单一资本直接经营的11个商店以上的零售

业或餐饮业。我国将正规连锁称为直营连锁；连锁店应由 10 个以上门店组成，实行规范化管理。

（二）直营连锁的特点

财产所有权和经营管理权均高度集中在连锁总部，总部对同属于一个资本的多个店铺，实行高度统一的经营管理。同时各个分店的经理均是总部聘用的高级职员，而不是分店的拥有者。

（三）直营连锁的优缺点

1. 直营连锁的优点

它的高度集权管理，可以统一调度资金，统一经营战略，统一管理人事，统一开发和利用企业整体性资源，具有雄厚的实力，易于同金融机构、生产厂家打交道，可以充分规划企业的发展规模和速度，在新产品开发与推广、信息管理现代化方面也能发挥出整体优势。

2. 直营连锁的缺点

由于直营连锁是以单一资本向市场辐射，各门店由总部投资一家家兴建，因而易受资金、人力、时间等方面的影响，发展规模和速度有限。此外，各分店自主权小，利益关系不紧密，其主动性、积极性、创造性难以发挥出来。

二、特许连锁

（一）特许连锁的定义

特许连锁又称合同连锁、加盟连锁、契约连锁，是指通过签订合同，特许人将有权授予他人使用的商标、商号、经营模式等经营资源，授予被特许人使用；被特许人按照合同约定在统一经营体系下从事经营活动，并向特许人支付特许经营费。

（二）特许连锁的特征

（1）核心是特许权的转让；

（2）特许连锁的所有权是分散的，经营权是集中的；

（3）总部在特许经营期间内，向加盟店提供必需的所有信息、知识、技术和训练等，同时授予店名、商标、服务标志等在一定区域内的垄断使用权，开店后还要继续经营指导；

（4）连锁加盟店向总部采购设备和原料，每个加盟店所采用的原料必须一致，不得自行购买，破坏合同；

（5）加盟总部提供特许权许可和经营指导，加盟店为此要支付一定费用。

（三）特许连锁的优缺点

特许连锁的优缺点主要表现在盟主和加盟者两个方面。

1. 对盟主来说的优点

（1）既节省了资金，又有扩大市场的机会，提高了知名度，加速了连锁事业的发展；

（2）开展新业务时，合伙人为其共同分担商业风险，能够大大降低经营风险；

（3）特许店成为稳定的商品流通渠道，有利于巩固和扩大商品销售网络；

（4）盟主可根据加盟店的营业状况、总部体制和环境条件的变化调整加盟店，掌握连锁经营主动权；

（5）统一加盟店的店面设计、店员服装、商品陈列等，能对消费者和企业界形成强大而有魅力的统一形象，有助于企业形象和品牌的塑造。

2. 对加盟店来说的优点

（1）用较少的资本就能开展创业活动；

(2) 没有经验的创业者也能经营商店，可以减少失败的危险性；

(3) 能借用连锁总部的促销策略；

(4) 能进行知名度高的高效率的经营，能够接受总店参谋的指导，以持续扩大和发展事业；

(5) 稳定的销售物美价廉的商品，并能够专心致力于销售活动；

(6) 能够迅捷地适应市场变化。

3．对盟主来说的缺点

(1) 虽然盟主强调需要高素质的加盟者，但是具体对加盟者"素质"的考核不容易把握，造成加盟者的素质参差不齐；

(2) 服务的标准容易制定，但是各个加盟店具体实施时很难做到完全统一，不容易做到所有加盟店都为顾客提供高品质的服务；

(3) 有些加盟者在进货时贪图便宜，从其他渠道购买一些质量差的原料或产品等，从而影响连锁企业信誉；

(4) 虽然加盟者有接受总部短期培训以强化专业知识及店面经营治理的能力，但店面经营治理能力是要实际融入店内经营及长时间的培养才能养成的；

(5) 盟主有好的运营策略，但是具体在各个门店实施时，可能遇到加盟者的阻力。

4．对加盟店来说的缺点

(1) 由于连锁企业对于全体的一致性要求严格，加盟店如想完全独立自主是不可能的；

(2) 由于合同书上已有详细的规定，因此加盟店不太可能有自己的创意。当然加盟店可以将好的创意向总公司反映，也有被接受的可能；

(3) 由于商品及补充设备等，都是标准化、规格化的，所以货源补充渠道受限；

(4) 由于合同的限制，加盟店如果想把生意转卖给第三者，在未得到总公司同意前，是不被允许的，即使该店的土地及建筑物，都是加盟店自身所拥有，但通常只要原加盟者没有继续经营的意愿，而一切又遵守合同上的规定时，总公司也希望换一位经营意愿高的新加盟店主；

(5) 即使在合同终了之后，如果是从事类似的商业活动，仍是有若干的限制。

【案例 1-2】

全聚德特许店各有各的"味"

全聚德共有 400 多个品种的菜肴，与"麦当劳"和"肯德基"相比，它显得太复杂了。但是既然消费者能在不同的"麦当劳"吃到相同味道的汉堡包，就必须要在不同的全聚德里吃到同一味道的烤鸭。这既是市场的要求，也是实行特许经营的关键步骤。于是集团投巨资建成全聚德食品厂，也就是自己的"中心加工厨房"，对鸭、饼、酱实行统一加工、统一配方、统一销售及统一配送。经过 8 个多月的定标工作，全聚德终于推出了除烤鸭外的 22 种"标志性菜品"，要求所有特许店必须经营。为贯彻制作标准，集团组织了严格的培训工作，不合格者先下灶，再下岗，以确保全聚德的菜品品质能够统一。除了"标志性菜品"外，各加盟店可以八仙过海，各显神通。比如四川全聚德可以经营川菜、广东全聚德可以经营海鲜。让消费者既有目标性、又有选择性，将全聚德的共性与各加盟店的个性有机地结合起来。

全聚德是特许连锁的典范。特许连锁是指连锁者将自己拥有的商标（包括服务商标）、商号、产品、专利或专有技术、经营模式等,以特许经营合同的形式授予被特许者使用,被特许者按照合同规定,在特许者统一的业务模式下从事经营活动,并向特许者支付相应费用的一种商业经营形式。

全聚德通过加盟条件和加盟者签订合同,加盟者要符合相关条件和遵守全聚德的制度,接受全聚德的统一配送,统一使用全聚德的微电脑烤鸭炉,统一使用全聚德的餐饮计算机管理系统,缴纳相关特许经营费用,没有自己的经营权。加盟者对自己的店拥有所有权。

特许经营的最大好处是能实现低成本扩张,没有资金上的投资风险。全聚德最近准备面向全国招商,只有通过这种方式才能实现快速发展,抢占市场。但是特许经营对于品牌、声誉等无形资产可能带来的损失不可低估。尽管特许经营会对加盟店进行技术、服务、管理等方面的指导和培训,但加盟店的经营水平最终还是取决于该店自身的管理水平。

由于特许方与受许方是利益双方的关系,因此在财务统计上有难度。全聚德曾按营业额的百分比向特许店收取"牌匾费",但无法得到特许店的真实营业额数据,于是只好改变为保底的方式,根据特许店各方面条件进行测算,估计它的获利能力,在此基础上收取"牌匾费"。技术流失也是特许经营的一大弊病,有一些加盟店,在掌握了技术之后,改头换面,另起炉灶。为了避免技术流失,全聚德制定了商业保密协议,从制度、法规上逐步完善对技术的保护。

资料来源:新经济

三、自由连锁

(一) 自由连锁的定义

自由连锁也称自愿连锁,是指一批所有权独立的商店,自愿归属于一个采购联合组织和一个服务管理中心领导,在总部的指导下共同经营。各成员店使用共同的店名,与总部订立有关购、销、宣传等方面的合同,并按合同开展经营活动。在合同规定的范围以外,可以自由活动。根据自愿原则,各成员店可自由加入连锁体系,也可以自由退出。各成员店是独立法人。

(二) 自由连锁的特征

(1) 所有权、经营权、财务权均是相对独立的;
(2) 总部与成员店之间的关系是协商与服务的关系;
(3) 维系自由连锁的纽带是双方协商签订的合同。

(三) 自由连锁的优缺点

1. 自由连锁的优点

其门店的独立性强、自主权大、利益直接,有利于调动积极性和创造性;连锁系统的集中管理指导,有利于提高门店的经营水平;统一进货、统一促销,有利于各门店降低成本,享受到规模效益的好处。

2. 自由连锁的缺点

其联结纽带不紧,凝聚力相对较弱;各门店的独立性大,总部集中统一运作的作用受到限制,因而组织不够稳定,发展规模和地域有一定的局限性;由于过于民主,决策迟缓,相对来说竞争力受到影响。

(四) 自由连锁的两种主要形式

第一种是以几家中小企业联合为龙头,开办自由连锁总店,然后吸收其他中小企业加盟,建立统一物资配送中心,所需资金可以通过在分店中集资解决。

第二种是由某批发企业发起,与一些具有长期稳定交易关系的零售企业在自愿原则下,结成连锁集团,批发企业作为总部承担配送中心和服务指导功能。

直营连锁、特许连锁和自由连锁的区别见表 1-1。

表 1-1 三种连锁经营形式的比较

连锁形态	直营连锁(RC)	自由连锁(VC)	特许连锁(FC)
决策	总部作出	参考总部旨意,分店有较大自主权	以总部为主,加盟店为辅
所有权	总部所有	成员店所有	加盟店所有
经营权	非独立	独立	非独立
分店经理	总部任命	成员店主	加盟店主
商品来源	总部统一进货	大部分经由总公司,部分自己进货	总部统一进货
价格管制	总部规定	自由	原则上总部规定
促销	总部统一实施	自由加入	总部统一实施
总部分店关系	完全一体	任意共同体	契约关系
分店建议对总部影响	小	大	小
分店上交总部指导费	无	5%以下	5%以上
合同约束力	总部规定	松散	强硬
合同规定加盟时间	—	多为 1 年	多为 5 年以上
外观形象	完全一样	基本一样	完全一样

【案例 1-3】

SPAR 的自由连锁

奥地利 SPAR 的前身是奥地利的 11 家批发商,在 20 世纪 50 年代加入 SPAR 国际,经过 20 年的发展与合作,这 11 家批发商建立了充分合作和信任的关系,统一品牌、统一理念、统一规则,并最终合为一体,组建了一家股份制公司。目前,奥地利 SPAR 拥有 1000 多家独立的零售商,占到了该国 30%以上的市场份额,牢牢占据了第一的份额。由于来自国际 SPAR 的强大压力,使得原来进入奥地利的家乐福也不得不撤出奥地利市场。近年来 SPAR 在日本长驱直入,目前拥有 1200 多家店铺。拥有 70 多年成功经验的 SPAR 将为中国企业带来全球最成功的店铺营运经验、物流配送体系和先进的店铺设计,为中国中小零售企业带来的将是一个在全世界享有盛誉、并将持续发展的自由连锁品牌。国际 SPAR 于 2004 年正式进入中国,在中国以省区为基本单位接纳成员。

山东家家悦、河南思达、湖北雅斯、广东嘉荣和国际 SPAR 通过股份合资形式成立的中国 SPAR 签约成立。据悉,总部设在上海的中国 SPAR,与 4 家中国区域连锁合资组建的股份公司,将发力中国市场。据介绍,上述 4 个省的 SPAR 大卖场和超市总数达到 25 家,营业面积达到 12 万平方米。

目前 SPAR 在中国的 4 家合作伙伴的合并销售额超过 7.5 亿欧元,所有合作伙伴在过去 3 年中的年平均增长率接近 50%。中国 SPAR 的成立,在未来 3 年时间内,将在山东、河南、湖北和广东 4 省发展 150 家 SPAR 大卖场和超市。

SPAR 经营模式是企业之间为共同利益而结成的一种合作关系——自由连锁。是现有的独立零售商、批发商或制造商之间的横向或纵向的经济联合形式。

SPAR 之所以能够成为全球第一自愿连锁组织,是因为它为全球各国的中小零售企业提供了国际上最优秀的超市经营技术和信息，介绍 SPAR 网络的组织、协调与交流经验，促进众多的连锁盟友之间合作销售，用统一而有效的商品营销、展示方式吸引消费者。

中国众多的区域中小零售企业正处于生存空间迅速萎缩、竞争压力空前增大的不利境地。SPAR 所扮演的角色，就是帮助各国的区域中小零售企业提高自身的竞争能力，给区域中小零售企业带来更多的价值。SPAR 大卖场、超市、便利店三种业态共同发展，帮助合作伙伴吸收 SPAR 先进的经验和经营技术，提高他们的水平，这将对更多的中国中小零售企业产生吸引力，然后再以他们为中心，展开与独立零售店的合作。SPAR 将与供应商就优惠的采购条件进行谈判。不是仅针对国际性品牌的供应商，而是针对任何有利于相互合作的供应商，以此来支持区域中小零售企业，同时，也为供应商提供出口的机会。

资料来源：中国商贸

本章小结

连锁经营是一种商业组织形式和经营制度，是经营同类商品或服务的若干个企业，以一定的形式组成一个联合体，在整体规划下进行专业化分工，并在分工基础上实施集中化管理，把独立的经营活动组合成整体的规模经营，从而实现规模效益，它是一种经营模式。

本章重点介绍了连锁经营的含义、特征、连锁经营的类型以及各自的优缺点，在此基础上分析了连锁经营与传统经营的区别。并详细分析了连锁经营的优势与风险，指出了规避风险的方法。

复习思考题

1. 连锁经营的特征有哪些？
2. 比较三种连锁形式的差异。
3. 连锁企业经营的优势及风险有哪些？如何规避风险？

案例分析

"掉渣儿烧饼"的流星命运

一、流星闪耀："掉渣儿烧饼"的扮靓策划

烧饼本不是什么新鲜事物，然而晏琳却能把一个小小烧饼迅速做大，卖遍各大城市。归纳其成功的原因主要有三点：独特卖点，特许加盟，"软文"宣传。

1. "土得掉渣儿" + "土家风味" = 极具特色的产品概念

"掉渣儿烧饼"的首战告捷很大程度上归功于它起了一个好名字。总部从"视觉""嗅觉"和"味觉"三个方面对一个普通的产品进行了包装。这么一来，小小的烧饼迅速从主食升级到休闲食品的行列，身价也翻番。

（1）视觉方面，掉渣儿烧饼与传统烧饼在制作工艺上并没有太大差别。所不同的是，"掉渣儿烧饼"添加了肉馅，并且肉馅涂抹在烧饼表层。表面的肉料易掉渣，烧饼"掉渣儿"之名正缘于此。烧饼与肉料的组合，为"掉渣儿烧饼"赢得了"中国式比萨"的美誉。在外形上，"掉渣儿烧饼"单饼直径约18厘米，厚度约1.2厘米，比传统烧饼稍大，因此大多数消费者认为2元的售价比较实在。在外观上，"掉渣儿烧饼"表面呈金黄色或棕黄色，容易引起人们的食欲。其产品包装也独具匠心，醒目的牛皮袋包装吸引了众多消费者的眼球。这个成本仅一毛左右的包装袋，在兜起渣儿的同时也起到了品牌宣传的作用。门面是用竹子、木条和簸箕装修的，尽管简单朴实，但这种返璞归真的设计如同现代都市中的另类，老远就能吸引住消费者的眼球。相比传统烧饼的小作坊式的路边摊，"掉渣儿烧饼"显然更胜一筹。

（2）嗅觉方面，"掉渣儿烧饼"的"七里香"是吸引顾客最为直接的方式，因为嗅觉最容易引发食欲。人们追寻着这股扑鼻而来的独特香味来到店前，自然就加入了争购的行列。

（3）味觉方面，"掉渣儿烧饼"以土家风味著称。其实，很少有人知道正宗的土家口味是怎样的。但"掉渣儿烧饼"较重的口味迎合了大多数，尤其是年轻人的需求。经过高温烘烤后，肉馅中的油脂渗出，使面饼吃起来口感更加酥软爽口，并且油而不腻、口味浓香。

2. 特许加盟：烧饼"超强人气"＋"公司承诺"＝愿者上钩

短短三个月（2005年7~9月），"掉渣儿烧饼"人气一路飙升，门店达到39家（其中直营店4家，加盟店35家）。调查发现，其主要动力来自"掉渣儿烧饼"独创的"街头长队＋公司承诺"的特许加盟模式。街头长队人气旺，行人受好奇心驱使也纷纷加入。于是队伍越排越长，人气也越集越旺。长队效应表面上聚了消费者的超强人气，然而实际上也吸引了众多观望的中小投资者的目光。晏琳的第一家店于2005年3月份在学生密集的大学旁边开张，学生和行人排长队的"超强人气"把投资者们迎至总部门前，而"公司承诺"则把他们再推了一把。总部打出承诺"一天可卖出1500个烧饼，35天收回成本"，投资者们再也抵挡不住此般诱惑，纷纷掏出了加盟费。

3. "软文"宣传：为市场扩张推波助澜

在对"掉渣儿烧饼"总部的调查中，可了解到该公司除了2005年9月在城市T频道做了近一个月的车载广告外，没有投入其他的广告宣传。尽管如此，新闻媒体的"软文"宣传作用，足以产生广告般的轰动效应，为"掉渣儿烧饼"的兴起推波助澜。调查发现，不同时期，媒体重点宣传的主题也不相同。2005年6月、7月，媒体以宣传"女大学生创业——烧饼梦"为主；随后的8月、9月份，关于"各地刮起烧饼风"的宣传铺天盖地；而10月份至年底，多为对仿冒店的曝光，为晏琳打抱不平。最早关于"掉渣儿烧饼"的报道，可能是2005年6月楚天都市报刊登的一篇名为《白领丽人的烧饼梦》的文章。自那以后，武汉乃至全国的各大媒体开始对这一事件进行报道，尤其到2005年9月份，达到顶峰。楚天都市报还开通热线和短信留言，鼓励市民参与讨论"掉渣儿烧饼"何以大行其道的问题。于是就这样，小小"掉渣儿烧饼"被推向公众，吸引了众多市民慕名前来品尝。

二、流星陨落："中国式比萨"陷入市场困境

从2006年初开始，"掉渣儿烧饼"在武汉开始走下坡路。看一看其发展走势：首家店的建立（导入期）—22家加盟店（成长期）—39家店面的全盛（成熟期）—加盟店开始纷纷退出（衰退期）。如今，加盟总部开始转战技术转让市场，这意味着其招商加盟已经告一段落。为什么"掉渣儿烧饼"逃脱不了它的流星宿命？

1. 总部：草率扯起加盟大旗

（1）产品设计缺陷　小小的烧饼并没有多少技术含量，不论对其进行何种产品概念包装——"土家"也好，"掉渣儿"也好，烧饼终究只是一个烧饼。产品技术含量低，直接导致被诸如"掉渣""掉渣渣""土掉渣"等的相继模仿，使得"掉渣儿"品牌形象难以脱颖而出，竞争乏力。此外，由于其产品过于单一，且没有后续升级产品跟进，不能适应消费者口味的变化。而不能满足消费者需求的直接后果就是消费人群的迅速减少。

(2) 盲目连锁 在连锁加盟的可行性上，根据国家《商业特许经营管理办法》，"掉渣儿"当时并不具备特许经营的资格。其在不熟悉国家政策环境的情况下，就盲目加盟连锁，最终导致官司接连缠身。从加盟门槛设置上，由于项目的启动资金不高，3 万元加盟费和 1 万元的保证金，一般的中小投资者都拿得出来。再加上，加盟总部对加盟店店主和店员资质、店铺选址要求、营业面积等都没有严格的限制，导致加盟商的素质、能力参差不齐，因此也很难保证店面的一致性和规范性。从加盟速度控制上，"掉渣儿烧饼"自身扩张过快，以致后劲不足。加盟总部追求眼前利益，没有注重品牌长足发展，把培育品牌形象的黄金时间用来招商加盟，导致没有在消费者中形成稳固的品牌形象，最终竞争失利。

(3) 自我管理能力不足 加盟总部急速扩张带来了店与店之间的竞争、品牌形象受损等诸多问题。而要维护一个近 40 家门店的加盟体系的正常运作，健全的管理制度和完善的日常管理与监督非常重要。然而，总部一心只想如何招收加盟商，忽略了对整个加盟体系的运营管理。原本能力不高的加盟商，又缺乏总部的支持和统一管理，当然会陷入困境。例如，总部推出第二代新品——"马打滚"和"泡椒软饼"遭受市场冷遇后没有了下文；眼下，加盟店的日子越来越艰难，加盟总部却没有及时采取积极有效的措施帮助他们渡过难关；甚至后来总部干脆弃加盟商于不顾，以技术转让开拓省外市场。

2. "李鬼"：抢食加盟市场

跟风店多，仿冒的加盟总部也多。上网随便一搜，就能搜到很多关于"掉渣儿烧饼"招商加盟或技术转让的热帖和网页。"掉渣儿烧饼"的秘方曾一度在网上被贱卖到几十元，另外还有技术培训光盘等出售。一时间，眼疾手快的人们纷纷瞄准这一市场，欲分得一杯羹。然而，市场容量就那么大，"掉渣儿烧饼"抢食的人却越来越多。如此一来，"掉渣儿烧饼"的价格劣势限制了其进一步扩张。最为严重的是，消费者被这顷刻间出现的众多品牌混淆了视线。笔者曾经私下调查过三家"李鬼"，了解到在他们那里只需要缴纳学费 1500～2000 元（根据人数、是否下岗等还可以打折），花 2 天时间就可获得所有配方和技术。甚至到了后来，连"宫廷桃酥王""江西桃酥王"以及一批蛋糕店也开始兼营各种名称的掉渣儿烧饼了。

3. 加盟者：短视的投机者

(1) 捞一桶就走的加盟商 这一类加盟者一般有一定本钱，但往往眼光短浅，只是追求短期利润的快速增长。哪里赚钱且见效快就往哪里投资，先捞得第一桶金再说。由于经商多年，他们对市场有着敏锐的洞察力。一旦发现市场有萎缩趋势迹象，他们便会马上抽资退出，寻找下一个可供加盟的项目。

(2) 赚一点就行的加盟商 绝大多数加盟者属于这一类。与上一类相比，他们没有那么多本钱。投资的目的往往是想赚一点钱，以维持生计。这一类加盟主最为典型的就是下岗工人，他们的本钱有时是向亲戚朋友七拼八凑来的，打算赚了钱再慢慢还债。因此，除非是完全无利可图，这一类投资者一般会在这个项目上维持比较长的时间。但调查发现，由于加盟总部没有把集中采购得到的优惠直接转让给加盟店（总部把在市场上以 2.5 元/斤就可批发购得的肉馅以 5.9 元/斤售给加盟商），为了降低成本，有的加盟商竟绕过总部，自购肉馅。如此一来，既破坏了"游戏规则"，又难以保证产品的质量，更糟的是，一旦加盟商纷纷自行采购，总部的规模经济体系将濒临崩溃。

(3) 玩一把心跳的加盟商 还有少数加盟商自己就是老板，投资此行并不纯粹为了赚钱，而是想涉足一个新领域。或者说他们也在模仿，因此出现了诸多加盟店私下进行"技术转让"的现象。虽然在加盟手册中会有相应的条款限制，但在利益的驱使下，这些加盟商也愿意铤而走险,尤其是加盟招商赚的钱比自己卖烧饼要快得多的时候。总部发展加盟商,而加盟商又发展自己的下线,从这个有趣的现象中,似乎可以看到传销的影子。

4. 消费者:尝鲜之后的分流

调查发现,消费者的初次购买动机大体相同:"看到很多人排队,也想前去尝尝新鲜。"所以随着其新鲜感的退去,市场必然出现衰落势头。

(1) 理智型的流失　大多数消费者新鲜感过后,在选购前会更多地考虑产品的口味、卫生甚至是营养健康等。据调查,消费者对"掉渣儿烧饼"的口味评价并不高:有近60%的受访者认为"掉渣儿烧饼"味道一般;有50%以上的人购买不超过3次,且购买时间多集中在2005年9月。可见在理性消费观念的驱动下,这类人群重复购买烧饼的比例越来越少。

(2) 情感型的游离　另一部分消费者仍会继续购买,但是他们购买的对象并不固定。也就是说,他们不一定是"掉渣儿烧饼"的忠实消费者。这是因为,市场上过多过滥的"掉渣儿烧饼"品牌,冲淡了消费者的品牌意识,即他们并不在意哪一家是所谓正宗的,哪一家是仿冒的。因此,"掉渣儿烧饼"并没有形成一批忠实的顾客群,而只能加入混乱的市场大流中参与无差异竞争。

思考题

1. 假如你是"掉渣儿烧饼"品牌的拥有者,你会采取何种经营模式来发展自己?
2. 你怎样实现连锁加盟模式的有效管理,使规模与规范并重?

实训项目

【项目一】选择当地国内外连锁知名企业,去感受企业的每家门店,试总结连锁经营的特征。

【项目二】以小组为单位,选择一家我国老字号连锁经营企业,分析它的风险及控制方法。

第二章 连锁企业战略

引导性案例

国美与苏宁的战略比较

国美和苏宁是我国两大家电连锁巨头，一个在资本市场上长袖善舞，霸气十足；一个无论在商业资本还是实业资本上左右逢源。它们的出现改写了家电零售市场的格局，它们的发展历程让人艳羡。分析成功的原因，重要的是它们选择了连锁经营的发展模式，但是进一步分析研究可以发现，这两大家电巨头实行的经营战略是不相同的，这是它们能同时发展壮大的原因之一。下面来进行比较。

国美采取"直营连锁"和"加盟连锁"两种经营形态，价格是它的主要竞争手段，强调的是"薄利多销"。而苏宁完全是"直营连锁"，它除了最大限度地降低成本外，核心战略是优秀的服务，这是它最大的特色。国美的经营优势在于集团采购和规模化发展，而苏宁的优势在于集团采购和服务品牌。

国美的服务完全是外包的，而苏宁的服务完全是自营的，建立了具有自身特点的完整的服务体系。国美的外包式服务和苏宁的自营式服务并没有可比性，在某种程度上，国美的外包式服务更代表一种未来专业化经营的发展方向。

从经营理念上讲，苏宁强调的是"合作共赢"和自己的特色服务，而国美则重点突出自己"创新领先"的经营理念。

"至真至诚，苏宁服务"的服务理念演绎出苏宁管理。苏宁的服务范围包括供应商、分销客户、消费者等。这种全面服务的理念和行动，有效地增加了供应商、客户和消费者对苏宁品牌的信任感和忠诚度。国美的服务理念则是有些本色平和的"诚信为本"。国美的《经营管理手册》中，从企业文化、组织管理规范、经营模式、各岗位的职能到工作流程、标准及管理制度，都有严格而切合实际的行为规范。

国美与苏宁最大的不同就是：一个是"信"，另一个是"真"。二者的好坏无从比较，但可以从中窥视企业的经营之路、发展方向以及奋斗目标等。二者在战略方面，已经分别走出了各具特色的经营之路。

资料来源：何森. 连锁为王. 北京：中国经济出版社，2005.

学习目标

了解连锁企业目标市场分析；　　　　熟悉连锁企业目标市场的选定方法和市
掌握连锁企业的运营战略；　　　　　场定位策略；

掌握连锁企业市场竞争战略； 掌握连锁企业扩张战略。

通过本章的学习，能够分析和选择连锁企业的目标市场；根据市场定位策略，对连锁企业进行正确的市场定位；能够分析连锁企业规模经济，并能协助高层制定顾客满意战略、市场竞争战略和扩张战略。

第一节 连锁企业目标选择与市场定位

竞争作为市场经济的基本特征之一，是任何企业都无法回避的。只要有市场蛋糕在，就必然存在着竞争。优胜劣汰是自然界的法则，也是市场的法则。连锁企业要在激烈的市场竞争中立于不败之地，实现永续经营的目标，就必须制定正确的市场竞争战略，这样才能在与对手的竞争中不断巩固和提高自己的市场地位，实现既定的经营目标。

连锁企业既具有企业的共同特点，又具有连锁经营企业的特点。在企业的目标和市场定位上，连锁企业同样体现了这一特征。连锁企业目标市场确定需要经过三个步骤，如图2-1所示。

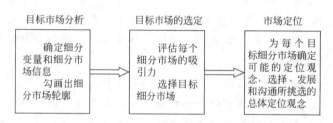

图2-1 连锁企业目标市场确定的步骤

一、连锁企业目标市场分析

即便是沃尔玛、家乐福、肯德基等这样的全球经营的企业，也不能把产品和服务覆盖到市场的每一个角落，总是有其核心的市场覆盖区域。所以，连锁企业首要要确定的就是自己的目标市场，是做一线城市，还是做二线和三线城市，是商圈型环境还是社区型环境。环境不同，其竞争的焦点和程度是不一样的。同样，也没有一家企业能够做满足全部消费者的需要，其目标消费群体也是一定的。是做男性消费群还是女性消费群，是做儿童群体还是做青少年群体，是做高收入群体还是中、低收入群体，不同消费群体之间的诉求有根本性差别，其竞争的形态和方式也会产生很大的变化。目标市场分析的主要任务有以下几点。

1. 分析购买行为

消费者购买行为分析的内容可以概括为6W2H。

（1）who 谁构成该市场？谁购买？谁参与购买？谁决定购买？谁使用所购产品？谁是购买的发起者？谁影响购买？

（2）what 购买什么产品或服务？顾客需要什么？顾客的需求和欲望是什么？对顾客最有价值的产品是什么？满足顾客购买愿望的效用是什么？顾客追求的核心利益是

什么？

(3) which　购买哪种产品？在多个厂家中购买哪个厂家的产品？在多个品牌中购买哪个品牌的产品？购买著名品牌还是非著名品牌的产品？在有多种替代品的产品中决定购买哪种？

(4) why　为何购买？购买目的是什么？为何喜欢？为何讨厌？为何不购买或不愿意购买？为何买这不买那？为何选择本企业产品，而不选择竞争者产品？为何选择竞争者产品，而不选择本企业产品？

(5) when　何时购买？什么季节购买？何时需要？何时使用？曾经何时购买过？何时重复购买？何时换代购买？何时产生需求？何时需求发生变化？

(6) where　何地购买？在城市购买还是在农村购买？在超市购买还是在农贸市场购买？在大商场购买还是在小商店购买？

(7) how　如何购买？如何决定购买行为？以什么方式购买（现场选购、邮购、网上购买、电视购物等）？按什么程序购买？消费者对产品及其广告等如何反应？

(8) how much　购买数量是多少？一定时期的购买次数是多少？一定时期的购买频率是多少？人均购买量多少？总购买量是多少？

2. 进行市场细分

(1) 市场细分的依据　常用的几个具有代表性的市场细分的依据主要有地理变量、人文变量、心理变量、行为变量等。具体内容见表 2-1。

表 2-1　消费者市场细分依据

细分标准		具体项目
地理变量	行政区划	东北、华北、华东、中南、西南、西北
	城镇类型	直辖市、省会城市、大城市、中等城市、小城市、乡镇
	自然环境	高原、山区、丘陵、平原、湖泊、草原
	气候条件	干燥、潮湿、温暖、严寒
人文变量	性别	男性、女性
	年龄	婴幼儿、儿童、少年、青年、中年、老年
	职业	工人、农民、干部、公务员、教师、经理、厂长、营销员等
	人均收入/元	300 以下、300～500、500～1000、1000～2000、2000 以上
	受教育程度	小学及以下、中学、大学、研究生等
	家庭成员状况	1～2 人、3～4 人、5 人以上
	宗教信仰	佛教、道教、基督教、天主教、伊斯兰教等
	民族	汉族、回族、藏族、苗族、傣族、壮族、高山族、朝鲜族等
心理变量	社会阶层	上上层、中上层、中层、上下层、中下层、下层
	相关群体	家庭、亲朋、工作同事、团体、协会、组织、明星、影星
	生活方式	传统型、保守型、现代型、时髦型
	个性特征	理智型、冲动型、情绪型、情感型
行为变量	利益诉求	品牌、质量、价格、功效、式样、包装、服务
	购买时机	规律性、无规律性、季节性、节令性、非节令性
	使用状况	从未使用过、少量使用过、中量使用过、大量使用过
	使用频率	曾经使用者、首次使用者、经常使用者
	品牌忠诚	坚定忠诚者、不坚定忠诚者、转移者、非忠诚者

(2) 市场细分的原则

① 足够大。细分市场必须足够大，以保证其有利可图。
② 可识别。细分市场必须是可以运用人口统计因素进行识别的。
③ 可达到。细分市场必须是媒体可以接触到的。
④ 差异性。不同的细分市场应该对营销组合有不同的反应。
⑤ 稳定性。就其大小而言，各细分市场应该是相对稳定的。
⑥ 增长性。好的细分市场应该具有增长的潜力。
⑦ 空白点。细分市场如果被竞争者牢固占领，则其吸引力会大大减低。

3. 选定目标市场

选定目标市场就是在上述细分的市场中决定企业要进入的市场，回答顾客是谁，产品向谁诉求的问题（详见本节二、连锁企业目标市场的选定）。

4. 实行市场定位

在目标市场中为产品找到一个与其他竞争产品相比，明确、独特而又恰当的位置。也就是说，市场定位要根据所选定目标市场上的竞争者产品所处的位置和企业自身条件，从各方面为企业和产品创造一定的特色，塑造并树立一定的市场形象，以求在目标顾客群中形成一种特殊的偏爱（详见本节三、连锁企业的市场定位）。

二、连锁企业目标市场的选定

中国是世界上最具潜力的市场，但今天绝大多数活跃于其间的连锁企业都认识到，他们根本不可能获得整个市场，或者至少不能以同一种方式吸引住所有的购买者。因为一方面，购买者实在太多、太分散，而且他们的需要也千差万别；另一方面，企业在满足不同市场的能力方面也有着巨大的差异。因此，每个企业都必须找到它能最好满足的市场部分，也就是要选定自己的目标市场。

（一）目标市场模式选择

一般来说，连锁企业可采用的目标市场模式有五种，如图 2-2。

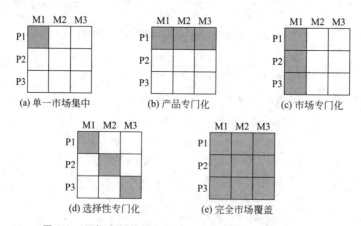

图 2-2　目标市场模式示意（P 代表市场，M 代表产品）

（1）单一市场集中　连锁企业选择一个细分市场集中营销，这是最简单的模式。如可以选择糖尿病患者作为一个细分市场进行连锁经营。

（2）产品专门化　连锁企业向各类顾客销售某类产品。例如苏宁电器、国美电器以及三联家电就是走产品专门化模式，这些连锁企业向不同的顾客群体销售不同种类的电器，而不去销售非电器产品；雅芳、屈臣氏等专门向各类顾客销售化妆品；麦当劳、肯德基、全聚德、小肥羊以及很多的医药连锁企业等也都是走的产品专门化路线。这些连锁企业通过这种产品专门化战略，在各自的产品方面树立起很高的声誉。

（3）市场专门化　连锁企业专门为满足某个特定顾客群体的各种需要而服务。例如华婴阳光孕婴童用品专门为孕妇和婴幼儿顾客群体服务；红黄蓝专门为儿童服务，都获得良好的声誉。

（4）选择性专门化　采用此法选择若干个细分市场，其中每个细分市场在客观上都有吸引力，并且符合公司的目标和资源。但在各细分市场之间很少有或者根本没有任何联系。这样可以分散公司的风险，即使某个细分市场失去吸引力，公司仍可继续在其他细分市场获取利润。

（5）完全市场覆盖　是指公司想用各种产品满足各种顾客群体的需求。只有大连锁企业才能采用完全市场覆盖战略，例如沃尔玛、乐购等购物中心，现在都集购物、餐饮、休闲、娱乐于一体。

（二）影响目标市场策略选择的因素

1. 企业的资源能力

企业的资源能力主要包括企业的人力、物力、财力等。这是选择目标市场的首要因素。如果企业的资源雄厚，人力、物力、财力充裕，则可采用差异性或无差异性市场营销。反之，如果企业的资源薄弱，人力、物力、财力不足，则实行集中性市场战略为宜。例如，国内的不少连锁企业，由于资源条件相对还很薄弱，如想在市场上占有一席之地，则以采用集中性市场战略为上。

2. 产品性差异

这是指产品自然属性的差异和消费者对产品需求选择的程度。一般来说，自然品质差异较小的产品，消费者对其产品特征的感觉相似程度较高，购买时的选择性较低，就可以采取无差异性营销策略。反之，品质差异性大、选择性强的产品，则宜采用差异性或密集性营销策略。

3. 产品生命周期

企业应随着产品所处的寿命周期阶段的变化采取不同的营销策略。一般来说，企业的新产品处在投放市场的导入期宜采取无差异性营销策略，或针对某一特定细分市场实行集中性市场营销，以便提高产品的知名度，探测市场需求和潜在顾客情况，也有利于节约市场开发费用。当产品进入成长期和成熟期以后，竞争者增多时，应采取差异性营销策略，以应付竞争或开拓新的市场，延长产品生命周期。当产品进入衰退期后，企业为了集中力量对付竞争者，则宜采用集中性市场战略。

4. 竞争者的策略

一般说来，企业所采用的营销战略应与竞争对手有所区别。当竞争对手采取无差异性市场战略时，本企业应实行差异性市场战略，而当竞争对手采取差异性市场战略时，本企业应考虑实行更深一层的差异性或集中性市场策略。当然这只是一般原则还得根据竞争对手的力量和市场的具体情况而定。

5. 市场特点

市场特点主要是指消费者需求偏好等方面的类似程度。如果某市场消费者的需求偏好大致相同，宜在该市场采取无差异性市场战略；反之，如果消费者的需求偏好差异较大，则宜采取差异性或集中性市场策略。根据目标市场各个消费群的需求特点，分别设计几种不同的或特定的产品与营销组合。

目标市场的进入方式有以技术优势挺进市场；借助企业原有的声誉挺进市场；填补空白，大胆全面挺进市场收购现成的企业（是进入目标市场最为快捷的方式之一）；以内部发展的方式进入市场；合作进入市场等。企业进入市场的时间选择也很重要，过早或过晚切入市场对企业经营都不利。尤其是季节性强或具有特定消费对象的产品，适时视情况切入市场会收到事半功倍的效果。

三、连锁企业的市场定位

市场定位对连锁店尤为重要，因为市场定位不好将影响连锁店下属的所有分店。在中国人民生活水平大幅度提高、物质文化生活日益丰富的今天，不同类型消费者的消费需求呈多元化发展趋势，差异也愈加明显，这要求连锁企业的发展要有明确的顾客群。激烈的市场竞争也要求连锁企业进行目标市场定位。连锁业在我国发展非常迅速，连锁店之间、连锁店和其他商业企业间的竞争已达白热化程度。例如，北京市 1995 年以来几乎每周都有新的连锁店开业，在国际展览中心附近的商圈内，就有朝阳百货大楼、燕丰商场、柳芳路商场、燕丰分店、创益佳超市等大中型商业企业，这么多的商业企业都要争取一个目标市场，必然都不会有太大发展。目前，许多连锁店及大型商场经营亏损的一个重要原因就是目标市场定位不合理。因此，目标市场定位成为连锁店在竞争中求生存的必要手段。

连锁经营的市场定位包含以下含义：连锁企业的市场定位和连锁经营商品市场定位。

（一）市场定位的含义

企业进行了市场调查、市场细分、选择目标市场后，下一步就是市场定位了，也就是企业以何形象去面对市场。

市场定位就是在目标消费者的心中，勾画企业、产品在目标市场即目标顾客心目中的形象，使企业以及所提供的产品具有一定特色，适应一定顾客的需要和偏好，并与竞争者的产品有所区别，也就是塑造出自己的品牌个性及形象，主要有以下几点。

1. 企业给国内外政府、银行等机构的印象

如沃尔玛是美国和世界上最大的商业零售企业；7—11 连锁店是全球规模最大的便利店连锁系统；上海华联是全国销售额最多的商业零售企业。

2. 企业给行业内及相关企业的印象

在本行业内，企业的排名如何？企业是领跑者、竞争者还是跟随者，如上海联华、上海华联、北京华联，在我国商业零售业始终处于前几名。再就是饮料业，可口可乐是行业领跑者，百事可乐是行业竞争者，而非常可乐等则是市场跟随者。还有在行业内部，根据业务范围，企业是处于上、中、下游的哪个位置。比如，建材业是房地产业的上游，建筑业和装修业是房地产业的中游，房地产中介经纪业是房地产业的下游。再就是企业在经营过程中同相关企业的关系，也是企业定位的一项内容。在企业运作的价值链上，处于其他企业的上游，其他企业是你的客户，你为其他企业服务；处于下游，则其他企业为本企业服务。

3. 企业在消费者心目中的位置

企业的经营以服务于消费者、服务于社会为最终目的。企业的市场定位是否得到消费者的认可是至关重要的，消费者对企业的认识主要包括以下几点：企业在国际、国内市场上的地位；企业在行业内的地位；企业的规模大小、人才素质、设施水平等；企业服务的商圈大小、人口多少；企业服务对象的宽窄、服务水平的高低；企业商品满足顾客需要的程度（消费者满意率）等。

（二）市场定位的内容

市场定位的核心内容是设计和塑造产品特色或个性，而产品特色和个性则可能有多种表现。产品的特色或个性，可以通过产品本身来表现，如形状、成分、结构、性能、颜色等；可以从消费者产品的心理感受来表现，如产品可能使顾客感到朴素、时髦、典雅、别致、通俗、活泼、庄重等；还可以通过价格、质量、服务、促销方式等形式表现。

（三）市场定位的程序

一个完整的市场定位过程，通常有四个环节。

其一，调查了所竞争产品的形象和该产品在市场上所处的实际位置。

其二，调查消费者或用户对该产品的哪个或哪些特征最重视。消费者或用户对某种产品特征或属性的评价标准，消费者或用户通过哪些途径了解该种产品的属性或特征。

其三，根据以上两方面的资料，为本企业的产品设计和塑造某种个性或形象，这项工作通常是在产品开发过程中完成的。

其四，设计实施一系列旨在把产品个性与形象传达给顾客的营销活动，并根据实施效果及时调整和改进营销组合或者重新设计产品的地位。

市场定位是一个连续的过程，它不应仅仅停留在为某种产品或产品组合设计和塑造个性与形象阶段，更重要的是如何通过一系列营销活动把个性与形象传达给顾客。市场定位的最终目的是使商品的潜在顾客觉察，认同企业为商品所塑造的形象，并培养顾客对商品的偏好和引发购买行动。因此，企业在实施市场定位的过程中，必须全面、真实地了解潜在顾客的心理、意愿、态度和行为规律，提出和实施极具针对性的促销方案。只有这样才能从真正意义上使产品在市场上确定了适当的竞争地位。

（四）市场定位的类型

1. 无差异型市场定位

连锁店采取这种市场定位，一是不考虑细分市场的区别，推出一种产品来追求整个市场。无差异型市场定位的优越性在于成本的经济性，采用该市场定位的连锁店被看作是"制造业中的标准化生产和大批量生产在营销方面的化身"，可以降低存货、运输、广告、调研等方面的成本。但是，当同行业中有多家连锁店或其他商业企业采用该市场定位时，就会使最大的细分市场内竞争加剧，而较小的细分市场的需求得不到满足，各连锁店的利润都会减少。较早建立的连锁店和传统的商业企业多数采取无差异型市场定位方式，企图占领整个市场，但往往失掉了整个市场，随着营销观念的更新和市场竞争的加剧，越来越多的连锁店把目标市场定位在一个或几个细分市场上，无差异方式只适用于提供的产品或服务具有同质性的连锁店，如粮油连锁店、大部分快餐连锁店和美容、理发、洗染、冲印等服务业连锁店。

2. 差异型市场定位

连锁店采取差异型市场定位就是同时服务于几个不同类型的细分市场，或者根据每一门店新处地理区域内的消费对象来确定服务内容和服务政策。这种市场定位具有市场的适应性和变化上的灵活性，一般要比采用无差异方式创造出更大的总销售额。菲利普·科特勒在其著作《营销管理——分析、计划和控制》中提供了一个典型的案例：爱迪生兄弟公司所经营的 900 家鞋店可分为四类不同的连锁商店，以此来迎合不同的细分市场。查达勒连锁店出售高价的鞋子，贝克连锁店出售中等价格的鞋子，伯特连锁店出售廉价的鞋子，威尔达·佩尔连锁店着重面向需要非常时髦样式鞋子的顾客。人们可以发现，伯特、查达勒、贝壳 3 家连锁商店分别开设在芝加哥民族大街的 3 个街段上。尽管商店位置非常接近，却不影响它们的业务，原因在于它们的目标是妇女鞋类市场中的各个不同的细分市场。这一战略，使爱迪生兄弟公司成为全美国最大的妇女鞋类零售公司。

中国的一些连锁店采用差异型市场定位，收到了很好的经济效益和社会效益。例如，上海东方商厦本部的超级商场是以外国人和高消费层顾客为服务对象的，而开设在总店之外的连锁分店是以零售商、小批发商和普通消费大众为服务对象的。连锁经营由于分店众多，各地市场状况存在差异所以因地制宜、选择不同的目标市场，是符合连锁经营的特色的，有利于发挥连锁经营的规模优势，各分店最终可以形成合力攻占整个市场。但是，差异型市场定位会增加连锁店的经营成本，同时在制定不同的、互不冲突的服务内容和服务政策上也存在较大的难度。

3. 集中型市场定位

连锁店只选择一个细分市场，这就是集中型市场定位。该市场定位使连锁店提供的产品专一化，营销组合也是特定的，经营成本和管理难度都低。因此，只要连锁店选择的细分市场恰当，就能获得较高的投资回报。例如，上海华联连锁超市公司确定以工薪阶层为自己主要的服务对象，以这一消费层顾客的"开门七件事"来组织商品和设置服务项目，执行低于市场价的商品价格政策，口号是"华联超市——工薪阶层的购物天堂"和"同品同质比市场价低 2%~5%"，由于这一集中型市场定位的成功，该连锁店发展迅速。采用集中型市场定位，还可以使连锁店避开激烈的竞争，抓住市场空隙，另辟蹊径。比如，中国台湾地区的快餐连锁店林立，大多数连锁店都采取了该种市场定位方式，其中麦当劳以年轻人为主要目标市场，快餐和肯德基炸鸡则以家庭成员为目标市场，而三商巧福的市场定位则是学生和上班族。连锁店采用集中型市场定位要慎重选择细分市场，防范经营风险，因为连锁店只将产品或服务提供给一个极小的市场，犹如"将全部鸡蛋放在一只篮子里"，经营风险大，一旦该目标市场的购买量发生突然变化，连锁店将面临经营危机。

上述 3 种市场定位各有利弊，连锁店究竟选择哪种类型市场定位，要考虑连锁店资源情况、产品特点和市场状况。一般来说，如果连锁店实力强、资源雄厚、产品同质化顾客的消费倾向大致相同，竞争者较少，就应采用无差异型市场定位；反之，应采用差异型或集中型市场定位。在差异型和集中型市场定位之间的选择中，通常的做法是：连锁店组建和规模发展初期，选择集中型市场定位；当进入到规模较快发展阶段，则可选择差异型市场定位，因为这时连锁店随着规模的扩大，市场占有率的提高和连锁运作的成熟，定位有差别的服务内容与政策的难度会降低，连锁店有较强的实力向其他细分市场拓展。

（五）市场定位的策略

1. 竞争性定位策略

竞争性定位策略又称"针锋相对"定位策略，指企业选择在目标市场上与现有的竞争者靠近或重合的市场定位，要与竞争对手争夺同一目标市场的消费者。实行这种定位策略的企业，必须具备以下条件。

① 能比竞争者生产出更好的产品；
② 该市场容量足以吸纳两个以上竞争者的产品；
③ 比竞争者更多的资源和更强的实力。

例如，美国可口可乐与百事可乐是两家以生产、销售碳酸型饮料为主的大型企业。可口可乐自 1886 年创建以来，以其独特的味道扬名全球，二战后百事可乐采取了针锋相对的策略，专门与可口可乐竞争，半个多世纪以来，这两家公司为争夺市场而展开了激烈竞争，而他们都以相互间的激烈竞争作为促进自身发展的动力及最好的广告宣传，百事可乐借机得到迅速发展。1988 年，百事可乐荣登全美十大顶尖企业榜，成为可口可乐强有力的竞争者。

当大家对百事可乐——可口可乐之战兴趣盎然时,双方都是赢家,因为喝可乐的人越来越多,两家公司都获益匪浅。

2. "填空补缺式"定位

填补空隙策略也叫避强定位策略,指企业尽力避免与实力较强的其他企业直接发生竞争,寻找新的尚未被占领的,但又为许多消费所重视的市场进行定位。例如:"金利来"进入中国内地市场时,就是填补了男士高档衣物的空位。通常在两种情况下适用这种策略:一是这部分潜在市场即营销机会没有被发现,在这种情况下,企业容易取得成功;二是许多企业发现了这部分潜在市场,但无力去占领,这就需要有足够的实力才能取得成功。

在金融业兴旺发达的中国香港地区,"银行多过米铺"这句话毫不过分。在这一弹丸之地各家银行使出全身解数,走出了一条利用定位策略突出各自优势的道路,使中国香港地区的金融业呈现出一派繁荣景象。汇丰银行定位于分行最多、实力最强、全港最大的银行,是实力展示式的诉求。20世纪90年代以来,为拉近与顾客的情感距离,新的定位立足于"患难与共,伴同成长",旨在与顾客建立同舟共济、共谋发展的亲密朋友关系。恒生银行定位于充满人情味、服务态度最佳的银行,通过走感性路线赢得顾客心。突出服务这一卖点也使它有别于其他银行。渣打银行定位于历史悠久、安全可靠的英资银行。这一定位树立了可信赖的"老大哥"形象,传达了让顾客放心的信息。中国银行定位于有强大后盾的中资银行,这一定位直接针对有民族情结、信赖中资的目标顾客群。

3. "另辟蹊径式"定位

当企业意识到自己无力与同行强大的竞争者相抗衡,从而获得绝对优势地位时,可根据自己的条件取得相对优势,即突出宣传自己与众不同的特色,在某些有价值的产品属性上取得领先地位,如美国"七喜"汽水突出宣传自己不含咖啡因的特点,成为非可乐型饮料的领先者。

4. 重新定位策略

企业对已经上市的产品实施再定位就是重新定位策略。采用这种策略的企业必须改变目标消费者对其原有的印象,使目标消费者对其建立新的认识。一般情况下,这种定位目的在于摆脱困境,重新获得增长与活力。例如,美国强生公司的洗发液由于产品不伤皮肤和眼睛,最初定位于婴儿市场,当年曾畅销一时。后来由于人口出生率下降,婴儿减少,产品逐渐滞销。经过分析,该公司决定重新将产品定位于年轻女性市场,突出介绍该产品能使头发松软、富有光泽等特点,再次吸引了大批年轻女性。自行车传统定位为代步工具,20世纪50年代美国年产销400万,后下降为年130万;重新定位为健身休闲用品,增加品种类型和花色。橘汁传统定位为维生素C保健饮品(保健功能);重新定位为消暑解渴、提神、恢复体力的饮品。

【案例2-1】

定位是一种心理策略——宜家在中国

在欧美等发达国家,宜家把自己定位成面向大众的家居用品提供商。因为其物美价廉,款式新,服务好等特点,受到广大中低收入家庭的欢迎。但进入中国市场之后,宜家把市场定位做了一定调整,因为中国市场虽然广泛,但普遍消费水平低,原有的低价家具生产厂家竞争激烈接近饱和,市场上的国外高价家具也很少有人问津。于是宜家把目光投向了大城市中相对比较富裕的阶层。宜家在中国的市场定位是"想买高档货，而又付不起高价的白领"。这种定位是十分巧妙准确的，获得了比较好的效果，原因在于：①宜家作为全球品牌满足了中国白领人群的心理；②宜家卖场的各个角落和经营理念上都充斥异国文化；③宜家家具有顾客自己拼装（DIY）、免费赠送大本宣传刊物、自由选购等特点。

以上这些已经吸引了不少知识分子、白领阶层的眼球，加上较出色的产品质量，让宜家在吸引更多新顾客的同时，稳定了自己固定的回头客群体。宜家的产品定位及品牌推广在中国如此成功，以至于很多中国白领们把"吃麦当劳的汉堡，喝星巴克的咖啡，用宜家的家具"作为一种风尚。

资料来源：新经济

定位也要与时俱进 ——Swatch 手表

瑞士手表一向以高品质、高档次、高价位著称，如劳力士、梅花、伯爵、浪琴等品牌手表一直占据高档手表市场。然而，随着消费者对手表要求的改变，受日本和中国香港等厂商出产的中低价位但式样新颖的手表的冲击，定位于技术复杂、品质优异的瑞士手表销售逐渐走下坡路，失去了往日的风光。1981 年，瑞士最大的手表公司的子公司 ETA 开始一项新计划，结果推出了著名的 Swatch 手表，并迅速风靡全球手表市场。该手表不以高品质、高价位定位，而是以款式新颖和低价位但不失高格调定位。该手表价格从 40 美元到 100 美元不等，它主要作为时装表来吸引活跃的追求潮流的年轻人。Swatch 每年都要不断推出新式手表，以至于人们都焦急地期待新产品的出现，并将之作为收藏品。

在低价位的基础上，Swatch 是如何保持它的高格调形象的呢？全凭销售渠道和限量生产。在美国，Swatch 手表最初在珠宝店和时新店销售，现今在高档货店也有销售，但不进入批发市场。它在几家大型百货商店中开设了专柜，以增加辅助品如太阳镜、眼镜盒等的销售，让顾客在整个 Swatch 氛围中欣赏公司的产品设计。Swatch 手表虽然每年推出新款式，但每种款式在推出 5 个月后即停止生产，因而即使是最便宜的手表都有收藏价值，获得了"现代古董"的美称。

通过高贵的名店销售价格便宜的商品，它给顾客的感觉就变成了"物美价廉"。Swatch 之所以能为瑞士表夺回江山，最重要的就在于"物美价廉"定位策略的成功。可见，在外界环境发生变化之后，企业定位也应随之调整。

【案例 2-3】

家乐福对准百姓，万客隆瞄向商贩

家乐福的目标市场是社区商圈内的家庭主妇，以日常生活用品为主，最大限度地满足居民家庭日常生活"一次购足"的需要。北京家乐福国展店位于朝阳区北三环东路，紧邻中国国际展览中心，这里交通方便，乘坐公交汽车都可以到达。但是在上下班高峰时间，该路段交通较拥挤，堵车时间较多。家乐福的停车场仅有 100 多个车位，且停车不方便，虽然位置较好，很多人都是骑车或乘车前往。社区内百姓是家乐福的主要客源，开车前来购物者有减少的态势。家乐福的客单价为200元。

万客隆与其他仓储商店一样，产生之时是以小商贩和集团购买者为目标市场的，因此实行批量销售或日捆绑式销售。后来虽然也办理了家庭会员卡，但只是为了扩大目标顾客群。北京万客隆一号店位于南三环洋桥以南，这里属于城乡结合部。虽然位置略显偏远，但也有公交汽车从市区到达这里，而且它庞大的停车场有400多个车位。很明显，万客隆的目标顾客与家乐福有异，重点是吸引社区外、开车前来批量购物的小商贩及机关、单位和部分家庭消费者。万客隆的客单价为300元，比家乐福高100元。

资料来源：企业改革与管理

第二节 连锁企业的运营战略

一、顾客满意战略

顾客满意战略是坚持顾客第一，顾客至上的理念，并始终以消费者满意为宗旨的战略。而且这种顾客第一、顾客至上的理念必须始终贯穿连锁企业从商品采购到最终销售的全过程。

1. 实施顾客满意战略应注意的问题

（1）要树立"顾客第一"的经营理念　事实上，很多连锁企业都在踏踏实实地贯彻这一经营理念。

连锁集团 IGA 总裁的三个承诺

大型连锁集团 IGA 总裁有三个承诺，这三个承诺集中地反映了顾客第一的经营理念。

这三个承诺如下。①以诚相待。指在与顾客的交往中强调：面带微笑地注视着出入商店的顾客；如果顾客询问商品的位置，要亲自把他们带到商品的位置；每天营业前商店要做到一尘不染，清洁是购物环境的前提；商店的设计要与顾客购物的方式方法一致；征询顾客的意见，采纳好建议，使他们感到店是为他们设立的；要有孩子们玩耍的场所和老人休息的地方；积极参与社区活动，多做公益事业。②合作伙伴。成熟商店通过把食品加工厂和食品配送中心联合在一起进行合作，换得竞争的先机，从而使商店更好地为顾客服务。合作伙伴之间密切合作，把货架、货箱、冷柜、冰箱都摆满质优价低的商品，才能使商店具有竞争力。③热情周到。无论在哪个国家，讲何种语言，保持成功的秘诀是：店主要热情周到。好的商店具有人情味，有温馨的感觉。好的商店使顾客觉得他们像王子和公主一样。这种气氛来自店主的热情周到。只有持之以恒，才能使商店成为最好的工作和购物场所。

（2）要充分认识顾客的价值　顾客的价值不在于他一次购买的金额，而是他一生能带来的总额，其中包括他自己和对亲朋好友的口碑效应。还要充分认识顾客满意度的价值，因为顾客满意度与企业利润存在着因果关系，而且忠诚顾客与企业利润之间关系更为密切。实践表明，有90%以上的厂商的利润来源，1/10由一般顾客带来，3/10由满意顾客带来，6/10由忠诚顾客带来。

（3）要制定切实可行的提升顾客满意度的措施。

2. 实施顾客满意战略的方法

（1）走近顾客，了解顾客的需求和期望　首先，站在顾客的立场上看问题。必须站在顾客立场上，使用最直接深入顾客内心的方法，找出顾客对公司、商品及员工的期望，有效的探求要靠三个因素。焦点放在最重要的顾客身上；找出顾客和公司对服务定义的差异；利用重质胜于重量的研究方法，找出顾客真正的期望。

其次，消除企业与顾客之间的信息不对称性。有许多经营者总是抱怨顾客越来越挑剔，但从顾客角度看，顾客觉得自己得不到公司尊重，这种企业与顾客之间的信息不对称，一个重要的根源在于企业是站在它自身的角度来看待问题的，而缺乏一种"换位"的思考。

（2）重视顾客满意的"关键时刻" "关键时刻"是一个重要的服务管理学术语，就是当顾客光顾公司任何一个部门时的那一瞬间。因为在这一瞬间，公司的行为对顾客产生了很大影响。"关键时刻"存在于顾客购买的时候，也存在于送货的时候，既存在于顾客抱怨的时候，也存在于进行售后服务的时候，关键时刻存在于任何与顾客打交道的时候。企业文化、企业形象、企业信誉，就在许许多多的关键时刻中形成。

（3）培养一支训练有素的职工队伍 企业动作始于"人"，也终于"人"，人的问题占企业总问题的80%以上，因此，员工教育训练处在核心地位。教育的内容不在于机械地理论说教，而在于员工的心理建设，"训练"应偏重于实践，两者缺一不可。这是因为服务是一种交往过程，一种员工与顾客的互动关系；服务是一种情绪劳动式的辛苦工作；服务也是一种态度，一种店内每一位员工都关心的态度；需要锲而不舍的教导和领导。训练应从纵向的商业采购、运输、储存、销售，到横向经营不同商品的技能、技巧，以及桌案作业等，以提高员工的综合应变能力和处理问题的能力。企业一旦拥有一支服务技能全面的员工队伍，就等于拥有最重要的资产，每一位员工都会成为公司形象的"守门员"。

【案例 2-5】

海底捞为顾客提供优质的服务

"超五星级服务"是前几年顾客对海底捞的评价，今年网上更是传播着"人类已经无法阻止海底捞了！"等夸张的评价。这两种评价，反映的恰恰是海底捞优质服务背后所带来的良好的口碑。海底捞不做广告，在如今这个广告泛滥的时代，海底捞的做法有违常理，现如今已经到了"酒香也怕巷子深"的时代了，为什么不做广告却生意如此火爆，这不得不引起许多企业和媒体的好奇。海底捞虽然不做广告，但海底捞用细致、周到、耐心、真诚、热情的服务赢得了顾客高度评价，这样形成了良好的口碑宣传，不做广告胜过做广告。

海底捞在每个细节上都力求完美，如擦鞋、美甲、儿童乐园、捞面这些人们常见的特色服务，海底捞都会定期进行培训和考核。一个做火锅店的如果擦鞋、美甲跟外面的专门擦鞋店、美甲店的专业性差不多，甚至还要好些，唯一的区别就是这里是免费的，这就让海底捞极具吸引力和竞争力。

在你感冒或不舒服时，服务员能为你提供一杯热气腾腾的姜汁可乐，像对待自己的亲人一样嘘寒问暖；戴眼镜的会为你提供眼镜布；长发的女士会获得一个专门用来扎头发的橡皮筋；当得知顾客怀孕后会带着猪蹄去看望；海底捞早期的时候还安排员工为客户打扫卫生。这些细节服务，在海底捞很正常，也许大家看到都是一些鸡毛蒜皮的小事，但只要你仔细观察，这些服务都是上升到人性内在或潜在需求的层次了，也就是菲利普·科特勒讲的《营销革命3.0》，海底捞人也许并不清楚这就是营销3.0，但这些服务就是上升到了人文关怀层面的3.0时代的营销。

资料来源：中小企业管理与科技

二、连锁企业的商业化运作战略

商业化运作实际上是一种产业模式，连锁经营本身就是一种新型的商业化运作模式。

连锁企业商业化运作的内涵包括以下内容。

1. 明晰的产权，连锁企业内部权责利必须明确

连锁企业作为现代化的商业企业，要适应市场经济的发展，首先必须有现代化的管理制度，而其现代化管理的重要体现就是产权的明晰。连锁企业内部有了明确的责权利划分，其经营管理才能有据可依，有章可循。

连锁企业必须以产权为纽带，建立现代企业制度。总部与门店之间产权要清晰，才能增强企业承担风险意识，极大调动总部、门店和员工的积极性。因此，可考虑对我国连锁业进行股份制改造。

要改变目前连锁企业注重形式的局面，要真正下工夫，在多个"统一"中做到规范化管理。此外，我国连锁企业信息化设施比较落后，与连锁企业快速发展不相适应。美国沃尔玛连锁总部投资 10 多亿美元建立信息传输系统和计算机控制中心，可随时了解各地门店和市场变化情况。因此，我国连锁企业要把信息化管理作为发展方向来对待，努力采用计算机等现代化管理手段，增强科技意识，提高管理的科学性。

2. 按市场运行规律运作，坚持市场为主导

连锁企业只有按市场运行规律运作，坚持市场为主导，紧紧把握市场的脉搏，才能使企业立于不败之地。当连锁企业锁定目标市场后，必须制定相应的市场经营战略，准确定位，获得市场的认同。

3. 追求利润最大化，强化物流环节，降低经营成本

连锁企业一方面要追求成本的最低化和利润的最大化，另一方面，又要将安全库存量保持在最低水平。这就使得连锁企业的物流运作范围不仅要迅速拓展，而且必然要求企业物流要具备快速的反应能力，以便及时满足商品供应的需要。另外，随着国外连锁企业的大量涌入，我国连锁企业的市场竞争会进一步加剧。这种竞争不仅体现在日常的业务经营上，而且还会体现在企业自身的物流管理和运作上。因此，在我国目前连锁企业自身物流发展尚不够成熟、物流体系还不是很完善的情况下，如何提高我国连锁企业的物流管理和运作水平，以便降低经营成本，实现企业规模经济，并同外来连锁业相抗衡已迫在眉睫。

三、连锁企业的规模经营战略

虽然同一资本拥有 11 个分店以上，就算是连锁经营了，但要达到规模经营，11 个分店是远远不够的。在美国，要实现规模经营，起码要达到 200 个分店以上。从实践看，达到规模经营的手段是多地区、多分店方式，通过不断地扩张来实现一定的规模，以求降低经营成本，增强连锁企业自身实力以便在竞争中处于优势。

规模经营战略必须是规模经济战略，必须既讲求开店的数量，又讲求开店的质量，只有规模没有经济是不可取的。规模经济从本质上是指通过合理安排各生产要素的比例和数量，从而控制经济实体的整体规模而取得的节约或经济效益。这里，投入的增加和规模的扩大是前提，单位产出成本的降低与效益的提高是结果，反之，则是规模不经济。

1. 分店规模经济与总部规模经济

分店规模经济是围绕成本和市场需求展开的。判断一个分店是否达到经济规模，主要是看它的投资规模和产出规模。从成本因素看，随着分店经营规模的增加，单位商品的固定成

本不断下降，投入品的使用效果不断提高，经营能力得以充分利用，直至产品的平均成本最小（此时，单位产品的平均成本与边际成本相等），分店呈经济规模状态；从市场需求因素看，市场容量越大，规模壁垒越低，可容纳的达到经济规模的竞争企业数量越多。因此，连锁业在确定规模时，应在综合考虑市场容量、竞争对手数量、规模壁垒、进出口限制，以及消费者的层次、数量、支付能力和偏好等因素的基础上进行。如果市场需求满足规模经济的条件，那么，在"边际分析"的基础上，寻求分店规模经济的区间，并据以确定合理的规模，迅速进入市场。否则，应及早中断项目。

公司规模经济是指建立在单店规模经济基础上，利用联合或并购等手段，通过跨地域协作或增设公司分支机构（分店），以降低经营成本、增加收益的一种形态。公司主要是通过采购成本的节约、固定成本的分摊、风险抵御能力的提高和单位面积交易量的增大等因素影响其成本与效益。也就是说，分析公司的规模经济，要从资本结构和利润率最大化条件两大因素入手。同样资本规模的公司，利润率的不同只能以价格和成本来分析。公司的成本除经营成本外，还包括管理、销售和财务等费用，而这三项费用又取决于公司的管理能力。正因如此，公司才是一个利润中心。所以，公司规模经济既不是分店规模经济的简单叠加，也不是分店规模经济加上经营的规模经济；不能简单地以利润总额作为标准，而应当以利润率为指标加以衡量。

分店的规模经济，是连锁业获取规模经济的前提。但是，前者并非一定能保证连锁业具有良好的盈利能力，而后者才是连锁业追求的一个终极目标。其实现还取决于公司先进的管理模式、有效的管理体系、快速的市场反应能力等。否则，公司的核心竞争力就不能形成，也就谈不上规模经济。因此，公司规模经济是连锁业规模扩张和发展的关键。

2. 连锁企业两个层次的规模经济分析

根据以上分析，可以把连锁业的有效规模表述为，在分店规模经济条件下，由经营和管理能力所决定的一个区间规模。连锁优势是个体优势基础上的整体优势。公司的规模经济，是以分店规模经济为基础，通过连锁经营方式降低公司的经营成本，以店铺数量的扩张来实现的。分店运作的是商品，而公司运作的是无形资产，是借助于品牌和统一的经营模式等无形资产进行"复制"式分店扩张，是建立在对地域市场约束条件的综合考虑、权衡基础上的理性选择。

所以说，连锁业发展的核心问题不在于规模的扩张，而在于有效的管理和服务，即经营能力。连锁业的经营能力包括以下内容。

（1）控制经营成本的能力　连锁公司凭借其流通效率上的竞争优势，如较大的购买力、有利的谈判地位、保证获取低价供应商，从而能降低采购成本，这是连锁公司能够实现规模经济的主要原因。

（2）控制经济规模的能力　连锁业通过在不同区域市场上进行"标准店"的简单"复制"，大大降低了新开分店的成本。既能节省新开设店铺的费用和时间，简化监管对象，节约监管费用，又能减少店铺间员工的"转移成本"，有利于提高人力资本的使用效率。统一的"标准"还能从视觉和理念上对顾客产生整体冲击效果，有助于提升公司形象，扩大影响力。

（3）技术储备和研发能力　连锁业以高效的计算机信息管理系统为工具和依托，凭借其发达的网络组织，对全公司及其各个店铺，实行以"统一采购、统一配送、统一核算、统一定价、统一店名店饰和统一服务规范"为内容的集中统一管理。特别是随着条形编码、POS销售时点信息系统、EOS自动订货系统、智能化仓库和计算机网络系统等先进的工具和手段在连锁公司的建立和应用,连锁公司成功实现了对全球订货、仓储配送和销售的动态自动化管理,大大降低了单位商品的固定成本,大幅度提高了工作效率,显示了连锁公司可以并且能够运用控制论和信息技术进行统一管理,大幅度降低成本的强大优势。

由于分店成本更多地取决于资源供求和企业的投资规模,受外部市场因素的影响比较大,企业更多的是通过提高经营能力来降低非"生产"费用,因而自主增加利润的空间则相对较大。所以,对分店而言,因为经济技术条件的作用,确实存在一个规模经济的边界;但对连锁业而言,如果经营能力强,在任何阶段,利润率都具有提高的可能,因而也就不存在规模经济的极限。许多巨型跨国公司,如沃尔玛能够在全球取得成功也证明了这一点。这说明,连锁业扩张规模在战略上不能说是不正确的。

3. 中国连锁企业实现规模化经营的途径

(1) 特许连锁　虽然我国发展特许连锁起步较晚,又有一些制约因素和不利条件。但其发展前景是看好的,已呈现快速增长的趋势,发展特许连锁具有有利条件。主要表现在:

① 国内连锁是以直营连锁起步,直营连锁的实践,为特许连锁提供了宝贵经验;

② 私营经济已成为我国经济中最活跃的成分,国有商业资本将从商业、服务业中逐步退出,这为个体、私营投资提供了广阔空间;

③ 服务消费已成为新热点,服务市场呈现巨大消费潜力,这是特许经营发展的巨大市场;

④ 国家从政策、法律的支持。

从国际连锁业的发展来看,当直营连锁店发展到一定规模,形成自身品牌及成型的管理软件后,一般都转向以特许经营为主拓展市场。在现代社会条件下,特许经营是在更大范围内吸纳社会资本,实现低成本扩展经营规模的一种方式,尤其对中小企业发展更具吸引力。

因此,特许经营必将成为最具增长潜力的连锁经营形式。

特许连锁的发展有很大的空间和市场潜力,发展前景是广阔的。目前,特许经营对促进我国连锁超市和老字号餐饮连锁企业的发展起到积极的推动作用,特许连锁正在全面普及,并在其他领域如汽车销售、干洗、医药保健、家政服务、美容美发等服务业也涌现出一批利用特许连锁方式获得超常规发展的特许企业。

(2) 重视物流建设　我国连锁零售业持续快速发展,已迅速成为流通业的主力军。物流作为连锁经营的关键环节之一,是连锁零售企业的核心竞争力所在。物流配送能力的强弱直接决定着连锁零售企业经营成本的高低,影响连锁零售企业的盈利能力。为了提高自身竞争力,降低运作成本,提高对店铺的反应速度,这些年来连锁零售企业不约而同在物流配送上加大了投入,零售物流配送中心在技术、规模和运作模式等方面不断变化创新。

(3) 积极开拓和发展农村市场　消费环境的好坏,会影响消费者的消费意愿。大部分农村基础设施落后,从各方面制约着商业市场容量的扩大。有些商品,尽管农民有需求,但因为缺少必要的消费环境和条件(如供水、供电、通信和交通),很大程度上影响和抑制了农民的消费。但是,我国农村是一个有着巨大的需求潜力的市场。我国的连锁业应立足国情,在充分借鉴国外经验的基础上,尽快探索适合于我国农村市场需求的连锁经营模式,利用现代的经营理念、科学的管理方式和创新的思维,打造出一批能填补区域内空白、彰显本地特色、具有强大竞争力的本地大型连锁业。

四、连锁企业的标准化战略

1. 连锁企业标准化的意义

任何经济现象的背后都有其特有的经济规律和准则，也就必然存在着一定的标准，只有标准化的东西才有可能得到快速的复制和推广，沃尔玛、麦当劳等跨国连锁巨头的成功一定程度上都得益于此，高度统一的标准化管理加上其先进的信息技术的应用，为其标准化提供了强有力的支持，大大加快了其扩张速度，降低了运营成本，占据了市场的主导地位。

现代商业竞争的不断加剧，使得企业必须通过各种手段有效降低经营成本，提高工作效率，增加销售收入，而收入的提高在规模无法迅速扩大的情况下是一种奢望，销售成本的降低在无法提高批量采购的现实中同样不会有太大起色，因此解决方法之一就是不断扩大企业规模。连锁企业之所以成为现代企业的一种发展趋势，就是因为企业通过这种形式可以实现快速有效的扩张和跨地区经营，实现规模效益，提升竞争能力。而仅仅扩大企业规模并非就能高枕无忧，规模的扩大必然要有相应的管理进行匹配，否则可能会适得其反，能否有效地进行管理的标准化将成为企业连锁发展成败的关键。

2. 连锁企业标准化战略的模式选择

（1）从管理者和人力资源方面——选择优秀的企业管理者和准备充足的人力资源。纵观企业的发展史可以看出，一个企业的标准化的经营与管理制度，往往是企业的创始人在分析了宏观形势与微观形势之后，根据自己的人生哲学，结合企业的实际总结提炼出来，经后来的管理者升华而成。沃尔玛的制度实质是萨姆·沃尔顿思想的体现，海尔的文化实质是张瑞敏思想的体现。在标准化管理中，企业的创始人或领导者起着非常重要的作用。他们对实行标准化的决心应当让每个员工都看到。

零售企业在建立标准化管理体制的过程中应准备充足的人力资源。标准不会自行产生和落实，需要具备适当专业知识、职业资格并获得充分授权的人来负责。如果指派具有丰富职业经历的人员负责这项工作，就是向整个企业员工表明企业对标准化工作的重视。否则，标准化工作就是纸上谈兵。

（2）从企业文化方面——形成成熟的企业文化。标准化经营管理能否得到真正的贯彻执行，企业文化也是一个重要的影响因素。所谓企业文化，就是一种在从事经济活动的组织中形成的组织文化，是为全体组织成员所共同认可的价值体系与行为规范的总和。它使企业从上到下，从领导到一般员工，都有了统一的思想、统一的价值观念，全体人员都知道同一件事应该怎么做，不应该怎么做，怎样做是对的，怎样做是不对的，从而建立了标准化管理的基础。

优秀的企业都具有多年来自己创造和积累的企业文化。沃尔玛公司创始人萨姆·沃尔顿，在创业初期就为公司制定了三条座右铭："顾客是上帝""尊重每一个员工""每天追求卓越"。经过公司长期以来的发展，渐渐形成了"尊重个人、服务顾客、追求卓越"和诚信原则的企业文化，也是沃尔玛精神——勤恳、节俭、活跃、创新。它们是公司健康发展的基石。企业职工在这种企业文化的指导下，形成了共同的价值观念，共同的行为方式，形成了强有力的向心力和凝聚力，每一位公司同仁都热爱着沃尔玛，默默地为服务顾客的事业而奉献。所以说企业标准化管理离不开企业文化。

（3）从制度建设方面——加强制度建设。制度建设是管理工作的基础，工作不落实，管理责任不到位，企业不可能实现持续发展。

制度是维护公司各环节的各项工作有序进行，有效协调发展的重要依据，是制度让活动在企业里的每个人有章可循。建立一套标准的连锁经营制度，做到切切实实的连锁，每家分店提供相同的产品、相同的设施和布局、相同的服务，保证每个分店都给顾客一种标准、正规的感觉，让顾客无论走到哪里都享受一样的服务感受一样的氛围，这样有利于树立企业在消费者心中的品牌形象。如果没有这样的制度，各店各管理者都随意发挥，到每一级、每一环节没有制度约束，谁想怎样就怎样，那么，势必会造成公司管理上的混乱，连锁企业标准化管理就只能是纸上谈兵了。

所以，零售连锁企业应根据经营管理的实际，分别制定科学的、细化的、量化的标准，并能按标准坚决执行，同时，建立相应的约束、监督机制，保证经营管理不走样。

（4）从员工素质方面——提高全体员工的素质。"基层执行力不足"，这是目前大部分连锁企业标而不准的重要原因。而基层执行不到位，说到底还是企业员工素质的问题。所以，提高员工素质是连锁企业经营管理的当务之急。

企业应树立长远的战略眼光，加大培训投入和对员工的培训力度，通过提供培训课程、在岗培训、报销学费、资助参加管理研讨会等多种形式来支持员工参加培训工作。对高层进行研究生学历或MBA水平的培训；加大投入，选派有前途的员工到各大专院校进行专业化教育，提高其理论和实践水平；对基层员工进行专业技能培训，提高其技术水平。尤其是，制定标准之后，必须对相关的执行员工进行培训。培训必须全面、正式。要向员工说明标准的目的，帮助员工了解为何必须按一定的方式开展工作以及怎样处理实际操作中的特定问题。而且培训的内容必须具体，结合员工的岗位职责说明有关标准的适用办法。

如沃尔玛为了提供全国一致的服务，新招聘的基层员工在上岗前以及上岗后都必须陆续接受相关培训：30天/60天/90天计划、交叉培训、沃尔玛鲜食学院培训等。

（5）从监督管理方面——强化监督管理。好的标准化的管理制度，是一套完整的体系，是一个封闭的管理系统，由"制定—实施—监督"三大必不可少的环节构成，缺一不可。有了好的管理制度，也有人去实施，由于任何人都有惰性，会存在实施不力、措施不到位的问题，因此一旦失去了监督，制度就会流于形式。许多连锁企业之所以搞不好，一个重要原因就是制度说在嘴上、写在纸上、挂在墙上，就是没有落实在行动上。为什么？没有人监督。今天学沃尔玛，明天学家乐福，会也开了，制度也定了，企业就是不见效益。在肯德基，有一个人所共知的监督制度，就是总部随时会雇佣、培训一批人，让他们佯装顾客潜入各分店内进行检查评分，这些"特殊顾客"来无影、去无踪，使分店经理及雇员每天战战兢兢，如履薄冰，丝毫不敢疏忽，不折不扣地按总部的标准去做。所以，强化监督也是零售业连锁经营标准化一个必不可少的环节。

只有坚持全面的监督和检查，标准化管理体制才能正常发挥作用。各级管理人员必须明确自己在规则遵守方面负有责任，而且专人负责对其进行检查。

有些监督工作可以通过信息化系统进行，但在许多情况下，可以采用抽样检查法。不仅检查实施了什么行为，还要检查怎样实施有关行为、是否获得适当的批准、是否遵守特定的标准。

（6）从评价反馈方面——建立评价反馈系统。评价反馈也就是把收集的资料与标准进行对比，分析好在什么地方；不好在哪里，然后反馈给评价对象。企业的评价反馈包括日评价（如海尔的"6S"大脚印）、周评价（如沃尔玛的每周例会）、月中评价、月末评价、季度评价、年中评价、年末评价等。可根据管理层次不同，建立不同的评价重点。作为基层，尤其要坚持天天评价，开好班前班后会。通过评价反馈，可以发现好的经验，总结上升到理论高度，形成好的管理制度，加以推广；也可以发现工作中的不足，找出原因，及时纠正，不能总等到情况恶化再去解决，那就很被动了。当然，评价反馈也是薪金调整、提升、激励、培训的重要依据。

在进行评价时，评价人员一定要以标准为依据，不能以自我理解的东西作为标准，也不能加入任何个人的偏见，更不能犯心理学上"晕轮效应"的毛病，一定要客观、公正、公开、公平，做到对事不对人。

（7）由点到面实现连锁经营的标准化。许多零售连锁企业连单店的标准化都无法做到，更别提所有连锁经营的标准化了。那么，到底要如何才能让单店更有营业力，更标准化，从而促进企业降低运营成本，快速复制与扩张，真正实现连锁经营规模化、标准化呢？

具体来说，单店营业力的标准化可从以下几方面入手。

① 终端销售体系标准化。终端销售体系标准化是指对店面标识、店面装修、整体形象、商品陈列、商品售价、折扣促销等都予以标准化，并将产品卖点提炼为终端推荐的统一说辞等，通过设立专业的部门和专业的岗位人员进行集中管理，将门店的职能从决策加执行模式转变为单纯的销售执行，这也是高效率低成本经营的基本要求。

② 终端库存管理标准化。门店主要的职能是销售，在库存方面的责任仅是实物的临时保管和提供补货信息，通过现代化的信息系统，合理设定各店面的库存基数标准，这就要求企业要进行商品品类化管理、制定相应的补退货流程及标准等。并逐步推行自动补货模式，实现流动库存或者零库存，最大限度地降低库存管理的成本。

③ 终端顾客服务标准化。服务标准化就是通过流程和内容的标准化来实现对服务水平的量化考核，是保障服务质量的前提。通过标准化的服务流程和标准化的服务内容来规范门店的服务执行者。现代商业给顾客提供的应当是一种全面细致的服务而不仅仅是商品，这样才是培养忠诚顾客群，保证企业存在与发展的基础。如通过会员管理模式将顾客服务标准化，营造忠诚顾客群，并且通过会员分析手段掌握消费形态的变化，提供必要的决策指导等。

任何连锁企业要想快速复制自己的连锁王国，就必须制定相应的标准，进行标准化的管理。因为，只有标准化的东西才有可能得到快速的复制和推广，像沃尔玛、麦当劳等跨国连锁巨头的成功在一定程度上都得益于此，高度统一的标准化管理再加上先进的信息技术的应用，才能加快扩张速度，降低运营成本，从而占据市场的主导地位。

五、连锁企业的专业化战略

专业化指连锁经营的各个环节根据不同的生产经营过程分成几个业务部门，并使其固定下来，有专业的人士利用专业设备进行实际操作。在连锁经营中，所有的商业活动都具有详细而具体的分工，以保证连锁经营的良好运作。专业化战略是连锁经营的本质特征要求。

连锁总部、经营门店、配送中心按各自职能进行专业分工，实施专业化的经营管理，这是连锁企业的又一重要策略。在连锁经营链中，一般由连锁总部专业负责宏观运行管理，如制定管理规范和管理细则，专业进行进货管理，专业进行新设门店的布点与开发管理，专业进行融资与税贷管理、专业进行促销管理、专业进行信息处理、专业进行门店指导与管理等。各门店则严格执行总部出台的各项经营管理制度，按章办事，照章实施，在总部授权的范围内专业进行各自的经营活动，按总部要求专业进行微观作业。如向总部订货，专业进行销售环境布置，专业进行作业现场的货品管理、人员管理、设施管理及客户服务管理等。配送中心则按总部的要求专业进行装卸、验收、理货、分装、贴签、存货、编配等业务管理活动。这样，总部、门店、配送中心各自工作职责明确，专业分工清晰，使采购、销售、仓储、配送、公关、促销、财务、人事等各方面的管理都实现高度的专业化，都由专人专职进行专门化的管理，既彰显管理效率，更凸显管理水平。

第三节 连锁企业的市场竞争战略

在日趋激烈的竞争中，连锁企业要想获取竞争优势，必须从自身的实际情况出发，选择有效的竞争战略，努力创造和保持竞争优势，避免低水平的过度竞争，以维护连锁企业良好的市场竞争秩序。"战略管理之父"美国哈佛商学院的教授迈克尔波特认为，在一个产业中，企业的竞争优势有三种基本形式，即成本领先、差异化和目标聚集。

一、连锁企业的成本领先战略

成本领先战略的核心是较低的经营成本或费用，形成低成本优势。它要求企业必须确保以低价购进原材料，采用先进的技术设备，建立高效率的生产经营体制，努力降低各种费用。对于连锁企业，成本控制的关键在采购、物流体系中。如果一个企业能够以规模经济或成本优势的形式筑起壁垒，成为连锁业中的成本领先者，它就能够应付现有或潜在竞争对手的攻击。成本领先战略最终表现为产品价格的降低。连锁店之所以可以以价格优势竞争，关键在于连锁经营可以有效地降低成本。如日本大荣连锁店的经营宗旨是"大量廉价销售优质商品"，其核心在于廉价。美国最大的 Wal-Mart 折扣连锁店创始人萨姆·沃尔顿的口号是：别人卖1.2元的东西，我卖1元，虽然每次赚得少了，但卖的次数多了，赚得就不会少了。这也就是人们常说的"薄利多销"，对于大型连锁店而言，这一策略相当有效。

【案例 2-6】

坚持"成本领先战略"是沃尔玛成功的关键

沃尔玛始终保持自己的商品售价比其他商店便宜，是在压低进货价格和降低经营成本上下工夫的结果。沃尔玛直接从生产厂家进货，想尽一切办法把价格压低到极限成交。公司纪律严明，监督有力，禁止供应商送礼或请采购员吃饭，以免采购员损公肥私。沃尔玛也把货物的运费和保管费用降到最低。公司在全美有16个配货中心，都设在离沃尔玛商场距离不到一天路程的附近地点。购进商品后直接送到配货中心，再从配货中心由公司专有的集装箱车队运往各地的沃尔玛商场。公司建有最先进的配货和存货系统，公司总部的高性能网络系统与16个配货中心和1000多家商场的POS终端机相联网，每家商场通过收款机激光扫描售出货物的条形码，将有关信息记载到计算机网络当中。当某一货品库存减少到最低限时，计算机就会向总部发出购进信号，要求总部安排进货。总部寻找到货源，便派离商场最近的配货中心负责运输路线和时间，一切安排有序，有条不紊。商场发出订货信号后36小时内，所需货品就会及时出现在货架上。就是这种高效的商品进、销、存管理，使公司迅速掌握商品进、销、存情况和市场需求趋势，做到既不积压存货，销售又不断货，加速了资金周转，降低了资金成本和仓储成本。

压缩广告费用是沃尔玛保持低成本竞争战略的另一种策略。沃尔玛公司每年只在媒体上做几次广告，大大低于一般的百货公司每年的50～100次的水平。沃尔玛认为，价廉物美的商品就是最好的广告，我们不希望顾客买1美元的东西，就得承担20～30美分的宣传、广告费用，那样对顾客极不公平，顾客也不会对华而不实的商品感兴趣。

沃尔玛也重视对职工勤俭风气的培养。沃尔玛说："你关心你的同事，他们就会关心你。"员工从进公司的第一天起，就受到"爱公司，如爱家"的店训熏陶。从经理到雇员，都要关心公司的经营状况，勤俭节约，杜绝浪费，从细微处做起。这使沃尔玛的商品损耗率只有1%，而全美零售业平均损耗率为2%，从而使沃尔玛大量降低成本。

沃尔玛每周五上午召开经理人员会议，研究商品价格情况。如果有报告说某一商品在其他商场的标价低于沃尔玛，会议可决定降价，保证同种商品在沃尔玛价格最低。沃尔玛成功运用低成本竞争战略，在激烈的市场竞争中取胜。

资料来源：知网

二、连锁企业的差异化战略

面对激烈的市场竞争企业如何保持较高市场占有率呢？来看百事可乐和可口可乐的百年交锋：起初百事可乐的进攻屡屡受挫，当找到自己的目标群体——年轻人，明确和可口可乐之间的差异后，提出了响亮的口号"新一代的选择""渴望无限"，并将音乐、足球双剑合璧，顿时打开了一个让对手防不胜防的缺口，从而站稳了脚跟。从百事可乐的成功可以看到差异化战略在市场竞争中的重要性。

连锁店以不同于竞争对手的产品、服务、形象为客户服务，从而赢得了特定消费者。它是回避直接竞争的基本手段，特色是这一战略的核心。如肯德基的口味，麦当劳的速度可以说是其特别优势。

差异化战略主要体现在以下几点：一是同样的品质或服务，价格最低；二是同样的价格，品质和服务最高；三是提供的商品和服务是行业内独一无二的。在这种情况下，消费者即使支付较高的价格也愿意光临。

如果一个连锁企业通过差异化为自己建立起一个独具特色的市场地位，那么它也可以有效地保护自己不受或少受竞争者的打击。差异化不是一种短期行为，而是需要长期使用，不断战败对手的手段，所以要保持长期比较优势。

连锁企业实施差异化战略需要从以下几个方面入手。

第一，深入了解市场竞争状况，为企业准确定位。企业的定位不是单纯指产品而是不同于其他连锁企业的市场地位或形象。企业需要研究市场竞争是围绕什么进行的，这是实行差异化战略的根本点和出发点，这需要进行企业的优劣势分析。

第二，全方位了解顾客需求，组织全面服务。顾客的需求是多方面的，专家们称其为需求束。它包括价格、产品（性能、质量、设计、连带性服务等）、服务（支付条件、售后服务等）、形象（社会对产品和企业的认同程度）。需求会因产品特性和顾客特性的差异而有所不同，即使在同一需求中，顾客关心的焦点也是不一样的。所以，差异化战略必须围绕需求中顾客最集中的部分进行。如果把需求中顾客最敏感的部分称为需求核心，那么企业实行差异化战略的关键，就是要把顾客的需求核心作为根本来对待。如果都看到了需求核心，那么需求核心就要转移为非核心了。

第三，进行CI设计，宣传企业形象。CI设计可以帮助创造富有个性和感染力的全新的企业形象。因为企业的现代形象是与一整套现代文明的企业形式与规范相联系的，它是企业素质的反映和表现，是消费者对企业所有活动进行综合评价的结果。连锁企业的CI设计和广告宣传，在很大程度上影响着消费者对企业的主观评价。因此，连锁企业选择了标歧立异战略，就要根据自己将要树立的形象进行塑造和宣传，做到深入人心，使自己的连锁企业给消费者一个统一的形象。

【案例 2-7】

7—11（seveneleven）的差异化战略

1927年，"7—11"便利店创立于美国得州，伊藤洋华堂1973年将其引入日本。截至2003年，7—11在全球店铺总数已达24984家，在全球近20个国家和地区设有分店，其中日本10002家，美国5783家。该企业品牌在世界品牌实验室（World Brand Lab）编制的2006年度《世界品牌500强》排行榜中名列第一百一十六。在这几十年的发展中是什么成就了它便利店巨头的荣耀，可以从它不同于其他企业的经营之道中得到启示。

1. 产品差异化战略的体现

（1）产品本身的差异化 在日本，凉面的销售旺季是每年8月，但7—11发现，冬天室内一般都会开暖气，时间长了会觉得又热又干，在这种"天气虽冷，但室内热，所以凉面可以卖得好"的假设下，7—11在2月份就将凉面搬上了货架，结果销得很不错。

（2）产品独特的营销手段 2000年，网络作家痞子蔡写了一本描述年轻人恋情的小说"7—11之恋"，2年后这部小说被改编成同名电影上映。这些以7—11的年轻女店员为主角的爱情故事，随着网络、电影广为传播，也让7—11便利店更加深入人心。在日本及我国台湾7—11已经成为都市生活中不可或缺的一部分。尤其是对于7—11的目标顾客——单身的上班族来说，有时候忙起来，连午餐、晚餐都去7—11买便当或各类小吃来解决。

2. 服务差异化战略的体现

7—11公司不同于日本其他便利商店，其核心营运理念是如何为顾客带来便捷的优质服务，而并不拘泥于某种有形的商品。因此始终保持对顾客消费习惯变化的敏感，这是7—11最与众不同之处。在24小时零售服务的基础上，7—11发展出许多便捷的服务，如"宅急便"、冲洗相片、代收电话费、代售滑雪索道券等。另外，日本7—11还在店内设置自动取款机。人们生活中常用的商品和服务，在7—11基本上都可以满足。实际上，它已经具备一个社区服务中心的功能。

3. 人事差异化战略的体现

"欢迎您""非常感谢""请稍稍等一会儿"是训练有素的员工常说的话。真正了解顾客心理的7—11，不单只是将问候语挂在嘴边说说而已，其问候方式、问候时的情绪，连临时员工、勤工俭学的学生都必须接受指导，确实做好真心诚意的招呼。店员在使用这些寒暄用语时，必须面带笑容，真正让顾客体会到7—11的温暖和热情。

4. 形象差异化战略的体现

（1）店址的选择 为了创造一种良好的消费感受，7—11的布局在开店前就开始了。出于"便捷"考虑，7—11只选择在消费者日常生活行动范围内开设店铺，如距离生活区较近的地方、上班或上学的途中、停车场、办公室或学校附近等，一般步行5～10分钟便可到达。7—11在找点时也很重视周围的环境，因为"好邻居"可以相互造势，而书店、服饰店、办公大楼、展览会场、机场、饭店以及大学都是好邻居的典型。

（2）店面的布局 店面布局是最直观、最能展现7—11形象的一面。7—11的店内地方虽小，却不显拥挤、杂乱，在里面购物感觉非常轻松和舒适。这一切，归功于对有限空间的精雕细琢。

① 行人对店内一目了然。便利店出入口一般设计在店铺门面的左侧，根据行人一般靠右走的潜意识的习惯，入店和出店的人不会在出入口处产生堵塞。

② 纯白色让空间显得更大　装潢使用最多的是反光性、衬托性强的纯白色，纯白色给人的感觉就是整洁、干净，会给人造成较大空间的视觉偏差。

③ 顾客有足够空间排队　收银台和最近的货架之间的距离至少应该有4米以上，以保证有足够的空间让等候的顾客排队。

④ 通道设置洞悉人心　店内通道直而长，并利用商品的陈列，使顾客不易产生疲劳厌烦感，延长在店内的逗留时间。

⑤ 商品的陈列上下了很多工夫，方便消费者快速找到自己想要的。

从7—11的案例分析中可以得出这样的结论：不同国家、不同产业的企业都可以采取差异化的战略，从而在竞争中取胜。尤其是在我国许多行业都面临着同质化的情形下，差异化战略显得尤其重要。国内也有不少的连锁便利店，但他们的产品质量、服务理念、购物环境尚有许多令人不满意之处。相比之下，7—11在以上几个方面所体现的差异化值得我们去思考和借鉴。

资料来源：商场现代化

三、连锁企业的目标聚集战略

目标聚集战略就是确定企业的重要目标，其核心是细分市场，也就是连锁企业通过集中其全部力量满足某个特定的顾客群、某产品系列的一个细分区隔或一个地区市场的方式，为自己建立起一个良好的竞争战略体系。

目标聚集战略有以下几点优点。

（1）能够通过目标市场的选择，帮助连锁企业寻找市场最薄弱环节切入。

（2）避开与势力强大的竞争者正面冲突，因此特别适合于那些势力相对较弱的连锁企业。

（3）能够以有限的资源，以更高的效率、更好的效果为特定客户服务，从而在较小范围内超过竞争对手。

（4）集中可以降低成本，支持价格策略。集中是地区上、顾客群上和产品与服务上的集中。

① 地区集中战略是指连锁店集中资源于特定地区内开店，可以使有限的广告投入、配送能力在该区域发挥作用，从而使连锁店在特定区域内站稳脚跟，稳定地占有该市场，获得地区范围内的竞争优势。

② 顾客集中实质上是连锁店把主要资源集中在特定的顾客，把他们作为诉求的对象，调查和了解他们的主要需求，针对他们提供有效的产品与服务。

③ 产品与服务的集中战略是指主要经营一种或一类产品或服务，适合于专业店、专卖店。这一点在餐饮业表现得非常明显，连锁快餐店的主要产品只有一个，在麦当劳是汉堡包，在必胜客是比萨，在肯德基是炸鸡。正是在产品与服务上的集中才形成了专业优势，才能推行标准化作业。产品与服务的集中使连锁工作人员可以成百上千次地做一件事情，即不用培训，单是熟能生巧也能提高其效率。而反观国内餐饮业，一家餐饮店提供成百上千种菜肴，每个厨师要做几百种菜，即使天天培训，其作业速度、品质恐怕也难以保证。

第四节　连锁企业的扩张战略

连锁企业的扩张路径主要有自建、并购、加盟、合作四种。由于这四种路径各有优势和风险，企业必须对即将进入的市场进行深入研究，结合自身具体情况选择最适合的路径。当然，企业也可以在一个时期同时运用四种路径加速扩张,这需要高超的资源整合能力和运作能力。

一、连锁企业自建扩张战略

自建扩张路径是指连锁企业借助自己筹集的资金,通过对当地市场进行详细的商圈分析,对备选地址逐一分析优选,确立店址并开设新的连锁门店,通过自身力量逐步拓展市场。

1. 企业自建扩张战略的优势

(1) 新的连锁门店一开始就能按企业统一经营模式运行,迅速走上正轨。

(2) 有利于企业的一体化管理,公司原有的经营理念和经营模式能不折不扣地贯彻实施。

(3) 有助于树立良好的企业形象。

(4) 由于选址时对当地商圈进行了周密的调查分析,前期的市场调查对新店开业后的经营策略调整有很大帮助。

2. 企业自建扩张战略的风险

(1) 该方式前期投入需要大量资金,企业必须有雄厚资金支持,且对内部资源应用要求较高。

(2) 发展相对较慢。企业需要对新区域市场有一个了解、认识、把握的过程,当地消费者需要时间了解、接受新的进入者,因而初建的门店需要一个过渡期才能站稳市场。

二、连锁企业并购扩张战略

并购是指连锁企业采取资本运营的方式,将当地现有的企业收购、兼并过来,再进行整合,使兼并企业能与母体企业融为一体。

企业通过并购可以获得(因规模扩张)所需要的产权及资产,实行一体化经营,从而获得规模效益。从国际经验来看,一个行业集中度的提高,主要基于市场的成功并购和重组。面对国外大型商业集团的冲击,国内连锁业必须走规模化、集团化的道路;通过跨区域发展的加盟、并购等扩张方式,以大企业集团优势将一些散、小、效益低但有潜力的企业"吸引"到自己"阵地"上来;大企业集团还可通过输出品牌和管理,充分发挥自身拥有的良好商业信誉、管理技术、商业采购配送等无形资产,迅速实现低成本扩张;借助于小企业的自愿加盟,改善公司的资本结构,完善法人治理结构,还可使小企业的网点、职工等有形资源得到合理的利用。

1. 连锁企业并购扩张战略的优势

(1) 通过收购兼并,连锁企业可以共享市场资源、扩大顾客基础、提高讨价还价的实力。

(2) 容易进入一个新市场,因为兼并过来的企业就是当地已经存在的企业,熟悉当地情况,了解本地市场,或者已经积累了一定的无形资产,被当地消费者所接受,并购能使总部迅速占领新的市场。

(3) 可以利用被并购企业的人力资源,如果运作较好,投资成本可以相对减少,而扩张速度也会加快。

2. 连锁企业并购扩张战略的风险

(1) 兼并过来企业本身的组织结构、管理制度,以及企业文化与母体企业相差较大,还需要对其按母体企业的标准进行改造,有一个磨合阵痛期,这同样需要成本;

(2) 寻找合适的被并购企业需要机会，这可能会贻误进入一个新市场的时机；

(3) 并购本身及整合被并购企业是一项复杂的工作，需要高超的管理技术和专业知识。

三、连锁企业加盟扩张战略

加盟一般称为特许经营，是总部将自己所拥有的无形资产包括商标、商号、专利和经营管理模式等许可给投资者或加盟商，加盟商按合同规定在总部的统一指导下从事经营活动。

1. 连锁企业加盟扩张战略的优势

(1) 可以节省大量资金投入和时间成本，迅速提高市场占有率。

(2) 可以节省总部的人力资源和财力，风险小。

(3) 充分利用加盟者在当地的人缘优势和经营积极性，可以提高成功率。

2. 连锁企业加盟扩张战略的风险

(1) 加盟不能适合所有零售业态和服务行业，这使得该路径扩张范围受到限制。

(2) 管理特许门店难度较大，加盟双方容易闹矛盾，总部不能随意更换店长和工作人员，不利于整体营销战略的实施和服务品质的整体划一。

(3) 个别加盟店行为或经营失败会对总部品牌形象造成损害，不利于树立良好的企业形象。

四、连锁企业合作扩张战略

合作是指连锁企业与有合作意向的伙伴进行多方面合作，包括引入战略投资伙伴共同开发新市场，包括与合作方结成联盟体采取复合连锁的方式进入新市场，包括向合作方输出管理、输出人力资源等方式，共同开发某地区市场。

1. 连锁企业合作扩张战略的优势

(1) 可以利用合作伙伴的人力、财力、物力等资源，减轻总部的投资压力。

(2) 可以利用合作方的影响力占领市场，降低投资风险。双方可以互享顾客资源。

(3) 相对加盟形式，合作形式更为灵活，店面招牌可以灵活处理，或打上连锁企业商号，或采用双商号。

(4) 合作方式较加盟更容易被对方所接受，双方是在平等的位置上谋求双赢。

2. 连锁企业合作扩张战略的风险

(1) 合作伙伴有权利参与决策，但不能独立决策，否则不利于统一管理。

(2) 市场的开拓受到制约，不能按自己开店的一贯模式运作，时间和速度不能控制。

(3) 合作方式不太稳定，由于其他事情变化，容易导致合作失败或合作终止。

第五节　连锁企业的品牌战略

品牌已经成为一种无形资产，在市场竞争中发挥着十分重要的作用。所以，要想在市场竞争中处于不败之地，企业不仅要具备较强的创品牌意识，还要具备较强的品牌经营意识。

在连锁企业发展过程中，一定要结合企业的自身情况提出品牌化战略，并不断创新品牌经营，以此实现预期的发展目标，取得良好的经济效益与社会效益。

一、品牌的含义及作用

1. 品牌的含义

品牌是一种识别标志、一种精神象征、一种价值理念，是品质优异的核心体现，也是消费者对产品及产品系列的认知程度。品牌实质上代表着卖者对交付给消费者的产品特征、利益和服务的一贯性的承诺。培育和创造品牌的过程也是不断创新的过程，自身有了创新的力量，才能在激烈的竞争中立于不败之地，继而巩固原有品牌资产，多层次、多角度、多领域地参与竞争。

2. 品牌的作用

（1）对消费者的作用。

第一，有助于消费者识别产品的来源或者产品制造厂家，更有效地选择厂家和购买商品。

第二，品牌有利于消费者权益的保护，至少也是可以值得信赖的品牌，消费者购买时也会比较放心。

第三，有利于消费者形成品牌偏好，通常消费者购买商品都会选择以往购买过的品牌，所以会对消费者形成一定的导向作用，满足消费者的精神需求。

（2）品牌对生产者的作用。

第一，有助于产品的销售和占领市场，品牌一旦形成一定知名度后，企业可以利用品牌效应扩大市场。

第二，有助于稳定产品价格，减少价格弹性，增强对动态市场的适应性。

第三，有助于新产品开发，利用其一定的品牌知名度，研发新的产品。

第四，有助于企业抵御竞争者的攻击，保持竞争优势。

二、品牌战略的内容

连锁企业品牌战略是指连锁企业以品牌的营造、使用和维护为核心，在分析研究自身条件和外部环境的基础上所制定的总体规划。其内容主要包括以下四个方面。

1. 品牌化决策

这是指选择制造商品牌还是经销商品牌，是塑造企业品牌还是产品品牌，是自创品牌还是外购或加盟品牌。它解决的是品牌的属性问题。连锁企业究竟采用何种品牌，必须全面权衡利弊，做出决策。

在制造商具有良好市场声誉、拥有较大市场份额条件下，大多使用制造商品牌，无力经营自己品牌的连锁企业，只能接受制造商品牌。相反，在制造商资金能力薄弱、市场营销力量相对不足的情况下，连锁企业可以自创品牌。特别是那些新进入市场的中小连锁企业，无力将自己品牌打入市场，往往需要借助于制造商或中间商品牌。不同的选择预示着品牌不同的道路与命运，如"沃尔玛"实施的是商家品牌路线，"麦当劳"走的是特许加盟之旅。近年来，随着经济的发展和市场竞争的激烈，选择自有品牌的连锁企业越来越多，并已成为连锁企业利润的重要来源之一。目前国外大型超市中50%以上的商品为自有品牌，我国的大型超市自有品牌也快速发展，占比越来越多。

2. 品牌模式的选择

是指选择综合性的群体品牌还是多元化的个别品牌？是联合品牌还是主副品牌？它主要解决品牌的结构问题。品牌模式虽无好与坏之分，却有一定的行业适用性与时间性，尤其对资源与管理能力有相应的要求。一个科学合理的品牌结构，对于整合有限的资源、减少内耗、提高效能、加速积累品牌资产无疑是至关重要的。群体品牌可以带动许多商品，显示连锁企业的实力，提高企业的实力和知名度，但风险较大，常用在价格与目标市场大致相同的商品上；个别品牌是指连锁企业对各种商品分别使用不同的品牌，它的主要优点是风险较小，有利于新产品的推广销售和开拓市场，但促销费用较高，不利于企业创名牌。

3. 品牌的识别与界定

它确立的是品牌的基本内涵，也就是连锁企业经营者所希望为消费者所认同的品牌形象，它是整个品牌战略规划的重心所在。它从品牌的理念识别、行为识别与符号识别三方面规范了品牌的思想、行为、外表等内涵，其中包括以品牌的核心价值为中心的核心识别和以品牌承诺、品牌个性等元素组成的基本识别；还规范了品牌在企业、企业家、员工、代言人与产品、推广、传播等层面上的行为准则；同时为品牌在视觉、听觉、触觉等方面的表现确立基本标准。

4. 品牌延伸规划

这是指对连锁企业对品牌未来发展所适宜的事业领域范围的清晰界定，明确了未来品牌适合在哪些领域、行业发展与延伸，在降低延伸风险、规避品牌稀释的前提下，以谋求品牌价值的最大化；品牌管理规划则是从组织机构和管理机制上为品牌建设保驾护航；最后在上述规划的基础上，为品牌的发展设立总目标，并明确品牌发展的各阶段的目标与衡量指标，以促进品牌战略的实施。总之，品牌化决策、品牌模式选择、品牌识别界定和品牌延伸规划等方面之间既彼此独立又相互依赖，相互作用，密不可分，它们的有机组合构成了连锁企业品牌战略体系。

三、品牌定位的实施

品牌定位是针对目标市场确定，建立一个独特品牌形象并对品牌的整体形象进行设计、传播，从而目标顾客心中占有一个独特有价值的地位的过程和行为，其着眼点是目标顾客的心理感受，其途径是对品牌整体形象的设计，实质是依据目标顾客的种种特征设计产品属性并传播品牌形象，从而在目标顾客心中形成一个企业刻意塑造的独特形象。

品牌定位也是一个系统性工作，需要认真进行产品、市场研究、定位策划及其他部门的有效配合，然而定位本身具有抗争性和相对性特点。这必然要求企业把握消费者心理和本企业目标市场需求，结合自身优势，分析以往品牌定位失利的原因，运用正确的定位方法，做到有的放矢，事半功倍。

1. 品牌定位的基础

（1）心理基础。品牌定位就是树形象，目的是在目标顾客心中确立品牌与众不同的有价值的地位。从某种意义上说，品牌定位实际上是一个基于心理过程的概念。这一心理过程可由消费者动机产生、动机选择、购买目标的确定和购买行动的实施构成，由于消费者购买具有非专家购买的特点，购买过程中存在信息不对称问题，那么决定买或不买某一产品很大程度上取决于对该产品认知的积累及其鲜明的个性和品牌知晓程度，根据美国宾夕法尼亚大学沃顿商学院的一次观察表明，消费者把商品从货架上拿到购物筐里平均要用12秒，平均只能仔细考虑1～2种品牌，且Dechermatony-Mclliam也认为消费者选择品牌决定于两个因素，即功能性和表现性（品牌有助于消费者表达他们的自身，且表现性的作用日益突出。这说明，消费者选择品牌主要依据在于该品牌所能给消费者带来的自我个性宣泄的满足，在于品牌形象对他们持续而深入的影响，而品牌定位是塑造成功品牌形象的重要环节，是求得目标顾客认同与选择的重要手段之一。

所以对企业来讲，为自己产品在消费者心目中树立一个鲜明的形象即进行品牌定位是非常必要的，特别是在买方市场条件下同类产品竞争激烈时，品牌定位更是影响企业成功的重要因素，企业要善于分析消费者对商品需求的心理特征，通过理性的、感性的情感的品牌定位方式来达到塑造形象,赢得发展的目的,从这个意义上说,企业要善于"攻心"。

(2) 市场细分基础。现代战略营销的核心可以描述为 STP 营销,即细分市场（segmenting）、目标市场（targeting）、市场定位（positioning）。品牌定位即是 STP 过程的内容,又是 STP 过程的结果,市场细分是品牌定位的市场前提。品牌定位不是盲目的,而是有针对性的目标市场。目标市场是企业品牌定位的归宿点,前提是市场细分。通过市场细分能使企业发现市场机会,从而使企业设计塑造自己独特的产品或对品牌个性有了客观依据。实践中,美国钟表公司通过市场调查,把美国市场分为三个子市场:第一个是想买价格低廉、能够计时的手表的顾客,占美国手表市场的 23%；第二个是买价格适中计时准而耐用的手表顾客,占 46%；第三个是买各种名贵的手表,追求其象征性价值的顾客,占 31%。当时美国著名的钟表公司几乎都将第三类顾客群作为自己的目标市场,而美国钟表公司则选择第一、二类顾客群作为自己的目标市场,开发名为"天美时"的物美价廉的手表,并大力促销,结果赢得了消费者的厚爱。

所以,以市场细分为前提选择目标市场,在目标市场进行市场定位,品牌定位,已是企业赢得市场、开拓市场定位的必然选择。

2. 品牌定位的运作

连锁企业品牌定位的运作,主要应做好以下六方面的工作。

(1) 心理迎合。目的是要使品牌的心理定位与相应商品的功能、利益相匹配。消费者的认同和共鸣是商品销售的关键。品牌定位需要掌握消费者心理,把握消费者购买动机,激发消费者的情感,不失时机的进行市场调查。成功的定位一是要简明扼要,抓住要点；二是要引起消费者共鸣。品牌定位要有针对性,针对目标顾客关心的问题和他们的欣赏水平。三是定位要能让消费者切身感受到的,如不能让消费者作为评定品质的标准,品牌定位便失去了意义。

(2) 审视品牌环境。目的是要使品牌定位与本企业资源相协调。首先,对于产品,受品牌商品用途等因素的限制,品牌定位应有所区别。有的商品使用范围大,可以以品牌的不同定位满足不同消费者的不同需求。如在白酒市场上,既有国宴佳酿的茅台,又有为普通百姓所钟爱的二锅头。但也有些产品使用局限性较大,如家用的洗洁布,无论如何都难以使它与"高档"结缘。因此,品牌定位必须考虑商品本身的特点,突出其特质,使之与消费者需求相匹配。其次,在竞争优势上,品牌定位的成功与否并不一定取决于企业的综合实力,而在于谁能将自己的优势有效融合到品牌定位过程中,从而塑造出个性化品牌。如百事可乐公司发现自己较短的生产历史竟是一种优势（即在消费者心中是一个生产新产品的企业）,将百事可乐定位于"新一代可乐",成了"年轻,活泼,时代"的象征。

(3) 创造品牌差异。目的是寻求差异点,提炼个性。随着科技的发展,不少商品已进入"同质化"时代,商品内在差异很难找到,这就看谁先指出来。别人没说,你先说了,你就迎合并赢得了消费者,你就成功了。如娃哈哈和乐百氏纯净水,其实都经过了 27 层净化,但娃哈哈始终没说,乐百氏把它说出来,因而获得了消费者的认同与选择。创造品牌差异应从产品的整体概念出发,首先看产品内在功能、品质上与竞争者有何差异？如果有,就应以此作为定位依据；如果无,则看形式产品有何差异？如果"形式"差异也没有,则寻找延伸差异,比如你服务是否到位、快捷？品牌是否有某种身份、地位的象征？如果有,也可以此作为定位依据。总之,要善于分析竞争者定位信息,寻找差异点,这是成功定位的重要因素。

(4) 击中消费者心弦。目的是要输送差异点,展露个性。品牌定位一定要与目标市场个性化需求相吻合。如许多洗衣粉的品牌定位中只笼统强调去污能力强似乎成为亘古不变的主题，从而使产品"千牌一面"，在这样的品牌面前，消费者由于无从比较，往往感到无所适从，究其原因没有结合特定目标市场定位是其中一个重要因素。应该说，品牌定位后的商品是为特定消费者群量身定做的产物，企业应牢牢抓住这部分消费者，没有必要也不可能奢望通过品牌定位去吸引目标市场上所有的顾客，品牌定位应个性化需求而产生，也将在个性化需求中实现其主要价值。

（5）凝练品牌定位理念。目的是要塑造品牌形象。品牌定位理念是品牌定位的灵魂，它是连锁企业通过品牌定位活动力图传达给消费者的一种概念。品牌定位理念借助质量定位、功能定位、包装定位、渠道定位、价格定位、广告定位等几个方面得以实现，消费者也是从上述方面来了解和接受企业的品牌定位理念。一般来说，品牌定位理念是附着在一定的品牌定位方式之上，而品牌定位方式则通过质量、功能、广告等方面的一个或几个的组合表现出来。此外还必须强调品牌定位理念形成以后，如得到市场认同就应该保持其稳定性，当然企业可根据市场需求据此对定位方式进行调整，但切忌不要轻易否定自己的定位理念，要知道使企业的品牌定位理念根植于市场是需要有一个漫长的战略过程。

（6）传递品牌定位。目的是要提升品牌形象。能否在消费者及社会公众中树立预期的品牌形象，实现品牌与目标市场的有效对接，使品牌获得增值，品牌定位的传播起着重要作用。品牌定位的传播要达到两个目的：一是希望消费者相信什么？二是凭什么使他们相信？这就要求连锁企业在深入了解消费者及目标市场的基础上，针对不同的消费群体，从他们的"期望需求"上找到与目标品牌的价值契合点，通过广告、公关、销售促进等手段大力宣传、重现、强化企业个性化的定位理念，不断传播本企业品牌的利益点。使消费者全盘了解本企业品牌特性，成功地传播品牌定位。

第六节 连锁企业的形象战略

企业形象战略作为近年在国际上出现的一种新型现代企业管理理论，已被许多企业导入与应用，并在日趋激烈的商战中显示出了巨大威力。

一、企业形象的涵义和内容

1. 企业形象的涵义

企业形象是指社会公众、内部员工以及企业的相关部门、单位对企业、企业行为、企业各种活动的成果所给予的综合评价和一般认定，它是企业的表现和特征在公众心目中的反映。企业形象是连锁企业一项重要无形资产，它表现传达着连锁企业的信誉、产品质量和人员素质等。塑造企业形象虽然不一定能立即带来经济效益，但它能创造良好的社会效益，获得社会的认同感，最终会获得由社会效益转化的经济效益。因此，连锁企业要在激烈的市场竞争中生存发展，塑造企业形象便成为具有长远眼光的企业战略。

2. 企业形象的内容

概括地说，企业形象是一个企业在社会公众心目中的总体印象，是企业文化的外显形态。其主要内容包括以下几方面。

（1）商品形象。这是企业商品的内在质量和外在表现的综合反映，是企业形象的代表，也是企业形象的基础。社会公众一般通过企业的商品形象来了解企业，企业也首先依靠商品形象来塑造企业形象。商品形象的好坏直接影响着企业形象的好坏，连锁企业必须充分认识到这一点，踏踏实实地从商品形象开始塑造企业形象。

(2) 员工形象。主要包括企业家形象、管理层形象和员工形象。企业家形象是指企业领导人的政治思想水平、知识水平、工作能力、创新精神、气质风度等给外界公众和企业内部职工的印象，企业家形象是企业形象的关键，其文化素质、战略眼光、能力、魄力、品质、管理风格等都深深地影响着社会公众对企业的评价。在一定程度上，企业家形象是企业形象的缩影。员工形象是企业员工在职业道德、文化素质、知识水平、精神风貌、言谈举止、服务态度、行为方式、仪表装束等方面的总体素质和外在表现，员工形象无疑也是连锁企业形象的重要组成部分。

(3) 服务形象。这是指连锁企业及员工在经营活动中所表现的服务态度、服务方式、服务质量等给消费者和社会公众留下的印象。随国民经济的发展和人民生活水平的提高，企业之间的竞争已从低水平的价格竞争向高档次的服务竞争发展，因此，良好的服务形象无疑会给企业带来巨大的效益。

(4) 社会形象。这是指企业给社会公众长期以来留下的印象和感觉，主要包括企业是否有社会责任感；企业内部是否和谐；企业是保守的还是创新、进取的；员工对企业是否有责任感、自豪感等。

(5) 环境形象。这是指企业生产经营和生活条件的建设及总体表现，它反映着企业的整体管理水平、经济实力、精神面貌。主要有工作环境是否优美舒适、干净整洁、有序；是否绿树成荫、空气清新宜人；企业外观的风格、造型、色彩体现什么样的文化倾向等内容。

二、连锁企业形象识别系统（CIS）

实施企业形象战略是塑造连锁企业形象的主要手段，社会公众是通过连锁企业的形象识别系统来认识连锁企业，因此，塑造和完善形象识别系统是连锁企业形象战略的基础。

企业形象识别系统（corporate identity system），英文简称为 CIS。是指将企业的经营理念和精神文化，传达给企业周边的公众或团体，并使其对企业产生一致的认同感与价值观的整体传达系统。CIS 的构成要素主要有三个：MI 理念识别系统、BI 行为识别系统和 VI 视觉识别系统。三要素相辅相成，相互支持。连锁企业形象战略是指连锁企业将其理念、行为、视觉形象及一切可感受形象实行的统一化、标准化与规范化管理的战略。连锁企业通过导入 CIS 战略，对自身的理念精神、行为方式以及视觉识别进行科学而系统的整合，从而使企业各个方面都发生积极转变，产生全方位功效，塑造鲜明的企业形象，获得企业内外公众的认同。

三、连锁企业的理念识别系统（MI）

1. 连锁企业理念识别系统的涵义

连锁企业理念识别系统，亦称理念统一化。MI（mind identity 的缩写）。它是指一种通过企业经营理念定位来传达企业宗旨、企业精神、企业目标，从而展示企业独特形象的设计系统。理念系统是整个识别系统的主导内容，是建立整个企业识别系统的原动力，有了理念系统，才能确立企业的主体性，指导企业的发展方向。其内涵包括：确定企业的发展战略目标；规范员工市场行为的基本准则；企业独特形象形成的基础和原动力。基于这三点，MI 被人们称为"企业的心"，没有它，其他识别系统是无法建立的。

2. 连锁企业理念识别系统的内容

MI 的设计是以三个问题为中心：企业从事什么事业？企业对社会有何价值？企业有何

理想目标及如何实现？其主要内容如下。

（1）经营宗旨。这是企业经营哲学和经营观的体现。经营宗旨的设计事实上是企业的自我社会定位，其设计好坏，决定着企业与社会的关系性质及未来的发展前景，关系企业社会地位的高低。经营宗旨的设计应考虑可行性，与企业实力一致，能够做到；目标性，经努力才能适应，有导向作用；提升性，企业形象有提升作用。如宜家集团公司的经营宗旨是："提供种类繁多、美观实用、老百姓买得起的家居用品"。

（2）企业价值观。所谓价值观是指人们的信仰、价值、心态系统中可以评价的若干具有价值和价值大小的总体看法和根本观点。企业价值观作为遍布于企业成员中普遍的价值观念，是从企业主体文化中衍生出来的。它具有规范性的特征，使员工知道什么是好的，什么是坏的，什么是正确的和错误的，什么是积极的和消极的，什么是全体员工应该努力为之奋斗的。企业价值观作为员工一种共同的、一致的价值取向，决定了每一个员工的行为趋向。价值观所赋予人们行为的神圣感和使命感，鼓舞人们为他所信守的价值观而奋斗。任何企业都必须形成强大的群体力量，才能保证企业立于不败之地。而这种凝聚力来自企业全体员工对本企业价值观的共同信仰。因此，企业价值观要得到全体员工的认同，必须将其强化为一种信念，深深地扎根在企业所有员工心中，成为员工行为的指南，这样连锁企业才能在激烈的市场竞争中无往而不胜。

（3）企业精神。这是以经营哲学为指导，建立在共同价值观、共同理想和信念的基础之上，为企业员工共同认同和接受的一种群体意识；是企业员工共同遵循的价值取向、理论信条和共同的行为规范，是企业素质的综合反映。

【案例 2-8】

麦当劳集团的经营理念

"麦当劳不仅是一家餐厅"这句话精确地涵盖了麦当劳集团的经营理念。在全球麦当劳的整体制度体系中，麦当劳餐厅的营运是很重要一环，因为麦当劳的经营理念和欢乐、美味是通过餐厅员工传递给顾客。然而餐厅并不是麦当劳这一世界品牌的全部，它只是冰山一角，因为在它后面有全面的、完善的、强大支援系统的配合，已达到质与量的有效保证，而这强大系统的支援当中包括：拥有先进技术和管理的食品加工制造供应商、包装供应商及分销商等网络；完善健全的人力资源管理和培训系统；世界各地的管理层、运销系统、开发建筑、市场推广、准确快速的财务统计及分析等等。每一个部门各尽职能，精益求精，发挥团队合作，致力于达到麦当劳"百分百顾客满意"的目标。"麦当劳是群体力量的成功故事，只要继续共同努力，我们必会永远独占鳌头。我们对汉堡包行业的态度比谁都认真，当时是如此，现在也是如此！麦当劳不是空谈品质、服务、清洁和物有所值，我们是付诸行动的！"

资料来源：连锁中国网

四、连锁企业行为识别系统（BI）

1. 连锁企业行为识别系统的涵义

连锁企业行为识别系统，也称行为统一化，BI（behavior identity 的缩写）。它是一种在经营理念指导下，对所有企业行为、员工操作行为实行系统化、标准化、规范化的统一管理，以形成统一的企业独特形象的设计系统。行为识别系统是企业识别系统的基本内容，它是一种动态形式，强调一种行为过程，是建立整个识别系统的关键，有了行为系统，连锁企业的理念才能落到实处，推动企业良性发展，因此相对于其他识别系统的建立来说，它较为复杂，较有弹性，实施也较为艰难。然而，它却是企业识别系统能否真正建立起来的关键，是"企业的手"。

2. 连锁企业行为识别系统的内容

连锁企业理念设计出后，如何使其在企业行为与活动中得以具体体现，如何实现企业理念与行为的统一化，这些都要借助 BI 设计来完成。行为识别主要是指在连锁企业理念指导下所设计的企业全体员工自觉遵守的工作和行为方式，它是连锁企业的动态识别系统。其设计的主要内容可分为两大部分。

(1) 对内方面。包括干部教育、员工教育、生产福利、工作环境、内部修缮、生产设备、废物处理和发展形式等，以达成内部的共识以及全体员工自觉遵守的工作方式，使企业内部产生整体性和一致性。

(2) 对外方面。包括市场调查、产品开发、公共关系、促销活动、流通政策、代理商、金融业、股市对策、公益与文化活动等一系列行为，连锁企业通过这些行为宣传良好的企业形象，以获得社会公众的认同和好评。

五、连锁企业视觉识别系统（VI）

1. 连锁企业视觉识别系统的涵义

连锁企业视觉识别系统，VI（visual identity 的缩写）。它是一种在企业经营理念、战略范围和经营目标的支配下，运用视觉传达方式，通过企业识别的符号来展示企业独特形象的设计系统。视觉识别系统是连锁企业识别系统的重要内容，是实施 CIS 的中心环节和重点所在，因为有了视觉系统，才能及时、鲜明地向社会传达企业经营的信息，使公众在视觉上产生强烈刺激、最终树立起企业形象。因为视觉识别系统是连锁企业形象的直接传达系统，故被称为"企业的脸"。

2. 连锁企业视觉识别系统的内容

(1) 基本要素。包括标志、标准字（用于标志和品牌）、标准色、辅助色、企业造型（吉祥物）、指定专用字、（用于手册、广告和文件）、象征图案（标志元素）等。

(2) 应用要素。包括办公用品系列、环境系列、旗帜系列规范、交通系列、广告系列、营销系列、员工服装服饰系列设计和礼品系列。

3. 连锁企业视觉识别系统的设计

(1) 企业标志及其特点。标志是视觉设计的核心，是创造企业印象最重要的手段。一个成功的企业标志，应具备设计独特、容易识别、适合性、美观大方和力求单纯等特点。

(2) 企业标记的设计方法。企业标记以图形符号来表达信息，其基本设计方法有连字法、组字法、字形法、抽象法、象形法、图画法和综合法等。

(3) 标志释义。标志需要阐释，开掘与扩展其涵义，使之成为品牌形象的载体。

(4) 吉祥物。吉祥物一般具有人物特征：亲切、可爱。它是名牌包装中最能体现民族心理、传统文化的外在表现体。吉祥物一般在消费者心目中最能引起情感的交流和共鸣，故多为消费者所喜爱。吉祥物传播品牌形象的个性极强，需要认真设计。

(5) 标准色、标准字及造型、徽章图案。

六、导入 CIS 战略的时机选择

近年来，连锁经营的迅速发展，为 CIS 战略导入带来了大好时机。特别在实施连锁经营初期，导入 CIS 战略，对于塑造企业新形象、增强竞争力、取得更好的经营效益具有重大作用。因此，连锁企业可将连锁经营战略的实施与 CIS 战略的导入结合起来，以发挥更大威力。主要做法如下。

1. 将确立连锁企业统一的经营风格与建立 MI 结合起来

连锁经营必须要有共同的经营理念、企业精神，体现共同的经营风格特色。因此，在实施连锁经营之时，建立统一的 MI，并使全体员工形成共识，有利于使高层决策者的精神观念成为全体员工的行动指南，从而形成统一的经营风格。例如，华联超市股份有限公司一直紧守"顾客第一，唯一的第一"的经营理念，采取以客为本的市场策略，旨在以具有竞争力的价格提供品种繁多的优质商品和增值服务，为顾客提供愉快的购物体验，在中国零售市场建立了卓越地位。

2. 以实施连锁门店的统一管理为契机，建立 BI

连锁门店分布广泛、遍及各地，在经营过程中要贯彻统一的服务规范，实施统一采购、统一进货、统一核算、统一价格和统一管理等经营管理行为，这就必须要有统一的行为规范和管理措施。通过建立 BI，规划出企业对内、对外各项活动的行为规范，并通过培训和教育，落实到全体员工的行动中，才能真正实现以上的几个统一，使连锁企业实现统一的规范化管理。

3. 连锁门店统一标识的设计，与 VI 的策划与设计结合起来，增强标识的形象力

连锁经营要求使用统一的店名标志，而且有统一的建筑风格、统一的商品陈列、统一的办公用品和服饰，进行统一的广告宣传。以上五个统一均为 VI 的重要内容，将两者的设计结合起来，不仅起到了事半功倍的作用，而且有利于增加标识的形象力。

因此，利用连锁经营的契机，导入 CIS 战略，将连锁经营的策划、实施与 CIS 的策划、设计、实施结合起来，既有利于从系统化的角度提高连锁经营战略的实施效益，又有利于有效地导入 CIS 战略，提高企业的整体形象。

七、CIS 战略的导入程序

连锁企业 CIS 战略的导入，是一个有组织、有计划的整体过程，一般需要经过准备、调研、策划、设计、实施与控制等五个阶段。

1. 准备阶段

首先，抽调人员组成 CIS 策划组织，并选择和确定外部的专业策划和设计部门，聘请外部专家。其次，通过走出去、请进来，学习有关 CIS 战略的知识，研讨实施 CIS 战略的意义、目标及重点。最后，初步确定导入 CIS 战略所需的经费和时间。

2. 调研阶段

通过查阅有关资料和各项调查，了解企业的经营状况、发展战略、竞争状况及精神文化等。在调查基础上，分析企业原有形象。评价企业原有形象的合理性（即是否符合企业的精神理念、经营目标、经营特色）、认识性（内外公众对形象的认知程序及认知的正确程度）、竞争性（现有形象对企业的损益状况和市场地位的影响等）。以便有针对性地进行设计和策划，改善企业形象。

3. 策划阶段

首先，根据调研分析的结论，确定企业形象策划目标。是巩固现有形象，还是改善消极形象，或是重塑新的企业形象。其次，确定企业形象的社会定位、市场定位和风格定位，规划企业在社会公众心目中的特定位置和印象。再次，选择和确定企业形象的表现形式，策划

表现良好的经营者形象、市场形象、社会形象、内部形象和综合形象的企业内、外部活动计划。最后,制定企业形象计划的实施方案和管理办法,确定各项活动的具体方式、所需时间及日程安排、所需经费预算、各项活动负责人及主办、协办单位等。

4. 设计阶段

进行企业识别系统设计,设计企业的理念精神、行为规范和视觉传递等子系统,并在企业内部员工及企业外部公众中进行实验和检测,经过反复修改后确定下来。在此基础上,设计企业的 CIS 手册。手册的主要内容包括以下几方面。

(1) 引进介绍。上级领导、有关专家、企业主要负责人对引进 CIS 的致词;企业理念精神及未来发展状况展望;引进 CIS 的目的、动机和 CIS 手册的使用说明。

(2) 基本要素系统组合及说明。

(3) 应用要素系统说明。

(4) 企业标识及应用要素系统的样本照片。

5. 实施与控制阶段

首先,调整和落实企业管理机构。在原来的 CIS 策划小组的基础上进行调整,成为 CIS 战略管理机构。其次,进行沟通和培训。召开企业形象方案发布会,散发企业的 CIS 手册;举行高层管理者、部门经理研讨班,并有计划地对全体员工进行 CIS 知识培训及规范行为训练。再次,落实和实施 CIS 战略活动计划。改善企业环境;规范员工行为;落实公益性活动、公关活动及广告促销活动的计划。最后,监督和控制 CIS 战略的实施。监督和管理 CIS 战略计划的执行;对各项活动的实施绩效进行测定;定期检查、评估战略实施情况及实施效果;对 CIS 战略进行调整和修正。

本章小结

连锁企业战略是对连锁企业的谋略,是对连锁企业长期发展、标准化运营等方面的整体性、系统性、根本性问题的计谋,是影响连锁企业能否稳定发展、持续扩张与盈利的最重要的决策参照系。

本章介绍了连锁企业的目标市场分析、选定以及市场定位,并详细介绍了连锁企业的运营战略、竞争战略和扩张战略。

复习思考题

1. 怎么样进行目标市场分析?
2. 连锁企业进行市场定位要考虑哪些因素?
3. 连锁企业运营战略包括哪些?
4. 自己找一家熟悉的连锁企业,说一说它的竞争战略。

案例分析

必胜客如何采取战略措施的

从"休闲餐饮"到"欢乐餐厅",必胜客二度定位,"醉翁"何意?一张"比萨",一种文化,必胜客的"文化攻势"又是怎么一番景象?人均消费40~60元,却依旧是排队等候的火爆场面,是何原因呢?

1. 为欢乐"变脸"

"我们就是试图带来一种更新的餐饮时尚,积极地寻求自我突破。当消费者的生活水平已经超出你的服务水平时,你必须想到如何重新引导他们向更高的境界迈进。快乐生活是一种世界大趋势,也是人生意义所在。"一位必胜客高层如是说。

2003年1月,中国必胜客开店突破100家,以此为新起点,必胜客从"休闲餐饮"向"欢乐餐厅"渐进。10月,收回华南必胜客经营管理权以来,经过半年的调整,必胜客实现了形象的全面转型。必胜客中国区总经理罗维仁出席广州"必胜客欢乐餐厅全新形象"庆典活动时宣称,从即刻起,必胜客将以更美味的食品、更舒适的环境和更人性化的服务给消费者带来"欢乐餐厅"的新体验。这标志着必胜客新发展规划的正式出台。

首先,欢乐美食。这里的消费群以年轻一族为主,时尚的、流行的元素为必胜客铺上了欢乐的背景。没有呛人的油烟,没有令人作呕的蚊蝇,有的只是干净的桌椅和明亮的窗户,心情自然舒畅愉悦。一向求新求变的必胜客最近又推出新款餐品:挪威虹鳟鱼。必胜客的比萨专家漂洋过海,终于在挪威大峡湾觅到珍奇——挪威虹鳟鱼,又一个"环宇搜奇系列"奇迹诞生了。同时,注意因地制宜,比如"蜀中大将"从选料和口味上颇具四川特色。

其次,欢乐环境。为突出欢乐气氛,所有餐厅都增加了抽象派西式壁画、壁炉状的出饼台、随处可见的厨房小玩具等,还为就餐的年轻人和儿童量身定制了许多游戏项目。如在比萨上桌之前的"沙拉吧",拓展思维,"装配"出一份新鲜美味、多得冒尖的沙拉大餐等。

再次,欢乐服务。在客人被服务员领到餐台前坐下后,服务员并不在顾客左右。这就是"必胜客"的距离式服务,有距离是为了在客人的感受上造成无距离。服务生的"眼力"很好,当客人有所需求时,他们会从客人的眼神、表情或动作中读出客人的期待,适时提供服务。正是由于这一系列欢乐元素,使其品牌精神得以在细节上体现出来,才使得一个洋品牌在古老的中国大地上生根发芽。

必胜客形象的二度定位,无疑是扩大了消费群,目标明确地指向了年轻人、白领和家庭,其消费形式也以朋友聚会、家庭聚餐、情侣约会为主。尤其引人注目的是,调整后的华南必胜客在产品价格上给消费者带来了新惊喜:各类产品降幅达15%,算是"欢乐价格"吧。

2. 叫停特许经营

2004年5月下旬,中国百胜餐饮集团宣布:国内130多家必胜客分店的经营管理权已全部收回。必胜客中国区总经理罗维仁表示,必胜客以后将不采用加盟店经营的模式,而是由百胜总部统筹管理及业务扩张。

是模式问题,还是加盟商问题?业内人士各持己见。

加盟是餐饮连锁行业使用最为广泛的一种商业模式,百胜这一逆反举动意欲何为?有媒体称,百胜结束与怡和集团的合约,是因为不满意怡和集团在华南的扩张速度。截至合约期满,怡和集团在华南地区只开设了19家必胜客餐厅,滞后于必胜客在全国的扩张速度和华南地区经济的高速发展。另外,这些餐厅在运营上与百胜集团统一模式有出入,在品牌策略和市场策略上没有很好地执行百胜集团的想法,比如在"欢乐餐厅"定位上双方就很难达成默契。

另有人士分析,是特许加盟模式不能完成百胜的使命。必胜客在1990年进入中国,起先全是自己经营。即使在怡和集团进入之后,必胜客在中国大部分地区还是以自己经营为主。选择两条腿走路、两种模式并存，是为了降低风险。即便是在特许经营方面开拓较早的肯德基也是走得小心翼翼，目前为止也只有40多家加盟店，占不到总数的5%。

必胜客目前尚未达到规模效益，叫停加盟是为了规避风险。但特许经营之门不会永久性关闭，停止代理加盟，是想依靠百胜集团雄厚的实力、丰富的餐饮行业经验，先把品牌做大做强。至于重新开放的时间表，谁也说不清。

和同门兄弟肯德基相比，必胜客显得更加谨慎，甚至有些保守。关闭特许加盟之门让业界对必胜客能否迅速扩张产生了一丝忧虑。但叫停特许经营于必胜客而言，利还是明显大于弊的。

首先，必胜客和肯德基在定位上不同。肯德基是中档快餐，必胜客是中高档正餐，而且其品牌在中国尚待成熟，扩张能力颇受质疑。时下，关键是要提升品牌含金量，而非盲目扩张。

其次，必胜客需要掌握直接控制权，建立一个统一协调的管理体系，从而完美体现和执行公司理念。否则，难以长远发展。再次，叫停特许经营，依靠百胜集团雄厚的实力和丰富的行业经验，走少而精、成熟一个发展一个的路子是正确的。最后，对于消费者而言，直营方式抛开了中间环节，产品质量会更有保证，价格也更加实惠。

3. 在本土化上下功夫

肯德基的本土化策略取得了公认的成功。作为同门兄弟，必胜客也借鉴颇多。但是绝非照搬照抄。与肯德基最明显的不同是，必胜客取消了肯德基办得正红火的特许经营，而特许经营是肯德基本土化策略的重要组成部分。另外，必胜客走欢乐、休闲、品位、情趣的道路，与肯德基的定位迥然不同。相对于肯德基的全面本土化，必胜客目前主要在原料、产品和管理上下功夫。

首先，原料的本土化。以前70%的原料依靠进口，现在本土采购的份额已经占95%。也正是由于本土化采购，必胜客才得以降价回报消费者。

其次，产品的本地化。最近必胜客推出了一系列华夏美食精品，希望通过中国博大精深的饮食文化与比萨相互结合以满足中国人的口味。再次，员工的本土化也是必胜客努力的一个方向，特别是中高层管理人员的本土化问题。

关于必胜客，令人感兴趣的话题还有很多。比如，必胜客未来的扩张真如乐观分析家说得那样"蛰伏已久，要发力了"吗？叫停加盟代理的"权宜之计"是树立了品牌呢，还是走向了封闭？人们拭目以待。

资料来源：中国外资

思考题

1. 你认为必胜客的本土化经营是成功的吗？请说明原因。
2. 你如何评价必胜客采取的一系列战略措施？

实训项目

【项目一】选一家自己比较熟悉的连锁企业，对该连锁企业的经营战略进行分析，并撰写一份分析报告（如果你认为该企业的经营战略存在问题，请给出你的建议）。

【项目二】以小组为单位，虚拟一家连锁企业，制定竞争战略，并分析在制定中面临的方方面面的问题。

第三章 连锁企业内部的组织管理

引导性案例

国美电器的组织结构

组织结构是企业一切经营管理活动的载体,是其竞争优势得以充分发挥的物质基础,是战略目标全面实现的根本保证。因此,组织的架构必须要符合提高内部效率和增强外部适应性的基本要求。当外部环境、技术、规模或竞争战略发生变化时,过去行之有效的组织结构也许不太有效了。此时,对组织的重新架构变得十分必要。

按照连锁经营的要求,国美电器将其组织机构划分为总部、分部、门店三个层次。

总部负责总体发展规划等各项管理职能。分部依照总部制定的各项经营管理制度、政策和指令负责对本地区各职能部门、各门店实行二级业务管理及行政管理。门店是总部政策的执行单位,直接向顾客提供商品及服务。

这种组织结构兼顾了以职能划分和以经营区域划分两种组织架构的优点:一方面,能够突出业务重点,确保高层主管的权威性,并使之能有效地管理组织的基本活动,而且符合活动专业化的分工要求,能够有效地发挥员工的才能,有利于管理目标的实现;另一方面,把一部分责权下放到地方,可以鼓励地方参与决策和经营,使其能够直接面对本地市场的需求灵活决策。

一个企业的组织结构决定着企业资源的分配、利用;决定着企业决策权的使用;决定着企业内部信息的合理流动。这样的一切又决定着企业工作效率的高低,生产经营能否顺利进行,所取得的效果的大小。可以说企业的组织结构是完成企业目标的基石,它把企业的一切可供利用的资源整合起来,对其进行协调分配,发挥出资源利用的整体优势,最大限度地减少它们的消耗浪费,以实现其最大价值。

学习目标

了解不同阶段连锁企业的组织结构;

熟悉连锁企业人力资源管理的特点;

熟悉连锁企业人力资源规划、工作分析和岗位设立;

掌握连锁总部各部门职责和门店的基本职能;

掌握连锁企业的员工招聘与培训、薪酬制度与绩效管理内容。

职业指导

通过本章学习,能根据企业实际情况进行基本的组织结构设计及人力资源规划;能设计连锁企业内部岗位并进行工作分析;能根据企业的用人政策合理设计人员招聘的方法,并能对工作人员进行合理公正的绩效考评。

第一节 连锁企业组织结构设计的要求

一、连锁企业组织结构的涵义与作用

连锁企业组织结构是指连锁企业的各构成部分及它们之间的相互关系。连锁企业组织结构是否合理直接关系到连锁系统的生存与发展,这是因为科学合理的组织结构适应了市场经济规律和连锁经营的客观要求,能充分调动员工和门店的劳动积极性和创造性,提高劳动效率,促进经济效益的增长,为连锁企业在激烈的市场竞争中生存和发展打好基础。因此,连锁企业经营管理者必须十分重视企业组织结构的构建。

二、设计连锁企业组织结构的基本要求

1. 精干高效相统一

精干高效是指在保证完成连锁企业的组织目标,达到高效率和高质量的前提下,以最少的机构,用最少的人完成经营管理的工作量,做到人人有事干,事事有人干。为此,应把握好以下三个环节。

(1) 根据组织目标和需要来设计组织结构。连锁企业组织结构的设计不能因人而定,也不能以上下对口为依据。采用何种类型的组织结构、设置多少机构、每个机构安排多少人,完全应该根据经营目标和任务的客观需要来确定。

(2) 分工要合理。在现代社会中,连锁企业面临着激烈的市场竞争和繁杂的经营管理事务,明确分工,设立若干部门分头管理,往往会收到事半功倍的效果。问题是在于分工要合理、适当,宜简不宜繁,一个机构能办的事不设几个机构,一个人能办的事决不能安排两个人做。

(3) 权责要明确。连锁企业在设计组织结构时,要明确规定每一管理层次和各职能机构的职责范围,并赋予完成其职责所必要的管理权限。职责与权限必须明确、统一。为了履行一定的职责,就必须拥有相应的权限。有职无权或权限太小,经营管理者就无法履行其责任;相反,有权无责会造成滥用权力、瞎指挥,产生官僚主义。因此,连锁企业应根据企业战略目标,从提高企业整体利益和综合功能出发,制定各机构、各部门的职权范围和工作规范。

2. 指挥管理要统一

这是指连锁系统的各级经营管理组织必须服从它的上级机构的统一指挥和命令。只有这样才能保证指挥统一,避免多头领导和多头指挥。另外,在每一组织层次中,应严格规定正职与副职之间的职责权限,正职领导者对组织工作全面负责,副职分管局部或几个部门的工作,正副职之间若发生意见分歧,正职拥有决定权,副职不能擅自发号施令。因此,下级部门只能服从一个上级指挥,只能对一个上级主管领导负责。既要反对越权指挥,也要反对越级请示。

3. 管理幅度要适当

管理幅度是指领导者所能直接领导、有效管理的下级人数。管理幅度与管理层次呈反比关系,管理幅度越大,管理层次就越少;而管理层次减少,则管理幅度必然增大。如果领导者的管理幅度过大,超过他的能力、精力的许可,就会顾此失彼、误时误事。而管理幅度过小,又需增加层次、增加人员,这不仅不符合精干的原则,而且会影响工作效率。所以,连锁企业在设计组织结构时,必须确定合适的管理幅度。

4. 岗位规范要明确

这是指连锁企业在设计组织结构时，不仅要确定设置多少机构、各机构的职能和责权范围以及应设置的岗位数，而且，还要详细制定每个岗位的规范。岗位规范应明确该岗位的业务范围、职权范围、工作量、上岗条件、工作标准和职业道德等方面的内容。并根据岗位规范的要求实行岗位责任制，以调动员工的积极性和创造性。

三、影响连锁企业组织结构设计的因素

在设计连锁企业组织结构时，除了注意设计的基本要求外，还必须考虑影响因素，这些因素决定了连锁企业组织结构应具有的具体形式。一般来说，影响企业组织结构的主要因素有经营环境、行业的选择、连锁经营形式、发展与规模、经营业态、科学技术的发展、任务和目标等。

1. 经营环境

主要包括经济、政治、文化、社会以及伦理与心理等方面的因素。环境因素对连锁企业组织结构的影响是通过企业战略的调整与改变来实现的。也就是说，环境的变化迫使连锁企业经营战略发生相应的变化，而连锁企业经营战略的改变要求组织结构也随之变动，连锁企业组织结构要适应企业经营战略的调整。如随着市场竞争的发展，连锁企业往往要实施多元化经营战略，那么，在设计连锁企业组织结构就应增设相应机构与部门，并规定其应有的职权范围。

2. 行业的选择

从连锁经营发展现状来看，我国连锁经营目前主要集中在零售业、餐饮业和服务业，不同行业的连锁经营对企业的组织结构设计有着不同的影响和要求。连锁企业在设计组织结构必须充分考虑行业经营活动的内容、性质和特点等，针对行业和企业的实际来设置组织机构。如零售业的连锁超市公司应设立配送中心来实现统一采购和配送，而服务业则应着重考虑服务管理机构的设置和建设。

3. 连锁经营形式

目前，连锁经营主要有直营连锁、特许加盟和自由连锁三种形式。直营连锁是由总部对门店进行直接投资和统一管理，特许加盟管理的重点是品牌和加盟店，而自由连锁其管理的基本要求是实现联合采购、分散销售。不同的连锁经营形式因其经营管理的重点和要求不同而影响连锁企业的组织结构设计和选择。

4. 发展与规模

连锁企业发展与规模对组织结构的设置产生直接影响。在连锁企业发展初期，因企业规模较小，所设置的机构也不多，管理职能也较单一。但是随着连锁企业不断发展，企业规模越来越大，经营活动内容越来越多，范围越来越大，经营管理就越来越复杂，连锁企业组织机构设置和调整就变得十分迫切。如沃尔玛、麦当劳等跨国大型连锁企业都设立区域性的总部机构，以适应跨国经营的需要。

5. 经营业态

在连锁经营中不同的业态由于其目标顾客和功能的不同，会对组织结构的设计提出不同要求，因此，连锁企业在组织结构设计中应充分考虑不同业态的性质和要求。例如超市公司，应将配送中心作为组织结构设计的主要内容来考虑；而连锁酒店其组织结构设计的重点则应突出服务功能。

6. 科学技术的发展

连锁企业的技术特性与组织结构关系密切，连锁经营技术是以现代科学技术发展为基础的。现代科学技术的发展必然会影响连锁企业组织结构的设计和选择。例如，由于信息技术

的发展，连锁企业内部管理体制实现了由职能化组织结构向流程化、网络化组织结构转换，这些共享的信息网络，大大改变了连锁经营管理的应变能力和速度。在网络化基础上，信息传递不再是一种垂直的金字塔模式，而是一种网络互联模式。于是连锁企业组织结构就会由纵向垂直模式向横向互联模式转变，显现出一种扁平化特点。

7. 任务和目标

连锁企业的组织机构是为实现企业的任务和目标服务的，因此企业的任务和目标是连锁企业组织结构设计与选择的基本依据，连锁企业应按不同时期的任务和目标来选择和调整其组织结构。一般来说，在连锁企业创办初期，由于经营规模较小，任务和目标具体明确，连锁企业往往选择较简单的组织结构形式，但随着连锁经营规模的不断扩大，经营任务的多元化和经营目标的多重化必然要求连锁企业不断地调整组织形式，以适应企业发展的需要。

第二节 不同阶段连锁企业结构形态

一、中小型连锁企业组织

1. 小型连锁企业的组织机构

小型连锁企业的组织机构一般可以采用直线型，这种组织结构适用于门店数目不多（10～20家）、门店面积不大、经营商品较少、经营区域集中的连锁企业，主要是初创期的连锁企业。由于连锁企业在初创期规模较小，管理并不复杂，可以由总经理一人负责所有总部业务，各分店经营对总经理负责。小型连锁企业的组织结构框架见图3-1。

2. 中型连锁企业的组织结构

当连锁企业进一步发展，规模不断扩大，商品品

图3-1 小型连锁企业的组织结构框架

种不断增加，经营区域也不断扩大，直线型组织形式将无法适应，需要增加相应的职能部门，此时的连锁经营组织将过渡到直线职能型组织。

大体上，中型连锁企业在组织体系上一般分为两层：上层是总部管理整体事业的组织系统，下层是门店。中型连锁企业组织结构框架见图3-2。

图3-2 中型连锁企业组织结构框架

二、大型连锁企业组织

1. 跨区域大型连锁企业组织结构

对于跨区域连锁企业，宜采用三级组织模式，即总部—地区管理部—门店。在三级管理

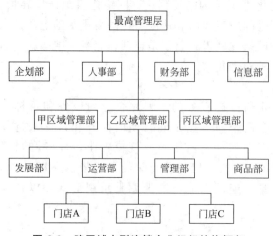

中，连锁总部主要承担对企业政策和发展规划的制定，监督执行，协调各区域管理部同一职能活动。地区管理部拥有自己的经营管理组织，在总部指导下负责本地区经营发展规划，处理本地区门店日常的经营管理。地区管理部实际上是总部派出的管理机构，不具备法人资格，仅有管理与执行能力，在许多重大问题上的决策仍由总部做出。跨区域大型连锁企业组织结构框架见图3-3。

如果连锁企业的发展跨出了国界，那么其组织结构也要有相应的变化，一般是在总部设立国际事业部负责海外连锁事业发展，在相应海外发展地区设立合资或独资公司，

图 3-3 跨区域大型连锁企业组织结构框架

实现法人当地化来具体执行连锁业务。而当连锁事业进一步扩大，跨国经营逐渐成为企业主要利润来源时，以国际事业部来管理海外连锁业务不利于资源与优势整合。

因此组织结构又会出现新的变化，国内业务和国际业务不再被严格区分开来，而是并行设立亚洲事业部、欧洲事业部、北美事业部、非洲事业部等来一视同仁地管理各大区域的连锁事业，而此时的连锁企业就真正成长为国际性连锁组织了。

2. 多元化大型连锁企业组织结构

世界上许多大型连锁企业是多元化发展的企业，即企业拥有多项业务单元并独立发展。在多元化经营的连锁企业中，有些业务高度相关，如沃尔沃斯公司的连锁鞋店和服装店；而有些业务相关性不大，如凯马特的服饰品连锁、咖啡店连锁和药店连锁等。通常多元化经营的连锁企业采取事业部组织形式。事业部是总部为促成某专项事业的发展而设置，拥有一定的经营管理权，并独立核算，具有法人地位。多元化经营的连锁企业的各项事业发展到一定规模时，每个事业部下面再设地区管理部来管理门店的营运工作，由此形成四层或五层管理体制。多元化大型连锁企业组织结构框架见图3-4。

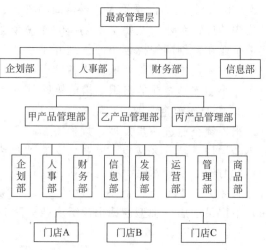

图 3-4 多元化大型连锁企业组织结构框架

第三节 连锁企业组织的基本职能

一、连锁企业总部的地位与作用

连锁企业的构成，就最简单的组织结构来说，一个是总部，另一个是门店。可以用这样的比喻来形容它们之间的关系：总部是大树，门店则是树端开出的花朵，而顾客就是那赏花的人。

要开出美丽的花朵，就需要养分的不断滋润，总部所要做的，就是要像一颗真正的大树

一样,向处于各枝干末端的成千上万的花朵提供养分,也就是向门店提供持续性的服务。

二、连锁企业总部的基本职能

1. 累积成功运作 know-how 的经验

在一个成熟的市场中,连锁门店经营已无法仅靠个人的主观想法来运作,成功的运作策略除了必须累积过去的丰富经验之外,市场需求及运作利基点等,都必须通过客观的调查资料加以分析,二者互相结合并不断调整,才能发展出真正属于自己的 know-how。首先需确定门店的定位,也就是必须先明白地确立出究竟所经营的是什么样的门店?是百货公司?量贩店、超级市场?便利门店?还是专卖店?

只有门店定位明确后,才能继续思考顾客是谁?顾客在哪里?他们需要的是什么?要如何才能满足这些顾客……

2. 教育培训服务

连锁运营成败的关键,在于如何在最短的时间内开出最多的门店,这其中固然涉及资金的运作、货品的调配,但是最重要的,还在于是否能有足够多的连锁经营人才来保障连锁扩张的速度与效率。社会永远不缺人,缺的只是人才。那如何能让人变为人才,能为门店的正常运作提供人力资源保障,这就需要总部为连锁扩张提供培训服务。连锁网络的不断拓展,一定意义上就是进行连锁总部竞争优势的复制,以达到连锁企业规模的不断壮大,实现打造连锁品牌的目的。

总部对门店的培训服务主要有两个方面。

一个是基础培训,也就是新入员工正式上岗前的培训,通过培训为门店复制大批量的执行人员,保证门店扩张的人力需求。

二是提升培训,结合每个员工的成长潜力和企业的发展需求,制订详细的培训计划,为企业发展培养出独具特色,在企业运营各领域能独当一面的专业人才。

3. 督导的服务

连锁门店一旦执行运作,许多运作问题将接踵而至,如果仅靠培训部门定时定量的培训课程,势将缓不济急且可能会应接不暇,因此总部派指导人员辅导门店的机制将是必要的:一则可以作为总部与门店之间的桥梁,传达总部的最新思想,吸纳门店反馈的信息,避免其有所断层;二则指导人员可以快速地提供最好最新的经营技术给门店,帮助门店达到总部规定的运营标准,协助门店运作更有绩效。能够承担这一重任的部门就是市场督导部。

顾名思义,督导就是监督和指导的意思。连锁企业的督导员,就是对门店提供服务的员工进行监督和指导的人,当然,随着行业的不断发展,督导这一名词也被赋予了越来越多的含义。但是有一点却一直未变,那就是督导的实质是服务——为门店的盈利竭尽全力的服务。可惜纵观目前国内各连锁企业,大多都忽视了督导部的存在是为门店服务。

就实地调研的结果显示,目前的状况大多是门店听说督导员要来,皆严阵以待,如临大敌;督导员每次去门店,则是全副武装,不抓出点毛病来誓不罢休。而整个公司的督导系统则是以依据条款扣分为目的,方法简单粗暴,根本达不到提升门店运营的目的。总部与门店之间的关系则变为了猫和老鼠的一场游戏。

所以督导人员应彻底转变思想,以服务门店为目的,以监督门店为工具,以指导门店为导向,在工作方式上严厉但不粗暴,在工作态度上温和而又坚持原则,把每一个门店员工当成自己的兄弟姐妹,把每一次门店提升当作自己的工作业绩,设身处地,倾听门店呼声,解决门店疑难,真正把自己当成沟通总部和门店之间的一座桥梁而不是作威作福的上级领导,这样整个连锁行业的运营水平才能进入新的天地。

沃尔玛创业之初三大座右铭之一："尊重每一个员工"。督导人员去门店督导时要问一问自己，今天是去督导检查，还是去督导服务？

4. 营销服务

营销服务在此，主要特指两个方面的内容，一是门店 SI 形象的塑造与提升，另一是企业品牌形象的塑造与提升。一个是可视的，一个是非可视的。一个是个体的，一个是整体的。这两个部分相辅相成，缺一不可。

营销服务的意义就在于首先能向门店提供一套完整的 SI 体系，其中包括店内布局与店外布局，店内布局又包括基本布局和美化布局，为门店营造出最美丽的形象来招揽顾客。同时，通过广告媒体的运用，塑造起整个企业的品牌形象，为顾客进入门店消除顾虑。

【案例 3-1】

深圳欢乐谷内肯德基餐厅的营销

深圳欢乐谷内肯德基餐厅为了迎合顾客的消费心理，首先，其总部不是要求该门店一成不变的按照一贯的装修要求进行门店布局，而是根据整个欢乐谷的休闲风格为该门店提供了一套独特的装修设计方案，使得该门店可以切合休闲园区内的整体风格，开出了一朵美丽的花。同时，肯德基作为一家历史悠久、信誉卓著的外国餐饮业公司的旗下餐厅，其总部早已利用数十年的广告宣传为整个公司进行了声誉积累，塑造了牢固而又鲜明的品牌形象。消费者进入欢乐谷，最希望消费的地方不是吃，而是娱乐，但是吃又是一个不可避免的问题，所以在消费者一看到该餐厅后，就被其鲜明的品牌形象所吸引，不用过高的娱乐区饮食费用，毫无顾虑地踏进了餐厅，使得这家肯德基餐厅成为欢乐谷内生意最好的店铺之一。

5. 开店选址服务

连锁运营的关键是什么？第一是选址，第二是选址，第三还是选址。古语说"一步差三市"，一个门店的盈利能力，就像一个人的身体，虽然跟后天培养不无关系，可是最关键的生长上限，却是在一出生的那一刻就决定了。所以，总部需要做的，就是建立一套完善而又符合自己企业特色的店址评估体系，在选址时做好市场潜力分析、商圈调查与分析等各类分析，为门店地址的确认提供科学理性的数据支持。在选址确定后又能为门店提供相应的开店计划、执行标准与流程，为一个新门店的建立提供最佳的服务。

6. 理念服务

企业文化是企业的灵魂，核心是企业的精神和价值观。连锁企业要成功运营，最关键的要素有两个：一个是商品，一个是员工。员工对企业的归属感是一个组织长盛不衰的内在动力，当个体认为自己是组织中不容忽视、不能分割的一分子时，才会将组织的生命视若自己的生命，愿意努力增强组织的力量，甚至以自己的生命力量延续组织的生命。

然而，现实中连锁卖场普遍存在的一个问题就是卖场员工的归属感比较差，员工的理念与企业文化脱节，从而导致工作积极性差，对企业的投入打折。在工作的间隙，发现很多连锁企业的卖场员工在卖场礼仪、服务规范、销售导购等各个环节上都出现了大错不犯、小错不断的现象。出现这些问题的原因，通过实地调研发现，不是卖场员工不知道该怎么做，也不是卖场员工不懂得做好规范的重要性，关键的问题在于他们没有把这些事情当成自己的事情去做。著名管理学家彼得·德鲁克也说过："让全体员工都站在上司的立场考虑问题，关键要让他们感到自己是企业的主人。"所以，总部所需要向门店提供的理念服务，就应该包括两方面：一是建立起具有企业特色的快乐的工作氛围；二是为每一个员工提供一套完善的激励机制，使得每位员工都能树立起企业主人翁的精神。

7. 商品服务

任何企业的利润，最终是通过商品的销售来实现的。一个门店销售什么样的商品，门店只有建议权，却不会有决定权。所以，如何真正做好这项服务，就是体现一个连锁企业经营水准的关键要素。门店商品销售是否能实现盈利，一个是门店商品结构是否契合商业圈内顾客的消费需求，一个是顾客需求的商品是否总是能充足供应。这也就是对总部的商品服务提出了两个要求：一是商品研发的速度是否够快，研发的商品结构是否适合市场；二是门店的配送能力是否能跟上商品销售的速度，同时，总部对门店的实时销售数据能否做到了然于心，能否在二次配送的时候根据门店的实际需求进行对口商品配送。

商品服务对连锁企业而言，是非常关键性的机能之一。连锁企业经历了初创关卡后，要能继续守成的话，只有不断研究发展出适合顾客的商品及服务，研究机能是否能发挥，必须考虑针对差异性商品（或服务）研究，在顾客可以接受的合理价格之内，考虑除了对商品及服务的研发外，如何使连锁运作更加效率化，以及使连锁不断升级，也是研发机能的范畴。必须朝不致引起门店太多运作上的不便方向努力。

8. 信息服务

这一服务功能是目前连锁企业终端门店最急需而总部最缺失的部分。说其急需，只因门店是总部运营思想的直接执行者，日常工作重复而枯燥，简单而繁重，人员素质普遍偏低，没有足够的时间和能力进行信息的收集与分析工作，而门店又偏偏是市场竞争的一线阵地，只有了解自己了解对手，才能百战百胜；如果了解自己不了解对手，胜负对半；如果不了解自己也不了解对手，战一次败一次。在激烈的市场竞争中失去了信息优势，也就必然失去了企业生存的立足之本；说其缺失，则是因为随着连锁企业门店规模的急速扩张，企业人员数量的大幅增加，日渐繁杂的运作问题及行政作业，使得总部从业人员焦头烂额，如果再加上管理高层缺乏较宏观长远的视野，只关注当前利润的增加与市场占有的提高，则此项功能往往成为令人遗憾的牺牲品。信息服务功能更多的是一家连锁企业长期发展的关键要素，固然，因为中国目前市场的特殊性，良好的市场发展机遇，大量涌入的外国连锁企业导致的激烈的竞争市场环境，国内连锁企业发展初期更多关注的是如何在短时期内扩展最多的门店，吸引最多的加盟商，拥有最多的市场占有率，获得更高的品牌声誉，引进更多的扩张资金，也就是如何保障企业的生存。今天，完成了这一系列动作，企业生存已经不成问题，明天，又如何做大做强？只有八个字："知己知彼，百战不殆"！

三、连锁总部各部门职责

一般说来，连锁总部包括的职能部门主要有开发部、营业部、商品部、财务部、管理部、营销部等。各部门的职能如下。

1. 开发部的职能

包括：①开设新店或发展加盟店时进行商圈调查；②制定选址标准、设备标准和投资标准；③决定自行建店、买店或租店；④开店流程安排及进度控制；⑤开店工程招标、监督及验收；⑥新开分店的设备采购与各分店设备的维修保养；⑦新开分店的投资效益评估。

2. 营业部（营运部）的职能

包括：①各分店营业目标和总的营业目标的拟定及督促执行；②对分店的经营进行监督和指导；③编制营业手册并监督、检查其执行情况；④营业人员调配及工作分派；⑤门店经营情况及合理化建议的反馈与处理。

3. 商品部（采购部）的职能

包括：①商品组合策略的拟订及执行；②商品价格策略的拟订及执行；③商品货源的把握、新产品开发与滞销商品淘汰；④配送中心的经营与管理。

4. 财务部的职能

包括：①融资、用资、资金调度；②编制各种财务会计报表；③审核凭证、账务处理及分析；④每日营业核算；⑤发票管理；⑥税金申报、缴纳，年度预决算；⑦会计电算化及网络管理。

5. 管理部（行政部）的职能

包括：①企业组织制度的确定；②人事制度的制定及执行；③员工福利制度的制定与执行；④人力资源规划，人员招聘、培训；⑤奖惩办法的拟定及执行；⑥企业合同管理及公司权益的维护；⑦其他有关业务的组织与安排，也可与财务部合并。

6. 营销部的职能

包括：①分店商品配置、陈列设计及改进；②促销策略的制定与执行；③企业广告、竞争状况调查分析；④企业形象策划及推出；⑤公共关系的建立与维护；⑥新市场开拓方案及计划的拟订，可单设也可并入营运部。

四、门店的基本职能

1. 店面环境管理

主要包括店面的外观管理以及气氛营造、卫生管理、经营设施管理等店内的环境管理。

2. 人员管理

主要包括员工管理、顾客管理以及供应商管理。

3. 商品管理

主要包括商品质量、商品缺货、商品陈列、商品盘点、商品损耗以及商品销售活动的实施等方面的管理。

4. 现金管理

主要包括收银管理和进货票据管理等。

5. 信息管理

主要包括：门店经营信息管理；顾客投诉与建议管理；竞争者信息管理等。

第四节　连锁企业人力资源管理

一、连锁企业人力资源管理的定义

人力资源是指人所具有的对价值创造起贡献作用并且能够被组织所利用的体力和脑力的总和。人力资源管理则是对人力资源的取得、开发、保持和利用等方面所进行的计划、组织、指挥和控制的活动。广义上讲，企业中所有涉及的人以及与人密切相关的管理问题都属于人力资源管理的范畴。而狭义的人力资源管理是连锁企业最重要的资源，它直接决定了企业的核心竞争力。连锁企业人力资源管理就是指对整个连锁企业的人力资源进行规划和统一管理。

二、连锁企业人力资源管理的特点

由于连锁企业在空间分散、组织结构、产权关系、制度安排等方面都具有特殊性，那么其人力资源管理就需要适应、体现这些特殊性的要求，从而具有不同于一般人力资源管理的一些特点。

1. 空间分散性

连锁企业的特征和目的决定了其空间分散性的特点，连锁企业要完成目标市场的覆盖和品牌知名度的提升，就必须向尽可能远的地方建立尽可能多的网点。连锁企业空间分散性特点决定了连锁人力资源管理的其他一些特点和难点，如管理的集中与分散、管理权向加盟点的倾斜、统一与多样性的平衡以及沟通手段的现代化等。

2. 顾客接触性

连锁企业大多分布在服务行业，给顾客传递高信赖的服务和价值，传递是其业务获得生命的关键。高顾客接触这一特点决定了连锁模式下人力资源管理的其他环节，如人员选聘、培训、考评等环节的特殊性。在人员选聘方面，情感态度方面的特征可能要比智力水平更重要，热情勤恳的员工比思维敏捷的员工更符合企业的需要。有些企业如上岛咖啡，甚至有意选择智力水平中等偏下的员工，因为这样的员工更容易承受和面对顾客带来的情感心理挫折，而且这样的员工更能给顾客带来安全感、可信赖感。在员工培训方面，除了一般的操作技能培训外，更应该强调心理情绪调节、沟通技巧方面的培训。相应的，在绩效考评上，工作结果量的度量的比例相对下降，而员工的情感态度、顾客心理感受、操作过程的标准规范等，则成为考评的重要内容。

3. 劳动密集性

一般来说，劳动力成本是特许经营成本的主要部分，同时也是连锁经营效果最直接、最关键的影响因素，对人的管理也就成了日常经营管理的主要内容和关键环节。连锁企业人力资源管理面临的劳动密集这一特点，决定了它必须强调基层管理，加强企业文化建设。另外，这一特点也导致连锁企业薪酬设计、培训开发等方面与其他行业的差异性。

4. 管理对象复杂性

连锁模式下人力资源管理的对象比较复杂，从整个连锁体系来看，至少存在三类不同的管理对象：总部管理者，加盟店员工，加盟者。由于他们的身份地位不同，彼此的利益追求也不完全一致，针对不同类别的管理对象和管理内容，管理手段相应地也存在差异。总部员工既是加盟店的服务者、支持者，又承担着管理、规范、监督的职能，能否有效地协调平衡两方面的关系，将影响到对总部员工的管理和考评。加盟商既是产权独立的合伙人，又是特许体系中的一个业务单位的管理者，也就是说相当于整个特许体系的员工，这就要求针对加盟者的激励约束手段要有特殊性，必须考虑一般管理手段的适用性。加盟店员工在面临双重管理者时的态度及行为选择也会增加管理的复杂性。

5. 管理对象的自主能动性

与一般的人力资源管理相比，连锁模式下人力资源管理的对象有着更大的自主能动性。首先，作为被管理者的分店经理即加盟商，由于其独立的产权地位和收益安排，拥有比一般基层管理者更大的自主管理权限。情况差异性，要求基层管理单位拥有更多的自主权。工作结果度量的主观性，要求应给予被考评者更多的能动性。工作环境的开放多变性、高顾客接触性,要求员工应拥有更多的自主决策权。麦当劳通过让一般员工轮流担任值班店长来提高员工的主动性,同时又节省了劳动成本。

6. 管理主体多样性

在加盟店的管理上,有加盟商和总部两个管理主体。尽管两个管理主体总体利益上有一致性,而且有前期的加盟契约的安排,两者在经营观念和管理行为上会大体一致。但二者在经营环境判断、未来预期和利益诉求上都可能会产生分歧,这些差异会影响到其经营策略,进而会在人力资源管理策略上发生分歧。如在人力资源开发投资上,加盟商可能会倾向于短期行为,而特许商更追求长期利益。就各加盟店员工而言,他们面临着双重管理主体,即加盟商和特许总部。加盟店员工在面临双重管理者时的态度及行为选择也会增加管理的复杂性。

7. 管理手段的局限性

加盟商既是产权独立的合伙人,又是特许体系中的一个业务单位的管理者,也就是说相当于整个特许体系的员工,这就要求针对加盟者的激励约束手段要有特殊性,必须考虑一般管理手段的适用性。对于加盟商,有些管理手段如调任、降职、免职等措施就失去作用。即使是对于加盟店的员工而言,由于总部和加盟商的利益、出发点的差异而导致权利上的分配与制约,使得一些管理手段不能顺利实施,比如对员工的激励、培训等。

三、连锁企业人力资源管理过程

一般来说,连锁企业人力资源管理过程包括人力资源规划、工作分析、员工招聘、员工培训、绩效考核、薪酬管理、职业发展和劳动关系等。

(一)连锁企业人力资源规划

1. 连锁企业人力资源规划的定义

人力资源规划是指连锁企业科学地预测、分析其在环境变化中的人力资源的供给和需求状况,制定必要的政策和措施,以确保组织在需要的时间和需要的岗位上获得各种所需的人才。使组织和个体能够得到长远利益的计划。

对人力资源规划的理解,主要有三个层次的含义。

(1)确保组织和部门在需要的时间和岗位上获得所需要的合格人员并使组织和个人得到长期的益处。

(2)在组织和员工目标达到一致的情况下使人力资源的供给和需求达到平衡。

(3)分析组织在环境变化中的人力资源需求情况并制定必要的政策和措施以满足这些要求。

2. 连锁企业人力资源规划的目标

连锁企业人力资源规划的基本目标是确保企业在适当的时间和不同的岗位获得适当的人选(包括数量、质量、层次和结构)。具体目标如下。

① 满足变化的企业对人力资源的需求;
② 最大限度地开发利用企业现有人员的潜力;
③ 使企业及员工需要得到充分的满足。

3. 连锁企业人力资源规划的作用

① 有利于企业制定长远的战略目标和发展规划;
② 有助于管理人员预测员工短缺或过剩情况;
③ 有利于人力资源管理活动的有序化;

④ 有助于降低用人成本；
⑤ 有助于员工提高生产力，达到企业目标。

4. 连锁企业人力资源规划的内容

连锁企业人力资源规划的内容包括总体规划和业务规划两个层次。

(1) 总体规划　总体规划的具体内容包括：①有关规划期内人力资源开发与管理的总目标；②有关规划期内人力资源开发与管理的总政策；③有关规划期内人力资源开发和管理的实施步骤；④有关规划期内人力资源开发和管理的总预算。

(2) 业务规划　业务规划是总体规划的展开与具体化，是保证总体规划目标实现的具体措施。包括：①人员招聘补充计划；②人员使用计划；③提升计划；④教育培训计划；⑤薪资计划；⑥退休计划；⑦劳动关系等。每一项都有目标、重点任务、政策措施、实现步骤、预算。

5. 连锁企业人力资源规划过程

连锁企业人力资源规划过程如图3-5所示。

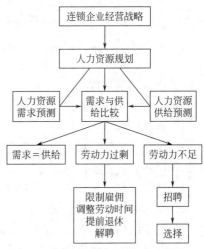

图 3-5　连锁企业人力资源规划过程

(二) 工作分析与岗位设立

1. 工作分析

工作分析是对连锁企业中某个特定工作职务的目的、任务或职责、权力、隶属关系、工作条件和任职资格等相关信息进行调查、收集与分析，以便对该职务的工作做出明确的规定，并制定完成该工作所需要的行为、条件和人员的过程。

(1) 工作分析的组成　工作分析由工作描述和工作说明书两部分组成。

① 工作描述　工作描述是人力资源管理的基础，为人员的招聘使用、职务升降、业绩考核、培训教育以及工资奖金的合理制定提供了科学的依据。工作描述要回答如下问题："why"（目的），"what"（干什么），"how"（怎么做），"skill"（技能）。

② 工作说明书　工作说明书是工作分析的成果，包括以下内容。a. 工作说明：一份提供有关任务、职责信息的文件（重点在工作的内容是什么）。b. 工作规范：包含了一个人完成某项工作所必备的基本素质和条件（雇佣什么样的人来从事这一工作）。c. 工作环境：包括工作场所、工作的危险性、稳定性等内容。

(2) 工作分析中的5个问题

① 第一个问题　工作是什么？

包括职位的名称、级别、职位设置的目的、职位的工作内容、任务和职责、职位的主要工作权利、职位需要的工作条件、职位与其他职位的关系、职位在企业组织结构中的位置。

② 第二个问题　谁适合这份工作？

包括基本学历和专业要求、在某一领域的工作经验、必须具备的基本能力、必须接受的培训项目、培训时间、年龄和性别要求、性格要求。

③ 第三个问题　谁最适合这个工作？

哪些经历可以优先、哪些专业可以优先、怎样的资格可以优先、有过哪些培训可以优先等。

④ 第四个问题　谁来做工作分析？

a. 人力资源管理专家负责总体策划和审定。

b. 主管人员结合企业实践，参与或组织人员编写。
　　c. 在岗员工结合个人实践提供经验资料。
　　d. 人力资源部门做出规范、完整、系统的工作分析。
　⑤ 第五个问题　何时做工作分析？
　　a. 新组织投入运行时。
　　b. 战略调整、业务发展时。
　　c. 工作内容与性质发生变化时。
　　d. 兼并、扩充、增加生产线时。
　　e. 改变编制，重新定岗定员时。
　　f. 引进新设备、工艺、技术时。
　　g. 建立相关制度时。
　（3）工作分析的步骤　一般分为准备阶段、调查阶段、分析阶段和完成阶段四个阶段。
　① 准备阶段
　　a. 成立由工作分析专家或顾问、人力资源部工作人员、各部门负责人、岗位在职人员参加的工作分析小组或委员会。
　　b. 确定工作分析小组开展工作的原则与要求。
　　c. 确定工作分析的意义、目的、方法及步骤。
　　d. 在组织内向有关人员进行工作分析的宣传，使其具有良好的心理准备。
　　e. 确定调查与分析的样本，并使其具有代表性。
　　f. 把各项工作分解成若干个工作元素和环节，确定工作的基本难度。
　② 调查阶段
　　a. 设计各种调查问卷和调查提纲。
　　b. 针对不同的目的、不同的调查对象灵活运用不同的调查方法，如面谈法、问卷法、观察法、参与法、实验法、关键事件法等。
　　c. 广泛收集有关工作的特征及需要的各种数据。
　　d. 收集工作任职人必需的特征信息。
　　e. 对收集来的有关工作的特征、工作人员的特征的信息重要性以及其发生的频率等作出等级的评定。
　③ 分析阶段
　　a. 仔细审核已收集的各种信息。
　　b. 创造性发现有关工作和任职人的关键信息。
　　c. 归纳、总结出工作分析所需要的材料和要素。
　④ 完成阶段
　　a. 根据收集的有关工作的信息，草拟出"工作描述书""工作规范书"。
　　b. 将草拟的"工作描述书""工作规范书"与实际工作进行对比。
　　c. 修正"工作描述书""工作规范书"。
　　d. 经过多次反馈、修订，形成最终的"工作描述书""工作规范书"。
　　e. 将工作分析的成果运用于实践中，注重实际工作过程中的反馈信息，不断完善"工作描述书""工作规范书"。
　　f. 对工作分析进行总结评估，并将"工作描述书""工作规范书"进行归纳保存，建立工作分析成果的管理制度，为以后的工作分析提供信息。

职位说明书的内容

(1) 基本资料　包括职务名称、直接上级职位、所属部门、工资等级、工资水平、所辖人员、定员人数、工作性质。

(2) 工作说明（工作描述）　包括工作内容、工作时间、工作职责和权限、工作结果、工作关系（受谁监督，监督谁）、与哪些职位有联系。

(3) 工作规范（任职资格说明）　包括最低学历、所需培训的时间和科目、从事本职工作和其他相关工作的年限和经验、一般能力、兴趣爱好、个性特征、性别、年龄特征、体能要求（工作姿势、对视觉、听觉、嗅觉有何特殊要求）、精神紧张程度、体力消耗大小。

(4) 工作环境工作场所、工作环境的危险性、职业病、工作时间特征、工作的均衡性、工作环境的舒服程度。

2. 连锁企业的岗位设置

岗位设置是在工作分析的基础上，确定组织需要什么样的岗位（即岗位的类别）、多少岗位（即岗位的数量）。进行岗位设置是一件非常重要且必要的工作。它体现的不仅仅是组织发展的现状和未来趋向，还能体现各个岗位之间的流程关系。进行好的岗位设置除了明确职责，划分工种范围外，对于企业效率的提高起到了非常大的作用。

连锁企业岗位设置一般要遵循以下原则。

(1) 因事设岗　岗位的设置是基于连锁企业业务流程或者管理流程的。也就是说，在企业的管理或业务中，需要设置这么一个"节点"进行接洽，方能保证流程的顺利，这样的设置也就是因事设岗。例如，一家酒店，如果规模较小，业务不多，则日常采购的菜品原料和工程维修备件的数量不大，那么这样的工作可以由某个岗位的员工进行兼任即可。但随着酒店规模的不断扩大，业务的不断增长，菜品原料、维修备件等肯定需要专人负责，设置一个库房管理员的岗位才能保证工作的顺利开展。在这里进行岗位设置的依据就是业务流程。

(2) 职责规范　在业务流程中需要设置某个岗位后，还要进行岗位名称、岗位职责内容的规范描述。这其实就是岗位说明书的价值。当设置一个新的岗位时，就像是任命了一个新的领导，要明确其分管的工作范围，让别人、让他自己知道自己做什么工作，不该做哪些工作，以利于工作中由于工作分配不明导致内部无谓沟通的发生，降低了工作效率。在这个过程中，往往会发生岗位的名称和实际工作职责不一致的情况，导致员工埋怨情绪的发生。就像上面的例子，如果不在岗位名称中体现仓库管理的工作或者在岗位职责中体现，那么让办公室一个工作量非常不饱和的文员去兼任，他也不会觉得应该做。无非就是给他个"名正言顺"的说法而已。

(3) 协调配合　岗位设置的根本目的是解决组织效率，完成企业目标。在某一个流程中考虑了上下游的关系，是否就表示在整个企业流程中就能配合好了呢。如果不能保证其他的业务流程的顺利开展，那这个岗位的设置就不是最妥当的。只有通过合并、分拆岗位提高了业务工作效率，达到分工明确、协调配合流畅的目的，岗位设置才是成功的。

(4) 人岗匹配　在岗位设置中尽管是以业务流程为导向的，是因事设岗，但也必须要考虑企业的实际，这样的设置是否能够实现人员的有效配置？员工素质对于这个岗位的要求是普遍偏低还是普遍偏高？如果是普遍的偏离岗位要求的标准，说明岗位的设置是不妥的，需要重新进行岗位职责及要求的明确，以切合企业的实际，否则不是造成企业资源的浪费就是企业岗位员工的大量不适岗。因为任何一家企业不可能是完美的，尤其是在人员的素质能力方面，企业的要求永远是越高越好，不切实际的提高标准，只能最终损害企业自身的发展。在企业中，必须立足于大多数至少是一半多是适岗的、少数需要提高或淘汰这样的现实进行岗位设置才是科学和合理的。

（三）连锁企业员工招聘

连锁企业员工招聘是连锁企业根据人力资源规划和工作分析及岗位设置的要求，从组织内部和外部吸收人力资源的过程。一般来讲，连锁企业总部以及各分店经理、业务骨干等重要职位人员的招聘则要由连锁企业总部的人力资源管理部门进行，而分店的一般员工则授权各分店的店长或经理进行招聘，招聘后再由总部人力资源管理部门审核。

1. 员工招聘的形式

连锁企业员工招聘可分企业内部招聘和外部招聘。

（1）企业内部招聘　企业内部招聘是向本组织内的人员提供有关岗位的空缺信息，通过选拔或调任等方式选择完全适合空缺职位的人员的做法。

① 内部招聘的来源：包括员工提升、工作轮换、工作调换、返聘或重新聘用。

② 内部招聘的途径：可以采取布告招聘、人才储备和自荐或他荐等方法。

③ 内部招聘的优势：企业内部的员工本身就是非常重要的候选人来源，对他们进行内部晋升和岗位轮换可以补充职位的空缺，增强了公司提供长期工作保障的形象；企业内部的员工具有丰富的社会关系，尤其是在同行业的人才当中，员工可以借助自己的人际关系推荐人才；内部员工了解自己的公司，能够更好地理解职位的要求，同时对企业文化也更加认同；内部招聘方法最经济实惠；内部招聘的成功率较高，且稳定性更高。

④ 内部招聘的不足：内部招聘在一定程度上容易造成内部部门之间的矛盾；内部招聘容易制造不公平的因素；有时会造成员工的不满意和工作积极性下降；出现近亲繁殖的弊端；被晋升到新的职位的员工未必适应工作。

（2）外部招聘　外部招聘则是企业通过各种形式从企业外部引进所需人员的招聘方式。

① 外部招聘的来源：包括熟人介绍、主动上门求职者、失业者、竞争者与其他公司、就业机构、学校、人才市场。

② 外部招聘的途径：可采取的方法如员工举荐、广告招聘、校园招聘和外包（专业机构招聘）等。

③ 外部招聘的优点：较广泛的人才来源；避免近亲繁殖，可以给组织带来新思想，防止僵化；避免组织内部那些没有提升到的人的积极性受挫，避免组织内部成员间的不团结；可以节省对主管人员的培训费用。

④ 外部招聘的不足：如果组织内有胜任的人未被选用，而从外部招聘会使他感到不公平，容易产生与应聘者不合作的态度；应聘者对组织需要有一个了解的过程；容易被应聘者的表面现象（如学历、资历等）所蒙蔽，而无法清楚了解其真实能力。

2. 连锁企业的招聘过程

连锁企业的招聘过程一般分为四个步骤，即招聘前的准备、招聘方案的设计、招聘方案的实施以及检查、评估及反馈。

对于连锁企业来说，具体实施招聘的工作过程如下。

第一，由于岗位空缺，人力资源部门开始组织实施招聘工作。

第二，人力资源部门采用公司内部招聘或外部招聘如发布广告或聘请人才公司代理等渠道进行招聘员工。

第三，人力资源部门会同用人部门组织面试，随后进行背景调查和体检。
第四，根据面试结果，录用合适人员。
第五，对录用人员进行岗前培训。
第六，试用期考察。
第七，试用期满进行正式的工作表现评估。
第八，正式聘用并签约上岗。
上述八步就是连锁企业招聘的具体工作流程。

（四）连锁企业员工培训

连锁企业员工培训是连锁企业根据企业发展和业务需要，通过学习、训练等手段进行旨在改变员工的价值观、工作态度和工作行为，提高员工的知识水平、业务技能和工作能力，并最终实现组织整体绩效提高的一种有计划、有组织的培养训练活动。

1. 员工培训的重要性

人力资源需要培训才能增值，离开了培训只能是不断折旧、贬值。如果不重视培训企业的员工素质就很难提高，长此下去企业就会陷入恶性循环：不重视培训→素质低，人力资源贬值→只拼物质资本竞争（最典型的是价格战）→亏损→忙着扭亏，培训成了被遗忘的角落（培训的资金更紧张）→员工士气低落，人力资本继续贬值→"亏损"与"缺乏学习培训"成了"先有鸡还是先有蛋"这样一个说不清楚的问题。

2. 员工培训的内容

连锁企业员工培训的内容因员工所处的职能部门（如营运、物流、广告、财务、销售门店等）和级别（上层、中层和基层等）不同而有很大差异，但一般来说，员工的培训内容主要分为职业道德教育、专业技能训练和经营理念及管理协调能力的培训等。

3. 员工培训的方式

（1）按培养方向可分为员工训练和员工教育。员工训练包括两个层面：一个是员工在某一特定岗位、某一特定时期所需要的技能；另一个则是从员工的整个职业生命周期角度去规划并培养他们的技能结构，使他们能够适应整个职业生命周期中的环境变化。

（2）按培训主体划分可分为企业培训机构组织的培训、专业培训人员和专业培训机构参与的培训等。

（3）按时间序列可分为岗前培训、岗中培训以及新业务培训等。

（4）按培训内容可分为企业培训、员工手册培训、岗位专业培训、新政策培训、新技术培训、班前培训、素质提高培训、管理培训以及对培训者的培训等。

（5）按培训形式可分为不脱产培训、脱产培训和自我开发。不脱产培训，是指在工作岗位，通过操作、技术演练，对员工进行由岗位管理者负责的培训。脱产培训，是指在工作岗位和现场，由企业内外的专家和教师对企业各类员工进行的培训。自我开发，是指依靠员工本人精力、时间和费用，不占用工作时间、不脱产，利用公司外的培训设施和条件，提高自己的工作能力。

4. 员工培训方法

员工培训方法及特点见表3-1。

表3-1 各种员工培训方法及特点介绍

方法	特　　点
课堂讲授	接近现实,内容连续;可以利用职业教育机构或专家;被培训者不能积极参与
演示	利于演示设备或销售技巧;展示培训各个方面的事宜;被培训者积极参与

续表

方法	特　点
录像	活跃;利于演示;可多次使用,缺乏被培训者的积极参与
项目指导	以固定方式提供信息;要求被培训者做出反应;提供行为反馈;可根据被培训者的进度做调整;初始投资大
会议	适用于管理培训;会议领导人必须鼓励参与,强化训练
敏感性训练	深入的相互影响;对管理人员了解员工十分有用
案例研究	提出现实的或假设的问题,包括环境、有关信息和疑问;在实践中学习;面对大量互不相同的问题
角色扮演	被培训者置身于真实环境之中并行使职责
行为模式训练	被培训者对录像或角色扮演课程中的行为模式进行模仿
技能指导	被培训者以自定进度的方式完成一系列任务或练习

【案例 3-2】

快而好快餐公司的员工培训效果

快而好快餐公司开办了不足 3 年,生意发展得很快,从开业时两家店面,到现在已是由 11 家分店组成的连锁快餐了。

不过,公司分管人员培训工作的副总经理张慕延却发现,直接寄到公司和由"消费者协会"转来的顾客投诉越来越多,上个季度竟达 80 多封。这不能不引起他的不安和关注。

这些投诉并没有反映大的问题,大多是鸡毛蒜皮的小事,如抱怨菜及主食的品种、味道、卫生不好、价格太贵等;但更多的是有关服务员的服务质量的,不仅指态度欠热情,上菜太慢,卫生打扫不彻底,语言不文明,而且业务知识差,对顾客有关食品的问题,如菜的原料、规格、烹制程序等一问三不知,而且发现饭菜不太熟,拒绝退换,强调已经动过了等。

张副总分析,服务员业务素质差,知识不足,态度不好,也难怪,因为生意扩展快,大量招入新员工,草草做半天或一天岗前集训,有的甚至未培训就上岗干活了,当然会影响服务质量。

服务员工作实行的是两班制。张副总指示人力资源部杨部长拟定一个计划,对全体服务员进行为期两周的业余培训,每天三小时。既有"公共关系实践""烹饪知识与技巧""本店特色菜肴""营养学常识""餐馆服务员操作技巧训练"等务"实"的硬性课程,也有"公司文化""敬业精神"等务"虚"的软性课程。张副总还准备亲自去讲"公司文化"课,并指示杨部长制定"服务态度奖励细则"并予宣布。

经过培训,效果显著,以后连续两个季度,抱怨信分别减至 32 封和 25 封。

（五）连锁企业绩效考核

连锁企业绩效考核是连锁企业通过考核员工工作实绩来对员工进行评价,可以帮助企业和员工发现工作潜力,认识存在的问题和不足,促使员工不断改进和全面发展,也能够促进连锁企业经营效益的提高。

通过绩效考核,企业可以考察员工与岗位的要求是否相称,可以评级员工的工作业绩,提高员工工作满意度,改进员工的工作方式,激励员工的工作积极性,同时,绩效考核还可以为人力资源的任用、调配、培训、提升及奖励等管理活动提供依据,确保员工工作效率和企业经济效益提高这一根本目的。

1. 绩效考核的内容

一个公司有着不同的职位,各个职位对人员的要求不同,因此在进行绩效考核的时候不能一概而论,而要针对不同的员工采取不同的考核指标。通常针对不同员工的绩效考评结构如图 3-6 所示。

（1）面向一线人员的考评　对一线人员的考评主要以能力为主，以他们经过培训应知、应会的知识以及实际操作的技能为标准进行考核。

（2）面向中层人员的考评　中层人员主要包括技术人员、一般管理人员以及行政人员，他们是公司的脊梁，他们的绩效在很大程度上决定着公司的兴衰。因而，对他们要从多方面、多角度着眼进行立体的、多维的考评，主要包括五个方面，即品德、能力、工作态度、工作业绩以及个性适应。

① 品德（德）。主要是指职业道德，包括纪律性、责任感和积极性等方面。

在创业之初，只求其才，不顾其德，只能是权宜之计；守业阶段，要靠"德"来巩固业绩，拢住人才，则必须德才兼备才行。

② 能力（能）。指专业能力，主要包括专业学识、业务技术、组织管理、开拓创新、人员开发、发展潜力等方面。

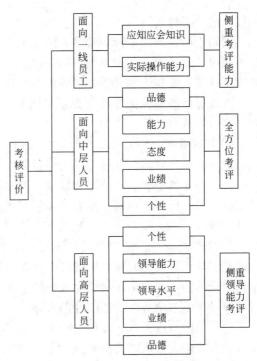

图 3-6　不同员工的绩效考核结构

公司对小王和小张的考评

小王和小张分别从大专和本科学校毕业后，来到同一家公司工作。小王负责文件的管理，包括文件的打印、分发、保管等工作，由于工作简单，他做得非常出色，从来没有出过差错。而小张就不同，他主要从事文件的起草，由于这项工作比较复杂，有相当的难度，尽管小张也非常努力，但是工作完成得并不出色。公司若仅仅依据工作的完成情况，对他们进行考评，其结果必然有失偏颇，从而会打击小张工作的积极性。

可见在进行考评的时候，不能够单单根据工作的业绩和工作态度等，必须让员工的能力也参与考评。

能力考评不仅仅是一种公平评价的手段，而且也是充分利用企业人力资源的一种手段。通过能力的考评，可以将有能力的员工提到更重要的岗位上，把能力偏低的员工调到与其能力相适应的岗位上，真正做到人事相宜。

③ 工作态度（勤）。工作态度在企业中主要指员工的出勤情况以及奉献精神。

人们能力的高低强弱之差固然是不能否定的，但绝不是人们工作好坏的关键，而工作好坏的关键在于他有没有干好工作的强烈欲望。人们能够具有对工作的强烈欲望并且能长久存在下去，这是最重要的。具有了这种强烈欲望的人，才可以说是具有了成功法宝的人。

工作态度是工作能力向工作业绩转换的"中介"，但在工作能力向工作业绩转换的过程中，除却员工的态度外，还存在有一个暗箱，如果能力为 100 的话，而业绩却只发挥了能力的 40%，剩下的 60% 可以说是被暗箱中的怪兽给吃掉了。也就是说，在企业里存在吸食人们能力的"某种东西"。

暗箱中所包含的东西非常多，除了个人的工作态度外，还有企业的内部和外部条件，如分工是否合适、指令是否正确、销售市场及原材料供应市场的状况等。因此，在对员工进行态度考评时，要剔除本人以外的因素和条件。

工作态度的考核指考核和评估员工是否做了努力，是否有干劲、有热情，是否忠于职守，是否服从命令等。

④ 工作业绩（绩）。工作业绩的考核是对员工工作质量和数量的考评，主要包括工作方法、成本、服务意识、部门主要工作目标以及完成效率等方面。

员工的业绩主要包括效率和效果。效率涉及的是员工的工作方式，而效果涉及的是员工的工作结果。任何企业都在朝着"高效率＋高效果"这一方向努力，考核菜单中当然也不能少这一内容。

⑤ 个性适应性。是指员工就任某一职位是否与他的人品和性格、能力相适应。

心理学认为人的心理品质的各个方面在每个人身上都不是任意堆积的，而是依据一定的结构组成的。不同的工作岗位对人们的心理品质有不同的要求，这就提醒人们对管理人员进行考评时不能忽略对个性适应性的考评。

（3）面向高层人员的考评　企业中的高层人员主要是指部门经理及以上的高层管理人员。这些管理人员可以说是企业发展前进的中流砥柱，对企业发展中的关键事件拥有决策权，一旦用才不当，有可能导致优秀人才的流失或企业走上下坡路。因此对高层管理人员的考评也要从德、能、勤、绩等几方面来考评，具体考评过程中要以工作业绩的考核为核心，侧重于对其组织领导能力的考评，如表3-2所示。

表3-2　行政人事部高级管理人员考核表

考核内容	考核项目	考核要素	总分	考核得分
品德 （15分）	纪律性	1. 自觉遵守和维护公司各项规章制度、品行端正、无违纪现象 2. 忠于职守，严守秘密，身先士卒，诚实诚信，公正公平	5分	
	行为特征	1. 对上级坦诚，对部下亲切热诚，与同事关系和谐、融洽 2. 言语谨慎，思维缜密，决策果断，行动理智，稳重	5分	
	性格表现	1. 富有感情和理性，表现光明磊落、机敏乐观、踏实勤奋 2. 具有全局观念和团队合作精神，乐于助人，能较好地适应工作环境	5分	
专业能力 （30分）	专业学识能力	1. 具备从事本岗位的专业技术知识，熟悉本岗位工作流程，能充分发挥能力，完成本岗位工作 2. 积极参加各项培训活动，不断更新和充实各项知识	5分	
	专业技术能力	1. 具备从事本职位要求的各种能力资格，比较好的理解、判断、洞察、表达、授权能力 2. 熟练掌握业务技巧，实践经验丰富，能灵活有效处理各种技术问题	5分	
	组织管理能力	1. 具备良好的计划、组织、协调、沟通、控制、监督、指导、决策等管理能力 2. 能独立分析问题和综合解决问题	5分	
	开拓创新能力	1. 有开拓创新意识，善于提出新思路、新见解、新方案 2. 对本部门工作实施创新方案且卓有成效	5分	
	人员开发能力	1. 善于开发员工的潜力，具备本部门人员及自我开发能力 2. 对部门实施培训、考核、激励等开发方案，组织分工合理，部门凝聚力强	5分	
	发展潜力	1. 学识、涵养俱优，具有良好的发展潜力 2. 勤奋好学，上进心强，不断自我完善	5分	
工作态度 （10分）	积极性	1. 自觉履行职责，工作积极主动 2. 乐于接受任务，积极提出合理化建议，主动改进工作	5分	
	责任感	1. 对工作有较强的责任心，敢于承担责任 2. 工作任劳任怨，能圆满完成各项工作任务，可放心交付工作	5分	

续表

考核内容	考核项目	考核要素	总分	考核得分
工作绩效 （45分）	工作准确性	准确把握工作时间和工作容量，按时按质完成各项工作任务	10分	
	工作方法	工作方法恰当、准确，极少发生差错和失误	10分	
	成本意识	成本意识强，能合理使用和控制人、财、物	5分	
	质量、服务意识	良好的质量和服务意识，有效促进公司管理和提高部门服务水平	10分	
	部门工作目标与效率	1. 组织架构与各项管理制度的完善 2. 人员招聘、录用与促进人员合理流动，提高人力资源利用之措施 3. 宣传、教育培训、考核、激励和文化活动，企业文化建设 4. 安全意识，后勤总务，公共关系	10分	
考核得分				

思达连锁商业低级员工的考核

思达连锁商业为留住人才，稳定员工队伍，建立了标准化晋升通道和晋升制度，如从试用工→正式店员→预备干部→组长→副店长→店长，是行政性职位等级；还有技术性职称等级，如助理经济师→经济师→高级经济师等。除了这两个晋升制度外，思达还设置一个能级性等级，如新进人员为一级，以后随资历和能力的提高，可逐年或隔年按既定的标准申请高一级的等级。

思达连锁企业员工考核表

考核项目	考核因素	着眼点
成绩考核	工作质量	对被命令要做的工作，是否按照指示正确的办
	工作数量	对被命令要做的工作，是否按照指示的时间办
感情和意志的考核	规律性	是否遵守日常服务的规律和岗位的纪律
	协调性	是否积极地对其他部门进行支援和合作
	积极性	对被命令要做好的工作，是否进行自我启发，在数量上有没有进行挑战，有没有建议改善
	责任感	对被命令要做的工作，有没有干到底
能力考核	知识、技能	该等级的知识、技能是否已掌握好
	理解力	是否理解上司或上级的指示、顾客的要求等
	改进的能力	对命令要做的工作，是否想办法改善
	表达能力	是否能正确地把自己的想法传达给对方

2. 绩效考核的方法

（1）图表评价法　图表评价法是通过在设计好的图表中列出考核的项目以及评价因素的评价标准，让考核者进行选择评价。该方法优点在于比较简便、直观、易于量化。缺点是容易出现主观性偏差，评价的真实性不能保证。

（2）工作标准法　工作标准法也称劳动定额法，是指把员工的工作实绩与企业制度的工作标准对照的一种考核方法。该方法的优点在于标准明确、客观性、真实性强。缺点是工作标准难以制定。

（3）排列法　排列法是在企业制定的标准下，将同类人员进行由高到低的排序的评价方法。该方法的优点在于直观、简便、真实性强。缺点是在业绩水平接近时很难比较出差距。

（4）叙述评价法　叙述评价法是一种用文字描述员工业绩的评价方法，一般有工作鉴定或年终考核评语等。这种方法的优点在于总结性强，评价清楚明了。缺点是容易受到评价者主观判断的影响，很难比较不同员工之间的差别。

（5）综合考核评价法　综合考核评价法，即360度绩效评价法，是一种全方位、多角度、多层次的评价方法，这种方法考核的不仅来自上级、同事、下级和自己，而且也来自该员工发生工作关系所有主体以至同行，这种从上而下到从下而上，再到平级同事及相关人员的评价意见，全方位的形成考核结果。其优点在于体现了绩效考核评价过程的公开、公平原则，考核的结果客观真实，具有较强的说服力。

【案例3-5】

华尔连锁商店的成功秘诀

美国第四大零售店华尔连锁商店的销售已经从4500万美元增加到16亿美元，连锁店面从18家扩展到了30家。公司创办人华顿是华尔连锁商店庞大网络取得成功的幕后决策人物，他成功秘诀只有一句话："我们关怀我们的员工。"

华顿从1962年起，每年都要注视每个连锁店，在他的带动下，公司的经理们把大多数时间都花在11个州的华尔连锁商店里，经理办公室实际上空无一人，办公室总部简直像个无人仓库。华顿常说："最重要的是走进店里听同事们说话，让大家都参与工作相当重要，我们最棒的主意都出自员工"。华顿把公司的员工一律称为"同事"。

有一次，华顿连续几周失眠，于是他起床，到一家通宵营业的面包店买了4打甜圈饼。清晨两点半，他举着甜圈饼到批货中心去，在批货中心他站在货运甲板上和工人聊天，并根据那里的工作条件决定安装两个淋浴棚子。员工们体会到了老板对他们至深的关怀。

还有一次，华顿乘飞机到得克萨斯州的某镇，停机之后，他告诉飞机驾驶员到100英里（1英里＝1.6093公里，下同）之外的路上等他，然后他挥手拦住一辆华尔连锁商店的卡车，乘卡车来完成这100余英里的行程，同卡车司机一路聊到目的地。

华尔连锁商店的每名员工都感到颇有成就，每星期六上午必召开例行管理会议，每月工作成绩突出的人员会获得一枚徽章，每周总会有几个店面荣登"荣誉榜"。

资料来源：人人文库网

（六）连锁企业薪酬管理

连锁企业薪酬管理是指连锁企业针对所有员工所提供的服务来确定他们应当得到的报酬总额以及报酬结构和报酬形式的一个过程。薪酬管理是连锁企业人力资源管理工作的重要的工具之一，加强薪酬管理不仅可以吸引高质量的人才进入企业，而且还可以激励员工的工作积极性、激发员工的潜能，从而提高工作效率和企业效益，有利于降低成本。

1. 连锁企业薪酬体系、管理的内容

一般来说，连锁企业的薪酬体系主要包括五大部分，即工资、津贴、奖金、福利、保险及住房公积金等。

连锁企业薪酬管理主要内容包括薪酬总额管理、内部员工薪酬水平管理、零售企业部门薪酬制度和薪酬形式以及全面管理日常薪酬工作等。

2. 连锁企业的薪酬模式

目前，连锁企业的薪酬模式主要有以下4种。

第一，基于绩效的薪酬模式：即按绩效付酬，其依据是企业的整体绩效、部门的整体绩效、团队或个人的绩效。其优点在于该薪酬模式下员工的收入与工作目标的完成情况直接挂钩,干多干少不一样,干好干坏不一样,激励作用明显。缺点是绩效评估难以做到客观准确,收入与绩效挂钩可能会产生新的不公,而且在效益不好的时候,难以留住人才。

第二,基于岗位的薪酬模式:即依据岗位在连锁企业中的相对价值为员工付酬。该模式下,员工工资的增长依靠岗位的晋升,比较适合于连锁企业的职能管理类岗位。该模式的优点在于实现同岗同酬,内部公平性比较强,职位晋升的同时薪金也晋升,在一定程度上调到了员工的积极性。缺点是灵活性不足,管理难度较大。

第三,基于技能的薪酬模式:即依据员工所具备的技能水平为员工付酬。其优点在于员工注重能力的提升,提高自身竞争力,同时使企业能够适应多变的环境,增强竞争力。缺点是会造成同岗不同酬。

第四,基于市场的薪酬模式:即根据所需岗位的市场价格确定薪酬水平。其优点在于企业可以通过薪酬策略吸引和留住人才,也可以通过市场需求相应调整有关岗位的薪酬水平,从而节约人力成本。缺点是会影响企业内部利益分配的公平性。

(七)连锁企业员工的职业发展

连锁企业员工的职业发展是指连锁企业关心员工的个人发展,帮助其制订个人发展计划,并及时进行监督和考核。这样有利于促进企业的发展,使员工有归属感,进而激发起工作的积极性和创造性,提高企业绩效。

(八)连锁企业劳动关系管理

劳动关系管理是劳动者与用人单位在劳动过程和经济过程中发生的关系。连锁企业劳动关系管理关系到连锁企业人力资源管理与开发活动能否有效展开,直接关系到组织的人力资源能否正常发挥作用。

本章小结

组织结构是连锁企业的"骨骼"系统,没有组织机构,企业的一切活动就无法正常、有效地进行。人力资源管理是连锁企业形成凝聚力和建立内部品牌优势的关键,也是形成连锁企业核心竞争力的关键环节。

本章介绍了连锁企业的组织结构和功能;连锁企业人力资源规划、工作分析与岗位设立、员工招聘与培训、薪酬制度以及绩效管理等人力资源管理内容。

复习思考题

1. 大型连锁企业组织设计应注意什么问题?
2. 连锁总部和连锁门店分别有哪些职能?
3. 连锁企业员工的工资结构是相同的吗?如果不同,你认为怎么设计工资结构比较具有激励性?
4. 连锁企业怎样对员工进行绩效考核才相对公平?

案例分析

星巴克的门店奥秘

30岁的徐丽娟是星巴克上海金桥碧云店的门店经理。碧云国际社区的客人来自世界各地，他们在欧洲、澳洲或地球的任何其他地方，也许都曾有过喝星巴克咖啡的体验。对于徐丽娟和她的伙伴们来说，挑战在于能做出和其他地区门店口味一致的咖啡吗？能为顾客提供品质相当的服务感觉吗？

顾客进入星巴克消费就是基于其"可期性"——星巴克的服务是可以期待的，你能知道你将品尝到什么样的产品、享受到什么服务。"可期性"的实现也是顾客"自我确认"的过程。

现在，星巴克已经在全球50多个国家开设了1.7万家星巴克的门店。按照星巴克的要求，无论在哪里，每一家门店都要和其他1.7万家门店一样，提供统一口味的咖啡，热情的微笑，并拥有共同的价值观。

要使上海碧云店，甚至任何一家地级市的星巴克门店与西雅图派克市场店的咖啡品质和服务保持一致，依靠的是强大的组织能力——建基于星巴克的价值观和管理制度，使产品品质、服务标准进入每个星巴克人的心里。

连锁零售和服务业的最大挑战，就是对不断扩张的门店进行有效管控和支持，保持品质和服务的一致性，中国大多数连锁商业失败案例的症结都在于此。星巴克是怎样做到的呢？

一、店长的"关系网"

（1）伙伴。星巴克所有员工互称伙伴，门店的伙伴包括咖啡师、值班经理、店副理和店长，其中店长、值班经理和店副理又组成门店的管理组。管理组每周开会2次，对运营中的问题进行沟通。店长80%的工作时间负责和伙伴们沟通，以组织门店运营。

（2）区经理。区经理管理6~8家门店，每天的工作就是不断巡店和稽核，了解门店经营状况，对物料使用、财务进行稽核。店长20%的时间是和区经理沟通。对门店遇到的问题，区经理会和店长分析原因，制定行动计划，追踪改善的成果。例如，如果牛奶使用过多，则意味着门店可能产生浪费；如果使用量低于平均水平，则可能店员偷工减料。区经理必须对门店出现的诸如此类的问题提出改正意见。如果门店出现紧急事态，店长首先求助的对象也是区经理。区经理从资深店长提拔而来，是店长的导师。

（3）区域经理。星巴克一位区域经理管理10位左右区经理，管理门店多达80~100家，区域经理的上级主管就是中国区营运总监，区域经理大概一年时间能把所有门店巡视一遍。

（4）公司营运部门。财务、稽核、人力资源等部门都会巡店，主要对具体业务进行沟通和了解，营运部门也会召集店长会议。

（5）开放论坛。星巴克总部的高管来中国，或者星巴克中国的高管到内地城市，巡店之外的工作之一就是组织开放论坛，类似于中国企业的"座谈会"。开放论坛可以是邀请制，也可以由员工申请，店长往往是被邀请的重点。

（6）帮助热线。热线是店长和公司支持系统沟通的重要途径。店长反映管理问题，不一定通过区经理逐层向上汇报。例如，有顾客抱怨说星巴克出售的水果块过硬，口感很差，星巴克上海当天就对该产品作出了下架处理。

二、在管理链条之外，店长们还必须和外部产生联系

（1）顾客。店长每个月要完成至少3个白班、3个晚班的吧台工作，因此有足够的时间去倾听顾客的声音。店长也会经常和熟客聊天，倾听他们的意见。

（2）外包供应商。包括物流、设备维修等业务，星巴克选择了服务外包，蛋糕甜品的供应也使用本地供应商，门店和供应商之间互动密切，但结算则由支持部门负责。

三、仆人式沟通和互动，沟通文化是星巴克门店的润滑剂

在星巴克的管理链条上，店长处于整个零售系统管理链条的中间。并且，由于区经理和

区域经理并没有独立的管理团队，也没有经理助理，中间环节被大大压缩了，避免了官僚主义。同时，绝大部分店长都从店副理提升，区经理从资深店长提升，区域经理又从优秀的区经理提升，管理阶层之间有共同经历，能够积极地沟通。

另外，星巴克提倡仆人式的领导，要求管理者对伙伴态度和蔼可亲，能够支持和体验他们的工作，和伙伴保持畅通的沟通。如果管理者不是"仆人式领导"而是"命令式领导"，其他的伙伴可以向区经理或者区域经理反馈。

四、让价值观到达门店

星巴克咖啡的口味掌握在员工的手里，"绿色美人鱼"LOGO绽放的微笑要写在员工的脸上，当门店迅速扩张时，服务标准和激情必须有新的驱动力来完成，这并非简单的奖惩措施所能做到。尽管星巴克产品品质可以标准化，但世界上最温情的那些东西恰恰是不能量化的。比如，应该给新来的顾客一个怎样的笑脸？是机械地喊出"欢迎光临"，还是像奥运礼仪小姐一样咬着筷子练微笑？抑或从心中微笑？

"员工第一"是星巴克的首要价值观。比如，2010年年底，星巴克中国的支持部门高管以下的员工一直没有下发绩效奖金。当时公司已经做出预算准备发放，但同时发现，这一年物价飞涨，服务业的薪资水平随之飙升，星巴克的门店薪水已经缺乏竞争力，于是公司决定把这笔预算优先用于给一线员工加薪。

星巴克最有名的员工福利还包括：星巴克为包括兼职员工在内的所有员工购买健康保险；星巴克中国为本土直营店的员工发放"豆股票"。

在星巴克内部，如果一位伙伴打翻了牛奶，不但其他伙伴要帮忙清理，还要安慰他说没关系，自己也出过这种状况，以此来体现公司对员工的尊重。而国内许多餐饮业的员工遇到此类情况，恐怕会担心要被扣掉工资了。

热情服务是星巴克的价值观之一，有些门店营业到深夜12点，而星巴克年轻的店员们却精神饱满。实际上，星巴克规定，高峰时段2小时后前台必须到办公室休息，或者做一些整理工作。这能保证顾客看到的总是热情而精力充沛的星巴克员工。如果员工真的不开心，比如遇到失恋之类的事情，值班经理应该临时调整岗位，让他换岗去做桌面清理之类的工作，避免和顾客直接接触。

星巴克的员工收入一般只设定在区域同行业收入的中位值，也就是中等水平。但是，企业文化成为员工评价工作收益的一部分，得到的尊重和信任，和谐的工作环境，透明的提升空间成为星巴克吸引和保留员工的重要筹码。

资料来源：创业帮

思考题

1. 请根据案例，画出星巴克门店店长的关系网。
2. 星巴克的连锁经营管理制度给你那些启示？

实训项目

以小组为单位，编制一份连锁超市人员招聘计划，对招聘计划进行现场评比，确定优胜小组，按优胜小组制订的招聘计划进行模拟招聘。

第四章 连锁企业店铺开发

引导性案例

这些快餐店为什么经营失败？

在北京某商场对面的影院北侧有一个店址，总面积200多平方米，3年时间内有3个品牌在这里经营失败。此店址周围集中了麦当劳、肯德基、吉野家、永和大王、半亩园等多个快餐品牌，店址前人流量很大，但却使多个快餐品牌走了滑铁卢。2002年面爱面从这里撤走后由一家日式快餐店接手，2004年初后转手给埃斯特比萨，不到一年经营者又变成了元盛元，经营一段时间后，元盛元也关门。为什么短时间里有这么多品牌在这里经营失败呢？难道这里是快餐的"百慕大"？

该店址南侧隔三环路与该商场相对，中间有两个天桥连接。商场西侧是数码大厦、中电信息大厦等写字楼。店址西南侧是超市发，北侧、东侧是双榆树和知春里大型居民区。西北侧是另一个大商场和一所大学。总体来看周边是一个由居民区包围着的区域性商圈，逛街购物者、写字楼上班族、居民、学生四种类型的客源交织在一起，情况非常复杂。

经过调查发现，店址前以步行进出居民小区的居民为主，用餐高峰期时会有部分上班族和逛街购物者前来找餐厅吃饭，此外在马路对面会有往来于双安和当代之间的逛街购物者和换乘公交的人穿行。这就是该店址的客流特征。

前述开店不成功的各品牌有一个共同的特点就是价位较高，人均消费超过15元，平均约20元。在这个价位上，白领上班族和中高档商场的顾客是主要消费者。对居民来说20元吃一碗面或盖饭不如吃正餐，对多数学生而言经常花20元吃快餐太奢侈了，而且这些品牌对他们的吸引力远没有肯德基、麦当劳大，因此在这个价位上居民和学生并不是主要消费者。快餐的辐射范围很小，顾客主要来自半径500米范围之内。此店址距离商场和写字楼较远，使逛街购物者和上班族前来消费很不方便。店址前有大量的居民和学生客流，但他们的价格能力又较低，这使得该店址前虽然客流量很大，但实际上却面临有效客流不足的局面。上述各快餐相继经营失败的原因是什么呢？

资料来源：职业餐饮网

学习目标

了解商圈的含义、构成和分类；
了解商圈调查分析的意义和流程；
熟悉商圈调查的方法和内容；
熟悉店铺选址考虑的因素、注意事项和好店址应具备的条件；

熟悉合格加盟者的基本条件和寻找加盟者的方法；
掌握顾客需求特点和购买规律对连锁门店店址区域位置选择的影响；
掌握高素质盟主考察项目和加盟双方关

系的处理。

通过本章的学习，能对商圈进行确定、调查分析，在此基础上能够依据店铺选择的原则和门店业态进行正确选址；能够正确甄选加盟者，同时能够正确分析盟主的素质；能够正确分析加盟双方的矛盾冲突，并具备合理解决的能力。

第一节 直营店开发

一、商圈

(一) 商圈的含义

商圈是指商店的有一定地理界限的销售范围，这个界限就是以商店所在地点为中心，沿一定距离形成不同层次的吸引顾客的地理区域。任何一家商店都有自己特定的商圈。

无论大商场还是小商店，它们的销售总是有一定的地理范围。这个地理范围就是以商场为中心，向四周辐射至可能来店购买的消费者所居住的地点。

零售商店的销售活动范围通常都有一定的地理界限，也即有相对稳定的商圈。不同的商店由于所在地区、经营规模、经营方式、经营品种、经营条件的不同，使得商圈规模、商圈形态存在很大差别。同样一个零售商店在不同的经营时期受到不同的因素的干扰和影响，其商圈也并不是一成不变的，商圈规模时大时小。

(二) 商圈的构成

商圈由核心商业圈、次级商业圈和边缘商业圈构成，如图4-1所示。

核心商业圈的顾客占顾客总数的55%～70%，是离商店最近、顾客密度最高的区域；次级商业圈的顾客占到商店顾客的15%～25%，位于核心商业圈的外围，顾客较为分散；边缘商业圈包括了所有余下来的顾客，顾客最为分散，占顾客总数的5%～10%。

一般而言，在美国一个折扣店的核心商业圈半径为6.4公里，次级商业圈为半径6.4～12.8公里的环形，边缘商业圈为半径12.8～25.6公里。环形只是一种理想状态，实际商圈各有差异。店铺形态及规模、竞争者分布情况、交通时间、媒体使用

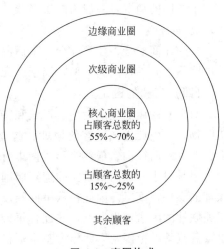

图4-1 商圈构成

等因素的差异都会对商圈的大小和形状产生影响，一般而言，百货店的商圈大于超市，而超市的商圈又大于便利店。商店大小会影响到其商圈的大小，商店越大，商圈越大，但两者并不成比例，商圈的扩大有极限。竞争者越少，距离商店越远，商圈越大。同一地区形成的店铺群能共同创造一个更大的商业圈，因为顾客可因不同的花色品种吸引而来；此外，促销、政府的税收、道路障碍均会影响到商圈的大小。

【案例 4-1】

7-11 连锁超市的商圈确定

日本超市之所以发展迅速，与择地有方不无关系，如 7-11 超市将商圈定义为：以定位的店铺为中心，来店铺顾客达到八成以上所居住的地区，交通条件为 10～20 分钟，开车 5 分钟左右，周边 1～3 公里，普通超市商圈内最低人口为 3 万～5 万人，大型超市为 5 万～7 万人。根据这种测算原则，7-11 超市连续在东京主要街道不断开设新店而逐渐发展起来。

（三）商圈的分类

1. 商业区

商业集中的地区，其特色为商圈大、流动人口多、各种商店林立、繁华热闹。其消费习性具有快速、流行、娱乐、冲动购买及消费金额比较高等特色。

2. 住宅区

住宅区住户数量至少 1000 户以上。其消费习性为消费群稳定，讲究便利性、亲切感，家庭用品购买率高。

3. 文教区

其附近有一所或一所以上的学校，其中以私立和补习班集中区较为理想。该区消费群以学生居多，消费金额普遍不高，但果汁类饮品购买率高。

4. 办公区

指办公大楼林立的地区。其消费习性为便利性、在外就餐人口多、消费水平较高。

5. 工业区

工业区的消费者一般为打工一族，消费水平较低，但消费总量较大。

6. 混合区

分为住商混合、住教混合、工商混合等。混合区具备单一商圈形态的消费特色，一个商圈内往往含有多种商圈类型，属于多元化的消费习性。

（四）商圈的设定方法

对现有商店商圈的大小、形状和特征可以较为精确地确定。在国外，一般用信用证和支票购物，可由此查知顾客的地址、购物频率、购物数量等情况，国内可以通过售后服务登记、顾客意向征询、赠券等形式搜集有关顾客居住地点的资料，进而划定商圈。

但是对于一家尚未设立的连锁店铺而言，由于缺乏商圈统计的基本资料，当然更谈不上顾客的支持程度了。因此在从事商圈设定的考虑时，可以针对设店地区居民的生活形态及具有关联性的因素为出发点，并配合每天人口的流动情形，深入探讨该地区人口集中的原因，以及其流动的范围，以此作为基本资料来从事商圈的设定。

尤其是一家大规模的连锁经营企业，其商圈的设定并不像一般小型商店是徒步商圈，可能顾客会利用各种交通工具前来，因此其商圈乃属于特性商圈，所以对于设店地区内工作、学习的人的流动性、购物者的流动性、城市规划、人口分布、公路建设、公共交通等均要加以观察，并配合有关的调查资料，运用趋势分析以进行商圈设定。

在实际运作过程中，主要可以通过以下几种方法确定商圈。

1. 参照法

即参照某一类似的市场或地区已有的店铺的商圈规模大小确定。这种方法在使用上为了尽可能地接近本店铺所在地区的实际情况，可根据参照市场或地区店铺在经营规模、经营特色上的不同，以及居民人口分布、城市建设、交通设施状况、商业布局等方面的差异，进行合理的修正，以取得较为准确的商圈零售饱和指数数值。

2. 独立调查法

（1）直接询问法　又称来店顾客调查法，由经营者发问卷给每一位来购物的客人，调查他们的地址、来店频率、使用的交通工具等，以此确定商圈范围。

（2）间接调查法　这个办法又可分为如下三类：一是送发票法，即由发票的填写而得知顾客的住址；二是记汽车牌号码法，即由来店购物者的自用车的车牌可查知其住址；三是赊账法，即由赊账簿上查出赊账顾客的住址。

3. 经验法

根据以往经验来设定商圈，这种经验包括以往经营过程中获得的各种经验、经历等。例如便利品（购买频度较高的商品）的商圈为10分钟左右的时间距离，而购买频度较低的商品为30分钟左右，这是通常的基本范围。再如便利店（7—11店）的商圈半径是500米。这些都是根据他人或自己过去的经验所得出的结论。使用这种方法来决定商圈时还应综合考虑地区性、社会性、自然条件等环境因素的影响。

（1）根据业态设定商圈范围　各种商业业态的商圈范围有较大的差异。百货商店、高级专卖店、购物中心一般追求大商圈。

百货店商圈的人口在30万~100万人；大型购物中心商圈可包括周边的几个城市；而超市与百货店、购物中心等业态相比，商圈偏小，来店单程时间约为10分钟；超市奉行小商圈主义，地处社区或居民区，商圈人口7万~12万人；以经营食品为主的超市的商圈更小，商圈人口仅3.5万~5万人。调查表明，人们对肉、鱼、蔬菜、水果的经常性购物距离不足2公里，而对服装、化妆品、家具、耐用消费品购物距离为4~5公里。

（2）据零售店所处位置设定商圈范围　一般位于都市中的超级市场商圈要大大小于位于城郊的超级市场的商圈范围。对于居民类门店来说，社区型超市商圈仅为社区范围，便利店没有边缘商业圈的顾客；对于商业中心区类门店来说，核心商业圈的顾客较少，次级商业圈和边缘商业圈的顾客较多，商圈范围较大。

【案例 4-2】

日本超级市场的商圈范围

日本超级市场的商圈范围

位置	徒步商圈范围	自行车商圈范围	小汽车商圈范围
都市	300~500 米	700~800 米	—
郊外	500 米	1500 米	3000 米

（3）据零售店市场规模设定商圈范围　一般零售门店的规模越大，商圈范围就越大；反之则越小。除了不同业态的零售店经营规模不同、商圈范围不同外，同一业态由于规模的不同，商圈的范围也不同。以超市为例，调查显示，超市规模与商圈范围的关系见表4-1。

（4）根据顾客购物出行方式设定商圈范围　人们购物出行的方式不同，零售店商圈范围也不同。出行方式现代化程度越高，商圈范围越大；反之，则越小。

例如，日本情况，郊外超级市场的徒步商圈范围为500米，自行车商圈范围为1500米，而小汽车商圈范围达3000米。

表 4-1 超市规模与商圈范围

规模	面积/平方米	商圈范围
小型超市	120～399	步行 10 分钟之内
中型超市	400～2499	步行 10 分钟或开车 5 分钟
大型超市	2500	驱车 20 分钟左右

（5）根据顾客购物频率设定零售店商圈范围 一般来说，顾客购买的频率越高，商圈范围越小；反之，则越大。例如，食品、日用品的购买频率较高，出行的范围较近；而耐用品购买频率较低，人们购买出行的距离较远。以超市为例，顾客购买频率与超市商圈范围见表 4-2。

表 4-2 顾客购买频率与超市商圈范围

位置	购买频率		
	每天购买	每周 3～4 次	每周 1 次
都市——超市商圈范围/米	300	500	700～800
郊外——超市商圈范围/米	500	700～800	1500

4．数学分析法

（1）零售引力法则 该法则是 1931 年美国人威廉.J.雷利提出的。雷利认为确定商圈要考虑人口和距离两个变量，商圈范围由于人口的多少和距离门店的远近而不同，门店的吸引力是由最邻近商圈的人口和里程距离共同影响的。据此雷利提出了下列公式

$$D_y = \frac{d_{xy}}{1+\sqrt{\frac{p_x}{p_y}}}$$

式中 D_y——y 地区的商圈范围；
　　　d_{xy}——各自独立的 x、y 地区间的距离；
　　　p_x——x 地区的人口数；
　　　p_y——y 地区的人口数。

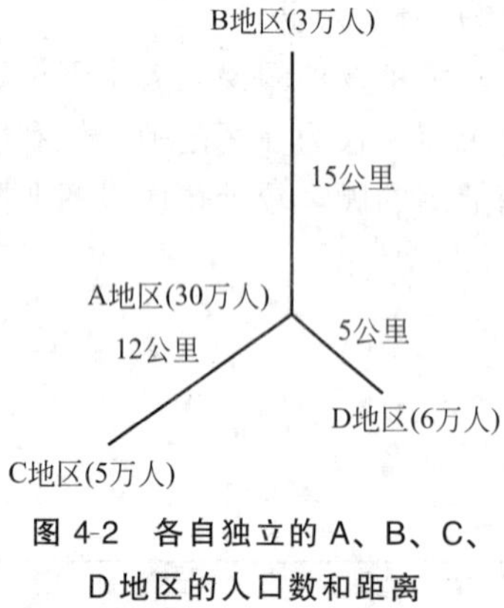

各自独立的 A、B、C、D 地区的人口数和距离如图 4-2 所示。

B 地区(3万人)
15公里
A 地区(30万人)
5公里
12公里
D 地区(6万人)
C 地区(5万人)

图 4-2 各自独立的 A、B、C、D 地区的人口数和距离

$$D_{A1} = \frac{d_{BA}}{1+\sqrt{\frac{p_B}{p_A}}} = \frac{15}{1+\sqrt{\frac{30000}{300000}}} = 11.4（公里）$$

这表明 A 地区在吸引 B 地区方向顾客的商圈范围为 11.4 公里。

$$D_{A2} = \frac{d_{CA}}{1+\sqrt{\frac{p_C}{p_A}}} = \frac{12}{1+\sqrt{\frac{50000}{300000}}} = 8.5（公里）$$

这表明 A 地区在吸引 C 地区方向顾客的商圈范围为 8.5 公里。

$$D_{A3} = \frac{d_{DA}}{1+\sqrt{\frac{p_D}{p_A}}} = \frac{5}{1+\sqrt{\frac{60000}{300000}}} = 3.4（公里）$$

这表明 A 地区在吸引 D 地区方向顾客的商圈范围为 3.4 公里。

将以上确定的三个点连接起来，就可以得出 A 地区的大致商圈范围，如图 4-3 所示。在

此范围内居住的顾客，通常都愿意去 A 地区购买所需的商品，获得所需的商业性服务。

从图 4-3 中还可以看出 A 地区能够吸引的 B、C、D 地区方向的顾客范围比 B、C、D 地区吸引 A 地区方向的顾客范围要大得多。这主要是因为 A 地区人口数量多，使得 A 地区有较大的吸引力，把居住在偏僻地区的人们吸引过来。根据雷利法则，从现象上看，A 地区有吸引力的是人口，但实际上，有吸引力的是 A 地区的大量的、各式各样的商品和商业性服务，这些往往是和大的人口中心协调一致的。

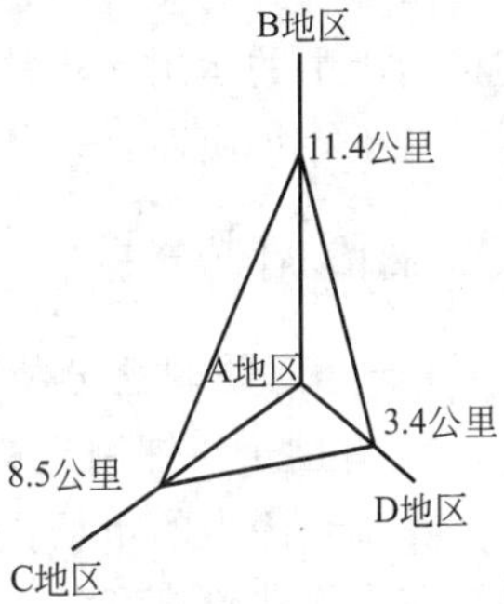

（2）饱和指数理论 饱和指数理论是指通过计算零售市场饱和指数来测定特定的商圈内假设的零售商店类型的每平方米的潜在需求。该理论由哈佛商学院于 20 世纪 80 年代提出。

图 4-3 A 地区的大致商圈范围

该理论实质上是通过计算某一地区内零售饱和指数的大小，来确定该地区零售店铺数量的情况，进而确定是否适合开店。

一般来说，位于饱和程度低的地区的门店，其成功的概率高于高度饱和的地区。零售商业市场饱和指数的计算公式为

$$IRS = H \times RE \div RF$$

式中　IRS——某地区某类商品零售商业市场饱和指数；
　　　H——某地区购买某类商品的潜在顾客人数；
　　　RE——某地区每一位顾客用于购买某类商品的费用支出；
　　　RF——某地区经营同类商品门店的营业总面积。

例如，为一家新开果品商店测定零售商业市场饱和指数，根据资料分析得知，该地区购买果品的潜在顾客人数是 15 万人，每人每周在果品商店平均消费 10 元，该地区现有果品商店 12 家，营业面积 1.85 万平方米。根据上述公式，则该地区果品行业的零售商业市场饱和指数可计算为

$$IRS = 150000 \times 10 \div 18500 = 81$$

81 就是该地区果品商店每周每平方米营业面积销售额的市场饱和指数。用这个数字与在其他地区测算的数字比较，IRS 越高，表明该市场尚未饱和，成功的可能性越大。

运用饱和指数理论还可以帮助经营者用行业已知的毛利与业务经营费用的比率，对门店的利润进行预测，作出经营效益评估。

（3）新零售引力法则 二战以后，康维斯提出了新零售引力法则。它表示在有明确的竞争关系的两个城市间，其商业经营的比率关系。对于不同种类的商品，顾客的购买行为也会有所差异，例如生鲜食品和可储存食品，雷利法则并未考虑这一因素，而新零售引力法则对此有所考虑。

计算公式为

$$\frac{B_a}{B_b} = \frac{P_a}{P_b} \times \frac{4}{D}$$

式中　B_a——B 城市的购买力被 A 城市吸引的比率；
　　　B_b——B 城市的购买力比率；
　　　P_a——A 城市的人口数；
　　　P_b——B 城市的人口数；
　　　4——惯性因素值；

D——A、B 两城市间的距离。

这个公式的关键在于确立了一个惯性因素值。而雷利法则和康维斯的新零售引力法则在连锁门店中的运用,较常见的方法则是将式中两个城市的人口换成两个待考察门店的面积。因为对于零售店而言,其他条件相同时,门店面积在多数情况下与门店的吸引力成正比。

二、商圈调查分析

(一) 商圈调查分析的意义

1. 有助于店铺制定竞争经营策略

在日趋激烈的市场竞争环境中,价格竞争手段仅仅是一个方面,店铺为在竞争中取得优势,应采取非价格竞争手段,诸如改善零售店铺形象、完善售后服务等,这些都需要经营者通过商圈分析,掌握客流来源和客流类型,了解顾客的不同需求特点,采取竞争性的经营策略,投顾客之所好,赢得顾客信赖,也即赢得竞争优势。

2. 有助于连锁门店网点建设

虽然连锁门店在经营管理上有一定程度的相似性,但也存在一定的差异性,针对不同的经营环境规划出店铺活动的空间,使各分店既能保持与总店的相同性,又具有自身经营活动的灵活性,连锁店的开张既能吸引消费者,又能加剧该地区同行业的竞争。商圈战略有助于连锁店认清这种协同效应和竞争效应,扬长避短,发挥自己的优势。

3. 有助于店铺制定市场开拓战略

店铺经营策略的制定和调整,总要立足于商圈内各种环境因素的现状及其发展趋势。通过商圈调查分析,可以帮助经营者明确哪些是本店的基本顾客群,哪些是潜在顾客群,力求在保持基本顾客群的同时,着力吸引潜在顾客群,制定市场开拓战略,不断延伸经营触角,扩大商圈范围,提升销售业绩。

4. 有助于店铺加快资金周转

店铺经营的一大特点是流动资金占用多,要求资金周转速度快。店铺的经营规模受到商圈规模的制约,商圈规模又会随着经营环境的变化而变化,当商圈规模收缩时,而零售店铺的经营规模仍维持原状,就有可能导致一部分流动资金的占压,影响资金周转速度,降低资金利润率。

总之,商圈战略是发展连锁店的一项基础性的工作,对于企业如何将目标市场由点扩展到网络,如何创造、发挥规模优势,增强竞争力等,都具有重要的意义,对于连锁店的发展起到关键性的作用。

(二) 商圈调查分析的内容

一家连锁门店在开店之前,对于该地区内的各种条件都必须进行调查分析判断,以作为设店营业额预测及门店规模决定的参考。

商圈调查分析的内容主要由以下几部分组成。

(1) 人口规模及特征 人口总量和密度;年龄分布;平均教育水平;拥有住房的居民百分比;总的可支配收入;人均可支配收入;职业分布;人口变化趋势;到城市购买商品的邻近农村地区顾客数量和收入水平。

(2) 劳动力保障 管理层的学历、工资水平;管理培训人员的学历、工资水平;普通员工的学历与工资水平。

(3) 供货来源 运输成本;货品的运输与供货的时间;商圈的制造商和批发商的数目;商家的可获得性与可靠性。

(4) 促销 媒体的可获得性与传达频率;成本与经费情况。

(5) 经济情况　主导产业；多角化程度；项目增长；免除经济和季节性波动的自由度。

(6) 竞争情况　现有竞争者的商业形式、位置、数量、规模、营业额、营业方针、经营风格、经营商品、服务对象；所有竞争者的优势与弱点分析；竞争的短期与长期变动；饱和程度。

(7) 商店区位的可获得性　区位的类型与数目；交通运输便利情况、车站的性质、交通联结状况、搬运状况、上下车旅客的数量和质量；自建与租借店铺的机会大小；城市规划；规定开店的主要区域以及哪些区域应避免开店；成本。

(8) 法规　税收；执照；营业限制；最低工资法；规划限制。

(9) 其他　租金；投资的最高金额；必要的停车条件等。

(三) 商圈调查流程

商圈调查流程如图 4-4 所示。

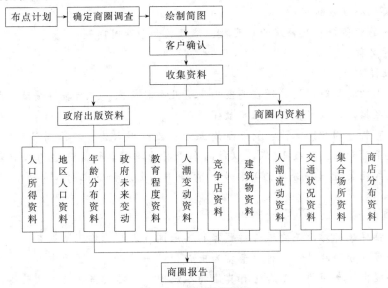

图 4-4　商圈调查流程

【案例 4-3】

麦当劳的商圈调查

麦当劳市场目标的确定需要通过商圈调查。在考虑餐厅的设址前必须事先估计当地的市场潜能。

1. 确定商圈范围

麦当劳把在制定经营策略时确定商圈的方法称作绘制商圈地图，商圈地图的画法首先是确定商圈范围。

一般说来，商圈范围是以这个餐厅为中心，以 1~2 公里为半径画一个圆作为它的商圈。如果这个餐厅设有汽车走廊，则可以把半径延伸到 4 公里，然后把整个商圈分割为主商圈和副商圈。

商圈的范围一般不要越过公路、铁路、立交桥、地下道、大水沟，因为顾客不会超过这些阻隔到不方便的地方购物。

商圈确定以后，麦当劳的市场分析专家便开始分析商圈的特征，以制定公司的地区分布战略，即规划在哪些地方开设多少餐厅最适宜，从而达到通过消费导向去创造和满足消费者需求的目标。

因此，商圈特征的调查必须详细统计和分析商圈内的人口特征、住宅特点、集会场所、交通和人流状况、消费倾向、同类商店的分布，对商圈的优缺点进行评估，并预计设店后的收入和支出，对可能净利进行分析。

在商圈地图上，他们最少要注上下列数据：

① 餐厅所在社区的总人口数、家庭数；
② 餐厅所在社区的学校数、事业单位数；
③ 构成交通流量的场所（包括百货商店、大型集会场所、娱乐场所、公共汽车站和其他交通工具的集中点等）；
④ 餐厅前的人流量（应区分平日和假日），人潮走向；
⑤ 有无大型公寓或新村；
⑥ 商圈内的竞争店和互补店的店面数、座位数和营业时间等；
⑦ 街道的名称。

2. 进行抽样统计

在分析商圈的特征时，还必须在商圈内设置几个抽样点，进行抽样统计。抽样统计的目的是取得基准数据，以确定顾客的准确数字。

抽样统计可将一周分为三段：周一至周五为一段；周六为一段；周日和节假日为一段，从每天的早晨7时开始至午夜12点，以每两个小时为单位，计算通过的人流数、汽车和自行车数。人流数还要进一步分类为男、女、青少年、上班和下班的人群等，然后换算为每15分钟的数据。

3. 实地调查

除了进行抽样统计外，还要进行对顾客的实地调查，或称作商情调查。

实地调查可以分为两种：一种以车站为中心；另一种以商业区为中心。

同时还要提出一个问题：是否还有其他的人流中心。答案当然应当从获得的商情资料中去挖掘。以车站为中心的调查方法可以是到车站前记录车牌号码，或者乘公共汽车去了解交通路线，或从车站购票处取得购买月票者的地址。

以商业区为中心的调查需要调查当地商会的活动计划和活动状况，调查抛弃在路边的购物纸袋和商业印刷物，看看人们常去哪些商店或超级市场，从而准确地掌握当地的购物行动圈。

通过访问购物者，调查他们的地址，向他们发放问卷，了解他们的生日。

然后把调查得来的所有资料一一载入最初画了圈的地图。这些调查得来的数据以不同颜色标明，最后就可以在地图上确定选址的商圈。

资料来源：中华餐饮网

三、店铺的选址

连锁商业企业经营能否成功极大地依赖于店铺位置的选择，因此，连锁企业避免选错店址，并使所开分店能与所在地市场状况相适应，从而发挥最大经营潜力是连锁经营成败的条件。经营规模越大，店址选择的成败系数就越大。

（一）店铺选址考虑的因素

从全球范围来看，连锁企业在其发展初期，多以商业中心为主要选址区，期望以较高的客流量带动各店铺的发展。如麦当劳在北京最先开在王府井，而肯德基在上海先开在南京路，待发展到一定规模之后，再向居民区和市郊发展。但是也有采取"农村包围城市"策略的连锁店。不同行业的连锁店在店址选择上有共同的要求，也有不同的要求。共同的要求如便利顾客购买、有利于扩大影响力、交通便利与否、商业网点是否集中、服务齐全与否、营业时间的长短等。所有的连锁店在店址选择时都应考虑那些对经营成本有影响的因素，如土地条件等。

（二）店址选择的程序

连锁企业店铺开发的店址选择，是综合考虑各种影响因素的结果，要使选择在各个方面都能令人满意，客观上往往不容易办到，因此选择合适的区域及地点要在对各种因素的利弊作一平衡后才可确定。店铺开发的店址选择要经过以下程序，如图4-5所示。

1. 确认前提条件

所谓确认前提条件，就是综合考虑各种相关因素，制定企业的分店选址择定标准。

下面是一家超市连锁店铺选址择地的前提条件。

（1）配合店铺开发方针 能较容易地形成具有强支配力的重点区域，以及可以朝该方向发展的区域。如商圈引力大、集约程度高的区域。

（2）人口与家庭 原则上应拥有2万～3万人以上（约6000户以上居民）的城市、乡镇。

（3）道路 靠近与日常生活紧密相关的道路。其结合地点、地区最好呈扇状分布。

（4）地形 不受河流、铁路、坡路的影响。在该区域可以获得足够的市场支持，而且还带有广阔的腹地。选择封闭型的商圈为主要区域，有自己的优缺点。

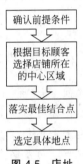

图4-5 店址选定程序

（5）住宅区 应为住宅区及与住宅区相连接的区域。最理想的是新住宅区以及人口增加地区。

（6）城市规划 规划中的道路和开发的住宅区比起老城区、旧商业街来更为理想。

（7）商业状况 区域内无店铺或较少有竞争店，颇具商业发展潜力，并且拟开设分店有望成为该地区的最强店。

（8）城市总体状况 与日常生活有关的生活必需品与城市状况关系不大，但本企业的商品配送体系最好在本地。产业构造方面最好是第三产业型，人口的年龄结构最好是金字塔型，收入水准不低于该市的平均水准。

2. 根据目标顾客选择店铺所在的中心区域

以目标顾客为中心，设想目标顾客的可能去处，往往可以发现经营成功的契机。例如经营日用品的超市可以随顾客到新的住宅小区，并且最好在闹市区或专业街上。依据目标顾客的需要进行这样的划分，一个城市里可供选择的区域就缩小了。当然，也可以根据房地产开发商的产品定位，确定目标顾客群，再决定自己是否适合在此开店。

3. 落实最佳结合点

绘制出上述中心区域简图，在图上标明朝向、竞争店、互补店、主要商事机构、人流汇集走向、交通要道、居民区等相关因素。信息越多，越容易决定。然后挑选对本企业、周边环境最重要的几大因素进行比较，选出拟开分店核心商业圈所在的位置。这显然是"缩小包围圈"的过程。

4. 选定具体地点

在上述重点区域，最好在该商圈区域内，根据上一步骤分析的结果寻找几处作为样本，进行实地调查,以了解客流量及其方向、人口及家庭数量、交通状况,从而决定拟开店铺的最佳位置。

(三) 好店址应具备的条件

好的店址往往具有以下几个显而易见的条件。
① 交通方便。
② 周围居民有较强的购买力且人口密度大。
③ 面向客源量最多的城区。
④ 靠近人群聚集的场所。

好的店铺选址并非一定要这四个条件全部具备,往往具备其中的一两个条件就足以使这个店铺的店址成为好的地点。

呷哺呷哺的门店选址

1. 公司简介

呷哺呷哺(以下简称呷哺)餐饮管理有限公司始创于1998年,是一家外商投资、国内首创、大规模的吧台式涮锅连锁企业。公司总部设在北京大兴区黄村镇孙村工业开发区,由综合办公楼、生产加工基地、研发中心、中央厨房、配送中心以及各职能部门组成。呷哺创建十余年来,已经形成了颇具规模的经营管理流程。2008年11月,英联私募股权投资公司宣布,向火锅连锁企业北京呷哺呷哺餐饮管理有限公司投资5000万美元,并获得该公司控股权。控股公司战略要求呷哺在2012年的时候成功上市。

2. 呷哺选址影响因素和特点分析

由于呷哺是一个中式火锅快餐,因此各个分店之间是相互独立的,所以新店选址是一个单一设施选址问题,其运营不受企业现有设施网络影响。服务业企业设施选址包括两个层次:第一,选择一个地区;第二,在该地区选择一个具体地点。

(1) 选择地区时的主要考虑因素

① 与最终市场的接近程度。服务分为三类:顾客到服务提供者处(坐堂式),服务提供者到顾客处(上门式),服务提供者与顾客在虚拟空间内完成交易(虚拟式)。

作为快餐火锅,呷哺属于坐堂式。此类服务设施必须靠近顾客群。所以呷哺在设施选址时必须首先考虑到该地区要与最终市场接近。

② 该地区的顾客特点。在考虑了与最终市场的接近程度以后,设施选址时要考虑该地区的顾客特点。呷哺的目标客户群主要有两大类:年轻人和白领,呷哺在选址时尽量靠近这两类群体。呷哺店面主要集中在商场、写字楼;主要市政道路两侧、交通枢纽周边商业区;各大超市、购物中心的外租区、大型居住社区中心服务机构等。对于前一类目标客户群,店面主要集中于人流密集的商场或大卖场。后一类目标客户群,呷哺主要选择写字楼密集区。

(2) 选择地点时的主要考虑因素

① 店面周围的可扩展性(停车位)。对于餐饮业,停车位的数量是决定客户数量的一个重要因素。呷哺作为一家快餐火锅店,无论是选择独立门店还是店中店形式,一定量的停车位是必要的。目前大多数情况下,呷哺都是在购物中心型的大型Mall、大型的超市中成为店中店,这些地方停车位本身就有保障。而对于独立的门店,呷哺在选址时,停车位就成为

一个重要的考虑因素。

②与竞争对手的相对位置。对于制造业企业的设施选址来说，与竞争对手的相对位置并不重要，而在服务业，却可能是一个非常重要的因素。对于快餐店，靠近竞争对手可能有更多的好处。因为在这些情况下，可能会有一种聚集效应。因此，对于呷哺呷哺这样的快餐火锅店，在设施选址时选择靠近竞争对手也是明智的。

虽然呷哺的新店选址是单一设施选址问题，理论上其设施选址基本不受企业现有经营因素的影响，但是在实践中，过于密集反而会带来弊端。过于密集会导致自身客流量分流，从而对企业的经营发展造成损害。因此，在企业进行快速扩张的同时，对此类问题应当予以重视。

资料来源：陈玉娇.大众商务.2010年6月

【案例 4-5】

苏宁、国美、五星电器的选址标准各有不同

一、苏宁电器连锁发展选址要求

(1) 城市及商圈选择标准：所有二级城市及部分三级市场，要求人口规模在30万以上的地级或县级地区；商圈必须为城市主商圈或区域商圈，且商圈内商业气氛浓厚，客流量大，周围商业企业集中且较成熟；各种商业业态较丰富且较具规模；必须在商圈内核心位置或者新城市中心，不能偏离主商圈。

(2) 合作方式：自营；租赁期10~15年，纯租赁或按销售额扣点形式，有一定的免租期。

(3) 经营面积与楼层要求：楼层要求为1~3层，经营面积为2500~5000平方米。

(4) 主体建筑要求：楼板承重350kg/平方米；供配电负荷150W/平方米；硬件设施要求提供中央空调、自动扶梯、货梯、顶面、地面、墙面装修及合格的消防设备设施；物业形状方正实用。

(5) 交通及停车要求：停车位需免费提供20个以上。

二、国美电器的选址要求

1. 商圈要求

(1) 商业街店——临街商铺（一层）。处于市级商圈、区级商圈。

(2) 店中店——在具有较大商流的大型商场或大型超市内，处于或接近电器商品销售区或日用消费品区。处于市级商圈、区级商圈。

(3) 社区店——位于可辐射多个高消费社区的商业区域，紧邻主要大型社区，社区人口10万人左右（一层）。

(4) 特定市场店——手机、IT一条街（一层）。市级手机、IT一条街。

(5) 交通枢纽店——位于地铁、机场、车站、码头交通枢纽等处且已形成一定规模的商圈。

2. 建筑要求

独立、清晰的产权；楼层从一楼开始，楼层不超过四楼，楼层不超过三楼，非店中店要有开阔的停车场地和门前广场；使用的消防系统、合格并正常使用的供水供电系统，空调系统、扶梯和货梯（两层以上）

3. 面积租期要求

(1) 小型店：30～50平方米。
(2) 中型店：80～120平方米、160～240平方米。
(3) 大型店：260～320平方米。
(4) 旗舰店：400平方米左右。

4. 开店原则

小型店只经营3C商品，中型店和大型店根据店址所处商圈特点可选择和音像共同经营。商业街店和店中店及交通枢纽店以开设小型店和中型店为主，社区店以开设中型店为主，特定市场店以开设中型店和大型店为主。

三、五星电器选址要求

1. 商圈选择

位于城市或某区域的商业中心，人流量大，交通便利的副省级以上城市直辖市、省会城市、副省级城市核心商圈；地级城市市区人口50万以上，具有一定的购买能力商业中心；县级市场江苏、浙江、广东等地的县级市，内陆省份发展较快的县级市（百强县优先），副省级以上城市的较发达的郊区县核心商圈。

2. 建筑要求

独立、清晰的产权。楼层从一楼开始，地级市场楼层不超过四楼，县级市场楼层不超过三楼；物业距街道的距离在6米以上，有开阔的停车场地和门前广场；有正常使用的消防系统、合格并正常使用的供水供电系统，空调系统、扶梯和货梯（两层以上）。

3. 面积和租期

副省级以上城市直辖市、省会城市、副省级城市核心商圈5000平方米以上；区域商圈4000平方米以上；大型社区3000平方米以上；地级城市市区人口50万以上，具有一定的购买能力商业中心3000平方米以上；县级市场江苏、浙江、广东等地的县级市内陆省份发展较快的县级市（百强县优先）副省级以上城市的较发达的郊区县核心商圈核心位置3000平方米以上。租期10年以上。

（四）顾客需求特点和购买规律对连锁门店店址区域位置选择的影响

顾客对不同商品的需求特点及购买规律在很大程度上影响着连锁门店店址区域位置的选定。所以在选择店址时要充分考虑顾客对不同商品的需求特点及购买规律。

1. 顾客普遍、经常需求的日常生活用品

日常生活必需品，这类商品同质性大，选择性不强，同时价格较低，顾客购买频繁，在购买过程中，求方便心理明显，希望以尽可能短的路程、花尽可能少的时间去实现。所以，经营这类商品的商店应最大限度地接近顾客的居住地区，设在居民区商业街中，辐射范围以半径300米为限，步行在10分钟以内为宜。

2. 顾客周期性需求的商品

对这类商品，顾客是定期购买的。在购买时，都发生了一定的比较，最终才选择出适合自己需要的商品品种。另外，顾客购买这类商品数量不大，有高度的周期性，经营这类商品的商店选择在商业网点相对集中的地区为宜，如地区性的商业中心或交通枢纽、交通要道的商业圈。

3. 耐用消费品及顾客特殊性需求的商品

耐用消费品多为顾客一次购买长期使用，购买频率低。顾客在购买时，一般已有既定目标，在反复比较权衡的基础上再做出选择。特殊需求的商品购买的偶然性较大，频度更小，顾客比较分散。以经营这些类别商品的商店，商圈范围要求更大，应设在客流更为集中的中心商业区或专业性的商业街道，以尽可能吸引潜在顾客。

（五）店址选择的注意事项

好店址、好铺面等于一座好金库，必须慎重选择，这就需要付出一定的时间和精力。必须对可能选择的铺面进行实地观察和调查，早、中、晚都要在预定的店址观察行人及他们经过此地的目的。同一地点，白天可能人潮汹涌，晚上则可能空无一人，因此要日夜观察。此外，还要了解铺面附近各店的情况，并切实注意以下一些事项。

1. 繁华地段虽好，但绝非唯一选择

繁华地段一般是开店的黄金地段。但有的地方表面看来车水马龙、人流如潮，但却不是聚客的好地方。这就是不少人在闹市开店很快失败，而在小巷开店生意却非常红火的重要原因。其实，符合开店构想的店址就是好店址。也就是说，只要能使铺面生意兴隆的地位，不管铺面的位置在不在闹市，都是好店址、好铺面。

2. 选择好店址不要怕高租金

人们常说，门市生意是地点的生意，越是大路货，越是做大众生意，就一定要舍得在店址上投资。例如在市区或在繁华地段带选址开店，不要被高房租吓倒，而是要认真分析投入这笔资金能带来多大效益。很多时候，只要开店构想对，往往是高投入高回报。这就是为什么火车站、客运码头的那些餐馆，虽然卫生较差、价格较高却生意照样火爆的重要原因。其实，好店址的高租金并不是一天两天形成的，也不是任意可以抬高的，它是房东和租主在长期利润分成较量中形成的契合点。租金高到租主无钱可赚，那么再好的铺面也租不出去。可见，好店址虽然寸土寸金，但正常情况下赚的钱总会大大超过租金，并有利可图。

因此，花大钱开个大门市，不如花大钱找个好门市。当然，高租金增加了经营的成本，也增加了经营压力和风险，所以必须要好好盘算，究竟做不做黄金旺铺的生意。如果没有金刚钻，就不揽这个瓷器活。

3. 开店选址细节不可忽略

一项事业的成功往往离不开天时、地利、人和。一旦决定开店，必须对所选地点进行全面的考察，了解该区人口密度、人员等。开店选址是很讲究的，一般应该掌握以下10个细节。

（1）交通便利　在主要车站的附近或者在顾客步行不超过20分钟的路程内的街道设店。选择哪一边较有利于经营，需要观察马路两边行人流量，以行人较多的一边为好。

（2）接近人们聚集的场所　如剧院、电影院、公园等娱乐场所附近，或者大工厂、机关附近，这一方面可吸引出入行人，另一方面易于使顾客记住该店铺的地点，同时会让来过的顾客向别人宣传介绍时比较清楚明了，比较容易引人光顾。

（3）选择人口增加较快的地方　企业、居民区和市政的发展，会给店铺带来更多的顾客，并使其在经营上更具发展潜力。

（4）要选择较少横街或障碍物的一边　许多时候，行人为了要过马路，因而集中精力去躲避车辆或其他来往行人，因而忽略了一旁的店铺。

（5）选取自发形成某类市场的地段　在长期的经营中，某街某市场会自发形成销售某类商品的"集中市场"，事实证明，对那些经营耐用品的店铺来说，若能集中在某一个地段或街区，则更能招徕顾客。因为人们一想到购买某商品就会自然而然地想起这个地方。

（6）根据经营内容来选择地址　店铺销售的商品种类不同，其对店址的要求也不同。有的店铺要求开在人流量大的地方，比如服装店、小超市，但并不是所有的店铺都适合开在人来人往的地方，比如保健用品商店和老人服务中心，就适宜开在偏僻、安静一些的地方。

（7）要有"傍大款"意识 即把店铺开在著名连锁店或品牌店附近，甚至可以开在它的旁边。与超市、商厦、饭店、24小时药店、咖啡店、茶艺馆、酒吧、学校、银行、邮局、洗衣店、冲印店、社区服务中心、社区文化体育活动中心等集客力较强的品牌门店和公共场所相邻。例如，你想经营吃的，那你就将店铺开在"麦当劳""肯德基"的周围。挨着它们开店，不仅可以省去考察场地的时间和精力，还可以借助它们的品牌效应"捡"些顾客。

（8）位于商业中心街道 东西走向街道最好坐北朝南；南北走向街道最好坐西朝北，尽可能位于十字路口的西北拐角。另外，三岔路口是好地方；在坡路上开店不可取；路面与店铺地面之间的距离不能相差太悬殊。

（9）要选择有广告空间的店面 有的店面没有独立门面，店门前自然就失去独立的广告空间，也就使你失去了在店前"发挥"营销智慧的空间。

（10）选择由冷变热的区位 与其选择现在被商家看好的店铺经营位置，不如选择在不远的将来由冷变热，目前还未被看好的街道或市区。

客三千火锅城

单从"客三千"这个名字，就能感觉到这个火锅城的气势与规模，酒楼上下共有四层，四十几个大包间，两个大厅三个小厅，近千个就餐餐位。酒楼装修风格走华贵路线，在各个区域大量使用了中国传统木雕、字画、工艺品等装饰物品，仅仅红木的餐桌餐椅就投入了不少钱。投资人一开始便瞄准了城市中高端火锅消费群体，因而火锅城选定了三文鱼火锅为特色招牌，目标自然也是服务于中高端消费群体。

"客三千火锅城"从2008年9月份开始装修，于11月初开张营业，应该说这样的时间安排相当合理，酒楼只需简单的一个经营磨合，就可以顺利地进入经营旺季。然而，"客三千火锅城"的实际经营状况与业主的企盼大相径庭，火锅城只是在开业的头一天业主请客时接近满负荷运转，在此之后，酒楼的上座率基本上不足三成，到了十二月份火锅旺季时，火锅城的上座率连两成都达不到。进入十二月底，亏损严重的业主极其无奈地选择了关门停业，而就在此时，满城的火锅店生意一家比一家红火。

分析："客三千火锅城"地处一省会城市的次主干道上，门前车流量、人流量颇大，但稍加留意就会发现，几乎所有的人和车都是在门前匆匆而过，却没有任何停下来的意思，甚至不愿稍加停顿看看街边商店的门脸。

其次，"客三千火锅城"的门前除了窄窄的人行道，根本没有车辆停放的地方，这和它的中高端市场定位存在着极大的矛盾，这也是火锅城投资人的极大疏忽，甚至是不可原谅的错误。先不说停车位的问题，对于一个城市里面这样只见人流量、车流量，不见财流量的商业地段，人们统称为商业"虚火旺盛"之地，这种地段是最容易成为餐饮投资人陷阱的地方。

通常情况下，这样的地段只适合开那些规模不大、方便快捷的小型快餐店，而对那些上一定规模的大型餐饮企业，这样的地方则必须坚决舍弃，投资者万万不可被那些虚假的客流人流所迷惑，而做出错误的投资决定。

资料来源：职业餐饮网

4. 店址选择需要注意的其他问题

（1）通信问题 不论你准备从事哪一类行业，都有必要经常与外界联系，尤其是信息的及时通达更为重要。这就涉及通信是否方便的问题，这是开店选址要考虑的一个问题。

（2）安全问题　安全是企业发展的保证。如果产品或原料价值很高，防盗、防破坏就显得更为重要，在选址时就要了解该地的治安状况是否良好，如果状况良好，就可以放心地选下来。否则，就要花费很多人力、财力做防范工作。如果你经营的产品或原料属于易燃、易爆品，选择铺面时一定要远离火源，最好远离人口稠密区；如果你的产品或原料要求精密度高，选址就要远离噪声、远离公路或其他灰尘较多的地区，以免这些因素造成产品或原料在数量上的损失，进而影响销售。

（3）广告宣传问题　选择铺面时，还应考虑广告宣传方面的事情。你可以把铺面设置在某一著名建筑物或自然物旁，这些地段都是当地人人皆知、路人易见之处。同时，在别人问及你的店址时，你用不着多费口舌，就能说得非常准确无误，这对店铺的选择应该说是有利的。

（4）租赁房屋及柜台问题　这是一种较常见的形式。租赁前，应先了解房屋的基本条件及价格、房屋的产权情况，实地考察，看是否适合自己的经营内容，房屋有无破损，楼面的承受力以及水电等，了解价格及房租的税收情况，然后再写一份合约（一式两份），合约要规定租期、价格，是否可以进行装修，税额的负担，所租面积多少，其他杂费由谁来负担等。

（5）注意城镇的变化　不少城镇人口稠密区和商业繁华区都在不断增多和扩大，都挤在城市的某一块地方是不可能的，必须四面扩张，但扩张不是相等平齐的，而是有条件和有先有后的。选择铺面就要注意到这一点，用长远的、发展的眼光对待这一问题。

（6）看准了就着手进行　每个场地都是有主的，选择场地，好比年轻人找对象一样，你选人家，人家也在选你；你看人家的条件，人家也看你的条件。因此，只要有潜力，看准了就要下决心定下来，即使环境和条件差一点，也可以边经营边建设，逐步改善环境，创造好的条件。如果不当机立断，今日挑明天选，光看表面不看实质，就会贻误时机。

【知识拓展】

连锁复制秘籍之选址模型

进入 21 世纪后，代表连锁业发展趋势的"连锁百强"，以年均超过 50% 的速度增长，远远超越了社会零售总额年均 9.4% 的增速，"连锁百强"在零售额中的比重也快速提高。

而连锁企业之所以在社会的零售业中占据有越来越重要的地位，在根本上就是因其特殊的复制的价值。就像制造企业的流水线作业一样，连锁经营就是在商业领域不断的复制门店，从而迅速实现企业规模的膨胀，抢占市场份额，最后托起企业的品牌。

世界级连锁品牌，如沃尔玛、家乐福、麦当劳、肯德基等人们耳熟能详的连锁企业的全球扩张无疑告诉人们这就是复制，就是连锁经营的秘密。

零售业态曾经流行过如此一句话——零售最重要的是什么，第一是选址，第二是选址，第三还是选址。可见选址对于零售的重要性。对于连锁企业，选址是非常重要的一个环节，复制一个门店首先要做的是什么呢？肯定是选址，因为只有有了实体店铺平台，才能开始提供产品和服务。

经过多年的连锁实战研究，提出了连锁复制的选址一三模型，见下图。

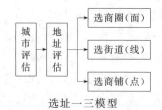

选址一三模型

选址一三模型就是一个前提和三个步骤,一个前提就是选择进入城市的前提,即城市评估,三个步骤就是选取具体店铺地址的三步,即地址评估。

1. 一个前提——城市评估

首先应当对准备进入的城市或已经进入的城市进行综合评估,收集各种相关数据。具体如下。

(1) 城市背景资料 地理位置、人口数量、人口密度、区域划分、城市发展规划、公共交通、竞争对手、政府优惠政策等。

(2) 城市经济资料 经济水平、收入水平、房价、物价、所属行业发展状况等。其次,对相关数据进行分析。分析该城市的经济发展速度,城市规模,是否适合开连锁店;分析进入该城市的投入产出比,需要开多少家店才能基本覆盖;分析预测第一年的营业额及各项费用支出预算;分析预测第二年的增长趋势;分析客流规律及消费潜力;分析交通地理条件;分析竞争激烈度;分析人力成本;分析广告宣传成本;分析人文状况;分析其他影响经营的因素,如政府的工作效率等。在此基础上,形成该城市的评估报告,作为连锁企业进入该城市进行选址的前提依据。

2. 三个步骤——地址评估

(1) 选商圈 分析该城市各区域的商圈个数、商圈名称和类型,确定城市核心商业圈、次级商业圈与辅助商圈。对商圈的成熟度、发展规划、潜力、辐射范围、有无竞争对手等情况进行分析,以便选择符合定位,适合进入的商圈。

(2) 选街道 分析所选商圈的街道个数、名称和类型,对街道条件、人流车流、竞争情况等进行分析。

① 街道条件。街道长度、街道宽度、店铺数量、人流出入口、街道成熟度。

② 人流车流。人流量、车流量(早、中、晚)。

③ 竞争情况。典型竞争门店数。

④ 吸引情况。有无对所属行业顾客群产生吸引力的设施或条件。

(3) 选商铺 选商铺主要分析两方面内容:外部评估和内部评估。

① 外部评估。人流量、车流量、门店可视范围、门前空地、门前道路宽度、邻铺类型等。

② 内部评估。面积、建筑结构、招牌长度、门面长度、配套水电条件、租金等。

第二节 加盟店的拓展

一、选择合格的加盟者

(一) 合格加盟者的基本条件

合格加盟者的基本条件是要能表现加盟者创业的初衷,一个合格加盟者应包括四方面,即加盟者本身条件、加盟店铺基本条件、资金及营运状况和其他辅助条件。

1. 加盟者本身条件

不同加盟种类的加盟方式会有不同,自愿加盟可能只要求加盟店配合总公司集中采购或原料提供,特许加盟则会产生从商标放置到促销广告活动细节等多方面的要求,两者虽然差异颇大,但综合各类加盟条件,可以发现合适及不合适担任加盟店主的部分特质。

不适合担任加盟店主的主要缺点:不愿或无法雇佣他人、年纪太大、人品不佳、无法履行合约、只有一本万利的想法、过分贪求、夫妻家庭不和谐——一般应避免考虑有这些特质的人担任加盟店主。

以下是一位合格加盟者的基本条件。

(1) 过去的经验、工作经验或学历　具有相同行业的工作经验,是第一优先考虑的加盟者。其次则找寻有类似工作经验的申请者,但是如果连锁加盟企业的行业类别及培训许可,也可以招收没有工作经验的申请者,但是相对会提高对学历及潜力的要求。

(2) 身体健康状况　加盟店成立初期事务繁忙,所以加盟店主的身体健康是必要条件,虽然不一定会要求健康检查证明,但是在审核的过程中,这将是必要的考虑重点。

(3) 对加盟公司、市场及商品的了解　如果是要求专业技术的连锁加盟企业,会要求申请者对企业、商品及加盟公司具有一定的了解,但是对于可以依靠教育培训补充专业知识的连锁加盟企业,这项条件则可转换成对申请者应提供什么程度的教育培训。

此外,必须考虑到有意加盟者是否能配合企业的做法,并认同企业的经营理念以达到企业的要求标准。

(4) 心理准备与参与的动机　申请者对于利润的了解、设立初期可能发生的困难、公司本身的经营状况、公司文化及理念等,必须具有心理准备,接受运行的实际状况。

(5) 个性操守　加盟申请者的个性是否合适?是否有诚意加盟?加盟后能否有热忱持续经营?是否具有潜力及可塑性以施以教育?是否能履行约定……也是考虑的条件。

(6) 发展潜力　这是最难评断,但也是最重要的考核项目,有许多并不严格要求申请者经验的加盟企业,目的是希望能借此发掘其发展潜力的加盟店长。

(7) 婚姻状况　有些连锁加盟企业偏好已婚者,原因是已婚者可能会更具责任观念。

2. 加盟店铺基本条件

(1) 店铺地点　所在地点的繁荣程度、所在地的商业类型及范围。

(2) 营业面积　各类型连锁加盟企业都有其适合的面积需求。

(3) 其他的店铺定位条件　交通状况、交通路线、附近的公共设施。

(4) 客源条件　是否有基本客源、同业的竞争状况。

3. 资金及营运状况

(1) 保证金或担保品　有些连锁加盟企业要求必须以现金或非现金的担保品为担保。

(2) 加盟金　由免交加盟金到多少不等的加盟金,依照各连锁加盟企业的差异而有所不同。

(3) 权利金及广告促销费　一般为按月付或按营业额比率两种支付方式。

(4) 货款及周转金　是否有贷款能力及备有初期周转金。

(5) 员工雇用　对雇用员工程序是否熟悉,也是某些连锁加盟的考察点之一,尤其在劳工较为缺乏的速食、餐饮、服饰连锁业中,这是一个严重的问题。

(6) 事业经营计划评估　利润、最低毛利保证、风险及初期可能会遭遇的种种问题等。

4. 其他辅助条件

加盟者的家庭是否赞助?配偶能否共同参与?有些连锁加盟企业偏好已婚者,原因是已婚者较有责任观念。此外,也有限定申请者必须为夫妻二人,因为夫妻二人比较能互相帮助、支持,对于遭遇困难时,也较能共渡难关。

(二) 寻找加盟者的方法

加盟者的招募大致可分为,由申请者主动前来联系和连锁加盟企业主动寻求两种。

发展初期的连锁加盟企业,由于知名度不高,大都选择主动出击;而较具规模的连锁加盟企业,虽然会因为知名度较高,而吸引有意加盟者的主动咨询,但是仍有企业自主招募的方式;对于有意加盟者的主动咨询,在审核加盟店的程序中会加以说明,以下先谈谈一般的招募方式。

1. 媒体招募

传统的招募方式,传递的信息以吸引有意加盟者为目的。一般包括基本的加盟优惠政策、加盟条件及联络方式等内容。通过媒体招募必须考虑传播地区、传播目标及接触频率等因素。使用媒体的目的除了容易建立知名度外,也有较强的引导效果。一般所常用的媒体包括电视广告、报纸广告、杂志广告、车厢广告、网络等。连锁加盟企业也可利用面向固定主顾客群或 VIP (very important person, 很重要的人) 会员的刊物进行招募,成功率较高。

2. 行业年会/行业展览会/企业讨论会

无论发展初期的连锁经营企业,还是知名的连锁加盟企业,由于书面或广告的方式不容易使有意加盟者了解。而面对面的沟通方式,或实际商品的说明演示,是效果较好的招募方式。定期或不定期的讨论会或座谈会,是被经常使用的招募方法,地点多在企业自身的场地或所在地、特定加盟者所在地或行业协会所在地举办。如我国每年一度的特许加盟大会暨展览会就起到了这个作用。

3. 店面 POP

连锁经营企业以店面 POP 的方式传递招募加盟者的信息,是由来已久的招募方式。其特点:一是成本费用较低;二是有意加盟者肯定在店面经常出现,而店面的商品展示及实际的经营状况,更具参考价值及说服力。

4. 开据人员等的口头招募

连锁经营企业的拓展部门专职的开发人员对于潜在加盟者或地段不错的传统店,有时采取主动邀请方式,以说服对方加入连锁体系。对于意向不高的加盟者,也会经由专职的开拓人员负责会谈和说服。

由于内部员工及加盟者对企业和加盟条件较熟悉,所以鼓励或规定内部员工及现有加盟者介绍和招募的方式,也常被采用。

5. 说明书

加盟说明书是平面媒体的一种,可以夹在报刊里传递,也可以作为说明会、开拓人员招募的辅助工具,或者用在店铺中当成说明资料,部分说明书甚至直接附有加盟申请书。

6. 混合运用

即连锁经营企业把以上的招募方法同时混合运用。

二、选择高素质的盟主

(一) 连锁经营者 (盟主) 的素质

有意加盟连锁体系者,应对连锁经营者 (盟主) 的素质进行如下几方面的考察。

1. 连锁经营者丰富的经验

选择本身已有丰富经验的连锁体系,包括经营时间的长短及店数的多少。如果是开业时间不长，店数又少的品牌，由于本身连锁的经验都不足，加盟者贸然加入，风险自然会比较高。

2. 连锁经营者的专业程度

连锁经营行业不能水平太高，技术难度不能太大。技术难度越高，学习的时间就越长，拓展速度就越慢；通常技术性较高的行业，如理发、配镜等，则较适合员工加盟、同行加盟。由于一般加盟者通常都是外行，所以技术性越低的行业越适合加盟（如超市）。

3. 连锁体系的发展前景

必须注意所选行业的发展前景，是属于流行性的行业，有发展后劲的潜力行业，还是如餐饮业和日常生活用品的零售业一样的平稳性行业。

4. 连锁体系同自己志趣相投

每个行业都有不同的行业特征，加盟者最好选和自己志趣相投的行业加盟，没有兴趣的行业是做不好的。

5. 总部品牌的竞争优势

因为同行业间的竞争必然会涉及品牌的竞争，总部在同行业中的竞争能力强，总部提供给加盟店的支援可能较多。

6. 连锁加盟分店的经营状况

访问已设立的加盟店，意向加盟者可以向已开店打听相关资讯，而这种方式所获得的资讯往往是最真实的，加盟者也可从其中了解自己将来大致的营运状况。如果是一个品牌健全的加盟体系，会很乐意为你提供帮助。

7. 是否符合国家行业主管部门规定的特许者必备的条件。

（二）选择加盟体系时应注意的问题

1. 明白自己的行为

要参加一个加盟体系，需确定以下内容：①检验自己是否适合成为加盟者。一定明确地认识自我的需求及发展方向。②一定要找一个拥有专业经营技术及完整的辅导规划的体系，来协助自己顺利地开展事业。③在评估一个加盟制度时，首先应深入了解该制度的 BI（企业活动识别）与 MI（企业理念识别）是否能真正被贯彻，否则形似而神不是没有实际意义。④确认自己能否融入这个连锁体系。因为加盟是一种事业而非一份工作，加盟给予的是经营传承而非成功的保证。

2. 谨慎做出加盟决策

加盟者在选择加盟体系时，应注意以下四点。

（1）是否是中国连锁经营协会的备案企业和会员企业。如马兰拉面就是中国连锁经营协会特许备案企业。

（2）加盟总部需成立相当一段时间，或者它应拥有多家直营连锁体系的经验。如果成立时间很短又不具知名度，当然较缺乏连锁体系的经营经验，在自己脚步还未站稳之前即贸然发展加盟体系，成功率自然较低。

（3）注意该品牌在市场上的存活率及生命周期。有意加盟者在加盟前，最好先到其他已加盟的经营者那里了解其营业状况，知己知彼，才能百战百胜。

（4）需注意加盟体系的产品在市场的持久性。有些加盟体系的产品是流行商品，很可能只有两三年的寿命就好景不再。

3. 要求加盟授权者必须提供真实的信息

在加盟任何体系之前，加盟者应与加盟授权者及现有的加盟者沟通。要想充分了解加信息,加盟授权者有义务提供真实的信息,无论中国还是国外,行业主管部门都对这一点作了明文规定。

根据我国《商业特许经营管理办法》(2018年最新版)第十九条规定,加盟前特许授权者应向加盟者披露下列信息:特许授权者的名称、住所、注册资本、经营范围、从事特许经营的年限等主要事项,以计的财务报告内容和纳税等基本情况;加盟者的数量、分布地点、经营情况以及特许经营网点投资预算表等,解除特许经营合同的加盟者占加盟者总数比例;商标的注册、许可使用和诉讼情况;商号、经营模式等其他经营资源的有关情况;特许经营费的种类、金额、收取方法及保证金返还方式;最近五年内所有涉及诉讼的情况;可以为加盟者提供的各种货物供应或者服务,以及附加的条件和限制等;能够给加盟者提供培训、指导的能力证明和提供培训或指导的实际情况;法定代表人及其他主要负责人的基本情况及是否受过刑事处罚,是否曾对企业的破产负有个人责任等;由于信息披露不充分、提供虚假信息致使加盟者遭受经济损失的,特许授权者应当承担赔偿责任。

4. 新加盟者明确要缴纳的费用

加盟投资成本通常不高。以美国为例,初次加盟费因产业类别不同介于0.5万～3.5万美元;每月的权利金是月营业额的3%～7%,广告费是月营业额3%左右;有时还需视实际状况支付月营业额的3%～8%,作为设备、土地和建筑物租赁费。总括全部的加盟开办成本,介于0.8万～40万美元。

日本大体沿用了美国的加盟办法,但差异最大的通常是"权利金"的计算方式。美国是以"营业额"为计算基础而日本则是以"毛利额"为基础,其余加盟条件则相似或加以改良。

在中国需要的费用以马兰拉面为例加以说明。马兰拉面发展加盟者时,收取加盟费19.8万元。特许权使用费5万元,这还不包括设备、广告、配送等费用。马兰拉面特许加盟开店基本投资60万元。而重庆小天鹅的基本投资在80万～350万元。可见,中国的加盟投资成本在10万～200万元。

5. 新加盟者的成功概率

加盟店的经营成功率远远高于单店成功率,根据美国商务部及中小企业管理部门调查报告显示,美国加盟店的成功概率大概为95%,国内无类似统计资料,但从连锁业经营的发展态势看,成功的概率也会很高。但是加盟也无法保证百分之百成功。

【知识链接】

如何辨别加盟项目的真假

现在市面上的加盟项目多如牛毛,鱼龙混杂。有些企业确实是想长远发展的企业,另外也有不少就是纯粹做短线,拿着加盟的幌子骗取投资人的钱财。

骗子企业骗取加盟者的钱财就两种途径,一种是骗取加盟费,另一种是骗取设备费和首批进货费。一般的是两种都骗,既要加盟费又要设备或者首批进货费;也有的为了吸引加盟者,就不要加盟费。一般这样的加盟项目,要么没有加盟费,要么加盟费很低,而且整体的投资额一般不会很高。

作为普通加盟者,要想辨别出哪个项目是骗人的,是很困难的。

在说方法之前,先对"受骗"做个解释。这里所说的受骗是企业收了费用后就不再理睬加盟者，或者是给加盟者提供不符合要求的设备或者货物并对退货设置障碍，最终导致加盟者无法正常经营并收回投资。

对项目的考察要做到如下几点。

① 确定该项目在当地有市场空间。
② 确定可以学到相关技术，就算总部倒闭，一样可以正常经营。
③ 企业在加盟前提供所有加盟店的地址和电话。
④ 在总部和加盟店不知道的情况下对加盟店进行考察，最好和店主进行沟通。
⑤ 在百度上用"项目名称骗子"搜索一下，看是否有负面信息。

通过这几点，就可以基本断定这个项目是否可以做。

三、加盟连锁的招募程序

具有规模的连锁加盟企业可以按以下的招募程序进行。

1. 媒体宣传，传递信息

在这一阶段主要以信息传达为主，把招募加盟店的开发地点及基本信息传给大众，如同招募方式中所讨论的，以不同的媒体或方式将招募信息传递给有意加盟者。

2. 回应电话或传真

连锁加盟企业多半设有专线电话或传真号码，以供有兴趣的人索取资料，除此之外也备有书面或口述材料，由专人提供解答，但一般都是仅就初步加盟状况做解说。因为这个步骤是为了回应有意加盟者，并且对加盟者作初步过滤。一般加盟广告并不能很清楚地说明细节，有些企业甚至提供 24 小时电话语音资料说明。

3. 提供有兴趣人士的基本加盟资料

如果加盟者符合基本要求，一般会提供较完整的书面资料以供参考，同时会要求与加盟者约谈，或出席连锁加盟企业的说明会，虽然电话或传真能提供比招募广告更详细的资料，但是经过初步过滤的有意加盟者，可以由邮寄获得完整的书面资料，甚至包括加盟申请书。

4. 约谈审核

由于很多加盟店主不方便通过电话或传真来加以判断，可通过约谈观察加盟店主，这是所有连锁加盟企业不可缺少的步骤。约谈方式有个别约谈、团体座谈，甚至包括模范门店参观。在约谈时，许多对加盟店主本身的审核观察，也可在这一步骤中进行。正式约谈的重点，除了观察、了解加盟者的理念及状况外，最重要的就是使加盟者认清相关的权利和义务。

5. 签约加盟预约

如果加盟申请者初步符合要求，在竞争激烈的加盟行业中，会签订所谓"加盟预约"，以确保加盟者不被同行抢夺。

6. 加盟店地点评估

除了特许加盟制外，加盟店都需要拥有自有店面或承租店面，所以加盟店必要的审查条件包括加盟店地点评估。

开店的地点对成败有决定性的影响，立地环境与连锁业者有密切的关系，加盟店的成败，会影响到整个加盟系统的形象。但加盟店的营运成功与否，加盟店地点也是关键条件，所以在正式签约之前，一次或者多次到加盟店评估地点是必要的措施。加盟店的门店大都由加盟主物色，企业则提供针对公司商品的市场专业调查和获利评估，其中包括专业的商圈评估、各时段人口流动的差异性、竞争对手状况、消费者及人口分布与结构、交通状况、未来趋势等。

7. 审查加盟店主财力及其他条件

一个优良的门店必须考虑门店本身、门店地点、资金、商品、人员5个条件。除了加盟店地点及加盟店主本人外，加盟店主的财力及其他条件也必须一并考虑，但通常是以财务状况为主。加盟时需缴纳一定金额的加盟金或权利金，之后有的企业则规定加盟主每月固定缴月费（也有按营业额抽成或直接供应原料或材料），除了一般财务条件审核外，有时也包括贷款及财务周转能力。

8. 事业经营计划的制订与沟通

根据所做的各项调查，为成立加盟店制定事业经营计划。事业经营计划中以人力及资金的安排及运用最为重要。

（1）人力安排及运用　国内的加盟店人员安排与管理，除了个别公司的特殊关系外，大都由加盟店自行负责，加盟总部只负责招募的辅导及加盟店人员的培训。由于一个合适的加盟店主，如果不能有效地雇聘、管理正职、兼职人员，就无法将加盟店经营得很出色，所以虽然人力安排的能力不是第一考虑，但是多半会有一套完整的安排程序，提供给加盟店主参考，并定期给予辅导。

（2）资金的安排及应用　加盟店的财务与总部基本上是分不开的，除了部分加盟店的收入必须先汇回公司，再由公司汇入加盟店账户中外，加盟店大都是独立的财务个体。

9. 签约

如果有意加盟者符合连锁加盟企业的各项条件，接下来就是讨论签约事宜了。尤其对加盟店与连锁加盟企业总部之间的权利义务等，必须经过认定签署。

10. 加盟店主对相关员工的培训

连锁加盟企业招募加盟店主，通常以具有相同或类似经验背景的对象为主，但也可招募缺乏经验但却具潜力的加盟者施以培训。一般可分为对加盟店所做的店主培训以及对加盟店员所做的员工培训两种。如果加盟店主无法或不愿意参加培训，可以以此拒绝加盟。

四、加盟双方关系的处理

（一）加盟双方的关系分析

正确认识特许关系的性质是处理好这种关系的基础。只有正确认识特许关系并树立正确的观念和态度，才能最大限度地避免双方矛盾的发生，才能维系良好的特许关系。

1. 经济关系

经济利益是企业之所以成为企业的根本原因和原始动力，经济因素是双方建立特许关系的最根本的因素。因此，从经济角度看，特许关系首先应当是一种经济关系或利益关系，只有双方都预期通过这种关系能获得经济利益，即保证双赢，双方才有可能建立特许关系。同时，在特许关系的发展过程中，如果一方获利远远少于付出，而另一方获利远远大于付出，也就是说双方的经济关系长时间处在一种不平衡状态，那么双方的特许关系也将面临破裂的危险。因此，为维护双方的特许关系，一要保证经济上的双赢，二要保持经济关系的平衡。

特许经营双方的"经济关系"性质，要求双方都不要抱着"占便宜"的心态去对待对方。特别是总公司绝不能把加盟者仅仅看或赚钱的工具，总公司应当优先保证加盟者的利益，换一句话说，总公司应当是在加盟店赚钱的基础上实现自己赚钱目的。这不仅是一种责任，更是一种理念，只有拥有这种理念才能取得极大的成功。

2. 合作经营关系

严格说，特许经营双方是两个独立的法人实体，而不是母公司与子公司或母公司与分公司的关系。因此,双方应当是为了实现双赢而建立的合作经营关系。在这种关系中,总公司将自己的经营概念包括商标、商号、经营管理技术等授权给加盟者,加盟者使用这种经营概念经营实际的业务大多为门店,而总公司负责统一的计划制订、管理控制、经营推广和事业发展。正是这种合作经营关系才形成了实实在在的特许经营体系。特许经营双方的合作经营关系性质,要求特许经营体系内要进行合理分工、科学管理、加强沟通、互相协作、不断创新。如果分工不明、职责不清、乱指挥、互相推诿、过分依赖、过分教条、不思进取,那么特许经营体系的生命力将不会长久。

3. 契约关系

特许经营之所以能够成为"分销领域的一支主导力量"和"世纪最为成功的营销理念",关键在于特许双方能够把双方的"经济关系"和"合作经营关系"通过契约的方式将之详细、明确地规定下来。这就是说,契约是建立和维系特许双方关系的关键纽带。因此,通常人们都把特许经营解释为一种契约关系。

国际特许经营协会认为"特许经营是特许总公司与加盟店二者之间的一种持续契约关系。根据契约,总公司必须提供一项独特的商业特权,并加上人员训练、组织结构、经营管理以及商品供销的协助,而加盟店也需付出相对的报偿。"

美国国会小企业委员会认为"基本上说,特许经营是通过由分销商特许加盟者组成的专门的限制性的网络进行出售和分销的一种合同方式。"特许经营双方的"契约关系"性质,要求双方在签订特许契约时,一定要本着公平、公正、合理、科学的态度,充分反映特许概念的基本要求,认真、明确地规定双方的责任、权利、义务以及其他条款。

4. 人情关系

包含总公司及众多直营店和众多加盟者在内的特许经营体系,也是一个小社会。这个小社会首先是由人构成的。有人就有人情在。特许经营双方必须建立一种互相信赖、互相理解、互相支持的人情关系。人情在特许经营双方合作经营过程中扮演着极其重要的角色,它不仅强化合作经营关系,还可以化解矛盾、避免法律纠纷。契约关系是刚性的,而人情关系是柔性的,刚柔并举,方能确保特许体系的良性运作。

有人把特许关系比作婚姻关系。首先是恋爱过程,接着是结婚和度蜜月,蜜月期过后,双方的关系将走入正常和平淡,有时会吵架,有时会动摇关系甚至还会离婚。国外有位学者把加盟者的心理变化归纳为六个界线分明的阶段,如图4-6所示。

从图4-6中可以看出,加盟者心理变化过程的六个阶段实际上是一个循序渐进的过程,由依赖到要求独立,再到相互依存。

(1) 依赖 在建立特许经营关系早期,加盟者典型依赖于总公司的指导和支持。加盟者甚至会把总公司当作偶像崇拜,相信总公司的技术知识一定能保证他们成功。

(2) 独立 随着加盟者在经营

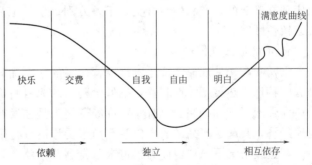

图 4-6 加盟者心理变化的阶段

中获得越来越多的经验,独立的愿望将不可避免地开始表现出来。这种独立情绪和幻想将对总公司与加盟者之间的关系构成极大的考验。如何成功度过这个时期,将取决于双方处理合作关系的态度和方法,特别取决于总公司如何去导航。

(3) 相互依存　相互依存是最高、最成熟的一种关系。能发展一种健康的相互依存关系对总公司和加盟者而言都是幸运的，因为他们的公司将继续发展和兴旺。因此，特许经营双方都应当为争取这种关系而努力。在这个心理变化过程中，加盟者从依赖走向独立，最后走向相互依存。

在心理变化的每一个阶段，加盟者对总公司及合作关系的满意度是不同的，如满意度曲线所示。一旦加盟者心理上走向独立的愿望达到高峰时，满意度则处于最低谷。

(二) 加盟双方的矛盾冲突分析

1. 盲目发展特许经营，不能实现资源整合

目前，特许经营在我国发展还极不成熟，存在一定的盲目性。有些企业的品牌知名度并不是很高，也不具备完善的管理模式，更没有强有力的组织管理能力，就贸然开展特许经营。当特许网络建立后，企业不能实行有效的管理和控制，也不能提供足够的帮助和支持，使得受许商怨声载道，有的干脆另起炉灶。这样盲目发展的特许经营从一开始就注定要失败。

2. 严重的短期行为造成利益冲突

特许商和受许商之间的利益共同体关系是建立在长期的信任与合作基础上的。但在目前国内的特许经营中，短期行为极其严重。一些特许商只想通过具有一定知名度的品牌，招徕尽可能多的受许商，以收取尽可能多的加盟费，全然不顾巨额加盟费给受许商造成的沉重负担影响今后的长期发展。例如，很多蔡林记的分店就反映其特许商在店距问题的处理上极欠考虑，相邻的蔡林记分店之间距离太近，导致两家分店大打价格战，使得产品和服务质量下降，两败俱伤，经营惨淡。在这种情况下，特许商和受许商仅是相互对立的交易双方，根本没有共同利益可言。

3. 受许商严重的依赖性和独立性

在某些情况下，特许商对受许商严格具体的管理控制，造成了受许商严重的依赖性。受许商认为只要按照特许商的规定程序经营就可以高枕无忧，万事大吉了。他们忽略了各地消费者偏好的异质性，对市场的动态变化反应迟钝，没有抵御意外风险的能力。

还有一种与此恰好相反的情况，就是有些特许商的管理力度不够，受许商自行其是。

在蔡林记的例子中，特许商由于管理机制的不健全，缺乏对加盟店的控制，各加盟店基本上都是各自为政。他们除了品牌标识、门店的装潢基本一致外，定价、采购、管理都是每家店独立确定的，产品的组合更是千差万别。蔡林记品牌无法在顾客心中形成统一的形象，难以留住顾客。

4. 不能形成规模经济

采购和配送的规模经济是特许经营体系的一大优势，也是保证产品质量统一的关键。但是有些特许商热衷于短期利益，把低价购入的原料高价卖给受许商从而赚取买卖价差，引起受许商强烈不满和抵制。也有些特许经营因为是在发展初期，规模较小，统一配送难以实现规模经济，其配送产品的成本价甚至高于受许商自行采购的价格。

在这些情况下，加盟商为了追求自身利益，就会倾向于自行采购，失去了统一的进货渠道，产品的质量难以得到保证，直接影响了特许体系的一致性。

(三) 加盟双方冲突的处理

1. 特许商要具有特许经营的实力

成功的特许经营首先要求特许商有特许经营的实力。具有知名度、美誉度以及顾客忠诚度的品牌是特许经营成功的核心；科学的可操作性强的经营模式是特许经营的根本载体；战略规划和业务发展计划是特许经营体系发展的前提；强大的员工培训机制和组织沟通能力是特许经营的成功保证。特许商在开展特许经营之初，必须进行严格的自我审查，客观地评价自己是否具有特许经营的能力，切不能为追求短期效应而盲目开展特许经营。

2. 特许商要慎重选择受许商，建立双赢关系

特许经营是一项长期的事业，要求特许商和受许商保持长期而稳定的合作关系。这需要特许商在开展特许经营之初慎重选择受许商，不能盲目追求规模经济效应。更重要的是，特许商与受许商要建立双赢关系，两者是利益共同体。特许商的利益以受许商获得利益为前提，而不是在特许权交易中的牟利或是在向受许商供货时赚取的买卖价差。合理的加盟费收取方式最能体现两者的利益共同体关系。成功部分是加盟初期所交纳的特许加盟费，另一部分是按加盟商的销售额提取的特许权使用费，且后者是特许商收入的主要来源。通过这种方式，特许商与受许商的利益就紧密捆绑在一起，这种双赢的关系促进了其特许体系的健康发展。

3. 以特许商的共性为核心，允许受许商的个性发展

共性维持着特许体系的品牌，个性保证特许经营能够满足各地不同的消费需求。所以共性与个性对于成功的特许经营来说，都是必不可少的。特许经营要求核心的标志性产品和服务必须保持一致，要求各加盟店的工作程序和工作方法保持统一。在此前提下，允许受许商针对各地不同的消费偏好提供特色产品。以共性为核心，个性为支撑，在保持品牌凝聚力的基础上增加其吸引力。

4. 特许商要建立完善的后勤服务体系，实现规模经济

特许商要为受许商提供完善的后勤服务，在诸如员工培训、广告宣传、促销策划以及采购配送等方面实现规模经济，从而降低经营成本，提高竞争力。如果特许商要从采购配送等方面赚取买卖价差，则会直接破坏与受许商之间的利益共同体关系，导致与受许商的冲突，损害整个特许经营体系。

特许经营是21世纪最有潜力的商业经营模式，但是处理好特许商与受许商之间的关系、妥善解决两者之间的矛盾冲突是充分挖掘其潜力的关键。特许商和受许商只有建立了信任、双赢的合作伙伴关系，才能推动特许经营的健康发展。

本章小结

店址是关系到门店生意好坏的最关键的因素，而商圈调查分析是选择合适店址的前提。连锁企业在拓展时，应注重对加盟者的甄选。同时，加盟者更应该全面考察盟主的各项条件。

本章介绍了商圈的含义、构成和分类，商圈调查分析的方法和内容，店铺选址考虑的因素、注意事项和好店址应具备的条件；同时介绍了合格加盟者的基本条件、寻找加盟者的方法、高素质盟主的选择以及加盟双方的矛盾分析和处理。

复习思考题

1. 商圈调查分析的意义是什么？
2. 商圈有哪些类型？

3. 商圈分析的内容有哪些?
4. 店铺选址考虑的因素有哪些?
5. 店址选择应注意哪些事项?
6. 合格加盟者应具备哪些基本条件?
7. 如何处理加盟双方的冲突?

麦当劳确保盈利的店铺选址

2004年1月,麦当劳在杭州某商业中心开了一家新店,让人难以理解的是,麦当劳把新店放在了地下层。于是很多人都有这样的疑问:麦当劳在这个地方能盈利吗?

很快这家店面门庭若市的盛况打消了人们的疑虑,麦当劳在选址方面的精明也又一次让人刮目相看。

经常吃麦当劳的人会有印象:几乎每一个麦当劳店生意都是很兴隆的。

麦当劳生意兴隆的原因除了品牌因素外,店址的选择也是其中至关重要的条件。选到了合适的地点,等于生意成功了一半。

麦当劳华东地区总裁曾这样表述:麦当劳之所以开一家火一家,第一是地点,第二是地点,第三还是地点。

在选址问题上,麦当劳有一本厚达千页的规范手册作为指导,一切都程序化。广泛而详尽的店址决策系统,包括人口统计数据库和以人口统计为基础的专业行销研究机构的决策支持。麦当劳借助此系统能将目标店址方圆五至七里范围内的消费群和竞争态势作出透彻分析。充分保证了麦当劳商铺选址上的万无一失。

麦当劳老板坐飞机选址

在麦当劳开连锁店的初期,分店选择店址十分谨慎和挑剔,克罗克往往会亲自出马,从方便顾客就餐的角度思考问题。

克罗克通过乘坐租借的飞机来选址。他往往飞越一个社区寻找学校和教堂的尖顶,然后勘定建店的地址。那时,他喜欢选择靠近购物中心的人均收入高于平均水平的住宅区。研究显示,四分之三的顾客是在办别的事时顺便来麦当劳就餐。于是选址方式又按照顾客活动和车辆行人往来的规律来进行。

麦当劳选址的原则

麦当劳选址的基本原则是尽可能方便顾客的光临。麦当劳的选址精确到"米",方法有"数灯泡""步量"等,尽量让人们在最需要时容易找到它们。

麦当劳的研究表明,顾客来麦当劳就餐的决定,其中70%是一时冲动,所以麦当劳选择的餐厅地点应尽可能方便顾客的光临。

在美国,麦当劳公司除了在传统的区域和郊区建立餐厅之外,还在食品商场、医院、大学、大型的购物中心(沃尔玛、家庭仓储)建立分店;在美国之外,麦当劳首先在中心城市建立麦当劳餐厅,然后再在中心城市之外辐射出网点。

因此选择一个成熟的地区、成熟的市场、成熟的商圈进行成熟的商铺营销,是麦当劳成功的基本法则。

麦当劳选址六大法则

（1）针对目标消费群　麦当劳经营定位于年轻人、儿童和家庭成员，所以选址必须在这些人出没的地方或繁华闹市、人潮涌动之所。

（2）着眼于今天和明天　麦当劳选址，要求20年不变。

（3）讲究醒目　地点一定要在一楼或二楼的临街店堂，要有透明落地玻璃窗，让路上行人感到麦当劳的文化氛围。

（4）不急于求成　黄金地段的房价往往过高，当房主要价超过投资心理价位时，麦当劳一般不急于求成。

（5）优势互动　麦当劳往往选择品牌知名度和信誉度较高的"家乐福""沃尔玛"等知名企业来开店中店，这样既可为百货企业带来客源，又吸引逛商场的顾客到麦当劳就餐。

（6）谨慎　麦当劳选址从不片面追求网点数量的扩张，而是经过严格的调查与店址评估。

麦当劳选址建新店都是慎之又慎，前期都要经过很长时间的市场调查。通常一个店是否开都要经过三到六个月的考察，考察的内容极为细致，甚至涉及店址是否与城市规划发展相符合，是否会出现市政动迁和周边动迁，是否会进入城市规划红线。进入红线坚决不碰，老化商圈内坚决不设点。

正因为麦当劳选址眼光敏锐，所以失败率很低，这不仅保证了其生意兴隆，而且使得别的商家对他们产生了信心。

思考题

1. 麦当劳选址时考虑了哪些因素？
2. 麦当劳的选址法则是否普遍适用于所有连锁企业，是否有其前提条件？

实训项目

以小组为单位，自选本市的一家连锁门店进行商圈调查和店址分析。各组派一名代表讲解调查报告，并提交调查报告。

第五章 连锁企业商品管理

引导性案例

麦德龙成功秘诀之一——明确限定客户群

麦德龙在自己的供应链运作中反复强调无论做什么,都不要忘了供应链的另一端是客户,这是最重要的。有时,人们一味地追求标准化,而忽略了他们的客户。麦德龙整个供应链的运作,则是由顾客的需求来拉动的。因而,它是站在客户的角度去思考,提供更加完善的商品和服务。在此基础上,麦德龙意识到,如果不限定客户,让所有人都来,那么,运营成本就要增加,管理难度也加大。例如,可以在货架上放一件一件的商品,也可以在货架上放一箱一箱的商品。要在货架上摆一箱可口可乐,一件一件地放,要放24次。如果一箱一箱地放,一次就够了,可以从接货处直接用机器将货品摆上货架。麦德龙选择那些愿意一箱一箱购买的客户,而不是那些希望一件一件零买的客户,这样可以减少操作成本。操作成本的减少就意味着人员成本的减少,因此麦德龙的商店不需要太多的人。其次,在清楚知道有哪些用户的基础上,就可以分析他们的需求,增加他们喜欢的商品,移去他们不需要的商品。这就可以优化麦德龙的商品品种。其他零售店可能需要40万种商品去满足他们的顾客需求;而麦德龙只需要15万种。为了减少成本,提高企业的经营效率,麦德龙清楚地限定了自己的客户群:主要针对专业客户,如中小型零售商、酒店、餐饮业、工厂、企事业单位、政府和团体等。其对客户的管理就是对顾客实行不收费的会员制管理,并建立了顾客信息管理系统。在别人等待客户时,麦德龙强调要主动接近客户。在中国,麦德龙每家店都有专门的客户咨询员,他们每天都跑出去拜访客户,了解客户需求。按照客户距离麦德龙商店的路程远近,将客户进行分类,对他们进行重点分析和研究。同时,麦德龙还对其客户(特别是中小型零售商)提供咨询服务。除定期发送资料外,他们还组织"客户顾问组",对客户购物结构进行分析,同主要客户进行讨论,帮助客户做好生意。

资料来源:知网

学习目标

了解连锁企业商品组合的目标和商品组合的方法;

熟悉连锁企业商品定位的特征、商品定位的原则和商品定位的基本程序;

熟悉商品分类原则;

掌握连锁企业畅销商品的识别方法和管理方法;

掌握连锁企业滞销商品的处理方法;

掌握连锁企业自有品牌商品的开发途径和开发策略。

职业指导

通过本章的学习，学习者能结合企业和产品实际情况，正确进行企业和产品定位，能结合市场需求和商品功能，科学地进行商品组合；能对商品进行正确的分类管理；能识别畅销品和滞销品，能分析商品畅销或滞销的原因，并能提出相应的管理办法；能根据自有品牌开发的途径和策略，协助相关人员进行自有品牌的产品开发工作。

第一节 连锁企业商品定位与组合

一、连锁企业商品定位

（一）商品定位的含义

商品定位是指连锁企业对目标消费者和生产商的实际情况，动态地确定商品的经营结构，实现商品配置的最佳化。但值得注意的是，连锁企业更倾向注重消费者的利益，所以商品定位是企业决策者对市场判断分析的结果，同时又是企业经营理念的体现，也是连锁企业通过商品来设计企业在消费者心目中的形象。商品定位包括商品品种、档次、价格、服务等方面。

（二）商品定位的特征

从商品定位的定义看，商品定位的本质特征有以下三点。

① 首要条件是顾客满意度。这是任何企业赖以生存的首要因素。

② 具有长期性。只有长期满足消费者需要，才能树立良好的企业形象。

③ 具有竞争性。只有在商品定位中显示出自己的优势，自己的独到之处，消费者才会重复购买，企业才能长期生存、发展。

（三）商品定位应遵循的原则

1. **准确把握店铺业态的原则**

每一种连锁零售业态都有自己的基本特征和商品经营范围。正是由于这种业态的差别，才决定了连锁企业经营商品的重点不同。换言之，连锁企业的商品定位一定要与其所选择的业态相一致。

2. **适应消费者的需求变化的原则**

知己知彼，才能百战不殆。只有准确掌握目标消费者详细情况，才能有针对性地组织商品服务，才能满足消费者的消费需求。随着经济的发展，消费者的生活水平在不断提高，其消费日益成熟。在这种情况下，连锁企业应随时调整自己的商品经营结构，使其商品定位与消费者的消费结构相适应。

3. **掌握影响目标顾客因素的原则**

影响目标顾客的因素很多，但其中最主要的是地理因素、心理因素、人口因素。地理因素是指连锁企业所处的位置和周围的环境，如交通状况等。人口因素是指目标顾客的性别、家庭状况、收入水平、文化程度、年龄及对顾客的消费习惯和消费心理产生的影响。心理因素指随着人们收入水平和教育程度的提高，目标顾客的心理因素越来越显著地影响到其消费习惯并进而深刻地影响到连锁企业的商品定位。连锁企业只有对目标顾客影响较大的一些因素做出分析，才能准确进行商品定位。

(四) 商品定位的基本程序

商品定位的基本程序如图 5-1 所示。

1. 目标顾客因素分析

图 5-1　商品定位的基本程序

连锁店有了明确的市场定位，就要对影响目标顾客的因素做出分析，这些因素主要有地理因素、人口因素、心理因素等。

连锁店经营者只有对以上因素进行分析后，才能了解目标市场状况，从而逐步形成商品定位。

2. 企业特性分析

由于连锁门店类型不同，商品定位也会不同。比如，便民连锁店的主力商品是速食品和饮料，而连锁超市的主力商品是生鲜食品。我国有些便民连锁店的商品定位于粮油制品，其原因是这些连锁店是从传统的粮店转型而来。

因此，商品定位要建立在对企业特性分析的基础上，结合企业自身特点和条件来进行。

3. 目标顾客需求设定

在分析了主客观因素后，就要设定目标顾客的需求内容。可以采用问卷调查法、座谈会法、观察法等方法了解目标顾客的需求，从而确定商品的定位。

4. 确定产品品种、档次、服务

商品定位的最终结果就是要确定门店经营商品的品种、档次和服务，根据目标顾客需求的特征和内容，结合企业特性，制定出门店为顾客提供的商品品种、档次以及服务品质。

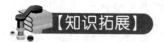【知识拓展】

超级市场的商品定位

商品定位与业态有着密切的关系。由于业态是以经营商品重点的不同而划分的营业形态，所以业态决定商品定位，业态的不同，实质上就是商品定位的不同。

下面简要介绍超级市场几种不同业态的商品定位。

1. 传统食品超市的商品定位

传统食品超市是传统食品与杂货店的合成体。由于其业态特征并不十分鲜明，所以其重点经营商品的特征也不十分鲜明。总的来说，传统食品超市的商品定位体现在以经营食品和日用品为主上，食品占全部商品构成的 70% 左右，但其中生鲜食品构成不足 30%。从中国实际情况看，相当比例的消费者在传统食品超市购物后，还要走进菜场，才能购齐所需生鲜食品。因而，传统食品超市这种业态，并不能真正满足家庭主妇（其主要目标）对基本生活用品一次性购足的需要，它的商品定位在符合业态的要求上，有一个业态转型逐步到位、最终使商品定位准确的过程。今后传统食品超市转向专营某类食品或日用品是其商品定位的一个发展方向。

2. 标准食品超市的商品定位

与传统食品超市相同，标准食品超市也是经营食品与日用品为主的，食品占全部商品构成的 70% 左右。但它的形态特征十分鲜明，即以生鲜食品（生肉、鲜鱼、蔬菜、水果等）作为它经营的重点商品，生鲜食品占全部食品构成的 50% 以上。

3. 大型综合超市的商品定位

大型综合超市是在标准食品超市经营生鲜食品和一般食品、日用品基础上，增加百货类商品（如服装、鞋帽、家电等）而形成的超市业态，食品类与非食品类各占商品构成的50%左右。大型综合超市经营品种繁多，可达二三万种，商品组合广度宽，目标顾客层广泛。但不能因此推断这种超市业态主营商品不明显、商品定位不突出，其实它能体现最大限度满足消费者对吃、穿、用等日常生活用品一次性购足需要的经营宗旨和商品结构，本身就是其商品定位的显著特征。

4. 仓储式商场的商品定位

仓储式商场也是自我服务式、满足消费者对基本生活用品一次性购足需要的大型零售业态。与大型综合超市相比，其经营方式多采取批发配售方式。目标顾客多为小杂货店主、小酒店主等，顾客多实行会员制。从业态类型和商品定位看，我国的仓储式商场大体有两种类型：一种以麦德龙为代表，主要经营商品为食品；一种以山姆价格俱乐部为代表，主要经营商品为非食品。但两类商场的经营商品都主要集中于消费者购买频率高、价格优惠且品质优良的品牌商品，商品组合的广度和深度低于大型综合超市（即经营商品的种类和品项都相对较少）。

5. 便利店的商品定位

便利店的基本经营宗旨是为消费者创造并提供便利。除了时间、地点、一次消费的便利外，也包括经营商品的便利，针对其主要目标顾客——学生、单身职员等年轻人，主要经营即食、即饮、即用商品，如碗面、饮料、香烟、娱乐杂志和便利性服务项目等，它是一种商品定位很有特色的业态。

总之，超市的五种业态模式虽然经营商品构成都是以满足消费者对基本生活用品一次性购足需要的食品和日用品为主，但各种业态之间商品定位的重点有着明显或细微的差异，超市经营者一定要在业态定位准确的基础上，准确把握自身的商品定位，强化自身的主力商品经营，通过更好地满足顾客的需要，塑造良好的企业形象，创造良好的企业效率和社会效益。

二、连锁企业商品组合

在现代连锁经营的企业里，往往同时进行着多种商品的经营，这种情况的出现，就必然使企业遇到多种商品的组合问题。如果不进行商品组合，那么顾客到门店就要花费很多的时间才能找到自己需要的商品。当商品按一定的规律组合在一起的时候，顾客就清楚归类方式，很容易找到需要的商品，门店也容易管理商品。

（一）商品组合的定义

商品组合也称商品经营结构，是商品定位的核心。简单地讲，商品组合就是连锁企业把同类商品或不同类商品，以某种规格样式而进行的销售组合。一般由若干个商品系列组成。这种组成有一定的规律性。

有的商品系列，是由于其中的商品均能满足消费者某种同类需求而组成，如替代性商品（牛肉和羊肉）。

有的是其中商品必须配套在一起使用或售给同类顾客，如互补性商品（手电筒与电池）；有的可能同属一定价格范围之内的商品，如特价商品。

（二）商品的组合目标

一是给顾客生活带来便利；二个是能满足顾客生活必需；三是让顾客买起来方便和愉

悦；四是连锁门店管理商品更容易。

（三）商品组合的方法

一般可采用的新商品群的组合方法如下。

1. 按消费季节的组合法

如在夏季可组合灭蚊蝇的商品群，辟出一个区域设立专柜销售。在冬季可组合滋补品商品群、火锅料商品群。

2. 按节庆日的组合法

如在中秋节组合各式月饼系列的商品群；在情人节前夕，可将玫瑰花、巧克力、对表、"心"形工艺品等组合成一个"情人节系列"商品群；在重阳节推出老年人补品和用品的商品群；也可以根据每个节庆日的特点，组合适用于送礼的礼品商品群等。

3. 按消费的便利性的组合法

根据城市居民生活节奏加快、追求便利性的特点，可推出微波炉食品系列、组合菜系列、熟肉制品系列等商品群，并可设立专柜供应；将罐头、面包、方便面、包装熟食、矿泉水、塑料布、方便袋等组合成一个"旅游食品"系列商品群等。

【案例 5-1】

北京华联婴幼儿产品便利性组合

北京华联的婴儿产品原本分散在不同的品类中，如婴儿奶粉和成人奶粉放在一起，属奶制品品类；婴儿纸尿片和纸巾等放在一起，属纸制品品类。但调查发现，孕妇或抱着婴儿的妈妈要辛苦地走上 1~2 小时才能购齐所需妇婴物品，她们最希望花较短的时间一次性购齐所需物品。于是，新的品类——妇婴用品类应运而生。在新的品类中包括：婴儿喂哺类（奶瓶学饮杯类），洗护类（洗发、沐浴乳、护臀膏、爽身粉等），离乳类（勺子、碗、研磨器、榨汁器等），安全类（安全插座、安全门卡、安全桌脚），其他（温湿度计、浴盆、体温计、退热贴、驱蚊贴、吸鼻器）；婴儿车床、餐椅、尿不湿、柔湿巾、奶粉、保健品；还有妈妈类，即孕期类如防辐射服、孕妇装，待产类如产妇卫生巾、一次性床褥、束缚带、骨盆带，哺乳期类如吸乳器、防溢乳垫、哺乳内衣等。1~2 个月后，购物者便习惯性地步入宝宝屋购买妇婴用品了。宝宝屋的设立，使北京华联婴儿品类的生意增长了 33%，利润增长了 63%。

资料来源：联商网

4. 按商品的用途的组合法

在家庭生活中，许多用品在超市中可能分属于不同的部门和类别，但在使用中往往就没有这种区分，如厨房系列用品、卫生间系列用品等，都可以用新的组合方法推出新的商品组合。如将浴巾、拖鞋、肥皂、洗发膏、香水、剃须刀等组合成"常用沐浴用品"商品群。

5. 按供应商组合法

如将"光明乳业"生产的奶制品组合成一个"光明乳业乳制品"商品群。包括：不同品质商品（如鲜奶、酸奶、高钙奶），不同目标顾客商品（如婴儿奶粉、学生奶粉、孕妇奶粉、老人奶粉），不同包装（盒装、袋装、瓶装），不同容量（250 毫升、750 毫升）。

由于现代化社会中消费者需求变化的多样性，所以连锁企业的经营者必须能及时地发现消费者的变化特征，适时地推出新的商品组合，使商品的战略地位不断地充实新的内容。

值得经营者注意的是，组合商品的商品品项，必须使消费者有一个选择的内容，如商品的等级、价格、使用方法等都要做差异化的配置。

【案例 5-2】

啤酒和尿布的组合

在一家超市里有一个有趣的现象：尿布和啤酒赫然摆在一起出售。但是这个奇怪的举措却使尿布和啤酒的销量双双增加了。这不是一个笑话，而是发生在美国沃尔玛连锁店超市的真实案例，并一直为商家所津津乐道。原来，美国的妇女们经常会嘱咐她们的丈夫下班以后要为孩子买尿布。而丈夫在买完尿布之后又要顺手买回自己爱喝的啤酒，因此啤酒和尿布在一起购买的机会还是很多的。

是什么让沃尔玛发现了尿布和啤酒之间的关系呢？正是商家通过对超市一年多原始交易数字进行详细的分析，才发现了这对神奇的组合。

三、商品组合的优化与调整

大部分经营者都知道商品的"黄金法则"（20/80 法则），即卖场里 80% 的商品的销售额只占总销售额的 20%，而 20% 的小部分商品的销售额却占据总销售的 80%。面对不断变化着的商品，如何对店铺商品进行优化就显得尤为重要。

优化店铺的商品结构的重要性就像是整理计算机的注册表，正确的修改会提高系统的运行速度，不正确的修改可能导致系统的瘫痪。

（一）商品组合优化的作用

① 优化商品有利于节省陈列空间，提高店铺的单位销售额；
② 有助于顾客对有效商品的购买，以保证主力商品的销售份额；
③ 有助于协调店铺与供应商之间的关系；
④ 有利于提高门店商品间的竞争，提高周转率，降低滞销品对资金的占用。

经营者只有在完全有效地利用了店铺的管理后，才有可能优化商品结构。曾经发生过这样的事情：管理者对于店铺的单位产出要求极高，觉得 80% 的陪衬商品占有面积过大，于是删去了很多，以为这样可以不影响店铺的整体销售，同时会提高单位面积的产出比和主力商品的销售份额。结果是，店铺的货架陈列不丰富，品种单一，店铺的整体销售下滑了很多。因此，优化商品结构必须是在店铺商品品种极大的丰富的前提下进行筛选。

（二）优化商品组合的原则

1. 正确的产品

正确的产品首先是指在整个计划中商品组合是否合理，产品的广度和深度的结合是否可以完全满足顾客的需求；其次是选择的产品是否在国家法律法规所允许销售的商品范围内；最后是这些商品是否符合本企业的价值观、企业形象及企业政策，这点对于企业品牌会有很大的影响，所以一般著名的企业都会把不符合企业政策的产品置之门外，即使那是一个畅销商品。

在沃尔玛发生的一件事就是很好的例子，当时有一张很畅销的碟片，但由于带有明显的不雅及暴力成分被拒绝进店，因为这与公司的价值观相悖，若进店会直接影响整个企业在公众心中的健康和家庭形象。

2. 正确的数量

正确的数量是指所提供的商品数量是否合理，商品的广度和深度的结合是否平衡，在满足顾客对选择性需求的同时，又不会造成品种过多和重复。

首先，对于顾客来说，品种过多或重复都会使顾客无法有效地作出购买决策，或花费太多时间作决策而没有足够的时间购买其他商品，两者都使企业损失销售。其次，门店的销售空间和人力资源是有限的，过多或重复 SKU（库存进出计量的单位，可以是件、盒、托盘等）会造成资源浪费和增加运营费用。最后，SKU 过多或重复的结果是某些商品滞销，造成库存过多。所以，商品的数量一定要根据顾客的实际需要及门店的实际面积结合决定，并分解到具体的小分类中，保证整体的数量及各小分类的数量分配都是最优化和平衡的。

3. 正确的时间

商品组合计划必须正确掌握时间，符合四个方面的要求。

（1）季节性　整个商品组合必须有明确的季节性，商品本身向顾客传递着强烈的季节性信息。例如，在夏天来临的时候，是否有充足的沙滩用品和消暑产品，这种季节性的气氛能有效地引起顾客购买的冲动。

（2）对市场趋势和市场变化的捕捉　商品组合是否符合市场的潮流趋势、顾客的喜好变化等，并且对一些特发事件是否有及时和积极的应对。例如，在雾霾发生的时候，是不是第一时间增加口罩等相关产品。

（3）对一些特别的事件有充分的准备　例如在奥运会前，配合奥运主题的商品是不是都全部准备好；

（4）在合适的产品生命周期引进新商品　不是任何新产品都适合马上引进，而是要看零售企业的目标顾客对新产品的认知及接受程度决定，否则会由于没有有效的需求造成新产品滞销，库存积压。例如，对于一些技术含量较高的电器产品，在刚投入市场的时候，大型超市就不适合马上引进。由于此时只有少量非常关注新技术、追求新体验的消费者会购买这类新商品，而通常大型超市的目标顾客并不是这类消费者，而且大型超市在人员及环境两方面可能都不具备进行介绍和推广这类新产品的条件，所以大型超市应在产品的成长期引进，此时产品已被普遍认知，目标顾客开始产生需求并且不需要太多的介绍即可进行选择和决策。

4. 正确的质量

这里所说的质量包括了产品的安全性、可靠性及质量等级三方面。

首先，零售企业销售的任何商品都必须保证对消费者的生命和财产不存在安全隐患，所以在选择商品的时候必须要对产品的安全性进行评估，要求供应商提供相关的证明文件，安全认证等，例如电器产品就必须要有国家的 3C 认证，有时企业还可以对产品安全提出更高的要求以保障顾客及企业的利益。随着食品安全事件的不断发生，消费者对食品卫生关注程度越来越高，零售企业在选择食品的时候更应该保持严格的标准，避免类似的事件发生，这对顾客和企业本身都是负责任的做法。

其次，产品使用功能及可靠性也是需要进行评估的，如果产品本身存在缺陷，无法在合理的时间内提供其所宣称的功能，作为负责任的零售商，是不应该让这类商品流入自己的门店，损害消费者的利益和企业的形象。

最后，对于产品的质量等级的选择。采购经常会陷入一种误区，认为质量越高越好，其实选择什么质量，还应考虑产品的性价比以及消费者的需求。沃尔玛在刚进入大连市场的时候，采购认为，袋装酱油虽然符合产品的质量要求，但认为相对级别太低顾客不会购买，所以没有把袋装酱油引进店内，但是顾客实际是接受和需要这种品质的产品的，最后在顾客有强烈需求下，还是引进了这个产品，结果发现这个产品不但满足顾客的需求，而且也有不错的销售表现。所以，对产品等级的选择必须要针对目标消费者的需求，而非采购单方面的意愿。

5. 正确的状态

这里的状态是指产品的自然状态或物理状态。很多产品由于其本身的特点，对储存和售卖环境，销售人员有特殊的要求，那么采购在选择商品的时候需考虑门店的环境、设备、人员、安全、陈列、空间等各方面是否有能力销售该商品。例如，店内是否有足够的冷藏柜存放冷冻食品；产品的包装是否适合店内的陈列要求，是否有效的预防偷盗的发生，是否会影响门店的营运效率、增加费用等。另外，产品的包装及标签等都应该符合相关的法规，并且能够保证产品质量在正常情况下保持稳定。

6. 正确的价格

整个商品组合的定价应该要从顾客、竞争对手、供应商价格政策以及企业自身的定价策略四个方面考虑。相信每个人都很清楚商品定价的一些基本原则，这里不再赘述。有两点要特别注意：第一点是定价的时候要考虑顾客对该商品的价格敏感度以及该商品的需求的价格弹性（价格变化对销售的影响程度）；第二点是不但要考虑单个商品，而且要考虑整个类别的整体价格形象和综合利润率，对不同角色的商品应有不同的定价机制，在保证良好价格形象的同时保持合理的利润水平。

以上六个正确是相互结合、缺一不可的，商品管理人员在做商品组合计划及日常管理过程中都应该遵循的基本原则。而顾客需求是这些原则产生的基础，所以采购人员无论任何时候都要保持顾客导向的大原则。

（三）优化商品组合可参考的指标

优化商品组合可结合以下几种指标进行。

1. 销售排行榜

现在大部分店铺的销售系统与库存系统是相互连接的，后台电脑系统能够整理出店铺每天、每周、每月的商品销售排行榜。从中就可以看出每一种商品的销售情况，调查其商品滞销的原因，如果无法改变其滞销情况，就应予以撤柜处理。

连锁门店经营者在进行撤柜处理时需要注意两点：一是对新上柜的商品，往往因其有一定的熟悉期和成长期，不要急于撤柜；二是对某些日常生活的必需品，不能因其销售额低而撤除。因其主要作用不是盈利，而是通过此类商品的销售来拉动店铺主力商品的销售。

2. 商品贡献率

单依靠商品排行榜来挑选商品是不够的，还应看商品的贡献率。销售额高、周转率快的商品，不一定毛利高；而周转率低的商品未必就利润低。没有毛利的商品销售额再高，这样的销售又有什么用。店铺要想长期生存下去，就应当销售有利润的商品，没有利润的商品短期内可以存在，但是不应长期占据货架。商品贡献率能够帮助企业找出利润率高的商品，并增加其销量。

3. 损耗排行榜

损耗排行榜这一指标不容忽视。它直接影响商品的贡献毛利。例如，日配商品的毛利虽然较高，但是由于其风险大，损耗多，可能得不偿失。如果店铺的销售在某一地区有很大的占比，但是由于商品的破损特别多，一直处于亏损状态，最后唯一的办法是，提高商品价格和协商提高供货商的残损率，否则就将一直亏损下去。店铺经营者应少订购损耗大的商品，同时应由供货商承担一定的合理损耗。如果商品的损耗是由商品的外包装引起的，应当及时让供货商予以改进。

4. 商品的周转率

商品的周转率也是优化商品组合的指标之一。经营者都不希望任何商品长期占压流动资金，所以周转率低的商品不能滞压太多。

5. 商品的更新率

商品的更新率也是评估的指标之一。店铺要周期性地增加商品的品种，以稳定自己的固定顾客群体。商品的更新率一般应控制在10%以下，最好在5%左右。需要导入的新商品应符合店铺的商品定位，不应超出其固有的价格带，经营者应注意淘汰那些价格低且无利润的商品和价格高、无销量的商品。

6. 商品陈列

经营者在优化商品组合的同时，也应该优化店铺的商品陈列。经营者应着重优化主力商品和高毛利商品的陈列面，适当地调整无效的商品陈列面、同一类商品的价格带的陈列面等。

随着一些特殊节日的到来，也应对店铺的商品进行补充和调整。例如，在八月十五和冬至前后，为配合店铺的销售，经营者就应对汤圆和饺子这类商品品种的配比及陈列面进行调整。

第二节　连锁企业商品分类

据不完全统计，在市场上流通的商品有25万种以上。为了方便消费者购买，有利于商业部门组织商品流通，提高企业经营管理水平，必须对众多的商品进行科学分类。

商品分类是指为了一定目的，选择适当的分类标志，将商品集合，总体科学地、系统地逐级划分为门类、大类、中类、小类、品类以至类似品种、花色、规格的过程称为商品分类。

商品分类按照不同的标准有不同的分类方法。

一、以层级分类

层级分类法的一般表现形式是大分类、中分类、小分类和单品等。

（一）大分类

通常按商品的特性来划分，如生产来源、生产方式、处理方式、保存方式等，类似的一大群商品集合起来作为一个大分类。例如水产品是一个大分类，属于这个分类的商品都与水、海、河有关系，保存的方式、加工方式也基本相同，因此可以归为一类。在一个便利商店中，大分类的数量最好不要超过10个，这样比较容易管理。不过，这仍需视经营者的经营理念而定，业者若想把事业范围扩增到很广的领域，可能就要使用比较多的大分类（在店内编码时，大分类的划分一般只给一位数）。

（二）中分类

1. 依商品的功能、用途划分

依商品在消费者使用时的功能或用途来分类，比如说在糖果饼干这个大分类中，划分出一个"早餐关联"的中分类。早餐关联是一种功能及用途的概念，提供这些商品在于解决消费者有一顿"丰富的早餐"，因此在分类里就可以集合土司、面包、果酱、花生酱、麦片等商品来构成这个中分类。

2. 依商品的制造方法划分

有时某些商品的用途并非完全相同，若硬要以用途、功能来划分略显困难，此时可以就商品制造的方法近似来加以网罗划分。例如：在畜产的大分类中，有一个称为"加工肉"的中分类,这个中分类网罗了火腿、香肠、热狗、炸鸡块、熏肉、腊肉等商品。它们的功能和用途不尽相同,但在制造上却近似,因此"经过加工再制的肉品"就成了一个中分类。

3. 依商品的产地来划分

在经营策略中,有时候会希望将某些商品的特性加以突出,又必须特别加以管理,因而发展出以商品的产地来源作为分类的依据。例如,有的商店很重视商圈内的外国顾客,因而特别注重进口商品的经营,而列了"进口饼干"这个中分类,把属于国外来的饼干皆收集在这一个中分类中,便于进货或销售的统计。

(三) 小分类

1. 依功能用途分类

此种分类与中分类原理相同,也是以功能用途来做更细分的分类。

2. 依规格、包装形态分类

分类时,规格、包装形态可作为分类的原则。例如铝箔包饮料、碗装速食面、6kg 米,都是这种分类原则下的产物。

3. 以商品的成分分类

有些商品也可以商品的成分来归类,例如 100% 的果汁,凡成分 100% 的果汁就归类在这一个分类。

4. 以商品的口味分类

以口味为依据来做商品的分类,例如"牛肉面"也可以作为一个小分类,凡牛肉口味的面,就归到这一分类来。

一般来说,整个门店的商品有几个大分类,大分类则由数个中分类组成,中分类则由数个小分类组成,小分类则是由几十个甚至几百个单品品项组成。其层次关系如图 5-2 所示。

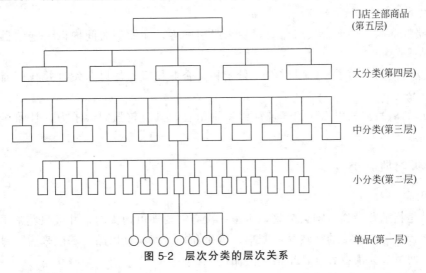

图 5-2　层次分类的层次关系

二、以商品群分类

1. 主力商品

主力商品是指所完成销售量或销售金额在商场销售业绩中占举足轻重地位的商品。百货商店主力商品的增加或减少,经营业绩的好坏直接影响商店经济效益的高低,决定着商店的命运。它的选择体现了商场在市场中的定位以及整个商场在人们心目中的定位。主力商品的构成一般可以考虑以下几类。

① 感觉性商品。在商品的设计上、格调上都要与商场形象相吻合并且要予以重视。
② 季节性商品。配合季节的需要，能够多销的商品。
③ 选购性商品。与竞争者相比较，易被选择的商品。

2. 辅助商品

它是与主力商品具有相关性的商品，其特点是销售力方面比较好，其重点包括以下几个方面。

① 价廉物美的商品。在商品的设计上、格调上可不需太重视，但对于顾客而言，却在价格上较为便宜，而且实用性高。
② 常备的商品。对于季节性方面可能不太敏感，但不论在功能或品种上，必须与主力商品具有关联性而且是容易被顾客接受的商品。
③ 日用品。即不需要特地到各处去挑选，而是随处可以买到的一般目的性的商品。

3. 关联性商品

对顾客而言，关联性商品也是易于购买的目的性商品，其重点包括以下几个方面。

① 易接受的商品。即展示在门店内，只要顾客看到，就很容易接受而且立即想购买的商品。
② 安全性商品。具有实用性，但在设计、格调、流行性上无直接关系的商品，即使不能很快卖出去也不会成为不良的滞销品。
③ 常用商品。是经常使用的商品，在顾客需要时可以立即指名购买的商品。

4. 刺激性商品

为了刺激顾客的购买欲望，可以在上述三类商品群中选出重点商品，必要时挑出某些单品来，以主题系列的方式，在门店显眼的地方大量陈列出来，借以带动整体销售效果的商品。包括以下几个方面。

① 战略性商品。即配合战略需要，用来吸引顾客，在短期时间内以一定的目标数量来销售的商品。
② 开发的商品。为了考虑以后的大量销售，企业积极地加以开发，并与厂商配合所选出的重点商品。
③ 特选的商品。利用陈列的表现加以特别组合，具有较强的诉求力，且顾客容易冲动购买的商品。

三、以购买习惯分类

1. 日用品

日用品是指消费者通常购买频繁，希望一次有需要即可购买的，并且只花最少精力和最少时间去比较品牌、价格的消费品。肥皂、糖果和报纸就属日用品。一般来说，日用品都是非耐用品，而且多为消费者日常生活必需品。

消费者在购买前，对日用品的品牌、价格、质量和出售地点等都很熟悉，所以购买大多数日用品时用较少的时间与精力。

2. 选购品

选购品是指消费者会仔细比较其适用性、质量、价格和式样，购买频率较低的消费品。消费者在购买选购品时，一般会花大量的时间和精力收集信息以进行比较。

3. 特殊品

特殊品是指消费者愿意花特殊的精力去购买的有特殊性质或品牌识别的消费品。例如，特殊品牌和型号的汽车、定制西服等。

一般来说，消费者只愿意购买特定品牌的某种商品，而不愿意购买其他品牌的某种特殊品，这与日用品不同。

4. 非需品

非需品是指消费者要么不知道，或者知道但是通常并不想购买的消费品，绝大多数新产品都是非需品，直到消费者通过广告认识了它们为止。非需品的性质，决定了企业必须加强广告、直销和其他营销努力，使消费者对这些物品有所了解，产生兴趣，千方百计吸引潜在顾客，扩大销售。

四、以商品之间的销售关系分类

1. 独立品

独立品是指一种商品的销售状况不受其他商品销售变化的影响。

2. 互补品

互补品是指一种商品销售的增加必然会引起另一种商品销售的增加，反之亦然。

3. 条件品

条件品是指一种商品的购买要以另一种商品的前期购买为条件。

4. 替代品

替代品是指一种商品销售的增加会养活另一种商品的潜在销售量，反之亦然。

第三节　连锁企业新商品引进

一、新商品的定义

对于连锁企业来说，具有以下特点的商品都属于新商品。

（1）未经营的新商品。包括市场推出的新商品和市场上一直有，但未引进过。

（2）老商品新材质、新价格。

二、商品的生命周期原理及应用

在不断变化的市场上，没有哪种产品能永远畅销，每一种产品都要经历由盛到衰的演变过程。与此同时，另一种更能满足消费者需求的商品也会应运而生。因此，在经营中企业要不断优化商品结构，淘汰没有生命力的老商品，开发、引进新商品，使企业商品结构在动态中保持合理。

一般商品生命周期可以分成四个阶段，即：试销期→成长期→成熟期→衰退期。

商品生命周期是制定进货计划时要考虑的一个因素。企业在制定进货计划时应分析商品处在生命周期的哪个阶段，有针对性地把握进货量，以保证进货量的合理性。

1. 试销期

试销期是新商品的介绍、培育阶段。有的新商品一上市就迅速进入成长期，而有的新商品介绍、培育期则需要一段时间（一般高档商品培育期相对要长一些）。因此新商品引进后应采用广告宣传、重点展示、重点推荐等方式，积极提炼主导品种，并将其培养成畅销商品（即使高档商品培育期也不能过长，因为市场是不断变化的，所以要积极找原因，制定改善和解决办法）。

试销期进货原则：多品种、少批量，先进行试销。通过试销提炼出畅销款后，要保证畅销商品不缺货，对不畅销的及时调整。

2. 成长期

如果新商品被消费者认可，它将进入成长期，在该阶段销售会迅速提升。通过前期对畅销品的提炼，在该阶段要明确主导、辅助款式（颜色、功能、口味等），有针对性地做好畅销商品的运营管理。

成长期进货原则：多品种、大批量，保证畅销商品不缺货。并通过丰富品类、品种，形成系列化经营，提高市场竞争力和增长率，同时及时调整不合理库存。

3. 成熟期

每一种商品在销售增长进入高峰后，将放慢增长步伐，进入成熟期，销售趋于平稳并维持一段时间。

成熟期进货原则：少品种、大批量，在保证畅销商品不缺货的同时，及时调整销售不畅的商品（商品成熟期或季节性商品的旺季比较容易调整）。另外，要重视新商品的引进，做足成熟期。

4. 衰退期

当商品销售逐步呈下降趋势（不包括缺货或陈列不当等人为原因造成的下降）即预示着该商品进入了衰退期。

衰退期进货原则：少品种、少批量。在保证畅销商品不缺货的前提下，有计划的缩小经营规模（包括缩减款式、颜色、号型），做好库存的调整，并积极引进、培育新商品，最终使衰退期商品与新商品顺利交接，退出市场。

5. 引进与淘汰并举贯穿经营的始终

商品生命周期运用最理想的状态是：当"第一代"商品进入成长期后，"第二代"商品进入试销阶段，这样当"第一代"商品进入了成熟期，尚未进入衰退期时，"第二代"商品就进入了成长期，以此类推，新、老商品能够自然衔接，这就要求企业要有计划、有步骤地开发新商品，淘汰没有生命力的商品，使企业经营进入良性循环。

三、新商品引进的系列化

1. 商品系列化

商品系列是指密切相关的一组商品。此组商品能形成系列有一定的条件。例如，同一品牌的商品属于品牌系列；同一品类的商品属于品类系列；有的商品系列是由于商品属性均能满足消费者某种需求而组成，如款式系列、风格系列、口味系列、价格系列等，还有的是商品搭配在一起形成主题系列。如超市的"春游季""烧烤季"，箱包、文具项目的"开学季"以及一些节日系列商品等。

2. 品牌系列化

就是以品牌为定位标准，借助品牌效应系列化经营。一个成熟的品牌，其品类、品种很丰富，如果只经营其中的一种或几种，不能成系列，很难突出品牌形象，不能体现品牌风格，也不能满足品牌目标消费群的需求。例如护肤品牌的品类起码要三大品类，即美白、保湿、抗皱。只做一个品类很难体现品牌优势；鞋服类品牌更要注重风格、款式、颜色、规格的合理组合，做到主导突出，辅助有力。因此，做品牌要系列化经营，使单个品牌的销量上去。品牌系列化经营利于把品牌做精做细，做大做强；有利于获得品牌代理商和厂家的支持。当然，品牌系列化也不能一概而论，主导品牌应做到系列化经营，而辅助品牌有些则要视该品牌在企业商品结构中的辅助定位情况而定。

3. 引进高档知名品牌要系列化经营，高档商品引进价位上可由低至高阶梯式引进

企业应鼓励店长在引进新商品时大胆尝试，但在具体操作中，对尝试的高档商品可先少批量、多品种引进试销。少批量是为了避免不适销而造成积压，多品种是为了使所进商品成系列；在价位上要由低到高，循序渐进，一个价位段成功了就再提一个档次，避免盲目引进，造成不必要的损失。阶梯式引进的方式，既是对市场的一个适应过程，同时对店长也是一个"分段实现大目标"的过程。

4. 要用系列化经营的思路引进商品

引进新商品前要想一想引进的这种商品符合企业定位吗？是自成系列还是与经营着的哪一种商品形成一个系列？俗话说："独木难成林，红花还要绿叶衬"。再好的商品不成系列也难成气候。

强调：系列化经营是为了更好地满足顾客需求，而不是为了系列化而系列化。

四、新商品引进的注意事项

1. 树立代客进货的意识，不以自己的好恶进货

连锁企业应尽量减少因个人喜好对商品选择带来的影响，树立代客进货的意识，在企业定位范围内最大限度地丰富商品，为消费者提供一个广阔的选择空间，更好的满足顾客需求。

2. 差异化经营，减少内耗

模仿是新商品引进的最大忌讳，也会造成内耗。因此，不但要看竞争企业有什么，更要看竞争企业没有什么；看市场上有什么，听顾客需求什么。只有这样才能引进差异化的商品。

差异不仅指与竞争企业的商品要形成差异，自己经营的商品在保证企业定位的基础上，也要形成差异。例如，有一服装主管因偏爱某种款式，因此每次引进商品都是这种款式，即使品牌又开发了新商品牌，柜台上也无新意。所以，虽然柜组品牌不少，但款式都极其相近，不能形成互补，不能为消费者提供一个广阔的选择空间，也给导购员推荐商品增加了难度。解决之道就是差异化经营。

对于连锁企业来说，商品是第一位的，因此企业要勤考察市场，提高对新商品的敏感度，预知项目商品的发展方向和流行趋势，不断研究顾客需求，挖掘经营空缺，积极开发引进新商品、好商品，做到"人无我有，人有我全，人全我优，人优我特"，满足顾客需求的同时提升企业经营效果。

第四节　连锁企业畅销商品管理

依据商品销售中"20-80原则"。占销售额最大份额的20%的商品被称为畅销商品。如何对这20%的商品进行识别、判定，如何对畅销商品做进一步的调整，是经营者必须掌握的一门知识。

一、商品畅销的原因分析

商品是否畅销主要取决于下列因素。

① 商品功能。商品功能对于消费者来说至关重要，缺之不可又不能替代。

② 商品质量。同类商品中的质量佼佼者。

③ 商品价格。保证质量的前提下，价格便宜的商品容易畅销。

④ 商品包装。包装上体现便利性的商品容易被消费者接受。
⑤ 商品品牌。名牌商品是畅销的通行证。
⑥ 售后服务。服务做得好可以打消消费者的各种顾虑。

二、畅销商品的识别方法

畅销商品的统计辨识方法有历史资料统计法、竞争对手法和数据信息统计法等。

1. 历史资料统计法

历史资料统计法又称经验法，是指超市参照历史同期的销售统计资料，在总的商品品种中选择出销售额排名靠前的 20% 的品种作为畅销商品。经验法依靠人工统计，工作量大，主要适宜于 POS 系统尚未建立的、规模较小的连锁门店。按历史资料统计法选择畅销商品一定要注意历史统计资料时间上的一致性，严格按季节进行。

2. 竞争对手法

竞争对手法是指连锁企业通过调查并统计竞争对手的畅销商品的情况而确定自己的畅销商品。如连锁企业刚成立不久，历史同期销售统计资料缺乏或不全，可采用竞争对手法来选择畅销商品。在供应商接待日以外的时间，连锁门店可派遣采购人员于 12：00—13：00 或 20：00 以后到竞争店卖场去观察"磁石点"货架（如端头货架、堆头、主通道两侧货架、冷柜等，这些位置一般陈列畅销商品）上的商品空缺率，因为这一时段通常是营业高峰刚过，理货员来不及补货的空隙。通过畅销商品主要陈列货架商品空缺情况的调查，可以初步得出结论：如果陈列货架商品空缺多，该商品销售良好，可列为畅销商品的备选目录。这种方法简便易行，但调查容易受到竞争店店员的阻挠，且带来一定的偶然性。按竞争对手法选择畅销商品要注意竞争店店址、卖场面积、经营品种等因素，应具有相似可比性，以保证参照借鉴的实效性；同时还要注意，由于目前的调查信息与下一步商品采购有一个时滞，所以这些信息对下一年畅销商品选择的参考价值可能更大些。

3. 数据信息统计法

数据信息统计法是指根据本企业 POS 系统汇集历史同期的销售信息来选择畅销商品的方法。这些信息资料主要是：销售额排行榜；销售比重排行榜；周转率排行榜；配送频率排行榜。这四个指标之间存在密切正相关性，核心指标是销售额排行榜。根据销售额（或销售比重、周转率、配送频率）排行榜，挑选出排行靠前的 20% 的商品作为畅销商品。如连锁企业经营的商品品项总数为 7000 种，则销售额排名第 1 至第 1400 的商品就构成 20 商品目录。采用数据信息统计法，信息完整、准确、迅速，是规模较大，经营商品品种繁多的连锁企业（比如大型连锁综合超市）选择畅销商品的首要方法。

三、畅销商品的管理方法

（一）畅销商品的调整

由于畅销商品具有鲜明的季节性特点，加上消费需求和供货因素的不确定性，连锁企业的畅销商品并不是一成不变的，而是不断变化的，所以辨识了畅销商品之后也不是万事大吉了，而应随时进行不断调整。

1. 按季节变化调整

随着季节的变化，连锁企业畅销商品目录在一年的春、夏、秋、冬至少要做四次重大调整，每次调整的畅销商品占前一个目录总数的 50% 左右，即使在某一个季节内，不同的月份由于气候、节庆假日等影响，畅销商品也会存在一定差异，每个月畅销商品的调整幅度一般会超过 10%。

2. 按商品生命周期调整

例如，当某种商品的生命周期由导入期进入成长期、成熟期时，它可能会被引入畅销商品目录，而当它由成熟期转入衰退期时，它必然会在畅销商品目录中被删除。又如，当某种新商品被成功开发引入超市卖场时，或当某种商品即将组织一次大规模促销活动时，它们理应进入新的畅销商品目录。

3. 按顾客需求变化调整

如某一位有号召力的明星正在为某种产品做大规模宣传广告，预计会对消费者偏好和消费时尚产生巨大的影响和推动时，这种商品很可能会进入新的畅销商品目录。

上述三种变化调整时，从变化的规律性和预测的准确性角度看，季节变化的规律性最强，调整的准确性最高；而消费需求变化的规律性最不易掌握，调整的难度最大；供应因素变化的规律性介于两者之间。

此外畅销商品目录的调整需要剔除一些干扰因素和虚假现象。如某一次性处理商品在短期内销售额可能很高，这种虚假升值不能作为该商品进入畅销商品目录的依据；又如，某些销售情况一贯很好的商品，在某一短期内，可能由于资金、配送不到位，造成供货不足，销售额大幅度下降，这种虚假降值的商品在做畅销商品调整时，要慎重决定是否将其删除出目录。

(二) 畅销商品的管理

畅销商品在连锁企业经营中占有绝对的地位，是企业管理的重点，为了使畅销商品能真正畅销起来，不缺货，连锁企业卖场应做好如下工作。

1. 优先采购

企业在制订采购计划时，应将畅销商品采购数量指标的制订和落实作为首要任务，要保证畅销商品供货的稳定、足量，保证畅销商品在所有门店和各个时间都不断档缺货，这是畅销商品真正能够畅销的前提条件。

2. 优先存储

在配送中心，要将最佳库存量留给畅销商品，要尽可能使畅销商品在储存环节中物流线路最短，要尽量做好保管工作。

3. 优先配运

在畅销商品由配送中心到门店的运输过程中，门店应要求配送中心优先充足地安排运力，根据门店订货、送货的要求，保证畅销商品准时、准量、高频率配送。

4. 优先上架

理货员应该在商品配置图中，将卖场最好的区域、最吸引顾客的货架，指定留给畅销商品，并保证畅销商品在卖场货架上有足够大的陈列量。畅销商品一般应配置在卖场中的展示区、端头货架、主通道两侧货架的磁石点上，并根据其销售额目标确定排列数。

5. 优先促销

促销计划的制订及实施都应围绕畅销商品，畅销商品的促销应成为企业卖场促销活动的主要内容，各种商品群的组合促销也应突出其中的畅销商品。

6. 优先结算

在要求畅销商品供应商足量、准时供货的同时，连锁企业也要向畅销商品供应商承担足额、按时付款的义务。只有足额、按时付款，才能与提供畅销商品的品牌供应商建立良好的合作伙伴关系，才能保证充足的畅销货源，才能与供应商分享市场占有率提高的利益，才能有效地做大供应商品牌产品销量和增强对供应商的控制力。

【案例 5-3】

服装畅销商品操作

一、新品开发时就要有提炼畅销品的意识

进货时,根据目标顾客群的需求筛选款式时,就有意识地提炼主推款式并确定哪些是主导、哪些是辅助,同时考虑目标客群的体型特征。以中老年柜组为例,中老年人一般体型偏胖、脖子偏短、肩膀偏厚、胯大,因此在挑选款式时,要重点关注加肥加大款,同时注意领型不能太高,穿后有宽松量、舒服,不能有卡的感觉;裤、裙胯要够肥大,上衣下摆要够肥。确定好了款式以后,要亲自试穿,逐个试版,体验面料舒适程度、版型肥瘦、领型是否舒适、胳膊能否抬得起来。通过以上试穿筛选,逐个排出名次,第1~2名就认定为该款商品的主导款式,回来后进行主推。对中老年服装来说一般畅销款式都有以下几个突出的特点:有流行元素;面料舒适;款式、颜色适合面广、号型全;一般多家供应商都有此款,而且发得好。

二、首批进货就人为压量,做好色、号配比

对看好的主导款主色引进全号,并对中间号加量;对不畅销的号型,保留中间号。卖起来后,再根据具体情况调整。

三、做好黄金位置陈列,并与员工做好主推思路分享

确保引进思路、陈列思路、导购思路统一。柜组黄金位置陈列,并通过模特重复展示配合,突出主导款式并主推;与员工分享主推商品的引进思路,组织员工试版,通过试穿样衣,让员工亲身体验,大家一起挖掘商品卖点,锁定目标顾客群,达成主推思路一致;主管对主推商品要有信心、有热情,与员工分享卖点感染力要强,把掌握的商品信息传递给每一位员工,增强员工信心。

四、关注试销期、培养畅销品

提炼培养畅销商品,新品上柜后的头1~3天最为重要,要关注顾客对商品的试穿频率及认可度,结合销售趋势,发现畅销苗头,立马返单。

五、千方百计保证货源

保证货源不只是库存数量,更重要的是库存质量。如50件的缺号库存不如20件的全号库存有效。要紧密关注商品销售趋势,结合每天销售数量及色号,科学预计增长比,及时补货。这时往往会由于货源充足而提升商品的销量。为了保证货源,要和供应商搞好关系:一是从来不欠供应商货款;二是从不给供应商调换货,哪怕是试销期我看偏了,也自己消化,不给供应商调回添麻烦。这样也能锻炼自己的眼光和驾驭市场的能力。有时会遇到供应商处没货而延长到货时间,那样顾客会对此款失去信心,必须掌握各个渠道的信息(源头、异地、分店),提前找好替代供应商,以备需要时从辅助渠道补到货。

六、平销期的操作

畅销商品突然转为平销了,要分析造成平销的原因:是否有其他同行或其他柜组引进新品造成冲击?还是天气原因,或销售下降是由于库存色、号偏了造成的,找出原因及时想办法解决。

七、衰退期的收尾

发现商品销售趋势下滑明显,剔除人为的原因,即预示着该商品进入了衰退期。要及时调整库存,先收色、再收号。在收尾时要狠、准、稳。

第五节　连锁企业滞销商品管理

滞销商品是连锁企业的"毒瘤",必须及早发现,及早去除,连锁企业才能很健康的继续营运。因为在寸土寸金的城市,租金高昂,陈列空间更是十分宝贵,如滞销商品占据了空间,新品无法导入、畅销品的陈列无法扩大,经营效益当然上不去。

一、商品滞销的原因分析

① 供货商所提供的商品有质量问题,顾客买后退货,造成店铺商品积压而形成滞销商品。
② 供货商供货不及时,延误了销售时机。
③ 进价及采购成本过高,影响了商品的畅销度。
④ 未掌握商品的畅销、滞销情况。
⑤ 贪图厂商搭赠或数量折扣,贸然大量进货。
⑥ 市场供求状况发生变化,以致畅销商品成为推销商品或滞销商品。
⑦ 商品库存分类不清,陈列不能很好定位或促销方式不佳。

二、滞销商品的类型

1. 完全滞销

并不是说这类商品从上架从来没有动卖过,而是指这类商品周转率时间太长,超出连锁门店最初设定的周转率。对于这类商品要坚决清除。

2. 相对滞销

这类商品周转率没有达到连锁门店最先设定的,但也只是销得不甚理想,需加强门店的销售工作,促使店员加强对该类商品的推销力度,使之成为畅销商品。

三、滞销商品的处理方法

1. 配套销售

将类别相同、功能相近的商品组合为一个整体销售。安徽一家生产文房四宝的老厂,近年来由于市场竞争激烈,笔、墨、纸、砚的销售下降,造成了大量积压。于是该厂在做好市场调查的基础上,决定将笔、墨、纸、砚外加印泥、印石放在一起,装在古色古香的礼品盒中捆绑销售,吸引了广大书画爱好者,结果销量大增。同样是这些商品,只是"化零为整"了,效果就大不一样。又如一家香巾纸厂,原来只生产单一的香巾纸,商品滞销,当他们将香巾纸、卫生筷、牙签、口香糖等一起包装销售时,商品供不应求。

2. 化整为零

在集贸市场上,常常看到一条鱼被分割成几块出售。这对于处理滞销商品很有启示。有些商品作为一个整体是滞销积压商品,把整体商品的某些部位、零件或一部分分割开来,单独销售,反而比较好销。比如,滞销积压的老式开水瓶可能很少有人问津,就可以把瓶胆拆下来单独卖。积压的过时家电也可以分解为一个个的零配件出售。在上海,有商店将整卷的保险丝分成若干小段出售,既方便顾客,又比较好销。

3. 激励店员

提高店员的积极性和对该商品的关注度。常用的方法是增加销售提成。

4. 易地销售

由于各地消费习惯、经济状况各不相同,有些商品在这个地方市场销路不好,并不意味着在其他地方销路也不好。如中国内地的红木家具在香港市场上不是很畅销，原因是香港人住房面积小，喜欢占地少的家具；而在西欧则不同，红木产品大行其道，因为西欧人住房宽敞，不在乎占地多少。

5. 退货

① 退货商品是采购部门要求进行退货的商品，一般数量较大，属于季节性商品或滞销商品。
② 被国家有关政府机构监察发现有质量问题的商品。
③ 具备退货条件的商品。
④ 双方在合同中约定的、符合退货标准的商品。
⑤ 销售后顾客发现有质量问题的商品。

6. 换货

连锁企业在批量收货时只能抽样验收，供应商在生产、运输环节造成的少量残次商品就可能流入连锁企业的仓库中；产品长期在仓库堆放或在货架陈列，也会产生部分残次商品。残次品无法正常销售，通常采取换货方式消化。

7. 集中清仓促销或联合促销

清仓商品即通过降价或赠送捆绑商品处理滞销商品、过季商品以及有质量瑕疵的商品。清仓商品陈列注意以下几点。

（1）清仓商品集中陈列　一是增加商品的可视性和吸引力；二是保证滞销商品库存清理干净。

（2）清仓商品区域必须有明显的清仓区域标志，以便于消费者光临。

（3）将所有的清仓商品分类按照价格进行陈列。

8. 调整商品品类及其陈列位置

有些商品销售不畅的主要原因是商品陈列位置有误或商品品类划分出现了问题。商品的陈列应当根据消费者的购物习惯进行相应的品类划分陈列。

9. 内部消化

一些大型连锁企业，会考虑将一些无法正常销售的商品采取内部消化或内部职工购买的方式清理滞销库存。

四、处理滞销商品应注意的问题

（1）做好宣传工作　店面在对滞销商品进行促销时，应在店面内外张贴宣传海报，海报要醒目、明了，让顾客一看到海报就能找到想购买的商品；同时，导购员也要做好说明工作，以免顾客对促销商品产生误会。

（2）集中陈列　滞销商品促销时应集中陈列，这样一来便于管理，二来顾客也方便寻找，但同时也要注意货源要充足，若数量太少则无法带动门店人气。

（3）不要喧宾夺主　除非是季末大促销，否则滞销商品的促销气氛不应该太浓，使正常商品成了陪衬、被忽视，可能又会成为新的滞销商品。

（4）价格设计要简单，有吸引力　促销滞销商品主要是想将这批库存清空，因此价格应低廉有吸引力，也不要制定过于复杂的价格，这样不利于顾客关注商品，反而影响到对该类商品的兴趣。

第六节　连锁企业自有品牌商品管理

自有品牌就是企业以自己的品牌销售产品，这样的产品既可以是按照连锁企业的具体要求找供货商订制的,也可以是在现成的产品上贴上超市的牌子。

一、自有品牌的优势分析

具体而言,连锁企业发展自有品牌,具有以下优势。

1. 信誉优势

敢于使用自有品牌的零售商业企业往往有良好的声誉和企业形象。企业在长期的经营实践中,以一种或几种经营特色形成了自己良好的信誉,树立了一定的品牌形象,使商业企业创立的自有品牌从一开始起就具备了名牌的许多特征,极易被顾客接受与认可。如今,商品供给日益丰富,而消费者又较少拥有特定的商品的专业知识,认牌购买往往成为消费者的惯常购买行为,特别是在假冒伪劣产品泛滥的时候,良好的企业形象和品牌信誉几乎成了消费者的"避难所"。广大消费者总是喜欢到"放心店""信得过"商店购物即是明证。

2. 价格优势

质优价廉是自有品牌商品的一大优势。欧美商业企业中使用自有品牌的商品一般比同类商品价格低30%以上。日本大荣集团的自有品牌商品分为三类:10000种优质商品比同类全国畅销货便宜10%~20%,150种低价商品比一般商品低15%,另外40种商品则比品质相近的名牌商品便宜30%。"家世界"某负责人曾透露,"家世界"自有品牌产品的价格要比同类品牌的商品价格低10%左右。在中国市场,屈臣氏拥有700多种自有品牌商品,约相当于所销售总数量的20%,在销售价格上,比同类其他品牌商品便宜20%~40%。沃尔玛开发的山姆精选(Sam's choice)品牌可乐,价格比普通可乐大约低10%。

使用自有品牌的商品之所以具有价格优势:第一,大型零售商业企业自己组织生产自有品牌的商品,使商品进货省去许多中间环节,节约了交易费用和流通成本;第二,使用自有品牌的商品不必支付广告费,零售商已有的良好信誉就是自有品牌商品最好的广告;第三,自有品牌商品仅在开发商品的商业零售企业中销售,可省去为打通流通渠道所需的费用;第四,大型零售企业拥有众多的连锁店,可以大批量销售,取得规模效益,降低商品的销售成本。

一般零售业的供应链是"原料→生产加工→经销商→零售商→顾客"。供应链每增加一个环节,商品的附加值就会增长30%以上。自有品牌商品却省却了从生产到销售的中间环节,大大节省了交易费用及广告宣传费用,加之自有品牌商品大多包装简单,费用较少,而依靠超市庞大的销售体系,能很快形成销售规模。因此,尽管自有品牌的商品价格比生产商的商品低10%~20%,但其毛利却往往更高。沃尔玛30%的销售额、50%以上的利润来自它的自有品牌。在家乐福的迪亚折扣店,其自有品牌的比例高达50%~60%,甚至更高,其销售价格最起码比同类商品便宜20%~30%,利润却是其他产品的几倍。

3. 特色优势

使用制造商品牌的商品,通常各零售企业都可以经营,这使得各零售商业企业在所经营的产品品牌上的差异日趋缩小。"走一店等于走百店",从而造成零售企业经营上雷同有加而特色不足,加剧了竞争的激烈程度,甚至出现了过度竞争。而实施自有品牌营销战略,大型零售企业首先要对其品牌进行准确的市场定位,企业要根据自身的实力状况、竞争者的市场地位、目标市场的需求特点来确定自有品牌商品在市场中的地位。品牌定位一旦明确,企业的经营特色随之形成。另外,零售企业的自有品牌与制造商品牌的最显著区别在于零售企业的自有品牌只能运用于开发商品的企业内部,其他企业不能使用,因此,使用自有品牌也就把本企业的经营特色体现出来,以特色经营赢得顾客。

4. 领先优势

市场营销的核心是把握、满足消费者的需求。零售商业企业直接面对广大的消费者，能比较准确地把握市场需求特点及其变动趋势，从而能根据消费需求特点来设计、开发、生产、组织商品，这样就使自有品牌的商品比制造商品牌的商品更能快捷地体现市场需求，领先一步，在市场竞争中处于先发制人的有利地位，掌握竞争的主动权。

二、自有品牌的开发途径

连锁企业自有品牌建设分为委托定牌生产和自行设计生产两种方式。

这两种方式各有优缺点，连锁企业应根据自身情况选择采用。

1. 委托定牌生产

这是指连锁企业拥有品牌所有权，而把生产加工权转让给所选定的厂家，厂家按其提供的信息进行加工生产的方式，称为"委托定牌生产"。这种方式优点是避免了自行设厂的巨大投资，为连锁企业资金运转减轻了压力；同时，被选定厂家一般会按合同要求，严格把关，产品质量相对较高。缺点是合作关系较为松散的，双方难以保持良好沟通，不能形成真正的利益共同体。

2. 自行设计生产

这是指整个生产全部由连锁企业自行运作的方式。其优点在于零售企业从商品流通跨入生产领域，实现多元化经营，能降低经营风险，获取更大利润。在这种方式中，销售者与生产者因隶属同一企业，能充分形成协调合作关系，在企业的统一调配下，商品流通过程趋向简化，从而降低流通费用及消耗，在价格上，更易掌握主动。缺点是连锁企业一次性投资较大，多元化经营具有一定风险。

三、自有品牌的品类选择

自有品牌的开发，除了连锁企业自己必须具有较高的知名度、美誉度和消费者忠诚度，以及拥有覆盖面广泛的店铺网络资源外，另一个要点就是要选择好自有品牌开发的种类，这也是自有品牌开发最首要的一个内容。

自有品牌的品类选择必须考虑两个因素：一是被选择商品价格较全国性商品价格有可能降低；二是被选择商品有一定的吸引力能影响消费者的品牌忠诚度。这两个方面是相互影响的。因此，连锁企业可以考虑选择的自有品牌商品有以下几种。

1. 品牌意识不强的商品

对某些商品而言，消费者的品牌意识非常强，如服装、化妆品、电子产品等，消费者对这些商品的品牌意识较强，趋于购买自己认定的品牌，因此连锁企业开发自有品牌的难度就很大，即使开发出来也很难得到消费者认可。而另一些商品，消费者的品牌意识较弱，如洗衣粉、洗衣皂、卷纸等日常用品或食品，可以采用一些促销手段很容易影响消费者的购买行为，因而这些商品可以作为自有品牌商品考虑。

2. 销售量大和购买频率高的商品

只有销售量大的商品，连锁企业才可以实行大量开发订货，从而降低开发生产成本，保证自有品牌商品低价格的实现。购买频率高的商品使得连锁门店和消费者接触频繁，商品的品牌忠诚度较低，顾客很有可能在其他条件的影响下改变购买品牌，这有利于连锁企业开发新顾客，使他们购买该自有品牌的商品。

3. 单价较低和技术含量低的商品

单价较低的商品消费者可在第一次购买后通过使用决定是否再次购买，其风险性较小，特别是对一些价格敏感度较高的日用品，在同等质量的条件下，消费者更容易接受价格较低的自有品牌商品。而单价高的商品消费者的购买决策是比较谨慎的，不可能在购买后如感觉不如意就简单地再买一个。

另外，技术含量高的商品不宜作为自有品牌商品开发对象，一则大多数连锁企业不具备这些商品的开发实力，二则这类商品的品牌忠诚度一般较高，不易改变消费者的购买态度，三则这类商品往往需要强大的售后服务力量，这是连锁企业力所不能及的弱项。

4. 保鲜、保质要求程度高的商品

如食品、蔬菜、水产及其他保质类商品，连锁企业以良好的商誉作保证，利用渠道短的优势及时地把货真价实的商品提供给广大的消费者。

选择自有品牌商品的具体方法，可以有多种形式，例如有打分方法，将备选商品根据畅销商品的畅销因素进行评估，将各种因素按不同程度折成数字来评估某种商品，高于某一水平即可列入开发对象。此外，也可以根据过去的销售记录从中选择，连锁企业可以将过去几年或数月的销售统计资料中位于前列的商品作为首选商品，当然，这其中还要考虑到生产制造商品牌的影响，例如，如果飘柔、海飞丝洗发水十分畅销，这并不说明连锁企业开发的自有品牌的洗发水一定畅销，这里生产企业的广告宣传对消费者形成了强大的吸引力，非连锁零售企业可以相比的。

四、自有品牌商品的陈列

卖场自有品牌商品的陈列是有讲究的，它不等同于常规的商品，是卖场要重点推广的高毛利商品，陈列的时候有几个细节要注意。

（1）摆放要邻近同类重点品种，借用重点品种高购买率，加深客人对超市卖场自有品牌的印象和关注度，凭借价格优势吸引客人购买，提升超市卖场自有品牌的销量和认知度。

（2）摆放在货架最佳视觉区，一般是在人的脖子到头部这个高度为最佳区域。

（3）除货架陈列外，在通道区、收银区、促销区多点陈列。

顾客在卖场里的动线是流动的，而且很多时候是无意识的关注和购买，所以，如何提高客人对商品的关注度，一个重要的条件就是多重刺激，反复出现在他的视线里，并且是大面积、大量的陈列。据调查，消费者在店中的花费比他们事先计划的多出11.4%，就是说平均而言，11.4%属于看到后临时产生的冲动性支出。连锁企业自有品牌没必要在价格上做过多折扣，用调整陈列的倾斜方式是个不错的选择。

自有品牌发展是一个长期战略，是企业为了利益最大化的更高挑战，本土卖场在慢慢学习运用国外卖场管理方法的同时，也要结合自身特点，抓住区域的发展优势，将自有品牌做成自己的新亮点。争取有能力走出低级的竞争模式，在提升获利能力的同时，也提升自己的竞争。

本章小结

对品种繁多的商品进行科学管理，有利于将商品分门别类进行采购、配送、销售、库存、核算，提高连锁企业的管理效率和经济效益。连锁企业可以在商品定位的基础上，根据目标顾客的需要，选择并形成有特色的商品组合，体现自身的经营特色，求得连锁经营的成功。

本章首先介绍了连锁企业商品定位、商品组合以及商品组合的优化与调整，在此基础上介绍了连锁企业商品分类原则和方法,并详细分析了连锁企业畅销商品管理、滞销商品管理以及自有品牌商品管理。

1. 简述商品定位的原则。
2. 举例说明商品组合的方法。
3. 简述商品分类的原则和方法。
4. 如何管理畅销商品?如何管理滞销商品?
5. 分析开发自有品牌的优势和途径。

商品管理——商品组合的巧妙运用

我国古代有一则寓言,讲的是一个叫柳侍郎的人家里养了好几十只猴子,后因种种原因,食品供给发生困难,就与猴子们商谈减少它们食物供给。柳问猴子:"早上每一位发三个果子,晚上发四个果子行不行?"猴子觉得太少,就齐声抗议:"不行!"面对这种情况,柳说:"既然大家都不同意,那就每位早上给四个果子,晚上给三个果子,这样总可以了吧?"猴子一听,以为增加了果子数量,都表示同意。其实,前后数量并没有什么改变,只是果子的组合方式发生了变化而已。

其实,这种方法也可以作为零售业经营的一种谋略,那就是巧妙地改变商品原来的组合、包装方式,换一种方法将其重新组合起来,就可能为商品增添新的功能和应用范围,从而得到人们心理认同,把滞销的东西变成畅销的东西。

英国伦敦有一家专营纸张、文具、图钉、回形针、尺子等文教小用品的杂货店,由于薄利,生意很清淡。没有办法,经营者就向一家管理公司咨询。

管理公司认真而仔细地对购物的顾客进行观察,并在观察的基础上进行分析。他们发现,来光顾的人,不论男女老少,也不管是否带有小孩,他们在购买文具、小商品的时候,都不是仅买一样东西,而是三件以上一起买,这本来只是一个人人熟悉的生活现象,但大家都熟视无睹,没有从中看出什么奥妙。而管理者却从中得到启示,他联想到自己读小学乃至中学时,书包里总是存放有钢笔、铅笔、尺子、橡皮、小刀圆规等,不禁灵机一动,想出一个新颖的"文具组合"经营点子,即将上述文具与剪刀、透明胶带、1米长的卷尺、10厘米长的塑料尺、小订书机、合成糨糊等,放进一个设计精巧、轻便易带的盒子里,盒子里外则印上色彩鲜艳和形象生动的图画。

他将这个点子告诉了杂货店老板,于是新的商品组合就出现了。这种对文具新奇的组合,不仅迎合了中小学生的需要,也受到了机关及工商企业界的职员和工程技术人员的欢迎,所以一上市,很快就成为热门商品。销售额也直线上升,不到一年就赚回了本钱,还收到了意想不到的利润。

吃到甜头后,老板再接再厉,又增加了售货种类,进一步改善文具组合,在盒子里装上电子表、温度计,使他们的功能趋于立体化。又根据孩子们的好奇心,把组合盒也弄成五花八门、千姿百态的变形金刚。这样,文具虽然基本上还是那么几种,但是内容不变外形变,组合创新使它越来越受到人们的青睐。久而久之,这家公司的小棚子就获得了一个雅号——爱的小屋。有趣的是,自从建了这个小棚后,这家杂货店新进的衣帽销量不断创造新高,"爱的小屋"的大名也漂洋过海,蜚声海外。有许多国外游客到伦敦后,都特意去逛一下"爱的小屋"。

无独有偶,沃尔玛公司在美国的一位店面经理曾发现,每周啤酒和尿布的销量都有一次同比攀升,一时却搞不清是什么原因。后来,沃尔玛运用商业智能(business intelligence,简称 BI)技术发现,购买这两种产品的顾客几乎都是 25～35 岁、家中有婴儿的男性,每次购买的时间均在周末。沃尔玛在对相关数据分析后得知,这些人习惯晚上边看球赛,边喝啤酒,边照顾孩子,为了图省事而使用一次性的尿布。得到这个结果后,沃尔玛决定把这两种商品组合陈列在一起,结果,这两种商品的销量都有了显著增加。

要买东西就得研究顾客,这样才能吸引更多的消费者。

思考题

1. 案例中商品组合的标准是什么?其组合的方法是什么?
2. 结合案例讨论,我国零售企业在商品组合方面存在哪些问题?并举例分析。
3. 案例中的商品组合例子是否属于商品群管理或者品类管理,谈谈你的看法。
4. 这个案例说明零售企业销售中的什么原理?
5. 举例说明,如何更好地应用这个原理为顾客提供更便利的服务,同时为企业赢得更丰厚的利润。

实训项目

调查本市一家大型连锁超市的自有品牌开发情况。内容包括自有品牌的种类、价格、包装、陈列等,指出该连锁超市自有品牌开发的优缺点,并给出解决的建议。

第六章 连锁企业商品采购与配送

沃尔玛独特的采购管理

一、"一站式"采购

沃尔玛是世界上最大的商品零售企业,它销售的熟食、新鲜蔬果、肉类海鲜冷冻品、服装服饰图书文具等商品的采购是企业发展的基础,也是带来更大利润的根源。对于这些商品的采购,沃尔玛提供了"一站式"采购这种新型的采购模式。所谓"一站式"采购是指为客户提供一全方位、多渠道的采购平台,它集合了众多供应商,客户进入这个平台后无须为采购而费心,对方为客户提供一系列后续服务,满足代购、配送及节约管理等要求,解决客户所需。如果客户采购很多种类和数量的话,对方还可提供一个采购整合方案,为客户节约成本,合理搭配资源。因此沃尔玛把将顾客最需要的商品采购回来,给顾客提供一个一次性购足商品的平台作为采购重点,为顾客提供"一站式购物"面包、熟食、新鲜果蔬、肉类海鲜、冷冻食品、烟酒礼品、服装等质优价廉的大众商品,使顾客的购物更加方便快捷。而且,沃尔玛每周都有对顾客期望和反映的调查,通过信息收集、市场调查等方式,根据顾客的期望,及时更新商品的组合,组织采购,改进商品陈列摆放,从而营造一个舒适的购物环境。

二、集中采购

沃尔玛在报纸上刊登的开业促销广告上说:将"每天对所有商品提供最低价"。其中,全国性品牌商品最多可有50%的折扣,即比一般商店的售价低50%。广告还列举了沃尔玛的商品标价,并与制造商建议的零售价进行了比较。如:阳光牌自动咖啡壶,一般商店卖17.95美元,在沃尔玛只卖13.47美元,便宜了32%;阳光牌熨斗,一般商店卖17.95美元,在沃尔玛卖11.88美元,便宜了34%;一种通常卖59.95美元的剪草机,在沃尔玛只卖37.77美元,便宜了37%;威尔森牌手套,在别处卖10.80美元,沃尔玛只要5.97美元。而且广告还向顾客保证,所有商品的质量都是一流的,并有制造商提供担保。那么,为什么沃尔玛能为顾客提供如此大的折扣呢?一是靠大量采购,使中间商把价格压到最低;二是多数商品直接从制造商处进货,节省了中间费用,从源头上降低了成本,进而实现了其"天天平价"的承诺。而且,沃尔玛通过直接与供应商签订协议,与本土供应商确立长期采购关系,并积极帮助供应商改善管理,使整个供应链从上游开始优化,形成供应链管理的良性循环,保证了自身对产品质量的需求。另外,为实现"天天平价"这一承诺,沃尔玛严格按照办公费用只占营业额2%的要求,节约开支,降低成本,并秉承"薄利多销"的原则。也正因为沃尔玛这种先进的采购管理思想,它才会从一个美国中部的偏远地区的小商店发展成为今天这个世界上最大的商品零售企业的沃尔玛，在整个零售业中脱颖而出。

三、及时采购

沃尔玛拥有先进的信息化管理水平，它利用信息化技术完成其对供应链各个环节的数据信息的整理、分析，并为最终的决策服务，实现了采购的及时性，从而大大缩短了交货期，降低库存，并以最低的成本实现对商品的采购，而且其迅速的管理反应机制也使沃尔玛的"缺货"现象得到缓解。也正是这种信息化的管理使沃尔玛达到了"零库存""零缺货"的要求。沃尔玛在整个零售业中的优秀的采购管理模式，可谓是独树一帜，也正因为如此，它的营业收入才会逐年递增，同时，其在市场上也有着较高的占有率，成为世界上最大的商品零售企业。

学习目标

了解商品采购的方式、统一采购机制、采购员的素质要求以及商品配送模式；

熟悉商品采购的原则、采购业务流程、配送中心及其功能；

掌握采购时间的确定方法、商品采购项目和数量的确定方法；

掌握采购谈判程序、谈判中要注意的问题以及商品配送业务流程。

职业指导

通过本章的学习，能认识到采购在连锁企业的重要性，结合采购业务流程制定完善的采购管理制度，结合采购的原则合理确定商品采购时间、商品采购项目和商品采购数量，根据采购谈判要求和技巧进行高水平的采购谈判，结合连锁企业实际合理选择商品配送模式，根据配送业务流程进行配送中心的业务管理。

第一节　商品采购与配送概述

购、销、运、存是连锁企业营运过程中的四大基本环节，而其中采购环节处于举足轻重的地位。采购是连锁企业销售商品的前提和基础，决定着商品流通费用的高低、商品售价的高低、购买数量的多少以及经营效益的高低。

连锁企业商品采购中每节约1元钱都会转化成1元钱的利润。而在其他条件不变的情况下，假设企业的利润率为5%，要想靠增加销售来获取1元钱利润，则需要多销售20元的产品。通常情况下，从采购的角度节省1元钱远比从销售上多卖20元的产品要容易得多，成本也要低得多。据统计，世界范围内典型企业的采购成本要占企业总成本的60%，中国的工业企业，各种物料的采购成本要占到企业销售成本的70%以上。对于处于流通领域的连锁行业而言，商品采购是其经营活动的起点，连锁行业的特点决定了采购成本必然会成为其所有成本的主体。采购是连锁企业经营管理中"最有价值"的部分。

商品采购是指为保证销售需要，通过等价交换方式取得商品资源的一系列活动过程。包括确定需求、发掘资源、选择供应商、交易条件的谈判、签发购物合同、督促供应商、处理纠纷等。连锁企业商品采购管理就是为了完成销售计划，连锁企业从适当的供应商那里，在适当的时间、以适当的价格、购入适当数量和适当质量的商品所采取的一系列管理活动。

一、商品采购的原则

1. 适宜的价格

作为采购商，谁都希望获得便宜的价格。可是"便宜没好货"，特别是在专业店，这种现象尤其严重。因此，首先应该把"便宜"这个词义弄清楚。便宜分三层含义。

第一，同样的商品，价格的确比其他商店便宜。它又区分为三种情况：

① 商品的品牌、品号和品目相同；

② 商品品质相同；

③ 仅名称相同。第③条很明显品质不同，而且被含在后面阐述的第二种含义之中。第①条和第②条一般按零折扣销售，在美国的连锁业中被命名为"Cheap price"。它是以不同于商品流通阶段一般业界习惯的交易方式或条件进行采购的。人们应该回避这样的折扣，可是消费者常常要求的条件是："如果是同样的商品价格就应便宜"。

第二，折扣。这个在日本易于和折扣价相混淆。美语的原意是，在生产加工阶段用同以前不同的方法生产而便宜下来的价格。这一点，同便宜在对象、对策上完全不同。

作为采购商研究问题时，有必要比便宜的商品花费更长的研究时间。在美国连锁商店的经营上，便宜价格商品的采购充分实现后，作为下一个能力阶段就是以折扣价商品为对象。

可以将前面列出的适销商品用更优惠的价格采购，潜在商品用折扣价采购。或者换一个角度讲，便宜价是对采购渠道和交易条件的挑战，折扣价是对产品开发的挑战，可以以此相区别表现。

第三，具有顾客容易支付的价格特性。无论商品具有多么突出的功能，其价格应为大多数消费者所能接受。这在日本自古以来表现为适宜价格，它是一种轻松支付的价格，或者是一种同意后可以支付的价格，在美国表现为大众化价格。

2. 适宜的时间

采购的时间不宜太早也不宜太晚。太早则造成堆积存货，占用仓储面积；太晚了则导致商品脱销，顾客流失，影响超市的形象。在"零库存"的观念下，适时采购、及时交货是最理想的采购模式。

3. 适宜的品质

一个不重视品质的连锁企业在今天激烈的市场竞争环境中根本无法立足，一个优秀的采购人员不仅要做一个精明的商人，同时也要在一定程度上扮演管理人员的角色，在日常的采购工作中要安排部分时间去推动供应商改善、稳定商品品质。采购物品品质达不到使用要求的严重后果是显而易见的。

（1）商品品质不良，往往导致企业内部相关人员花费大量的时间与精力去处理，会增加大量的管理费用；

（2）商品品质不良，往往在重检、挑选上花费额外的时间与精力，造成检验费用增加；

（3）商品品质不良，会降低客户对企业的信任度；

（4）商品品质不良引起客户退货，有可能令企业蒙受多种损失，严重的还会丢失客户。

但是也要注意适宜的品质不是品质越高越好，而是要和连锁企业的定位相适宜。但是前提条件是连锁门店所销售的商品必须都是合格的。

4. 适宜的数量

采购的数量不宜太多或太少，应避免"过与不及"。因为采购量太大，一旦商品需求降低,将造成商品积压,如果商品推陈出新,则过时的商品难以卖出去。反过来说,如果采购数量太少,则增加作业次数,提高采购成本,或不利供应商送货,延误门店商机。

5. 适宜的地点

天时不如地利,企业往往容易在与距离较近的供应商的合作中取得主动权,企业在选择试点供应商时最好选择近距离供应商来实施。近距离供货不仅使得买卖双方沟通更为方便,处理事务更快捷,亦可降低采购成本。

6. 信赖性和持续性

一般来讲,信赖性包含售价、品质(功能)、日后也能销售这三层意义。售价的信用是讲任何时候的销售价格对于顾客都处于同一水平。这时,顾客不用看价签或菜单就会决定购买。

在考察美国连锁业的时候,日本人最吃惊的就是这一点。顾客不看价签就决定购买,在日本,这若不是富有的客户,是无法想象的。

商品品质、功能也一样,不加认真核实就冲动地购买,也是因为消费者对美国连锁商店经营的商品具有绝对的信任感的缘故。

"只要某某连锁店经营,价格和品质就可以信赖",这种来自消费者的信赖正是业内经营者的自豪。正因为如此,当收到顾客对经营商品的投诉时,他们常通过真诚的道歉来进行事后处理,也会对业内有关责任人进行处罚。美国的连锁商店早在20世纪初期,就提出了"退货还款,交换自由"及"保证满意"等口号。

在美国,顾客对零售连锁店、食品服务连锁店的信任超过了对名牌产品的信任,因此,厂家或产地对消费者进行的大众宣传很少,在连锁商店的广告中,却加进了厂家名称和商标。

7. 大众化和实用化

大众品并不是百分之百的人都使用的意思。正确地讲,应该是多数人使用的意思。那是在收入、趣味、性格、学历、职业等没有区别,约有八成的人经常购买的商品。如有可能,在性别和年龄上也一样。这是将客户层扩大的考虑方法。日本商界一般考虑的是它的另一面。许多商店努力卷入更狭隘的客户层。在日本的商工会议所的推销员资格考试或通产省的中小企业诊断师的资格考试中,都把"追求狭隘的客户层"作为正确答案。但这些是以单体店经营为前提的。大众品、实用品含义是多数人希望购买而且可以轻松购买的商品。并非所有人对店内所有商品都如此,而是多数人对多数商品。一件商品,如本质不是流行,则没有进行连锁的意义。连锁商店的经营活动虽然拥有相同的便利性,它是把生活用品作为主力商品向消费者提供,同时要谋求满足超过一半的购买力。这样一来,经营的商品必须是大部分人使用或食用的商品。例如,为了把青年人喜爱的设计使用在青年人以外的少年和中年人身上,应该努力改变其型号和性能以扩大客户群体。在这一点上,独立店经营和连锁店经营的努力方向完全不同。其次,实用品是一日之中或一周内一次又一次使用,而且在很长一段时间里使用频率较高的商品。在日本市场,100克800日元的鸡素烧肉和100克280日元的大众肉的使用频率不同,如果连锁化,100克300日元以下的牛肉就应该获得65%的垄断。而100克800日元的牛肉即使垄断,因为频率小,也不能谋求连锁。价格越高,频率越小,因为这不属于实用品。

8. 产品不古老

所谓商品不古老,不是商品必须新的意思,而是指商品质量在由每个品种决定的库存年龄的限制范围。在超级市场业态上,使用着公示的方法。在日本,通过"品质表示法"来标识生产日期,这同公示日期的含义不同。把商品的价值完全确保的期限在一个一个商品上表示出来才称为公示日期。为了以不古老的形态筹措商品,储存商品时限的披露制度很必要。在企业效益不高,市场不景气时,首先最深刻的问题是商品的库存量过大,商品的周转率过低,相应资金运行恶化,周转差额资金缩小,而最根本的原因就在于没有实行储存时限披露制度。使这一制度成为可能的手段是,变换价签或价签文字的颜色,颜色有三种即可,以四小时为单位变换,两个之前的颜色必须披露。例如最初以蓝色开始,然后向黑色转换。第三种颜色从绿色开始时,就必须披露黑色。无论什么样的商品,有这三种颜色足够使用。这样一来,只要看到颜色就知道哪些商品超过储存时限。但应注意不要搞错。品种不同,储存时限也不同。像面包那样储存时间较短的商品,一般的储存时限是 4 小时;带有包装的生肉储存时间约 24 小时;有关的快餐食品或自己动手制作的产品,因为一年中商品周转率是 6~7 次,2 个月周转一次,所以 2 个月一变颜色,披露 2 个月前的颜色就可以。有人认为,"在价签中放入隐蔽号码,就能自行进行披露"。事实上,那种方法操作起来很困难,不能成为制度。

总之,只有综合考虑才能实现最佳采购,这需要采购实施人员在长期的实际操作中积累经验。

二、商品采购的方式

连锁企业对商品的采购有多种。从执行采购职能的形式来看,有分散采购、集中采购、分散与集中结合采购三种方式。从水平采购成交的时间上看,有现卖现买、投机采购、预算采购三种方式。

下面对以上提到的几种方式的优缺点进行分析。

1. 分散采购

分散采购是由连锁企业各门店自行组织采购。优点:对市场反应灵敏,补货及时,购销迅速。缺点:容易造成各连锁门店各自为政,同时也容易出现重复交叉采购。

2. 集中采购

集中采购是由连锁企业设置总部采购部进行统一采购,各门店专门负责销售,与采购脱离,连锁企业一般都采用这种方式。优点:专业化水平高,便于指挥,调度一致,防止了多头采购。缺点:购销容易脱节,唯有加强中枢信息管理系统的控制,才能减少差错。

3. 分散与集中结合采购

分散与集中结合采购是将一部分商品的采购权集中,由专门的部门或人员负责,另一部分商品的采购权交由各门店或驻店采购负责,如大批量的商品或外地商品实行集中采购,而小批量的商品或本地商品实行分散采购。优点:方法灵活,连锁企业可根据自己的需求,有针对性地采购部分商品。缺点:如管理不当,会造成各自为政。

4. 现卖现买

现卖现买采购是连锁企业为补充品项、做超低特价、差异化经营的采购方式。优点:可以节省库存支出。缺点:如果不能及时补充到商品,就会延误商机。

5. 投机采购

投机采购是指估计某类商品会涨价,事先大量购入,以降低进货成本,加强商品的竞争性。优点:投机成功,可获得高额利润,短期回报明显。缺点:具有相当的风险性。

6. 预算采购

预算采购是制订计划后在固定的时间内按部就班采购。绝大部分的大中型连锁超市采用这种方式进行采购。优点：比较稳健，既能避免现卖现买采购可能出现临时货源不足的情况，又能避免投机采购的风险性。缺点：缺乏灵活性。

三、连锁企业统一采购机制

1. 连锁企业的统一采购机构

统一采购机构是连锁企业的重要业务部门之一，其主要职责是保质、保量、经济、高效地采购连锁企业所需要的各类商品，以满足连锁企业商品销售的要求。其主要职能包括以下几点。

（1）常规商品的补充采购　常规商品的补充采购就是日常销售的商品的补货采购。这类商品已有确定的供应渠道，有些商品连锁企业已经与供应商签订了供货合同，采购部门只需要执行或续签供货合同，即可完成商品的补充订货。

目前，一些连锁企业的信息系统已经能够根据实时的销售情况，按照事先规定的缺货警戒线自动完成日常销售商品的补货订货，很多连锁企业的电脑系统还可以自动生成补货单。采购部门的工作就是根据补货单向供应商确认并执行，以保证企业不出现断货。

（2）开发新商品，寻找新供应商　开发新商品，寻找新供应商，指的是采购部门寻找相对于连锁企业而言没有销售过的商品或没有合作过的供应商，这是采购部门的一项重要职责。只有不断更新商品，满足消费者不断变化的消费需求，才能保证连锁企业的正常经营。同时，新产品能够给企业带来比老产品更高的毛利率，这也是新产品、新供应商开发之所以重要的另一个原因。

（3）控制采购费用，降低成本　低价格策略是很多零售企业通常采取的营销策略，而低价格是以低成本作保证的。统一采购可以有效地控制采购费用，降低进货成本，如通过对进货方式、付款条件、采购数量以及采购次数的选择和严格控制来降低整个采购费用，通过规范企业采购行为防止"人情"采购等情况的发生。

（4）控制进货渠道，保证商品质量　连锁企业经营的商品少则几千种，多则几万种。对于如此众多的商品，在质量控制上需要借助生产厂家、供应商的力量。选择良好的进货渠道、控制好进货渠道，是控制和保证商品质量的重要手段之一。统一采购为企业控制进货渠道、保证进货商品质量提供了良好的条件。

（5）滞销商品的淘汰、不良供应商的淘汰　连锁企业不仅要开发新的商品、新的供货渠道，同时也要注重对滞销商品、不良供应商的淘汰。这是商品结构优化、进货渠道优化的前提。

（6）处理与供应商的关系　供应商与消费者一样，都是连锁企业生存发展的关键，企业视消费者为上帝，同样也要视供应商为上帝。连锁企业与供应商是一种合作竞争关系，良好的合作能够达到企业与供应商双赢的效果。如果没有供应商的配合与合作，连锁企业很难立足于激烈竞争的市场中。与供应商的良好合作关系是连锁企业的核心竞争力之一，因此，连锁企业要改变传统的观念，特别是采购部门，要处理好与供应商合作竞争的关系。

2. 合理设置统一采购机构

鉴于连锁企业采购部门的上述主要职能，在采购组织设置上就要充分考虑完成这些职能的需要，并结合连锁企业的规模、经营品种、数量，合理设置统一采购机构。多数连锁企业是按商品类别，如生鲜食品部、一般食品部、百货杂品部、电器部等，分别设立各类商品采购人员和采购机构的。在此基础上企业可根据自身规模以及商品结构妥善进行细分或组合。这样的机构设置往往需要每名业务人员分工负责一部分商品品种，从日常补货、新商品开发以及滞销品和不良供应商的淘汰都有一人负责。这种机构设置的优点是可以进行专业化分工，便于业务人员业务能力和工作效率的提高，但是往往因为缺少相应的制约机制，容易产生不良的采购行为。为此，一些企业将日常商品的补货与新产品的开发机构分设或由不同的业务人员负责。

有些具备先进 POS、MIS 系统的连锁企业已经实现了日常补货的自动化，即每日营业结束后，企业的 MIS 系统可以根据预先设置的警戒线，自动生成补货订单。补货工作由合同管理部门监督执行。也有些连锁企业，特别是大规模连锁企业，通过设立商品采购委员会来规范企业的采购行为。这种采购委员会由采购部门、财务部门、营运部门以及各连锁分店的有关负责人组成。

3. 统一采购机制的优缺点

(1) 统一采购机制的优点

① 可以提高连锁企业在与供应商采购合同谈判中的争价能力。连锁企业由于实行统一采购制度，进货量大，可以获得一定的价格折让，同时还可以获得有条件退佣及无条件退佣。所谓无条件退佣是指供应商在结算时按供货额的一定比例付给连锁企业的佣金，而有条件退佣是指一定时期内（如一年）连锁企业销售超过了与供应商签订合同时约定的销售额而再付给连锁企业的佣金。由于获得这些折让，连锁企业在价格竞争中处于有利地位。

② 可以降低采购费用。连锁企业由于实行统一采购制度，只在连锁企业总部建立一套采购班子，而不必像分散采购需各店建立自己的采购队伍，从而降低了采购费用。

③ 配送体系的建立降低了连锁店仓储、收货费用。只有统一采购，才可以建立与之相适应的统一配送。如果没有统一配送，连锁企业为保证不缺货，各店需建立自己的仓库（店铺一般建立在地价极高的商业地段，仓库成本极高），同时需建立自己庞大的收货队伍。

④ 连锁企业通过统一采购可以使通道利润最大化。所谓通道利润是指供应商为将商品纳入连锁企业庞大的销售网络中而付给连锁企业的进店费、年节赞助费、促销费等。

⑤ 可以规范采购行为。当前困扰连锁企业的一个很大问题是商业贿赂，所谓商业贿赂是指供应商给零售商的采购员提供金钱或有价值的物品以影响其采购决策。通过统一采购，建立一套行之有效的规章制度及制衡机制，可以有效地解决这一问题。

(2) 统一采购机制的缺点 统一采购机制也不是完美无缺的，由于购销分离体制难以明确界定连锁企业整体销售业绩的职权范围，所以容易引发采购人员与门店销售人员的矛盾冲突；同时统一采购制度所对应的统一商品政策（统一商品结构、统一价格策略、统一促销策略、统一商品陈列等），很难适应不同商圈类型店铺的消费需求之差异。反之，如果一家企业实施分散化采购，那么各部门的管理者就会处理各自的采购业务。这种方法的优点在于商品的销售者比其他人更加了解自己需要什么。而且这种方法更加快捷，如果一个部门有某种需求，部门管理者只需拿起电话订货就可以了。

【案例 6-1】

麦德龙的采购政策独具特色

作为全球最知名的两个零售品牌，沃尔玛和家乐福几乎在各个国家都所向披靡，每到一处都成为当地居民最喜欢的购物场所，但是在这两大零售巨头之后，全球第三大零售商麦德龙在中国却显得没有什么名气，但这并不意味着麦德龙的业绩比其他两家公司逊色。由于它只针对专业客户，使得其脱离了大众的视线。这家全球批发市场的领头羊，不仅"现购自运"的商业模式独特,其采购体系也有着自己的独到之处。

一、通过系统操作程序保证供应可靠

作为一家跨国连锁零售集团,麦德龙对供货商提供产品的质量和供货能力的稳定性要求很高。只要是中国内地合法供应商,产品资质认证齐全,就有机会成为其供应商。麦德龙在与供应商建立购销关系时一般不采用常规签订书面购销合同的方式,而是按照已确立完整的交易惯例,通过一套系统的操作程序来获得质量稳定的商品,保证可靠的供应。

麦德龙通过商品信息系统掌握商品进、销、存的全部资料,从商品的选择、订货、收货到销售、收银,每一个环节都通过电脑完成。信息系统根据历史资料,自动地预测销售,制订采购计划,产生订单,将存货控制在最合理的范围。

麦德龙有一份专门为供应商制作的《麦德龙供货商手册》,内容包括凭据、资料填写、订货、供货、价格变动、账单管理和付款等过程的每一个环节,以及双方当事人应予遵循的交易规则和操作程序。双方确认后,麦德龙和供货商之间就形成长期合作关系,不再就单笔交易签订采购合同。

通过这种规范化采购的运作,麦德龙把供应商纳入自己的管理体系,将供应商的运输系统组合成为自己的商品配送系统,从而大大降低了企业的投资,实现了低成本运营。为了维护与供货商之间的伙伴关系,采购过程中麦德龙会协助供应商选择最经济的送货路线,帮助供应商利用互联网接收订单,以降低订单处理成本,并及时向供应商提供有关市场需求方面的信息。

麦德龙在选择供应商时,先会根据企业报名时所填写的数据来进行筛选,所以供应商在报名的时候必须填写详细信息和供应产品,争取通过初选。然后,麦德龙将会通过电话和邮件形式对入围的供应商进行通知,因此,企业在报名时要填写日常使用邮箱和实际报名人员姓名。

二、采购新政便利地区采购

起初,麦德龙实行中央统一采购政策。由于采购权没有"下放",一些本土商品都要先被购进麦德龙中国区总部,然后再从上海配送到门店。采购高度集权,而卖场又散落在中国各个地区,从而导致麦德龙商品配送时常跟不上。为此,麦德龙实施采购新政,规定区域公司在生鲜、蔬果的当地采购上获得一定的自主权。采购新政更加公开、公平和透明,即使有自主采购权,但也必须按照统一的原则来执行。在很多人眼中,采购被视为一个灰色职业,即"吃回扣"等潜规则很普遍,但是与公司客户采购人员打交道的麦德龙并不接受这些"行规"。

实行采购新政之后,总部采购部门将与区域采购部门联合采购,华北、华南、华中和华东四大区域的区域采购部,将取代总部担负起收集资料、与当地供应商洽谈业务等工作。

具体来说,就是区域采购部门有权在当地选择生鲜、蔬果类产品的供应商,并洽谈具体的供货事宜,然后再由总部的质量监测等相关部门作出综合评估,最后在总部与分公司协商之后"拍板"。以北部区为例,其总部正式在京独立运作后,北部区所辖7家门店中的商品有30%都由北部区总部来独立采购。北京首店开业时就有5000余种商品在京采购,其中,肉制品、果蔬等"鲜货"类别商品,有90%以上都将在北京当地采购。

资料来源:环球市场,2011年第5期

第二节 连锁企业商品采购业务

一、连锁企业采购业务流程

采购管理流程是指当企业有采购需求时,进行采购活动所要完成的各项步骤。采购流程是确定需求、寻找和选择供应商、相关交易条款的谈判以及保证供应商绩效的有关后续工作等活动过程。如图 6-1 所示。

图 6-1　连锁企业采购业务流程

1. 确定需求，提出采购申请

需求的确定是采购流程的初始环节。确认需求过程就是采购部门收到采购申请，制订采购计划的过程。

2. 选择供应商

对于供应商，其选择标准包括供应商的实力、以往在产品设计上的表现、质量承诺、管理水平、技术能力、成本控制、送货服务、优化流程和开发产品的技术能力等。

3. 确定价格

常见的定价方法有竞争性报价及谈判两种。这要求根据不同的条件选择不同的定价方法。

4. 签发采购订单

采购订单是采购方向供应商发出的有关货物的详细信息和指令。采购订单包括的要素有订单编号、产品名称、产品规格、品质简介、产品单价、需求数量、交易条件、运输方式、交货期限、交货地址、发票单位等。

5. 订单跟踪

对采购订单进行信息跟踪。

6. 验收接货

对货物进行验货和收货。

7. 开票付款

对已收货的订单进行开票并支付货款。

8. 记录维护

对已完成采购的项目，应列入档案，登记编号，分类保管。

【知识拓展 6-1】

交易条件的内容

质量："符合买卖约定的要求或规格就是好的质量"。

包装：外包装坚固，内包装精美的商品。

价格：高质量，低价格。

订购量：在采购数量少时，应尽量笼统，不必透露明确的订购数量，如果因此而导致采购陷入僵局时，应转到其他项目上。

折扣：折扣通常有新产品引进折扣、数量折扣、付款折扣、促销折扣、无退货折扣、季节性折扣、经销折扣等数种。有些供应商可能会由全无价扣作为采购的起点，有经验的采购人员会引述各种形态折扣，要求供应商让步。

付款天数：经销的商品采取"货到的×××天付款"的方式结款。代销、联营的商品采取"月结×××天"的方式付款。

交货期：交货期越短越好，因为交货期短，则订货频率增加，订购的数量就相对减少，故存货的压力也大为降低，仓储空间的需求也相对减少。对于有长期承诺的订购数量，采购人员应要求供应商分批送货，减少库存压力。

送货条件：送货条件包括按指定日期及时间送货、免费送货到指定地点、负责装卸货并整齐地将商品码放在栈板上，以及在指定包装位置上编好超市店内码（或印国际条码）等。

售后服务保证：提供免费的一定期限的售后服务；并将保修卡放在包装盒内。

退换货：对供应商产品质量的问题、残损原因等产生的需退换货的情况。

促销活动：在促销商品的价格采购中，采购人员必须了解一般供应商的营销费用预算，通常占营业额的10%～25%，供应商不难由此预算拨出一部分作为促销之用。一般来说，大品牌的供应商在超市快讯促销期间愿意下浮10%～30%不等；小品牌或不知名品牌更能下浮50%，求的是薄利多销或推广产品知名度，采购人员应了解供应商的需求与目的。超市与供应商之间的促销活动多种多样，例如，降价、地堆、端架、搭赠、抽奖、文艺表演等。采购人员应将20%的时间放在与供应商洽谈的促销活动上，以提升彼此的销售业绩。

广告赞助：采购人员应积极与供应商争取更多的广告赞助，这也是采购人员业务考核指标之一。广告赞助包括店内快讯、室内灯箱、室外灯箱或户外看板、地板广告、购物车广告、购物袋广告、电视墙广告、店内广播广告等。

进货奖励：是指一段时间完成一定的进货金额供应商给予的奖励，通常为有条件的及无条件的进货奖励。如目前超市所要求的供应商在每月付款金额基础上返还的返利，即是无条件的进货奖励，或称"账扣"；其余要求超市进货额达到一定条件后，才返回一定奖励的即为有条件返利。通常都可要求供应商给予进货金额1%～10%的进货奖励，供应商因销售份额的需求很乐意提供此种奖励。此种奖励对超市提升利润额大有帮助。

其他赞助费用：新入市的开业赞助费、新店赞助费、新品上架费、集中陈列赞助费、周年庆赞助费、各种节庆的赞助费、端架/地推/地笼陈列赞助费等。

【知识拓展 6-2】

采购合同条款

在所有交易条件都谈妥后，采购人员报采购部门批准后，就可以签订采购合同，其条款具体如下。

采购商品：质量、品种、规格、包装。

采购数量：采购总量、采购批量（单次采购的最高订量与最低订量）。

送货：交货时间、频率、交货地点、最高与最低送货量、保证期、验收方式。

退货：退货条件、退货时间、退货地点、退货方式、退货数量，退货费用分摊。

促销：促销保证、促销组织配合、促销费用承担。

价格及价格折扣优惠：新商品价格折扣、单次订货数量折扣、累计进货数量折扣、年底退佣、不退货折扣（买断折扣）、提前付款折扣。

付款条件：付款期限、付款方式。

售后服务保证：保换、退保、保修、安装。

违约责任。

合同变更与解除条件。

其他合同必备格式内容。

二、采购时间的确定

一定商品有一定的采购季节。适时采购不仅容易购进商品，而且价格也较为便宜，过早购入会延长商品的储存时间，导致资金积压。应权衡利弊，选择合理的采购时间。

1. 根据采购规律，确定采购时间

近几年随着假日经济的启动，形成了春节、国庆、五一等几个大的消费热点，对此企业要加强对市场的调查、研究和预测，从中寻找和发现规律。另外，社会政局的动荡、利率调整、股市变化、宏观经济情况都会影响贵金属价格，找出其影响因素，再确定最佳采购时间，方能为企业创造最好效益。

2. 根据市场竞争状况，确定采购时间

在决定商品采购时间时，还必须考虑市场竞争状况。某些商品率先投入市场可取得市场先机优势，这些商品就需要提前采购。有些商品推迟采购，也能取得市场独有优势，就可以推迟采购。

3. 根据仓库库存情况，确定采购时间

选择采购时间，还必须考虑仓库库存情况，采购时间既要保证有足够的原料以供生产，又不能使商品过多以致发生积压。这方面最常用的方法是最低订购点法。最低订购点法是指预先确定一个最低订购点，当仓库某一原料的库存量低于该点时，就必须去进货。

三、商品采购项目和数量的确定

采购什么样的商品项目，是在对收集到的有关市场信息进行分析研究后确定的。在此过程中，除了要考虑过去选择商品项目的经验、市场流行趋势、新产品情况和季节变化等外，还要重点考虑主力商品和辅助商品的安排。

决定采购和商品数量，会影响到销售和库存，关系到销售成本和经营效益。如果采购商品过多，会造成商店商品的保管费用增多；资金长期被占用，也会影响资金的周转率和利用率。但如果商品采购太少，不能满足顾客的需要，会使商店出现商品脱销，失去销售的有利时机；而且，每次采购商品过少又要保证商品供应，势必增加采购次数，频繁的采购会增加采购支出。

为了避免出现商品脱销和商品积压两种经营失控的现象，有必要确定最恰当的采购数量。解决这一问题的办法，就是在确定商品总采购量后，选择恰当的采购次数，分次购入商品。采购经济批量可由下面的公式计算。

$$Q=\sqrt{\frac{2KD}{PI}}$$

式中　Q——每批采购数量；
　　　K——商品单位平均采购费用；
　　　D——全年采购总数；
　　　P——采购商品的单价；
　　　I——年保管费用率。

【例】某家用电器商店计划全年销售洗衣机 160 台，已知每台洗衣机的采购费用是 10 美元，单价为 80 美元，年保管费用率为 1‰，欲求最经济的采购批量。

$$Q=\sqrt{\frac{2\times 10\times 160}{80\times 1\%}}=20（台）$$

从计算结果可知，每次采购数量为 20 台较为合理。

四、供应商管理

（一）供应商的选择

供应商良莠不齐，如果想有效地执行采购工作，寻求合格的供应商是采购的首要任务。最适当的供应商，应具备许多条件，但能提供合适的品质、充足的数量及准时交货、价格合理以及完善的服务，应该是共同的要求。以下为供应商选择的基本条件。

1. 过硬的商品质量

供应商提供的商品的质量的好与坏，高与低是供应商选择的第一条件。供应商最好应取得 ISO 的系列认证，并有质量合格证、商检合格证等。

在我国商品的产品执行标准有国家标准、专业（部）标准及企业标准，其中又分为强制性标准和推荐性标准。但通常在买卖的合同或订单上，供应商的商品质量是以下列各种形式其中的一种来表示，这也是选择供应商的重要标准之一。

① 市场上商品的等级。
② 品牌。
③ 商业上常用的标准。
④ 物理或化学的规格。
⑤ 性能的规格。
⑥ 工程图。
⑦ 样品（卖方或买方）。
⑧ 以上的组合。

2. 齐全的企业资料

连锁企业是遵纪守法、诚实经营的商业企业，同样也要求供应商遵纪守法。由于市场上供应商的数量特别多，并不是所有的供应商都能成为超市的供应商。对于初次与连锁企业接触的供应商，要求其务必提供以下资料，以便对其资信等各方面进行调查、评估。

① 营业执照的副本。
② 税务登记证（国税、地税）。
③ 生产许可证（特种商品由制造商提供）。
④ 商检合格证。
⑤ 进口商品检验合格证（进口商品适用）。
⑥ 商品检验报告。
⑦ 商标注册证（由制造商提供）。
⑧ 卫生许可证（食品制造商适用）。
⑨ 安全认证［即：长城标志，电工类商品适用，其中电视机、收录机（包含组合音响及卡拉 OK 机）、电冰箱、电风扇、房间空调等几类商品必须提供］。
⑩ 代理授权书（代理商适用）。
⑪ 指定/总经销证书。

除以上基本文件外，各地工商、技术监督部门、卫生检验部门还可能会针对各地自身的情况，对生产或经销商品的单位有一些特殊的规定和要求，例如针对外地企业生产的食品类商品，进入本地销售，许多地方要求生产企业必须办理进入当地销售的许可证。此证通常在卫生防疫部门办理，但各地会有差异，且该证通常有限期限制，原则上讲一个许可证只对一个产品有效。但以目前的时间情况而言,各地的执行并非十分严格。

除以上基本文件资料外,供应商还应提供或填写"供应商简介""供应商基本资料表""供应商报价单""新供应商问卷调查表"及一套其完整的"产品目录"或"样品"。

3. 合理的交易条件

(1) 低廉的供应价格　供应商低廉的供应价格是相对于市场价格而言的。如果没有相同商品的市价可查,应参考类似商品的市价。

同时,供应商低廉的价格,还可通过单独与供应商进行采购或由数家供应商竞标的方式来取得。单独与供应商进行采购时,采购人员最好先分析成本或价格。数家供应商进行竞标时,采购人员应选择两三家较低标价的供应商,再分别与他们谈判采购,求得公平合理的价格。但在使用竞标方式时,采购人员切勿认为能提供最低价格的供应商即为最好的供应商。另外,连锁企业在选择供应商时不能一味地追求低廉的价格,必须综合评价一个供应商的送货、售后服务、促销支持、其他赞助等方方面面的支持。所以有时候连锁企业会放弃与提供极低价格的大批发商的合作,而选择不愿意提供极低价格的制造商合作,因为通常制造商在产品质量、货源保证、售后服务、促销活动及其他赞助上会有更多的营销费用支付。

价格是选择供应商的关键所在,也是最困难的项目,但越是困难的项目,越令人觉得有挑战性,这也是供应商选择的难点所在。

(2) 合适的折扣　理想的供应商应能向连锁企业提供合适的折扣,因为连锁门店的许多商品都必须进行打折促销。若供应商提供的折扣数无法达到让连锁门店的商品售价能吸引他们上门,就算连锁企业向供应商订货,这一关系也不可能持久,这种交易反而不利于企业的价格形象,故最好不要选择这样的供应商。

(3) 较长的付款期限　付款期限是供应商用来商谈采购价格的砝码。在国内一般供应商的付款期限(账期)是30~90天,视不同的商品周转率和产品的市场占有率而定。对于连锁企业而言,一般的食品干货类商品账期在货到45天以上,百货类商品的账期在货到60天以上。而且由于门店实行每月统一付款,供应商实际收到货款的时间要比合同平均延长15天。连锁企业应尽量选择最有利的付款天数(账期),对于惯于外销或市场占有率大的供应商,一般要求的付款期限都比较短,有的甚至要求现金或预付款,如果商品好卖,知名度高,也可以选为供应商。

在正常情况下,连锁企业的付款作业是在交易齐全时,按买卖双方约定的付款天数(账期),由银行直接划款至供应商的账户,这是连锁企业的一大优势,因为一般国内的零售商在付款时,总是推三拖四,找一大堆借口,延迟付款,造成供应商财务的困难。

对于新进供应商来说,连锁企业必须请供应商详细了解企业"供应商手册"有关付款部分的内容,并对企业的付款流程详细予以说明。在以往的经验中,由于连锁企业采用了先进的商业运作模式,与传统的商业模式有很大区别,一些供应商(尤其是内陆城市的供应商)对此相当陌生。

(4) 准确的交货期　由于连锁门店电脑计算订单数量的公式中,交货期是个重要的参数,采购人员应要求供应商以较短的时间交货,这样就能够降低存货的投资。但是不切实际的压短交货期,将会降低供应商商品的质量,同时也会增加供应商的成本,反而最终影响连锁企业的价格优势及服务水平。故采购人员应随时了解供应商的生产情况,以确定合理可行的交货期。一般而言,本地供应商的交货期为2~3天,外地供应商的交货期为7~10天。

(5) 强大的促销支持　"门店快讯"是连锁门店营销最重要的武器,但快讯的成功与否依赖于采购人员选择的商品是否正确,供应商支持与否,以及售价是否能吸引顾客上门,通常"门店快讯"所选择的品项都是一些价格相对较低的商品,它们都是得到供应商强力促销支持的、畅销的、高回转的、大品牌的日用消费品。在采购中,采购人员应向供应商强调其提供促销支持的必要性,即连锁企业每个门店的每期快讯发行数量达到 30000～50000 份,直接邮寄到公司的目标顾客群中,影响力极大,对提高供应商商品的品牌知名度及市场占有率有很大帮助。

(二) 供应商的考核

供应商考核,主要指对供应商在履行合同过程中整个运作活动的全面考核,通过客观、科学的综合评价指标体系,作出对供应商的全面评价。

一般企业在选择、评价供应商时主观的成分过多,有时往往根据对供应商的印象来确定供应商,往往存在一些个人成分在里面。对供应商选择的标准大多只集中在产品质量、价格、交货期等方面,没有形成一个全面的供应商评价体系,不能对供应商作出全面、具体、客观的评价。

供应商考核体系是企业对供应商进行综合评价的依据和标准,不同行业、不同环境下的供应商评价应是不一样的,但基本上都会涉及供应商的业绩、设备管理、人力资源管理、质量控制、价格管理、技术开发、用户满意度、交货协定等方面。建立评估考核体系,还要确定评估的标准、要达到的目标等。这些问题明确之后,还要成立一个考核小组,通过考核小组来对供应商进行综合评定打分。另外,企业也可以和其他兄弟采购单位进行沟通了解,进行考核的横向比较。通过对供应商的评价考核,按照市场优胜劣汰原则,留住优秀供应商,淘汰较差供应商。

(三) 建立供应商管理档案

档案,是了解一个人情况的最重要的资料,记录着一个人成长过程中的信息。建立供应商管理档案,可以协助确定采购环节尚待完善的地方,协助做好供应商绩效评估工作。

(1) 供应商基本资料档案 包括供应商的企业资质、产品类别、负责人、联络方式、财务情况、产品样本、内部管理、用户信息反馈等信息。

(2) 供应商合同过程档案 供应商合同过程档案包括了供应商在履行合同过程中出现问题的记录、解决方案的记录、服务过程记录等,避免业务人员在以后采购过程出现同样错误,也为以后是否继续选择此供应商提供决策依据,最大限度保证采购质量。

(3) 供应商报价档案 通过供应商报价档案的建立和维护可对产品性价进行分析,对供应商的谈判和报价进行管理和比较,对价格实行控制,以取得最佳的效益,最主要的是记载报价有效期。

【案例 6-2】

苏宁云商的商品采购

苏宁综合利用包销、集中采购与创新零采购的采购模式实现采购的合理化、科学化。

包销模式中苏宁先付款把产品买下来,再转手在卖场卖。这样有利于调动包销商经营的积极性并利于利用包销商的销售渠道,达到巩固和扩大市场的目的,同时还可以减少多头经营产生的自相竞争的弊病。

苏宁采用集中采购并建立商品生产基地,有利于采购管理和资金周转;可以统筹规划供需数量,避免各自为政,减少库存量,避免了分散库存,以此减少流转环节,从而取得最佳经济效益。集中采购集各零售店的零星要货为较大批量的要货，提高对供应商的谈判力量，争取供应商在价格上给予尽可能多的优惠，较易获得价格折让与良好服务，从而降低进货成本，降低销售价格，提高竞争力。与此同时，苏宁稳定了本企业与供应商之间的关系，得到供应商在技术开发、货款结算、售后服务支持等诸多方面的支持与合作，有利于更紧密合作和稳定供货渠道。聘用专业化采购人员进行集体采购，有利于采购决策中专业化分工和专业技能的发展，以及提高工作效率，及时掌握供求信息，做好协调工作。苏宁在各部门建立共同物料的标准规格，可以简化种类，互通有无，亦可节省检验工作，减少了管理上的重复劳动。只有一个采购部门，因此采购方针与作业规则，比较容易统一实施；采购功能集中，减少人力浪费；便于采购人才培养与训练；推行分工专业性，使采购作业成本降低，效率提升。但是在此集中采购中，流程过长，延误时效；零星、地域性及紧急采购状况难以适应。采购与使用单位分离，采购绩效较差。而且采购产品多样，不适用于紧急采购的物料，产品种类繁多，难以实现一站式采购。

苏宁在创新零采购模式中采用直接向惠普中国工厂提货的直供模式。直供是使渠道扁平化，减少了中间环节，流出了更大的让利空间，使得消费者可以获得更实惠的价格。惠普向苏宁直接发货，通过无缝对接缩短产品从出厂到苏宁门店的时间。

合理科学的供应商管理体系保证了苏宁采购的顺利进行。首先，苏宁会对供应商产品质量保障能力以及降低成本能力进行评价并划分等级。然后选择性地与部分供应商合作，并根据与该企业的组织相容性以及战略目标兼容性划分合作程度。其中独家代理优势以及与供货商和与苏宁的良好伙伴关系为其占领全国市场提供了较好的基础。并且，苏宁公司与一些龙头家电生产企业签订的代理协议及战略合作协议，具有强强联合的品牌效应，提高了品牌的认可度，高回报率地实现了双赢。例如苏宁与惠普的战略合作。消费者可以在苏宁购买到惠普的最新产品，惠普全球最新概念产品及革命性技术也会第一时间在苏宁展示。惠普将向苏宁提供全方位的技术支持，而苏宁也将提供更加方便快捷的配送、安装、上门维修以及远程电脑服务，苏宁全面专业的电脑维修保养服务和"阳关包"延保服务等，更能为惠普产品销售增添苏宁品牌附加值。

苏宁制定了统购分销为主、自主采购为辅、大规模统一采购以及获得较低采购成本赊购或授信额度的零售导向等一系列的采购战略。与此同时，为了增加综合家用电器产品的经销种类，扩大公司市场规模和机会，加大连锁店的发展速度和整合力度，集约和扩大连锁销售规模，苏宁实施了市场扩张战略以及后向一体化战略。

苏宁建立的采购绩效考核及评估有效保证了采购目标的实现。它以采购价格成本的控制情况以及应付账款的准确性、及时性为指标，根据实际成本与计划成本的差额，应付账款结算的差错、延误次数进行评估。根据评估情况适时作出调整及改进，提高了采购工作的质量和效率，降低了采购成本，使企业整体效益提高，最终促使公司实现整体战略目标。

资料来源：豆丁网

第三节 商品采购谈判

采购谈判，是指企业为采购商品作为买方，与卖方厂商对购销业务有关事项，如商品的品种、规格、技术标准、质量保证、订购数量、包装要求、售后服务、价格、交货日期与地点、运输方式、付款条件等进行反复磋商，谋求达成协议，建立双方都满意的购销关系。

一、采购员的素质要求

连锁企业采购人员的工作内容与职责很多，要求采购人员应具备的条件也具有多样性，需要一专多能的复合型人才。

1. 学历和"十知"

采购人员至少具备专科以上的学历，最好具有商学背景，如企业管理、流通业管理、流行商品或行销经商的学识和经历，采购人员不仅要牢记和深刻理解"知己知彼，百战百胜"，还要进一步做到十知，即知天、知地、知史、知工、知农、知商、知科技、知时、知策、知对手，其所具备的专业知识与技巧能符合零售业采购的工作需求。

2. 分析能力

采购员在和厂商、供应商、中间商、代理商采购谈判时要能识别真与假、虚与实、圈套与陷阱；对琳琅满目的商品，要做出商品样式、色彩、款式、流行、时尚的购买决策；要分析消费者所能接受的价格、商品服务等。因此，采购人员应具备应用分析工具分析市场状况及发展趋势、分析消费者购买心理、分析供货商的销售心理的能力，从而在采购工作中做到心中有数，并能根据分析结果制定出有效的决策。

3. 预测能力

在动态经济环境下，商品（物品）的采购价格与供应数量经常在调整变动，采购人员应能依据多种产销信息，研究判断货源是否充裕。在与供应商的接触中，从其"惜售"的态度，能揣摩物品可能供应日绌。从物品原料价格的涨跌，能推断采购成本受影响的幅度有多少。总之，采购人员必须扩充见闻，具备"察言观色"的能力，要眼观六路、耳听八方，对市场、对物品将来供应的趋势能预谋对策。

4. 表达能力

采购人员必须具备优秀的表达能力，才足以将其对消费需求市场的认识和目标市场细分的结果正确地表达出来。更何况采购人员不仅要与供应商沟通，还要与供应商的各类管理人员沟通、周旋，又要与现场销售人员、顾客进行沟通，还要举办培训班将市场动态、消费者需求等流行资讯传授给其他非采购人员，有时还要对商品进行现场演示、推介，所以，采购人员必须具备较好的表达能力，能把难以琢磨的事情晓之以理、动之以情地表达出来，以争取优惠采购的条件。

5. 商品知识（产品知识）

无论是哪一个产业、哪一个行当的采购人员，都必须要能对其所要购买的标的物（产品或商品）有基本的了解和认识。对于零售业的采购人员而言，对商品的了解要比其他产业还要深入，因为其必须担负起销售业绩的相关责任。对顾客，还牵涉安全责任、售后服务等问题。如流行时尚服饰的采购人员，必须要了解服饰的尺寸、样式、风格、质地、色彩、织法（工艺）、洗、染、熨、保管等知识；家电类商品的采购人员，必须了解家电产品的功能、技术层次、质量特色、个性、与同类产品的差异、保修期限，尤其安全、省电、有无噪声等。更何况现在产品日新月异，必须跟上时代发展的脚步，掌握新的知识。

6. 洞察力

采购人员要有超前意识和敏锐的洞察力，善于抢抓商机，做好采购工作。

7. 虚心与耐心

采购人员虽然占上风，但对供应商应本着公平、互惠的原则，在态度上要不耻下问、虚心求教，要视（顾客）为上帝，不可傲慢无礼、盛气凌人。与供应商谈判或议价的过程，可能相当艰辛与复杂，采购人员更需忍耐、有耐心，这样才能"欲擒故纵""气定神闲"地进行工作。居于劣势时能忍让求全、不温不火。

8. 专注投入

所有的老板、经理都喜欢专注投入的员工，对于连锁企业的采购人员，这点更加重要，因为采购要花更多的时间去了解市场趋势与消费需求。赶上销售旺季和重大节日，市场预测、调查分析、综合评估、做出决策、制订采购计划和落实计划往往需加班加点，忙起来可能几天几夜不合眼，采购人员必须毫无怨言地投入其中。

9. 领导协调能力

连锁企业采购人员还要拥有特殊的领导协调能力。所谓特殊的领导协调能力系指采购人员必须将其所了解的商品流行趋势实施导入到商品的创新与销售活动中去，以协助、部属相关部门人员实现业绩，促进客户关系，实现双赢。

二、采购谈判程序

采购谈判由一系列谈判环节组成。一般要经历询盘、发盘、还盘和接受四个程序（环节），如图6-2所示。

其中，询盘不是正式谈判的开始，而是联系谈判的环节。正式谈判是从发盘开始的，中间经历的还盘是双方的讨价还价阶段，持续的时间较长，如果一项交易达成，而且接受，就意味着结束。当然，达成交易的谈判可以不经过还盘环节，只经过发盘和接受两个环节。下面对谈判各个环节的基本含义作详细的说明。

（一）询盘

询盘是交易一方为出售或购买某项商品而向交易的另一方询问该商品的交易的各项条件。在国内贸易中，询盘一般没有特定的询盘对象，往往是利用报纸、广播、电视公开询盘。在国际贸易中，由于距离远、信息传递不方便，一般有特定的询盘对象。

询盘的目的，主要是寻找买主或卖主，而不是同买主或卖主洽商交易条件，有时只是对市场的试探。在急需买卖时，也可将自己的交易条件稍加评述，以便尽快找到买主或卖主。但询盘只询问，是正式进入谈判过程的先导。询盘可以是口头的，也可以是书面的。它既没有约束性，也没有固定格式。

（二）发盘

发盘就是交易一方为出售或购买某种商品，而向交易的另一方提出买卖该商品的各种交易条件，并表示愿意按这些交易条件订立合同。发盘可以由买方、也可以由卖方发出，但多数由卖方发出；按照发盘人对其发盘在受盘人接受后，是否承担订立合同的法律责任来分，发盘可以分为实盘和虚盘。

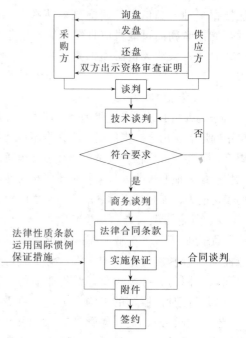

图6-2 采购谈判流程

1. 实盘

实盘是指对发盘人有约束力的发盘。即表示有肯定的订立合同的意图，只要受盘人在有效期内无条件地接受，合同即告成立，交易即告达成。如果在发盘的有限期内，受盘人尚未表示接受，发盘人不能撤回或修改实盘内容。

实盘一般应具备四项条件。

① 各项交易条件要极其清楚、明确，不能存在含糊不清和模棱两可的词句。

② 各项交易条件完备，商品品名、计划单位、品质、价格、数量、交货期、支付方式和包装等主要条件要开列齐全。

③ 无保留条件，即发盘人保证按提出的各项交易签订合同、达成协议。

④ 规定有限期，即告知对方发盘的终止日期。这个有效期主要是约束发盘人的，对受盘人无约束力。受盘人可在有效期内接受，也可不接受，甚至在不接受时，也无通知发盘人的义务。同时，有效期也是对发盘人的一个保障，发盘人只在有效期内负责，如果超过有效期，发盘人将不受所发盘的约束。

在实盘有效期内，如出现下列情况之一，按照国际惯例即告失效，发盘人可以不再受这一项实盘的约束。

第一，过时。即在有效期内未被接受。

第二，拒绝。即受盘人表示"不感兴趣""不能接受"等，则发盘的效力即告结束。如受盘人拒绝后，重新接受，即使是在有效期内，发盘人也可不承担原发盘的责任，只有在经过发盘人确认后，交易才能成立。假如受盘人对发盘内容进行还盘，原发盘也立即失效。

第三，国家政府法令的干预。如果发盘人在发出实盘后，政府宣布发盘中的商品为禁止进口或出口的商品，该项实盘即无效，对原发盘人的约束力也即告解除。

2. 虚盘

虚盘是指对发盘人和受盘人都没有约束力的发盘。对虚盘，发盘人可随时撤回或修改内容。收盘人如果对虚盘表示接受，还需要发盘人的最后确认，才能成为对双方都有约束力的合同。

虚盘一般有以下三个特点。

① 在发盘中有保留条件，如"以原材料价格没有变动为准""以我方明确确认为准"，或标注说明如"仅供参考"等。它对发盘人不具有约束力，受盘人若要接受这一发盘，必须得到发盘人的确认。

② 发盘的内容模糊，不作肯定表示。如"价格为参考价""商品价格视数量多少给予优惠价"等。

③ 缺少主要交易条件。有些发盘虽然内容明确、肯定，但没有列出必须具备的交易条件，如"价格、数量、交货期"等，也属于虚盘性质。

作为发盘人，可以发实盘，也可以发虚盘。对两者如何选择，这要由自己的经营意图和谈判方式来决定。虚盘通常适用于己方货源尚未组织落实，或者对客户不十分了解，而对方询盘又很急的情况下。由于对某一时间内的国外商情和市场情况不明，也可以故意发出虚盘，以作探测。使用虚盘时，一般采用"以我方最后确认为准"的形式。

（三）还盘

还盘是发盘后的又一个谈判环节。还盘是指受盘人在接到发盘后，对发盘内容不同意或不完全同意，反过来向发盘人提出需要变更内容或建议的表示。按照这一规定，在原受盘人作出还盘时，实际上就是要求原发盘人答复是否同意原受盘人提出的交易条件。这样，原受盘人成了新的发盘人，其还盘成了新发盘，而原发盘人成了受盘人，原发盘人的发盘随之失效。需要注意，既然还盘成了新发盘，那么，前面对实盘所作的法律含义和实盘的法律责任同样适合于还盘。这一点对于已经改变了地位的原发盘人来说，具有非常重要的意义。作为原发盘人，此时，一方面要明确自己的实盘已经失效，可不受约束了；另一方面要分析对方的还盘是实盘还是虚盘。

如果说接受对方的是实盘，当然要求对方履约。另外还要注意对方有时发来的表示，貌似还盘，其实不是还盘。这就不能表明自己的实盘失效。比如，对方提出某种希望、请求时，但在法律上不构成还盘。发盘人即使同意这些"希望""请求"仍不表明实盘失效。因此，发盘人一定要能判断出对方的表示是否真正构成还盘，以避免由于判断错误而发生纠纷或处于被动地位。发盘人如果对受盘人发生的还盘提出新的意见，并再发给受盘人，叫再还盘。在国际贸易中，一笔交易的达成，往往要经历多次还盘和再还盘的过程。

（四）接受

接受在法律上属于承诺。它是指交易一方无条件同意对方的发盘或还盘的内容所作出的意思表示。或者说，它是指受盘人按照发盘人所指定的交易条件，发出同意发盘内容的一种有效表示。一项有效的发盘一旦被受盘人接受，交易即告成立。

有效接受应具备以下几个条件。

第一，接受必须由合法的受盘人表示，一项发盘可以向特定的人提出，也可以向不特定的人提出。实盘通常都会有特定的送达受盘人，这时只有被指定的或其合法的代理人才是合法的受盘人，其表示的接受才构成有效的接受，任何第三者都无权对该发盘表示有约束力的接受。对于第三者的接受，除了其表示经受盘人或其合法代理人追认，并经发盘人确认有效外，其余双方均不受约束。对于没有指定特定受盘人的公开发盘，任何人均可对发盘中的交易条件表示接受，建立有效的合同关系。

第二，接受必须是无条件的接受。指受盘人对发盘中所提出的各项交易条件完全同意，不作任何增减、修改或限制，也无任何保留意见。

第三，接受必须在发盘的有效期内表示。对于明确了有效期的发盘，受盘人只有在此期间内表示接受才有效。若实盘未规定有效期，应视为在合理时间内表示接受才有效。逾期接受一般是无效的，但在下列情况下，仍视为有效。

① 发盘人对逾期接受表示同意，逾期接受仍然有效。但发盘人必须以口头或书面形式通知受盘人。

② 受盘人在有效期的最后一天表示接受，这一天又是发盘人所在地的假日或非营业日，受盘人的接受不能及时送达给发盘人，这时受盘人的接受在顺延的时间内仍有效。

③ 受盘人在有效期内表示的接受，本应正常地送达发盘人，但因意外情况等造成延误，造成逾期接受，应视为有效接受。除非发盘人及时通知其发盘失效。

第四，接受必须表示出来并传达到发盘人。接受一般由受盘人发出声明或作出某种行为表示出来，保持沉默或没有任何行动，不能构成接受。

接受应送达发盘人，其接受的生效时间，各国规定不一。其常见的做法如下。

① 到达原则。该原则是指如果接受在传递过程中遗失或破损致使内容不清，接受则不发生效力。如接受及时送达，即使发盘人未及时拆阅，不了解其内容，接受也于送达时生效。

② 投邮原则。该原则主张接受一经投邮，不论接受在传递中是否顺利到达目的地，都认为接受生效。

③ 了解原则。该原则是指接受不仅要送达发盘人，而且接受的内容要在发盘人真正了解之时方能生效。

（五）签订合同

买卖双方通过交易谈判，一方的实盘被另一方有效地接受后，交易即达成。但在商品交易过程中，一般都可通过书面合同来确认。由于合同双方签字后就成为约束双方的法律性文件，双方都必须遵守和执行合同规定的各项条款，任何一方违背合同规定，都要承担法律责任。因此，合同的签订也是采购谈判的一个重要环节。如果这一环节发生事故或差错，就会给以后的合同履行留下引起纠纷的隐患，甚至会给交易带来重大损失。只有对这一工作采取认真、严肃的态度，才能使整个采购谈判达到预期的目的。

对这一环节工作的基本要求是：合同内容必须与双方谈妥的事项及其要求完全一致，特别是主要的交易条件都要拟订得明确和肯定。拟订合同时所涉及的概念不应有歧义，前后的叙述不能自相矛盾或出现疏漏差错等。

商场采购合同的内容

商场采购合同的条款构成了采购合同的内容，应当在力求具体明确，便于执行，避免发生纠纷的前下，具备以下主要条款。

（1）商品的品种、规格和数量　商品的品种应具体，避免使用综合品名；商品的规格应规定颜色、式样、尺码和牌号等；商品的数量多少应按国家统一的计量单位标出。必要时，可附上商品品种、规格、数量明细表。

（2）商品的质量和包装　合同中应规定商品所应符合的质量标准，注明是国家或部颁标准；无国家和部颁标准的应由双方协商凭样订（交）货；对于副品、次品应规定出一定的比例，并注明其标准；对实行保换、保修、保退办法的商品，应写明具体条款；对商品包装材料、包装式样、规格、体积、重量、标志及包装物的处理等，均应有详细规定。

（3）商品的价格和结算方式　合同中对商品和价格的规定要具体，规定作价的办法和变价处理等，以及规定对副品、次品的折扣办法；规定结算方式和结算程序。

（4）交货期限、地点和发送方式　交（提）货期限（日期）要按照有关规定，并考虑双方的实际情况、商品特点和交通运输条件等确定。同时，应明确商品的发送方式（送货、代运、自提）。

（5）商品验收办法　合同中要具体规定在数量上验收和在质量上验收商品的办法、期限和地点。

（6）违约责任　签约一方不履行合同，违约方应负物质责任，赔偿对方遭受的损失。在签订合同时，应明确规定，供应者有以下三种情况时应付违约金或赔偿金：

① 未按合同规定的商品数量、品种、规格供应商品；

② 未按合同规定的商品质量标准交货；

③ 逾期发送商品。购买者有逾期结算货款或提货、临时更改到货地点等，应付违约金或赔偿金。

（7）合同的变更和解除条件　在什么情况下可变更或解除合同，什么情况下不可变更或解除合同，通过什么手续来变更或解除合同等情况，都应在合同中予以规定。

除此之外，采购合同应视实际情况，增加若干具体的补充规定，使签订的合同更切实际，更有效力。

资料来源：道客巴巴

缺乏谈判经验造成经济损失

A 公司拟向 B 公司出口一批时装，双方经过一段时间的谈判，未能在价格上达成一致。

后来，B 公司表示同意接受 A 公司的价格，但同时却要求 A 公司同意在交货后半年收款。

由于 A 公司的谈判代表缺乏业务经验，急于签单，当场表示同意。事后，经过核算，半年的利息损失早已超过原价所得的利益。

三、谈判中要注意的问题

在谈判过程中，要掌握谈判技巧和分寸。谈判小组成员要有明确的分工，在谈判过程中，要注意座次的排列，更应注意角色的配合，同时，还应注意掌握谈判技巧、谈判进程和谈判的整体节奏。

对具体问题要具体分析，在整个谈判过程中，可进行多轮技术谈判和商务谈判，具体数量由谈判小组根据具体情况确定，也可以将技术谈判和商务谈判合为一个阶段同步进行。但不论是哪种方式，都应保证每个参与谈判的供应商都能得到同样多的谈判机会。

要注意谈判方谈判代表资格的有效性，即谈判方参加谈判的代表必须为其法定代表人或法人授权委托人，如法人授权委托人参加谈判，必须向谈判小组出具法人授权书。

要注意运用法律法规的准确性，整个谈判过程都要严格依据法律法规的规定进行。不仅要遵照《政府采购法》对竞争性谈判方式的具体规定，还应注意遵照本法的其他规定，同时还应注意遵照其他相关法律法规。法无明文规定的事不做，法有明文规定的，既要做到主体合法、实体合法，又要做到程序合法。

要注意确认成交供应商需具备三个条件，即符合采购需求、质量和服务相等、报价最低，这三个条件必须同时具备，缺一不可。同时，在整个谈判活动实施过程中，要注意采购文件的完整性，所有采购过程的每一个阶段都要有详细的书面记录，各类附件及个人签字手续、单位盖章必须齐全。另外，因集中采购机构要经常实施竞争性谈判，可将谈判文件、邀请函和各个阶段使用的文件、表格、报告以及相关程序、工作纪律、注意事项等，制作成通用的标准格式或文件范本，以减少工作量，提高工作效率。

【知识拓展 6-3】

谈判桌上的基本技巧

和小的供货商比较，连锁企业更愿与大的供货商合作，因为大的供货商资金雄厚，他们往往出于市场的考虑不会拒绝购买方提出的要求，如降价、提供更高的赞助费等，这些供货商的商品品种较多，这一商品不赚钱，别的商品能赚钱，只要整体能保持赚钱，他们就能从心理上去接受购买方的条件。而对于小的供货商而言，因为他的商品种类很少，要求他们降价促销往往会遭到反对。但不管是大或小的供货商，在和他们谈判时他们都会哭穷，如毛利很低了，没有钱赚了，赚的钱不够赞助了等，让你于心不忍。或者是指责你的工作不到位，如收货慢、验货太挑剔，商品陈列位置不好，没有人促销，价格牌不够大等。尽量说你的不对，使你感到内疚，从而不好意思提出自己的要求。或即使供货商答应你了，也作出最大让步的姿态，但想要得到相应有利的补偿。

对待这种种情况，连锁企业不能一味退让或强硬坚持。首先要了解对方的指责是否合理，对方是否已经清楚我方的观点，然后再作出判断，同时将自己所了解到的信息和对方沟通。以下列举谈判时经常遇到的情况及应对办法。

1. 供应商哭穷并指责你的工作

供应商如此做是不愿意作出让步，或虽然作出了让步，却想得到有利条件补偿其不便之处。

应对方法：作为购买方，应认真听取其意见，认清他们的指责是否合理。是否你解释得不够清楚，应寻找机会向其解释明白。但首先应以诚恳态度倾听，同时坚持自己的利益。

2. 供应商在谈判中突然保持沉默

保持沉默是想让你感到不安，促使你不断地说话，以获得有用的信息。属于一种以守为攻的防御策略，也是他们在谈判中经常使用的手段，因为此时他们答应你也不好，不答应也不好，想借此有一个转机。

应对方法：碰到这种情况，要主动地设法让对方将这种意思表达出来，询问他的沉默是否意味着我们之间还有什么沟通不够。

3. 供应商常会吹嘘自己的商品如何好

供应商这样做常是想给你造成一种错觉，让你相信他们的实力、相信他的资信等，于是让你能很草率地答应他们的某些要求，或想让你做出更大的让步。如某一供应商吹嘘自己的价格和质量是如何得好，从而索取较高的进价等。

应对方法：不要轻信供应商的一面之词，在你不充分了解市场的情况下，委婉将此事缓一缓，建议将关键问题的细节集中在以后再谈。

4. 供应商会拖延时间

供应商常会使用种种方法来拖延，以从你这里套取更多的信息，如他们希望知道你的最终条件，而自己却以要先和老板商量等来拒绝作出决定。

例如他们会说：“在做出保证之前（也可说在发表意见之前），我们需要研究一下你的提议。"

应对方法：事先周密计划，坚守目标。除非双方都有决策权，否则不轻易透露自己的底牌。

5. 供应商会下最后通牒，给你压力

此时他们会说，我已尽力了，价钱不能再低，要么接受，要么算了。他们这样做是为了试探对方的反应，为使谈判进行下去，强逼你们作出让步。

应对方法：不要做任何承诺，要知道对手正密切注视着你们。此时也不必正面回答这个问题，宜寻找一个机会，转移到另一个新问题上。

6. 供应商会使用红脸与白脸策略

有时供应商会采用红脸与白脸的策略来争取更多的利益或更少的让步，通过两者的配合，扰乱你的心绪，使你答应他的要求。

应对方法：要根据双方的目标距离有多大，然后在谈判中少去注意红脸人，应努力转变白脸人（态度强硬者）的态度，设法阐述自己要求的合理性和充分性。

7. 供应商让一半时

很多人都有这样的经历，在买标价1000元的衣服时，你花了九牛二虎之力将价格压至500元，此时你也许觉得自己很划算，但殊不知此衣服才值100元。因此不能以供应商让一半就觉得他们大出血，亏本了。要根据市场和自己的实际情况，评估这种退让是否有利。如同种同质商品的不同供应商中的一位答应给你降一半的价格，却要求你不经营其同类型的商品等。

应对方法：当遇到供应商主动或轻易降价让步时，证明供应商有谈判的意向，这时要试着谈判更低的价格或更有利的条件。

8. 供应商：我的职权有限

有时供应商会先派一名业务员来谈判，然后是业务经理，再之后才是经理。每次谈判都要你完全地投入，使你的信息完全向对方曝光，他们自己却不轻易作出承诺，而是在他们认为有利时才立刻表态，导致你不得不接受一些对自己不利的谈判结果。

应对方法：必须清醒地认识形势，向对方提出"谈判双方地位不平等，谈判毫无意义"，你可以决策，而对方需层层请示，要求对方与你地位相当的人员来谈，其中可向对方暗示不满意对方这种不尊重的谈判态度，施加无形心理压力，为以后的谈判埋下伏笔。

9. 供应商态度强硬

供应商为达到目的不惜以威胁的方法。缺货时不送货是供应商经常使用的手段。

应对方法：必须分析威胁，此商品是否有替代品或竞争品。如果不同意，将会产生怎样的损失后果。同时要向供应商暗示，威胁是要付出代价的，这代价有时可能就是失去此商家。但不要正面应战以免造成关系恶化。

第四节　连锁企业配送管理

一、商品配送模式

当前连锁企业的配送模式主要有自营配送模式、第三方物流配送模式、供应商配送模式和共同配送模式。

1. 自营配送模式

随着连锁企业的发展，以配送中心为核心的物流系统构建显得越来越重要。物流配送已经成为保证连锁企业运营体系正常运作的基本条件，也是构筑各企业核心竞争力的关键因素。目前大型连锁企业多数采用以自建为主的物流系统发展战略，投巨资建设自己的现代化物流配送中心，实行统一配送特别是在常温仓储和冷冻品及生鲜产品仓储方面，这一现象更加普遍。

2. 第三方物流配送模式

第三方物流配送模式是指连锁企业为集中精力搞好主业，把原来属于自己处理的物流活动以合同的方式委托给专业物流服务企业，同时通过信息系统与物流企业保持密切联系，以达到对物流全程管理进行控制的一种物流运作与管理方式。我国连锁企业还普遍存在现有物流配送系统不能适应自身发展需要的情况。连锁企业在利用自己的物流资源积极建设物流配送体系的同时，还应该学会利用专业的第三方物流业提供的物流服务加以弥补。

3. 供应商配送模式

简单地说，供应商配送模式就是由生产企业直接将连锁企业采购的商品在指定的时间范围内送到各个连锁门店甚至到货架的物流活动。通常中小连锁企业由厂方直送商品的比例较高，而大型连锁企业趋向于通过自己的配送中心对门店实施配送。据估计，厂方直送商品只占总量的15%～20%。

4. 共同配送模式

共同配送模式是指由多家连锁企业联合起来，为实现整体物流配送合理化，在互惠互利原则的指导下，共同出资建设配送中心，共同制订计划，共同对某一地区的用户进行配送，共同使用配送车辆的配送模式，尤其是一些经营规模较小或门店数量较少的连锁企业常采用这一模式。

二、配送中心及其功能

（一）配送中心

1. 配送中心的概念

配送中心是以组织配送性销售或供应，执行实物配送为主要职能的流通型结点。在配送中心为了能更好地做送货的编组准备，必然需要采取零星集货、批量进货等种种资源搜集工作和对货物的分整、配备等工作，因此，也具有集货中心、分货中心的职能。为了更有效地、更高水平地配送，配送中心往往还有比较强的流通加工能力。此外，配送中心还必须执行货物配备后的送达到户的使命，这是和分货中心只管分货不管运达的重要不同之处。由此可见，如果说集货中心、分货中心、加工中心的职能还是较为单一的话，那么，配送中心功能则较全面、完整，也可以说，配送中心实际上是集货中心、分货中心、加工中心功能之综合，并有了配与送的更高水平。

配送中心作为物流中心中的一种主要形式，有时便和物流中心等同起来了。

2. 配送中心的作用

配送中心是降低运作成本和提高服务效率，建立连锁企业竞争优势的基础设施和重要枢纽，这主要表现在以下几个方面。

（1）连锁企业以配送中心为纽带，将各网点形成联合统一的经销经营体系，使原来各网点与供应商的零散交易关系集约为统一所有者与供应商的交易，大大减少了供需双方的交易次数，从而减少了交易手续和费用，提高了经济效益。

（2）配送中心将商店的零散需求进行有效集约，减少了供应链流通环节的数量，有利于连锁企业降低采购成本，获取规模效益。

（3）配送中心商品由总部支配，总部掌握各网点的库存情况，用配送中心的集中安全库存代替各网点的分散安全库存，保证商品有效及时的补充和统一调拨，大大降低了各网点的库存商品量及连锁企业的整体库存商品量，提高了库存管理水平。

（4）供应链的基本原则是优化供应链的资源配置，并为合作伙伴创造价值。连锁企业各网点小批量、多频次的订货特点决定了其不适合采取供应商直送的方式进货，而配送中心取代供应商承担了向网点配送的任务，这为连锁企业和供应商都做出贡献并带来了利益。

3. 配送中心的类型

连锁经营企业配送中心营建类型可谓多种多样，连锁企业可遵循"低成本，高效率"的原则，选择于己有利的配送中心类型。连锁企业配送中心可归结为以下四种主要类型。

（1）自建型配送中心　即由连锁经营企业独资建立独立经营，为整个连锁网络或其他商业企业提供货物的物流中心。这种配送中心的主要职能是负责连锁企业若干分店的商品采购、库存分配、流通加工、运输和信息沟通，根据需要在指定时间内把定量的商品送达各分店。选择自建型配送中心的连锁企业通常是规模较大、资金雄厚，有长远战略的企业。

（2）联合型配送中心　联合型配送中心大致可分为两种不同的联合方式：一种是由一家或多家连锁企业与物流企业联合，分别承担不同功能，共同实现配送中心任务，为连锁企业或其他企业配货；另一种联合型配送中心是由连锁企业和其他企业提供配货的配送中心，它是一种由流通领域延伸至生产领域的类型。

（3）代理型配送中心　代理型配送中心是指连锁企业本身并不经营配送业务，而是把配送业务交给某供应商或企业外的配送中心完成。它的一般程序是：总部与某一代理（物资流通）机构或个人（配送中心或供应商）签订合约，通过双方权利或义务的规定，承担本连锁企业的配送任务，这种代理型配送中心适用于那些规模小、实力较弱、企业内部经营管理能力较差的连锁企业。

（4）改造型配送中心　某些批发企业或商业储运企业在长期运营过程中购置了较为完备的设施，形成了系统的管理经验，具有较强的集散能力和较高的物流管理能力，连锁企业只需投入部分资金进行技术改造，管理创新，即可使之成为给本企业提供服务的配送中心。

（二）配送中心的功能

物流配送中心与传统的仓库、运输是不一样的，一般仓库只重视商品的储存保管，传统的运输只是提供商品运输而已,而配送中心承担了连锁物流中的主要职能,重视商品流通的全方位功能,具有商品储存保管、分拣配货、送货、流通加工及信息管理五大功能。

1. 商品储存保管功能

一般来说,除了采用直配直送的批发商之外,连锁企业的大部分商品必须经过实际入库、保管、流通加工包装后才可以出库,所以配送中心具有储存保管功能。在配送中心一般都有库存保管的储存区,因为任何商品为了防止缺货,或多或少都有一部分安全库存。视商品的特性及生产前置时间的不同,其安全库存的数量也不同。一般国内制造的商品库存较少,而国外制造的商品因船期的原因需储存较多的库存,库存周期2~3个月;另外,生鲜产品的保存期较短,因此保管的库存量比较少;冷冻食品因其保存期较长,因此保管的库存比较长。

2. 分拣配货功能

在配送中心,另一个重点就是分拣配货的功能。连锁企业一般具有较多的门店,不同的门店对商品种类、规格、数量等方面都有不同的要求,因此配送中心必须根据各门店的补货要求,从储备商品中通过拆零、分拣等作业完成不同门店的配货工作,并以最快的速度送达各门店手中。

配送中心的分拣配送效率是物流质量的集中体现,是配送中心最重要的功能。

3. 送货功能

送货是连锁物流的一大核心功能,也是物流成本支出和提升物流服务质量的主要方面。送货功能包括配装、运输和交货。

在单个用户配送数量不能达到车辆的有效载运负荷时,就存在如何集中不同用户的配送货物,进行搭配装载以充分利用运能、运力的问题,这就需要配装。和一般送货的不同之处在于,通过配装送货可以大大提高送货水平及降低送货成本。所以,配装也是配送系统中具有现代特征的功能要素,也是现代配送不同于以往送货的重要区别之处。

配送中心的运输属于运输中的末端运输和支线运输,与一般运输形态主要区别在于:配送运输是较短距离、较小规模、频度较高的运输形式,一般使用汽车作为运输工具。与干线运输的另一个区别是,配送运输的路线选择问题是一般干线运输所没有的,干线运输的干线是唯一的运输线,而配送运输由于用户多,一般城市交通路线又较复杂。如何组合成最佳路线,如何使配装和路线有效搭配等,是配送运输的特点,也是难度较大的工作。

配好的货运输到用户还不能算送货工作的完结,这是因为送达货和用户接货往往还会出现不协调,使配送前功尽弃。因此,要圆满地实现运到之货的移交,并有效地、方便地处理相关手续并完成结算,还应讲究卸货地点、卸货方式等。送货功能也是配送中心独具的特殊性。

4. 流通加工功能

在物流过程中,根据零售要求或配送产品的特点,有时需要在配货之前先对货物进行加工和分装,以更好地满足用户需求。如肉类分割、计量、散货分装等,还有蔬菜的分拣、计量、包装等。这些作业是提升配送中心服务品质的重要手段。

5. 信息管理功能

一些现代连锁企业的配送中心除了具有配送、流通加工、储存保管功能外,还有信息管理功能。掌握物流活动中的相关信息,为配送中心本身及上下游企业提供各式各样的信息情报,以供配送中心营运管理策略制定、商品路线开发、商品销售推广策略制定作为参考。例如,哪一个客户订多少商品,哪一种商品比较畅销,从分析资料中可以非常清除地了解到,甚至可以将这些信息资料提供给上游的制造商及下游的零售商当作经营管理的参考。

三、配送业务流程

不同类型的配送中心作业内容有所不同,一般来说配送中心执行如下作业流程,如图 6-3 所示。下面对重要环节加以介绍。

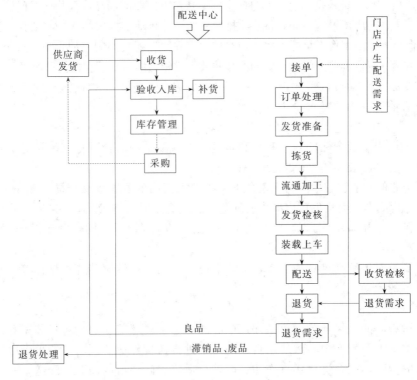

图 6-3　配送中心业务流程

→实体物流　--→资讯流

1. 收货作业

收货作业是配送中心运作周期的开始。它包括订货和接货两个过程。

配送中心收到和汇总门店的订货单后,首先要确定配送货物的种类和数量,然后要查询配送中心现有库存中是否有所需的现货。如果有现货,则转入拣选流程;如果没有或虽然有现货但数量不足,则要及时向总部采购部门发出订单,进行订货。通常,在商品资源宽裕的条件下,采购部门向供应商发出订单以后,供应商会根据订单的要求很快组织供货,配送中心接到通知后,就会组织有关人员接货,在送货单上签收,对货物进行检验。

2. 验收入库

采用一定的手段对接收的货物进行检验,包括数量的检验和质量的检验。若与订货合同要求相符,则可以转入下一道工序;若不符合合同要求,配送中心将详细记录差错情况,并拒绝接收货物。按照规定,质量不合格的商品将由供应商自行处理。

经过验收之后,配送中心的工作人员随即要按照类别、品种将其分开,分门别类地存放到指定的仓位和场地,或直接进行下一步操作。

3. 储存

储存主要是指常备储存,它是为了保证销售需要,但要求是合理库存,同时还要注意在储存业务中做到确保商品不发生数量和质量变化。

还有一种储存形态是暂存，是具体执行日配送时，按分拣配货要求，在理货场地所做的少量储存准备，或是在分拣配货之后，形成的发送货物的暂存。其作用主要是调节配货与送货的节奏，暂存时间不长。

4. 拣选配货

配送中心的工作人员根据信息中心打印出的要货单上所要的商品、要货的时间、储存区域以及装车配货要求、门店位置的不同，将货物挑选出的一种活动。拣选的方法一般是：摘果方式和播种方式。摘果方式是工作人员托着集货箱在排列整齐的仓库货架间巡回走动，按照配货单上指出的品种、数量、规格挑选出门店需要的商品并放入集货箱内，最后存放暂存区以备装车。

播种方式是工作人员将需配送的同一种货物，从配送中心集中搬运到发货场地，然后再根据各用户对该种货物的需求量进行二次分配。

5. 配装

为了充分利用载货车厢的容积和提高运输效率，配送中心常常把同一条送货路线上不同门店的货物组合、配装在同一辆载货车上。

在配送中心的作业流程中安排组配作业，把多家门店的货物混载于同一辆车上进行配载，不但能降低送货成本，而且也可以减少交通流量、改变交通拥挤状况。一般对一家门店配送的商品集中装载在一辆车上，可以减少配送中心对门店的配送事项，同时也有利于环境保护。

6. 加工

加工主要是对生鲜品进行切、剁、去除老叶等活动，或给服装等加贴标签，对促销品进行捆绑等简单的劳动。

7. 送货

这是配送中心的最终环节，也是配送中心的一个重要环节。送货包括装车和送货两项活动。在一般情况下，配送中心都使用自备的车辆进行送货作业。同时，它也借助于社会上专业运输组织的力量，联合进行送货作业。此外，适应不同超市的需要，配送中心在进行送货作业时，常常作出多种安排；有时是按照固定时间、固定路线为固定用户送货；有时也不受时间、路线的限制，机动灵活地进行送货作业。

8. 信息处理

主要是配送中心与客户进行信息沟通，在配送的各个环节传递信息，如接收门店订货，并对订货处理，打印拣选单等。

另外，为保障配送中心整体的正常运作，在业务上还需要进行信息处理、业务结算和退货、废弃货物处理等作业。

【案例 6-4】

华联超市配送中心

华联超市配送中心是针对零售商为主体的配送中心，具有较高的技术含量，包括：仓储立体化；装卸搬运机械化；拆零商品配货电子化；物流功能条码化与配送过程无纸化；组织好"越库中转型物流""直送型物流"和"配送中心内的储存型物流"，完善"虚拟配送中心"技术在连锁超商品配送体系中的应用；建立自动补货系统（ECR）。

华联认为，影响顾客满意度的属于物流范围的项目有：配送过程如何确保商品本质；门店紧急追加减货的弹性；根据实际确定配送时间安排；缺品率控制；退货问题；流通加工中的拆零工作；建立客户服务窗口等八个方面。

（1）配送过程中如何确保商品品质。华联的原则是，"搬运次数越少，商品品质越能得到保证。"尽量减少商品验收入库到门店上货架整个过程中的搬运次数。严格控制商品保质期是确保商品品质的首要条件。在配送过程中减少人工搬运，多用托盘和机械作业。

（2）门店紧急追加减货的弹性。适当加强配送系统中"紧急加减货"功能；在深入调查研究的基础上，制定门店可以追加减货的条件。

（3）根据实际情况确定配送时间。根据商场的销售实绩、门店的要货截止时间、门店交通状况、门店规模大小及节假日等，来确定门店的配送时间。

（4）缺货率控制：退货问题。华联重点抓采购部门的"缺货率管理"采用电脑加强配送中心库存量的实时管理，保证配送中心有适当的库存量。实施自动补货系统，进一步降低水平商品的缺货率和库存量，提高周转率。

（5）退货问题。配送中心、门店和供应商协商制定统一的退货制度。

（6）做好流通加工中的拆零工作。华联通过计算机系统进一步对商品实施单品管理，确定配送中心应该拆零的商品品种。

（7）合理规划物流配送的流程是构筑配送体系的重要前提。

（8）为了准时将商品送到客户手中，华联超市在运输管理调度方面遵循调度原则，并编制出合理的行驶路线和时间安排。

调度原则：相互临近的门店货装在同一辆车上安排在同一时间配送；配送路线从离物流中心最远送货点开始；同一辆车途经各门店路线呈凸状；尽量使用装载量加大的车辆。但对于规划线外的门店，特别是送货量小的使用载重量小的车辆；尽量减少门店工作时间过短的限制。

为了准时将商品送到客户手中，运输功能为客户选择满足客户需要的运输方式，在规定的时间内将客户的货物送到正确的目的地。

对配送路线的重新规划，提高车辆利用率，对驾驶员的时间管理、分配工作量有着极其重要的作用。

车辆的调度可以减少时间的耗用率，货物能够快速的送达目的地，几乎无配送错误，提高物流的效率。

资料来源：联商网

四、配送作业管理

配送中心的作业管理主要有进货入库作业管理、在库保管作业管理、加工作业管理、理货作业管理和配货作业管理。

1. 进货入库作业管理

进货入库作业主要包括收货、检验和入库三个流程。收货是指连锁店总部的进货指令向供货厂商发出后，配送中心对运送的货物进行接收。收货检验工作一定要慎之又慎，因为一旦商品入库，配送中心就要担负起商品完整的责任。一般来说，配送中心收货员应做好如下准备：及时掌握连锁总部（或客户）计划中或在途中的进货量、可用的库房空储仓位、装卸人力等情况，并及时与有关部门、人员进行沟通，做好以下接货计划。

① 使所有货物直线移动，避免出现反方向移动；
② 使所有货物移动距离尽可能短，动作尽可能减少；
③ 使机器操作最大化、手工操作最小化；
④ 将某些特定的重复动作标准化；
⑤ 准备必要的辅助设备。

检验活动包括核对采购订单与供货商发货单是否相符、开包检查商品有无损坏、商品分类、所购商品的品质与数量比较等。数量检查有四种方式。

① 直接检查，将运输单据与供货商发货单对比；
② 盲查，即直接列出所收到的商品种类与数量，待发货单到达后再做检查；
③ 半盲查，即事先收到有关列明商品种类的单据，待货物到达时再列出商品数量；
④ 联合检查，即将直接检查与盲查结合起来使用，如果发货单及时到达就采用直接检查法，未到达就采用盲查法。

经检查准确无误后方可在厂商发货单上签字将商品入库，并及时登录有关入库信息，转达采购部，经采购部确认后开具收货单，从而使已入库的商品及时进入可配送状态。

2. 在库保管作业管理

商品在库保管的主要目的是加强商品养护，确保商品质量安全。同时还要加强储位合理化工作和储存商品的数量管理工作。商品储位可根据商品属性、周转率、理货单位等因素来确定。储存商品的数量管理则需依靠健全的商品账务制度和盘点制度。商品储位合理与否、商品数量管理精确与否将直接影响商品配送作业效率。

3. 加工作业管理

主要是指对即将配送的产品或半成品按销售要求进行再加工。

① 分割加工，如对大尺寸产品按不同用途进行切割；
② 分装加工，如将散装或大包装的产品按零售要求进行重新包装；
③ 分选加工，如对农副产品按质量、规格进行分选，并分别包装；
④ 促销包装，如促销赠品搭配；
⑤ 贴标加工，如粘贴价格标签，打制条形码。加工作业完成后，商品即进入可配送状态。

4. 理货作业管理

理货作业是配货作业最主要的前置工作。即配送中心接到配送指示后，及时组织理货作业人员，按照出货优先顺序、储位区域别、配送车辆趟次、门店号、先进先出等方法和原则，把配货商品整理出来，经复核人员确认无误后，放置到暂存区，准备装货上车。

理货作业主要有两种方式：一是"播种方式"；二是"摘果方式"。

所谓播种方式，是把所要配送的同一品种货物集中搬运到理货场所，然后按每一货位（按门店区分）所需的数量分别放置，直到配货完毕。在保管的货物较易移动、门店数量多且需要量较大时，可采用此种方法。

所谓摘果方式（又称挑选方式），就是搬运车辆巡回于保管场所，按理货要求取出货物，然后将配好的货物放置到配货场所指定的位置，或直接发货。在保管的商品不易移动、门店数量较少且要货比较分散的情况下，常采用此种方法。

在实际工作中，可根据具体情况来确定采用哪一种方法，有时两种方法亦可同时运用。

5. 配货作业管理

配送作业过程包括计划、实施、评价三个阶段。

（1）制订配送计划　配送计划是根据配送的要求，事先做好全局筹划并对有关职能部门的任务进行安排和布置，全局筹划主要包括：制订配送中心计划；规划配送区域；规定配送服务水平等。制订具体的配送计划时应考虑以下几个要素：连锁企业各门店的远近及订货要求，如品种、规格、数量及送货时间、地点等；配送的性质和特点以及由此决定的运输方式、车辆种类；现有库存的保证能力；现时的交通条件。从而决定配送时间，选定配送车辆，规定装车货物的比例和最佳配送路线、配送频率。

(2) 配送计划的实施　配送计划制订后，需要进一步组织落实，完成配送任务。

首先应做好准备工作。配送计划确定后，将到货时间、到货品种、规格、数量以及车辆型号通知各门店做好接车准备；同时向各职能部门如仓储、分货包装、运输及财务等部门下达配送任务，各部门做好配送准备。

然后组织配送发运。理货部门按要求将各门店所需的各种货物进行分货及配货，然后进行适当的包装并详细标明门店名称、地址、送达时间以及货物明细。按计划将各门店货物组合、装车，运输部门按指定的路线运送各门店，完成配送工作。

如果门店有退货、调货的要求，则应将退调商品随车带回，并完成有关单证手续。

(3) 配送作业评价　为了进一步提高配送服务质量，提高配送的效率，必须对配送作业评价，评价的内容包括以下几方面。

①平均每人的配送量、平均每人的配送距离、平均每人的配送重量、平均每人的配送车次。②平均每台车的吨公里数、平均每台车的配送距离、平均每台车的配送重量。③空车率。④配送车移动率、积载率、平均每车次配送重量、平均每车次吨公里数。⑤外车比例、配送车移动率、季节品比率。⑥配送成本比率、每吨重配送成本、每材积配送成本、每车次配送成本、每公里配送成本。⑦配送平均速度。⑧配送延迟率。

五、连锁物流配送中心常见问题的控制

(一) 缺品率的控制

主要包括配送中心能供应多少品种的商品？其库存水平能保证缺货率低于百分之几？能承诺哪些商品不缺货？主要措施有：

① 采用电脑加强配送中心库存量实时管理，保证配送中心有适当的库存量。

② 实施自动补货系统，降低商品的缺品率和库存量，提高商品的周转率。

③ 采取科学的方法，加强对重点商品的管理

(二) 商品品质的控制

为了防止在商品保管或者配送中品质的劣化和损伤，配送中心应采取的主要措施有：

① 尽量减少商品从验收到门店上货架整个过程中的搬运次数。

② 对不同的商品采用不同的温度配送。

③ 严格控制商品的保质期。

④ 严格控制商品送错的比率。

(三) 门店紧急追加减货的控制

配送中心一般按规定的时间间隔进行配送，有时也会按门店突然提出的配送时间和数量进行配送。但这是一种应急配送方式，因为成本高，一般不能经常使用。主要措施有：

① 要严格限制订货截止时间。

② 在深入调查的基础上，制订门店可以追加减货的条件。

③ 加强门店在零售中的单品管理，严格控制紧急追加货。

④ 对门店中的批发业务，尽可能满足紧急追加货。

(四) 拆零配送的控制

在连锁经营中，由于很多连锁门店经营面积小，订货方式往往是以最小订货单位加若干个商品的形式进行，因此需要实行更为精细的拆零配送。主要控制措施有：

① 可在配送中心附近建一个拆零配送中心，拆零配送中心每周两次从配送中心进货。

② 通过网络系统进一步对商品实施单品管理，确定配送中心应该拆零的商品品种。

③ 进一步和供应商共同研究商品小包装问题，特别是日用百货的小包装，努力满足门店拆零的需求。

（五）退货问题的控制

退货最难处理的是如何正确处理有缺陷的退货商品，并使各方面能维持友好关系。所以，配送中心应建立一套退货处理制度并认真执行。如由配送中心引起的退货，运费由配送中心承担，其他原因引起的退货要收取代保管费；运输途中商品的损坏，有运输单位赔偿；对有缺陷的商品，如有准许退货的协议，并在发票开具的规定期限内，就应允许退货，退货价格按原批发价和现行价就低的原则结算。由于处理退货要消耗大量的人力财力物力，配送中心应通过加强内部管理来减少退货问题。

（六）服务半径的控制

通常的做法是每个配送中心负责周围一天车程内门店的送货（大约300公里），一个配送中心可承担近百家门店的服务，以最大限度的发展配送中心的效益。

（七）配送时间的控制

配送时间控制可采取的措施有：

① 根据门店的销售实绩、门店的交通状况、门店的规模大小以及节假日等，确实哪些门店每12小时配送一次，哪些门店24小时配送一次，哪些门店2天或者3天配送一次。

② 送货的具体时间应尽可能结合各门店的要求，综合平衡。

③ 有些市外加盟店由于资金不足，往往每周四订货，周五送货，双休日销售，以便资金尽快周转。针对这种情况，配送中心可将这段时间集中为市外加盟店配货，以满足它们的需求。

【案例6-6】

日本配送中心建立的时机

日本店铺专家认为，配送中心应建立在连锁店铺发展到相当规模的时候，而不是一开始就建立。

10000平方米左右的综合店铺，拥有10个相同店铺时，可考虑建立分货配送、流通库存、加工三大功能齐全的配送中心。

1000平方米左右的连锁店发展到10个时，可考虑建立分货配送、流通库存功能的配送中心，而将鲜活商品的加工移置于店内。

300~500平方米的便利型店铺，发展到30家时，可考虑建立分货配送、流通库存型配送中心，而鲜活商品加工在店内进行。当店铺数量达到100家时，加工量与配送量趋于稳定，可考虑以加工功能为主的配送中心。

配送中心的规模并非越大越好，而是够用就好，当然也要考虑业务的未来发展。连锁企业配送中心的建立往往是一个一个地建立，每一个配送中心规模的大小，主要取决于两个因素：一是所服务的门店经营总规模；二是商品周转速度。门店经营总规模主要是指商品经营总量。商品经营量多少直接影响着配送中心配送量和商品储存量。商品经营量越大，所需的配送中心规模就越大。商品经营量与门店面积有着正相关关系，因此连锁门店总面积与配送中心规模有着密切联系。

商品周转速度也直接影响商品在配送中心停留的时间，速度慢，意味着占据配送中心空间的时间长，需要配送中心的规模就大；反之则需要相对小的配送中心。同时，从厂商直达门店的商品越多,要求配送中心仓库面积越小。

资料来源:第网

目前我国市场经济前沿的连锁零售企业经营的日趋规模化,使得其连锁总部采购和配送功能在整个连锁企业管理中的地位非常重要。

本章首先介绍了连锁企业商品采购的原则、方式和统一采购机制,分析了连锁企业采购业务流程以及采购时间、项目和数量的确定方法,分析了供应商管理的内容,在此基础上介绍了采购员的素质要求和采购谈判程序;最后介绍了配送模式、配送中心及其功能和配送业务流程等内容。

1. 简述采购的原则和采购方式。
2. 简述统一采购机制的优缺点。
3. 供应商管理的内容有哪些?
4. 举例说明商品采购的时间和数量的确定方法。
5. 简述配送中心的功能以及配送的业务流程。

案例分析

家乐福的物流运输

企业参与运输决策对于物流成本的控制、运输效率的高低都有重要的影响,有效的运输决策往往能提高企业效益,也能在最短时间完成客户需要的服务。因此,各类企业都极其注重对物流系统的运输决策,从最终效益的角度来说,"开源"与"节流"具有同样的意义,正确的决策节省的物流成本不见得比产品本身获利要少。而一个企业物流系统运输决策往往通过运输网络设计,运输方式选择、装卸及配送水平高低等方面来实现。以下通过流通企业里的家乐福中国物流系统运输决策的案例来具体分析运输决策的各个方面。

成立于1959年的法国家乐福集团是大型超级市场概念的创始者,目前是欧洲第一、全球第二的跨国零售企业,也是全球国际化程度最高零售企业。家乐福于1995年进入中国市场,最早在北京和上海开设了当时规模最大的大卖场。目前,家乐福在中国31个城市相继开设了86家商店,拥有员工4万多人。家乐福中国公司经营的商品95%来自本地,因此家乐福的供货很及时,这也是家乐福在中国经营很成功的原因之一。家乐福实行"店长责任制",给予各店长极大的权力,所以各个店之间并不受太多的制约,店长能灵活决定所管理的店内的货物来源和销售模式等。由于家乐福采用的是各生产商缴纳入场费,商品也主要由各零售商自己配送,家乐福中国总公司本身调配干涉力度不大,所以各分店能根据具体情况灵活决定货物配送情况,事实证明这样做的效果目前很成功。

家乐福中国在网络设计方面主要体现为运输网络分散度高。一般流通企业都是自己建立仓库及其配送中心,而家乐福的供应商直送模式决定了它的大量仓库及配送中心事实上都是由供应商自己解决的,受家乐福集中配送的货物占极少数。这样的经营模式不但可以节省大量的建设仓库和管理费用,商品运送也较集中配送来说更方便,而且能及时供应商品或下架滞销商品,不仅对家乐福的销售,对供货商了解商品销售情况也是极有利的。在运输方式上,除了较少数需要进口或长途运送的货物使用集装箱挂车及大型货运卡车外,由于大量商品来自本地生产商,故较多采用送货车。这些送货车中有一部分是家乐福租的车,而绝大部分则是供应商自己长期为家乐福各店送货的车,家乐福自身需要车的数量不多,所以它并没有自己的运输车队,也省去了大量的运输费用,从另一方面提高了效益。在配送方面,供应商直送的模式下,商品来自多条线路,而无论各供应商还是家乐福自己的车辆都采用了"轻重配载"的策略,有效利用了车辆的各级空间,使单位货物的运输成本得以降低,进而在价格上取得主动地位。而先进的信息管理系统也能让供应商在最短时间内掌握货架上其供销售的各种商品的货物数量以及每天的销售情况,补货和退货因此而变得方便,也能让供应商与家乐福之间相互信任的,建立了长期的合作关系。

资料来源:知网

1. 通过此案例,试着分析该案例中家乐福物流运输中的运输决策是怎样体现"开源"与"节流"的?
2. 通过该案例,说一说家乐福的配送模式和运输模式有什么样的特点?

【项目一】根据班级人数的多少,一般以 3~5 人为一组,组成若干供方和需方,分队进行谈判(要制订谈判计划),并根据谈判结果,签订谈判合同。

【项目二】以小组为单位,到学校附近的便利店进行观察、询问、调查、分析,每小组提交一份"××便利店采购的总体分析研究报告"。

第七章 卖场设计与商品陈列

引导性案例

星巴克的卖场设计

在星巴克的美国总部,有一个专门的设计室,拥有一批专业的设计师和艺术家,专门设计全世界的星巴克店铺。他们在设计每个店铺的时候,都会依据当地那个商圈的特色,然后去思考如何把星巴克融入其中。所以,星巴克的每一家店,在品牌统一的基础上,又尽量发挥了个性特色。像位于上海城隍庙商场的星巴克,外观就像座现代化的庙宇。而毗邻黄浦江的滨江分店,则呈现出了花园玻璃帷幕和宫殿般的华丽,消费者可以边欣赏外滩夜景,边品尝香浓的咖啡。

星巴克的名称让人产生联想,并充满好奇感。麦尔维尔的小说《白鲸》——Starbucks暗含有一定社会地位、有较高收入、有一定生活情调的人群。

绿色的美人鱼标志——传达星巴克就像是都市人的避风港,让人可以暂时远离烦琐的生活、工作的压力,享受片刻的宁静,沉淀自己的心情,给心灵一片绿洲。

星巴克店里的摆设非常温馨、舒适。柔软而宽敞的沙发,上班族们可惬意地、慵懒地躺在上面,任意地偷闲!

而店内通透明亮的落地玻璃,原木风格的桌椅,墙上别具匠心的装饰画,墙边摆放的咖啡器具,柜台附近陈列的各种咖啡豆,飘浮在空气中的咖啡芳香以及耳边响起的悠扬的音乐,随手能拿到的咖啡宣传册,随时可以咨询的咖啡师傅,让顾客全身心投入到以咖啡为载体的文化体验当中。在色调上一般用的是暗红色与橘黄色、绿色,加上各种柔和略带暖色的灯光以及体现西方抽象派风格的一幅幅艺术作品,人们在这里就会觉得非常富有亲和力。进入星巴克,你会感受到空中回旋的音乐在激荡你的心魄。店内经常播放一些爵士乐、美国乡村音乐以及钢琴独奏等。这些因素正好符合新奢侈的精神:悠闲、静思的绿洲、浪漫和神秘。

资料来源:中国经营报

学习目标

了解卖场出入口、收银台、墙壁、地面及天花板设计;

了解商品陈列的目的和商品陈列的工具;

熟悉卖场音响、色彩、卫生、气味设计;

掌握卖场通道设计;

掌握磁石理论、商品陈列的原则和方法;

> **职业指导**

通过本章的学习,能对卖场的出入口、通道、收银台、照明、色彩等进行合理设计与布局;能结合磁石理论、商品陈列的原则及方法科学合理地陈列商品。

第一节 卖场设计

卖场是连锁企业将商品出售给消费者的场所,卖场的外形设计和内部布局直接关系到连锁企业的销售业绩和企业形象。一个优秀的连锁企业是非常重视卖场设计与布局的。

一、卖场出入口设计

在卖场设计中第一关便是出入口的设置。招牌漂亮只能吸引顾客的目光,而入口开阔才能吸引顾客进店。入口选择的好坏是决定零售店客流量的关键,不管什么样的商店出入口都要易于出入。

商店的出入口设计应考虑商店规模、客流量大小、经营商品的特点、所处地理位置及安全管理等因素,既要便于顾客出入,又要便于商店管理。一般情况下,大型商场的出入口可以安置在中央,小型门市的进出位置设置在中央是不妥当的,因为店堂狭小,直接影响了店内实际使用面积和顾客的自由流通。小店的进出口,不是设在左侧就是右侧,这样比较合理。店铺出入口设计总的要求是:易于出入,便于管理。

1. 出入口的数量

店铺的出入口可以是一个,也可以是几个,主要根据店铺的规模大小而定。一般来说小店铺只设一个出入口,大店铺可以设四个以上的出入口。入口多,方便顾客从不同的方向进入,也不容易造成拥堵,但是要多支付保安费用。设有停车场的店铺至少应设两个出入口,分别在店前和店后。店后的出入口和停车场相连,让顾客停好车后方便进店。

2. 出入口的类型

(1)封闭型 此类设计的入口尽可能小些,面向大街的一面,要用陈列橱窗或有色玻璃遮蔽起来。顾客在陈列橱窗前大致品评之后,进入零售店内部,可以安静地挑选商品。在以经营宝石、金银器等商品为主的高级商店,因为不能随便把顾客引进店内,又要顾客安静、愉快地选购商品,所以这种类型是很适用的。这些零售店大都店面装饰豪华,橱窗陈列讲究,从店面入口即可给顾客留下深刻印象,又可使到这里买东西的顾客具有与一般大众不同的优越感。

(2)半开型 入口稍微小一些,从大街上一眼就看清零售店内部。倾斜配置橱窗,使橱窗对顾客具有吸引力,尽可能无阻碍地把顾客诱引到店内。在经营化妆品、服装、装饰品等的中级商店,这种类型比较适合。购买这类商品的顾客,一般都是从外边看到橱窗,对零售店经营的商品发生了兴趣,才进入店,因而开放度不要求很高,顾客在零售店内就可以安静挑选商品。

(3)全开型 是把商品的前面,面向马路一边全开放的类型,使顾客从街上很容易看到零售店内部和商品。顾客出入商品没有任何阻碍,可以自由地出入。出售食品、水果、蔬菜、鲜鱼等副食品商店,因为是经营大众化的消费商品,所以很多都用这种类型。这种类型,前面很少设置障碍物,在零售店内要设置橱窗,前面的柜台要低些。不要把商店内堵塞得很满，影响顾客选购商品。店前不要放自行车、摩托车等，不要把门口堵住，影响顾客出入。

（4）出入分开型　即指出口和入口通道分开设置，一边是进口，顾客进来之后，必须走完全商场才能到出口处结算，这种设置对顾客不是很方便，有些强行的意味，但对商家管理却是非常有利，有效地阻止了商品偷窃事件的发生。这种出入设置往往适用于经营大众化商品的商店。一些著名的外资零售企业如沃尔玛等，便是采用的这种方式。也有一些商场，由于商品陈列和营业厅的配置有困难，一般都把一面堵起来，就像附近的超级市场那样，店内可以自由走动，到各个货架买货都方便。零售店的一面是入口，另一面是出口，顾客出入商店很自由，这种类型对顾客的接待效率也很高。

二、卖场收银台设计

连锁店铺收银台的数量应以满足顾客在购物高峰时能够迅速付款结算为出发点。大量调查表明，顾客等待付款结算的时间不能超过 8 分钟，否则就会产生烦躁的情绪。在购物高峰时期，由于顾客流量的增大，零售店铺卖场内人头攒动，无形中就加大了顾客的心理压力。此时，顾客等待付款结算的时间更要短些，使顾客快速付款，走出店外，缓解压力。

目前，在连锁店铺的收银台处，都配有电子扫描器和计算机联网系统。顾客自选商品到收银台付款时，服务人员只要将扫描器对准商品的条形码照射，计算机就能够显示出商品的数量和金额，使顾客快速通过收款处。顾客在付款时，服务人员要将购物小票，即结算凭证交给顾客，便于顾客核对。购物小票也是顾客保护自己合法利益的凭据，一旦发现商品质量、规格不符合自身的要求时，就可以凭此要求退换。

三、卖场通道设计

1. 通道类型

（1）直线式通道　连锁店的通道是指顾客在卖场内购物行走的路线。通道设计的好坏直接影响到顾客能否顺利地进行购物，影响到连锁店的商品销售业绩。连锁店卖场中的通道可以分为直线式通道和回形通道两类。

直线式通道也被称为单向通道。这种通道的起点是卖场的入口，终点是连锁店的收银台。顾客依照货架排列的方向单向购物，以商品陈列不重复，顾客不回头为设计特点，它使顾客在最短的线路内完成商品购买行为。

（2）回形通道　回形通道又被称为环形通道，通道布局以流畅的圆形或椭圆形按从右到左的方向环绕连锁店的整个卖场，使顾客依次浏览商品，购买商品。在实际运用中，回形通道又分为大回形和小回形两种线路模型。

① 大回形通道。这种通道适合于营业面积在 1600 平方米以上的连锁店。顾客进入卖场后，从一边沿四周回型浏览后再进入中间的货架，它要求卖场内部一侧的货位一通到底，中间没有穿行的路口。

② 小回形通道。它适用于营业面积在 1600 平方米以下的连锁店。顾客进入连锁店卖场，沿一侧前行，不必走到头，就可以很容易地进中间货位。

2. 门店通道设计要求

门店的通道划分为主通道与副通道。主通道是诱导顾客行动的主线，而副通道是指顾客在店内移动的支流。

门店内主、副通道的设置不是根据顾客的随意走动来设计的，而是根据门店内商品的配置位置与陈列来设计的。良好的通道设置，就是引导顾客按设计的自然走向，走向卖场的每一个角落，接触所有商品，使卖场空间得到最有效的利用。以下各项是设置门店内通道时所要遵循的原则。

（1）足够的宽　所谓足够的宽，即要保证顾客提着购物筐或推着购物车，能与同样的顾客并肩而行或顺利地擦肩而过。不同规模门店通道宽度基本设定值如表7-1所示。

而对大型综合门店和仓储式商场来说，为了方便更大顾客容量的流动，其主通道和副通道的宽度可以基本保持一致。同时，也应适当放宽收银台周围通道的宽度，以保证最易形成顾客排队的收银处的通畅性。

表7-1　门店通道宽度基本设定值

单层卖场面积/平方米	主通道宽度/米	副通道宽度/米
300	1.8	1.3
1000	2.1	1.4
1500	2.7	1.5
2500	3.0	1.6
6000	4.0	3.0

（2）笔直　要尽可能避免迷宫式通道，要尽可能地进行笔直的单向通道设计。在顾客购物过程中尽可能依货架排列方式，将商品以不重复、顾客不回头走的设计方式布局。

（3）平坦　a. 通道地面应保持平坦。b. 处于同一层面上：有些门店由两个建筑物改造连接起来，通道途中要上或下几个楼梯，有"中二层""加三层"之类的情况，令顾客眼花缭乱，不知何去何从，显然不利于门店的商品销售。

（4）少拐角　现实中，从一侧直线进入，沿同一直线从另一侧出来的店铺并不多见。这里的少拐角是指拐角尽可能少，即通道途中可拐弯的地方和拐的方向要少。有时需要借助于连续展开不间断的商品陈列线来调节。如美国连锁超市经营中20世纪80年代形成了标准长度为18～24米的商品陈列线，日本超市的商品陈列线相对较短，一般为12～13米。这种陈列线长短的差异，反映了不同规模面积的超市在布局上的要求。

（5）没有障碍物　通道是用来诱导顾客多走、多看、多买商品的。通道应避免死角。在通道内不能陈设、摆放一些与陈列商品或特别促销无关的器具或设备，以免阻断卖场的通道，损害购物环境的形象。

四、卖场墙壁、地面及天花板设计

1. 墙壁设计

对墙壁的要求应该是坚固和干净，坚固是从安全性角度考虑，而干净就要求在材料的选择上要选那些防潮防湿，易于清洗清洁的材料。那种下雨会发潮，墙面脱落的材料最好弃之不用。另外，可以根据自己连锁门店的业态和色调，在墙壁上进行装饰。比如星巴克就在墙壁上装饰了一些照片和前卫的壁画，照片的颜色是传统的咖啡色，而那些壁画却充斥着原木色和橘色等鲜亮的色彩，与照片乃至整个咖啡店的色彩成鲜明的对比。

2. 地面设计

地面在图形设计上有刚、柔两种选择。以正方形、矩形、多角形等直线条组合为特征的图案，带有阳刚之气，比较适合经营男性商品的零售店铺使用；而以圆形、椭圆形、扇形和几何曲线形等曲线组合为特征的图案，带有柔和之气，比较适合经营女性商品的零售店铺使用。

地面最好是由耐久、耐脏、耐磨的材料铺成。尤其是餐饮业（火锅店之类的），应该以易于衬托、易于清洗为首要选择条件，同时可以进行一定程度的人性化处理，如设计脚印等，引导顾客进入店面。

3. 天花板设计

天花板的作用不仅是把店铺的梁、管道和电线等遮蔽起来，更重要的是创造美感，创造良好的购物环境。不同业态对天花板的要求不同。就超市而言，天花板要力求简洁，在形状的设计上通常采用的是平面天花板，也可以简便地设计成垂吊型或全面通风型天花板。天花板的高度根据卖场的营业面积决定，如果天花板做得太高，顾客就无法在心平气和的气氛下购物；但做得太低，虽然可以使顾客在购物时感到亲切，但也会使其产生一种压抑感，无法享受视觉上和行动上舒适和自由浏览的乐趣。所以，合适的天花板高度对卖场环境甚为重要。

天花板的设计装潢除了要考虑到其形式和高度之外，还必须将卖场其他与之相关的设施结合起来考虑。如卖场的色调与照明协调、空调机、监控设备（如确实需要）、报警装置、灭火器等经营设施的位置，都应列入考虑之列。

【知识链接】

超市卖场天花板高度标准

营业面积 300 平方米左右：天花板高度为 3～3.3 米。

营业面积 600 平方米左右：天花板高度为 3.3～3.6 米。

营业面积 1000 平方米左右：天花板高度为 3.6～4 米。

五、卖场照明设计

销售场所的光线可以引导顾客进入商场，使购物场所形成明亮的愉快的气氛，可以使商品鲜明夺目、五光十色，引起顾客的购买欲望。光线暗淡，商场会显得沉闷压抑，而光线过强，又会使顾客感到晕眩，售货员视力、精神紧张，易出差错。由于光线强弱对购物环境影响极大，因此现代商场都非常重视合理运用照明设备，营造明快、轻松的购物环境。

1. 基本照明

这是指保持店堂内起码的能见度，方便顾客选购商品。大多数商店多采用安装吊灯、吸顶灯等，来创造一个整洁、宁静、光线适宜的购物环境。能够采用自然光的位置，白天可以不必使用灯光照明。

2. 商品照明

这是为突出商品特质，吸引顾客注意而设置的灯具。如在出售珠宝金银饰品部位，采用定向集束灯光照射，显示商品晶莹耀眼、名贵华丽；在时装出售位置，则采用底灯、背景灯，显示商品的轮廓线条。

3. 装饰照明

这是营业场所现场广告的组成部分，用霓虹灯、电子显示屏或用旋转灯吸引顾客注意。

一般而言，营业场所灯光照明应不同位置配以不同的亮度，纵深处高于门厅，陈列商品处高于通道，这样可以吸引顾客注目。

店面和卖场内重点陈列品、POP 广告、商品广告、展示品、重点展示区、商品陈列橱柜等，照度为 1200～1500 勒克斯。其中对重点商品的局部照明，照度最好为普遍照明度的 3 倍。

六、卖场音响设计

音响是创造商场气氛的一项有效途径，影响着消费者情绪和营业员的工作态度。音响运用适当，可以达到以下效果。

第一，吸引顾客对商品的注意，如电视、音响、磁带的播放。第二，指导顾客选购商品，商场向顾客播放商品展销、优惠出售信息，可引导顾客选购。第三，营造特殊氛围，促进商品销售。

随着时间的不同，商场定时播放不同的背景音乐，不仅给顾客以轻松、愉快的感受，还会刺激顾客的购物兴趣。如刚开始营业的早晨播放欢快的迎宾乐曲，临打烊时，播放轻缓的送别曲；在气候变化时，播送音乐提示，为顾客提供服务。商场内有各种声音，并不是都会对营业环境产生积极影响，也会有一些噪声，如柜台前的嘈杂声、机械的声响，都可能使顾客感到厌烦，有些虽然可以采用消音、隔音设备，但也不能保证消除所有干扰声响。因此，可以采用背景音乐缓解噪声。背景音乐要选择旋律轻柔舒缓的，以营造温馨的气氛，不要播放节奏强烈的打击乐、迪斯科等，以免影响顾客情绪，打乱售货员工作节奏。

当然具体放什么音乐，取决于经营者想让顾客待多久，客人不多，想让他们待久一点，就放舒缓的音乐。反之，则放激情的音乐，起到催促的作用。

七、卖场色彩设计

色彩也对人们的心情产生影响。不同的色彩及其色调组合会使人们产生不同的心理感受。例如，以红色为基调，会给人一种热烈、温暖的心理感受，使人产生一种强烈的心理刺激。红色一般用于传统节日、庆典的布置，创造一种吉祥、欢乐的气氛。但是，如果红色过于突出，也会使人产生紧张的心理感受，一般避免大面积、单一采用。以绿色为基调，会给人一种充满活力的感觉。绿色又被称为生命色，表现生机勃勃的大自然。在购物环境设计时，采用绿色，象征着树木、花草。以黄色为基调布置，给人以柔和明快之感，使人充满希望。食品中很多是黄色的，如面包、糕点等，故黄色常作为食品销售部位的主色调。但是，如果黄色面积比例过大，会给人一种病态的、食品变脏的心理感受，使用时应注意以明黄、浅黄为主，同时避免大面积、单一使用。以紫色为基调，会给以庄严、高贵、典雅的心理感受，使人产生一种敬畏感。紫色调常用于销售高档、贵重商品，如珠宝首饰、钟表、玉器等场所。黑色是一种消极色彩，给人一种沉重、压抑的心理感受，一般在商场不单独使用，但与其他颜色适当搭配，也会产生一定的视觉冲击力。蓝色会使人联想到辽阔的海洋、广阔的天空，给人一种深邃、开阔的心理感受，销售旅游商品时采用效果较好。

商场的色彩设计也可以刺激顾客的购买欲望。在炎热的夏季，商场以蓝、棕、紫等冷色调为主，顾客心理上有凉爽、舒适的心理感受。采用这个时期的流行色布置销售女士用品场所，能够刺激顾客的购买欲望，增加销售额。色彩对儿童有强烈的刺激作用，儿童对红、粉、橙色反应敏感，销售儿童用品时采用，效果更佳。使用色彩还可以改变商场的视觉形象，弥补营业场所缺陷。如将天花板涂成浅蓝色，会给人一种高大的感觉，将商场营业场所墙壁两端的颜色涂得渐渐浅下去，给人一种辽阔的感觉。一段时间变换一次商场的色彩，会使顾客感到有新奇感。

色彩对于商场环境布局和形象塑造影响很大，为使营业场所色调达到优美、和谐的视觉效果。必须将商场各个部位如地面、天花板、墙壁、柱面、货架、柜台、楼梯、窗户、门等以及售货员的服装设计出相应的色调。

八、卖场卫生、气味的设计

店铺是个公共场所，人来人往，顾客很多，环境卫生不好，地面布满灰尘、纸屑，就不能留住顾客。购物环境卫生包括营业场所卫生、商品卫生、营业员个人卫生。保持清洁，窗明柜净，商品整洁，为消费者创造一个整洁的购买环境，是文明经商的要求。在营业现场，每天的卫生工作要定人定时，经常打扫，将废旧包装物及时清理收回。陈列用具，展示的商品要每天擦拭，营业员也要着装整洁，讲究个人卫生。

大多数顾客对于气味的质量要求也很高，有些气味可以增加人们的愉快心情。例如，花店中花卉的气味，化妆品柜台的香味，食品店饼干、糖果、蜜饯、干果等的气味等，对促进顾客购买是有帮助的。但是，也有一些令人不愉快的气味，可能会将顾客赶跑。例如，地毯的霉味，洗手间的气味，商店装饰材料的油漆味、塑料味，以及邻近商品飘来的气味等。因此商场保持清洁，排除异味，并定时在营业场所内挥洒一些香水，以吸引顾客停留，增加销售机会。

【知识拓展 7-1】

卖场设计与消费者心理

零售商店的卖场设计主要包括卖场布置与设计、通道设计、（人工）采光设计、商品的陈列设计和景点设计等方面。

卖场的布置与设计，应以便于消费者参观与选购商品、便于展示和出售商品为前提。卖场是由若干经营不同商品种类的柜组组成的，卖场的布置和设计就是要合理安排各类商品柜组在卖场内的位置，这是设计卖场的一项重要工作。

零售企业的管理者应将卖场的布置与设计当作创造销售（而不仅仅是实施销售）的手段来运用。要想使这个手段效果理想，应做到以下几点。

1. 研究对消费者意识的影响

消费者的意识是具有整体性特点的，它受刺激物的影响才可能产生，而刺激物的影响又带有一定的整体性。因此，构成消费者意识具有整体性的特点，并影响着消费者的购买行为。为此，在卖场的布局方面，就要适应消费者意识的整体性这一特点，把具有连带性消费的商品种类邻近设置、相互衔接，给消费者提供选择与购买商品的便利条件，并且有利于售货人员介绍和推销商品。

2. 研究消费者的无意注意

消费者的注意可分为有意注意与无意注意两类。消费者的无意注意，是指消费者没有明确目标或目的，因受到外在刺激物的影响而不由自主地对某些商品产生的注意。这种注意，不需要人付出意志的努力，对刺激消费者购买行为有很大意义。如果在卖场的布局方面考虑到这一特点，有意识地将有关的商品柜组如妇女用品柜与儿童用品柜、儿童玩具柜邻近设置，向消费者发出暗示，引起消费者的无意注意，刺激其产生购买冲动，诱导其购买，会获得较好的效果。

3. 考虑商品的特点和购买规律

如销售频率高、交易零星、选择性不强的商品，其柜组应设在消费者最容易感知的位置，以便于他们购买、节省购买时间。又如花色品种复杂、需要仔细挑选的商品及贵重物品，要针对消费者求实的购买心理，设在卖场的深处或楼房建筑的上层，以利于消费者在较为安静、顾客相对流量较小的环境中认真仔细地挑选。同时应该考虑，在一定时期内调动柜组的摆放位置或货架上商品的陈列位置，使消费者在重新寻找所需商品时，受到其他商品的吸引。

4. 尽量延长消费者逗留卖场的时间

人们进入卖场购物，总是比原先预计要买的东西多，这主要是由于卖场设计与商品刻意摆放的原因。卖场设计为长长的购物通道，避免消费者从捷径通往收款处和出口，当消费者走走看看时，便可能看到一些引起购买欲望的商品，从而增加购买。又如，把体积较大的商品放在入口处附近，这样消费者会用商场备有的手推车购买大件商品，并推着手推车在行进中不断地选择并增加购买。超级商场购物通道的这一设计思路，可以为其他业态所借鉴，尽可能地延长消费者在卖场的"滞留"时间。

卖场的通道设计要考虑便于消费者行走、参观浏览、选购商品，同时特别要考虑为消费者之间传递信息、相互影响创造条件。

进入商店的人群大体可分为三类：有明确购买动机的消费者、无明确购买动机的顾客和无购买动机的顾客。无明确购买动机的顾客在进入商店之前，并无具体购买计划，而无购买动机的顾客则根本没打算购买任何商品。他们在进入商店参观浏览之后，或是看到许多人都在购买某种商品，或是看见了自己早已想购买而一时没碰到的某种商品，或是看到某些有特殊感情的商品，或是看到与其知识经验有关的某一新产品等，从而产生需求欲望与购买动机。引起这两类顾客的购买欲望是零售企业营销管理的重要内容之一，而这种欲望、动机的产生，在很大程度上是消费者彼此在商店进进出出、在卖场通道之间穿行时相互影响的结果。因此，在卖场的通道设计方面，要注意柜台之间形成的通道应保持一定的距离，中央通道要尽可能宽敞些，使消费者乐于进出商店，并能够顺利地参观选购商品，为消费者彼此之间无意识的信息传递创造条件，扩大消费者彼此之间的相互影响，增加商品对消费者的诱导概率，从而引起消费者的购买欲望，使其产生购买动机。同时，也可为消费者创造一个较为舒适的购物环境。

卖场是消费者活动的公共场所，保持卖场内光线充足，为消费者创造一个舒适的购物环境，对零售企业卖场设计来说，是很重要也是很必要的。卖场的采光来源有自然采光和人工采光两种，可以相互结合利用。

自然采光能够使消费者准确地识别商品的色泽，方便消费者挑选和比较商品。从而使消费者在心理上产生真切感与安全感，不至于因灯光的影响，使商品的色泽产生差异而购买到不如意的商品。因此，在采光方面，要尽可能地利用自然光源。

由于卖场规模、建筑结构形式不同，自然采光所占比例不大，而随着照明技术的进步，人工采光灯光设计在卖场设计中的地位日益重要。先进的灯光设计能够增加店容店貌的美观度，能够突出商品显示效果，从而吸引消费者参观选购，刺激消费者的购买欲望。因此，在研究卖场的灯光设计时，要以方便消费者选购、突显商品为主，灯具装置和灯光光源均要符合这一要求。可灵活采用不同的人工采光方式，如安装暗射灯光，能使整个卖场光线柔和；采用聚射灯光，可突出显示陈列的商品，从而使消费者在一个柔和、愉悦的氛围中挑选商品。

商品的陈列要注意研究消费者的购买心理,要既能美化店容店貌又能扩大商品销售。消费者进入商店,购买到称心如意的商品,一般要经过感知—兴趣—注意—联想—欲求—比较—决定—购买的整个过程,即消费者的购买心理过程。针对消费者的这种购买心理特征,在商品陈列方面,必须做到易为消费者所感知,要最大限度地吸引消费者,使消费者产生兴趣,从而刺激消费者的购买欲望,促其做出购买决定,形成购买行为。因此,商品的陈列方式、陈列样品的造型设计、陈列设备、陈列商品的花色等方面,都要与消费者的这种购买心理过程相适应。

卖场设计标准及改造原则

形形色色的卖场,其设计是否合理,质量是高还是低,应该有一个评判的标准,一般从以下几个方面来评估。

(1) 三大空间的合理性　商品空间、顾客空间、导购空间的配置是否有利吸引顾客进入卖场,顾客进入卖场后是否能自由地、舒适地浏览商品,并在需要时由导购提供良好的服务,整个卖场是否洋溢着自由的气氛。

(2) 货品配置、陈列的合理性　根据卖场及产品的特点、顾客的需求,货品配置要齐全,要考虑各个种类、款式、规格、颜色的货品数量。货品配置出现问题时要及时调配。要将规格全、数量多的热销产品陈列在阳面上,并不断更新,保证成交率。

(3) 导购服务的质量　导购的位置要正确,语言要规范、得体(包含有声、无声两部分)。

(4) 卖场设计风格与品牌经营风格的一致性　比如品牌服装有特定的消费群体,即目标顾客,根据他们的经济条件、文化素养等各个方面的状况品牌经营将形成自己的风格,卖场设计的风格必须与之相吻合。

(5) 卖场设计与品牌层次的一致性　两者之间的一致性主要体现在经济因素上,大众化的品牌必须对应大众化的卖场设计。

卖场设计完成后,经过一段时间的经营或者因为商场整体格局的调整、改变,或者经营理念的调整,卖场必须进行一定的改造,遵循的原则如下。

(1) 相似性原则　借鉴周边成功的品牌、成熟的品牌、销售好的品牌经验。

(2) 合理性原则　在销售好的前提下,以商品整齐、整洁为原则;在销售不好的情况下,必须破坏原卖场平静的气氛,将货品进行调整。

(3) 时机恰当原则　大的改造不能在销售旺季、双休日、节假日。

(4) 随时改造原则　小修小改,随时进行,以货架移动、模特出样不断进行调整,销售好的时候可以不动,销售滑坡时一定要改造。

(5) 占优原则　亮度比周边品牌亮一点,卖场比周边品牌宽一点,服务比周边品牌好一点。

第二节　商品陈列

今天的顾客已不再把"逛商场"作为一种纯粹的购买活动,而是把它作为一种集购物、休闲、娱乐及社交为一体的综合性活动。连锁企业门店应该怎样使消费者舒适地购物,并产生一定门店忠诚感,进而产生重复购买行为,为连锁企业带来丰厚的利润回报呢?日本零售专家就这一问题对一个具有 5.2 万名顾客的商圈进行了随机调查，并发放了 2000 份调查问卷，在回收的 1600 份有效问卷中，顾客对商店有关项目的关心程度为：商品容易拿到占 15%，开放式容易进入占 25%，商品丰富占 15%，购物环境清洁明亮占 14%，商品标价清楚占 13%，服务人员的态度占 8%，商品价格便宜占 5%。所以门店商品要想吸引客户，不单单是简单的价格促销就可以解决，商品陈列客观上也会影响客户的购买欲望。

陈列对终端销售起着非常重要的作用。广告做得再好，营销方案再有创意，在终端没有好的陈列展示给大家，销量也很难起来。

所谓商品陈列，指的是运用一定的技术和方法摆布商品，展示商品，创造理想购物空间的工作。

一、商品陈列的目的

① 增加销售量。一个有创意的陈列可以让消费者产生购买冲动，从而提高销售量。
② 改善商品的库存量。通过对商品陈列空间的调整，改善商品库存量。
③ 争取最大陈列面。争取最大最好的陈列面，让商品有更多的展示机会。

进行商品陈列的根本目的是为了吸引顾客的眼光，引起顾客的兴趣和购买的欲望。将商品摆放得漂亮只是商品陈列的一个方面，商品陈列必须做到五个"利于"。

第一，利于商品的展示。要使顾客一进门，就知道店里有哪些商品，其中有没有自己所需要的商品。

第二，利于商品的销售。使顾客在最短时间里，以最直接的方式，找到自己所需要的商品。

第三，利于刺激顾客的购买欲望。将重点商品、新进商品、稀罕商品、流行商品摆在顾客一进门就可以看到的区域内，可以达到良好的刺激购买的作用。

第四，利于提供商品最新信息。有经验的经营者都会将最新商品摆在最前面、最上面，目的就是为了将最新信息告知顾客，以一种无声的方式对顾客进行引导。

第五，利于提升商家和商铺形象。一个良好的、陈列有序的、易于购买的商品环境，使顾客看着高兴，拿着方便，容易引起顾客的好感，提升商家和商铺的形象。

二、商品陈列的工具

（1）货架　商超的货架多以可拆卸组合的钢质货架为主，较常采用的规格为：高度为 135 厘米、152 厘米、165 厘米、180 厘米，长度为 90 厘米、120 厘米。究竟使用哪种规格的货架，则需视各公司的卖场设计理念及卖场现况而定。一般来说，采用较高的货架可陈列较多品种的商品，但商品的损耗率会较高；而采用低矮货架则视野较为良好，且较无压迫感。

（2）隔物板　隔物板主要用来区分两种不相同的商品，避免混淆不清。目前常用的隔物板有塑料隔物板和不锈钢隔物板两种；而在具体的选择上，通常货架上段多使用较低且短的隔物板，货架下段则多使用较高且长的隔物板。

（3）护栏　为避免顾客在选购某些易碎物品时失手打破，造成伤害或损失，商超多会在货架前缘加上护栏。严格来说，护栏并非绝对必需品，但对于单价较高或易碎的商品，加上护栏较有安全感。

（4）栈板　为避免商品直接与地面接触、受潮，必须将栈板垫在最底层。栈板最好采用木质的，形状为正方形，根据场地的实际需要任意组合较为理想。

(5) 端架　在整排货架的最前端及最后端,也就是动线的转弯处,所设置的货架即为端架。端架是顾客在卖场来回走动经过频率最高的地方,也是最佳的陈列位置。

(6) 价格卡　价格卡用来标示商品的售价,并用来进行定位管理。若商场使用 EOS 订货,应用价格卡会比较方便。价格卡一般均用电脑打印,其内容包括商品的号码、条码、售价、排面数,常贴在陈列该商品的货架凹槽内,除非商品配置改变,否则价格卡不必移动。价格卡也可采用不同的颜色,以便区分仓库是否有存货,使订货、盘点更迅速。

(7) 省力栏车　即堆头车、柜、框等。

(8) 陈列架　陈列架是布置、美化店内墙壁的重要用具,在陈列架的使用上,过去是放与陈列架幅度相同的东西,现在实行了凹面陈列,在便于顾客参观商品方面做了改进。小商品不宜放在陈列架里边,以方便顾客容易看到。整个陈列架的高度应低于 2.2 米。在纵深很大的卖场,墙壁面如果全用陈列架陈列,就会显得过分单调。卖场里边的角落可当作舞台,或陈列模型。

(9) 陈列小道具　陈列小道具是安装在陈列架上用来吊挂商品的小用具,一般是陈列裸露商品(去掉了包装的商品)时使用,以弥补大的陈列用具的不足,或是使平面陈列有高低起伏的变化。使用陈列小道具时应注意:不要勉强使用与商品大小不相配的陈列道具;不一定要用高级玻璃板(有时金属、塑料用具一样美观,不要造成不必要的浪费);形状、色彩要适应季节的变化。

(10) 陈列柜　那些形状小、价格高的商品以及易变色、污损的商品应放在陈列柜内,另外,陈列柜里的商品显得过空或过多都不好。

(11) 陈列台　陈列台是为刺激顾客的需求欲望而设置的,应把最能刺激顾客的商品陈列在陈列台上,使顾客停下来。因此,廉价甩卖的商品、诱人的商品、季节性商品、时兴商品都可置于陈列台上,使整个卖场活跃起来。陈列台可用薄板、空箱制作,外面再蒙上绒布。陈列台最低 65 厘米,最高 90 厘米。

(12) 风冷柜、岛柜等。

此外还有用于生鲜及特殊商品陈列的特殊陈列用具。

【知识拓展 7-3】

陈列货架位置的区分

(1) 上段　即货架的最上层,高度为 130~170 厘米,该段适合陈列一些推荐商品或有意培养的商品,该商品到一定时间可移至下一层即黄金陈列线。

(2) 黄金陈列线　黄金陈列线的高度一般为 80~130 厘米,它是货架的第二层,是人眼最易看到,手最易拿取商品的陈列位置,所以是最佳陈列位置。此位置一般用来陈列高利润商品,自有品牌商品,独家代理或经销的商品。该位置最忌讳陈列无毛利或低毛利的商品,那样的话对卖场来讲是利益上的一个重大损失。

(3) 中段　货架的第三层是中段,其高度为 50~80 厘米,此位置一般用来陈列一些低利润商品或为了保证商品的齐全性,及因顾客的需要而不得不卖的商品。也可陈列原来放在上段和黄金陈列线上的已进入商品衰退期的商品。

(4) 下段　货架的最下层为下段,高度一般在离地 10~50 厘米。这个位置通常陈列一些体积较大、重量较重、易碎、毛利较低,但周转相对较快的商品,也可陈列一些消费者认定品牌的商品或消费弹性低的商品。

三、商品陈列的原则

合理、规范的商品陈列，必须遵循以下原则。

1. 显而易见原则

对连锁门店而言，商品陈列是最直接的销售手段，要做到让商品在货架上达到最佳的销售。因此，要使商品陈列让顾客显而易见，必须了解以下几点。

（1）活用有效陈列范围　顾客在自然站立时，伸手可及的范围，在从地板开始 50～180 厘米的范围，这个空间就为有效陈列范围。因此，在此空间陈列重点商品是增加销售额的秘诀。反之，50 厘米以下、180 厘米以上，是顾客难以接触的空间，大多进行非重点商品的陈列。

（2）活用黄金带　上述有效陈列范围中，最容易看见、接触的范围是 80 厘米以上、130 厘米以下的空间，就称为黄金带。这个部分用来陈列畅销商品或重点商品、季节性商品，对准增加销售的目标，在黄金带的上下，一般则用来陈列准重点商品或一般商品。

（3）可拓展视野的陈列方法　一般情况下，由人的眼睛向下 20° 是最易观看的。人类的平均视觉是 110°～120°，可视宽度为 1.5～2 米，在店铺内步行购物时的视角为 60°，可视范围为 1 米。

商品魅力不容易完全展示，售出的概率就会变小。另有资料显示，在平视及伸手可及的高度，商品出售概率为 50%；在头上和腰间高度，售出概率为 30%；高或低于视线之外，售出的可能性仅为 15%。

（4）横向陈列与纵向陈列　同一种商品，作横向陈列或宽度狭小的纵向陈列，都与顾客"易见""易选"有密切的关系。横向陈列容易发挥诱导顾客入店的魅力，但此时黄金带以外的商品会降低销售率。另外，纵向陈列将同一种类商品综合陈列，使顾客只要站立，视线上下移动，便能比较、选择商品。

（5）纵向陈列的留意点　纵向陈列能以静止的状态选择商品，但也有宽度狭小就缺乏丰富感、容易分心等缺点。因此，采用纵向陈列时，要慎重决定同一种商品的陈列宽度，最小的宽度也要确保在 90 厘米。依顾客的视线与商品的距离来决定宽度是其秘诀。除此之外还应注意以下几方面。

① 商品品名和贴有价格标签的商品正面要面向顾客；
② 每一种商品不能被其他商品挡住视线；
③ 进口商品应贴有中文标识；
④ 商品价目牌应与商品相对应，放置于商品陈列面的左下角，位置要正确；
⑤ 标识必须填写清楚，产地名称不得用简称，以免顾客产生误解。

实践证明，商品价格标签位置对顾客挑选商品时也会产生积极的影响。因此，规范贴价格标签的位置就显得十分重要。同时，价格标签位置的规范化，对收银员提高收银速度创造了条件。具体到贴价格标签的位置时，应注意以下几点。

① 商品价格标签的打贴位置应在商品正面的左上角，如遇左上角有商品说明文字，可打贴在右上角。
② 罐头、瓶装商品价格标签不允许打贴在罐盖上方，因为，罐盖上方容易积灰尘，不便理货员整理清洁商品，尤其是不畅销的商品（罐装、盒装商品）。
③ 高档商品、礼品的标签打贴位置要打在商品侧面以不影响商品美观，不降低商品档次为原则。

④ 商品因价格调整时，必须将原价格标签撕掉，重新贴价格标签，绝不允许同一种商品出现两种价格，以免产生不必要的麻烦，同时减少收银员的操作差错。

2. 分类陈列原则

将相同类别的商品陈列在一起，因为合理的商品分类会充分地考虑到顾客的需求和选购的便捷性及陈列管理过程中的各种情况。

3. 纵向陈列原则

同类别商品要垂直陈列，也叫纵向陈列，不可横向陈列，两者关系不可颠倒。实践证明。两种陈列所带来的效果确实不一样。纵向陈列能使系列商品体现出直线式的系列化，使顾客一目了然。系列商品纵向陈列会使20%～80%的商品销售量提高。

系列商品如横向陈列，顾客在挑选系列商品某个单品时，就会感到非常不便。因为人的视觉规律是上下垂直移动方便，其视线是上下夹角25°。顾客在离货架30～50厘米距离时挑选商品，就能清楚地看到1～5层货架上陈列的商品。而人视觉横向移动时，就要比前者差得多，因为人的视线左右夹角是50°。在顾客距离货架30～50厘米距离时挑选商品，只能看到横向1米左右距离内陈列的商品。系列商品横向陈列在一个段位就会造成要么销售很好，要么销售很差的现象。

70%左右的顾客到连锁门店购物都带有目的性，如横向陈列就会影响其他顾客在通道内行走或使挑选商品不便（目前，大部分连锁门店内的通道都较狭窄）。同时，因横向陈列顾客在挑选商品时要往返好几次，否则，就必然会将某些商品漏看。顾客在纵向陈列商品面前一次性通过时，就可以看清楚整个系列商品，从而会起到很好的销售效果。

在纵向陈列时还应注意陈列线要清晰，尽可能做到垂直。

4. 丰满陈列原则

俗话说："货卖堆山"。意思就是说商品陈列要有量感才能引起顾客的注意与兴趣，同时量感的陈列也是门店形象生动的一个重要条件；商品做到丰满陈列，可以给顾客商品丰富、品种齐全的印象。同时，也可以提高货架的销售能力和储存功能，减少了仓库的库存量。有资料表明，丰满陈列可平均提高24%的销售额，因此，商品丰满陈列要做到以下几点。

（1）合理安排商品数量　货架每一格至少陈列三个品种（目前，国内货架长度一组是1.0～1.3米），畅销商品的陈列可少于三个品种，以保证其量感，一般商品可多于三个品种，以保证品种数量。

（2）按每平方米计算，平均要达到11～12个品种的陈列量。

（3）当畅销商品暂时缺货时，要采用销售频率高的商品来临时填补空缺商品的位置，但应注意商品的品种和结构之间关联性的配合以及及时跟进缺货商品到货。

货架是用来陈列商品的，货架必须结合商品调整层次及高度。

在特殊陈列时要注重量感，量感一般是指商品陈列的数量的多寡。应指出只强调商品的数量并非最佳做法，现在更注重陈列的技巧从而使顾客在视觉上感到商品很多。所以，量感陈列一方面是指"实际很多"，这样会使一部分销量一般或不好销的新商品库存积压过多。另一方面则是指"看起来很多"，即要做"假排面"，应注意要达到以假乱真，如果太假不如不假。量感陈列一般适用于食品、杂货，以丰满、亲切、价格低廉、易挑选等来吸引顾客。

量感陈列的具体手法很多，如店内吊篮、店内岛、壁面挑选、铺面、平台、售货车及整箱大量陈列等。其中整箱大量陈列是大中型超市常用的一种陈列手法，即在卖场辟出一个空间或拆除端架，将单一商品或2～3个种类的商品进行量感陈列。

量感陈列一般在低价促销、季节性促销、节假日促销、新产品促销、媒体大力宣传、顾客大量购买等情况下使用。

5. 安全陈列原则

（1）排除非安全性商品（超过保质期的、鲜度低劣的、有伤疤的、味道恶化的），即无效商品。保证商品质量良好，距超过保鲜期的日期较长，距生产日期较近。保证商品上不带有尘土、伤疤、锈迹，使商品的正面面对顾客。因为这类商品不仅不能产生销售，而且会影响其他商品的正常销售，给顾客留下不良印象。

（2）应保证陈列的稳定性，使商品安全不易掉落，应适当地使用盛装器皿、样品，对于易碎、易破损等商品应加设防护栏等。

（3）陈列中还应配合做好商品的防损工作，特别是对高价、易盗商品应在陈列时加扣防盗扣或加贴磁性软标签。

（4）对商品、陈列用具及器材设备和区域进行彻底的卫生清洁，给顾客一种清洁感。

① 不要将商品直接陈列在地板上。

② 无论什么情况都不可将商品直接放在地板上。

③ 注意除去货架上的锈迹、污迹。

④ 有计划地进行清扫。对通道、地板、货架底也要时常进行清扫。

（5）前进陈列　前进陈列有两个方面的内容：一是商品陈列面要与货架前沿相平，或稍后，太过靠后感到空缺；太过靠前容易掉落；二是食品等有效使用商品生产日期前的要放在前面（即先进先出）。

商品第一次在货架上陈列后，随着时间的推移，商品就不断被销售出去。这时就需要进行商品的补充陈列。补充陈列就是要遵循前进陈列的原则来进行。

首先，要将原先的陈列商品取下来，用干净的抹布擦干净货架。然后，将新补充的商品放在货架的后排面，原先的商品放在前排面。因为商品的销售是从前排开始的，为了保证商品生产的有效期，补充新商品必须是从后排面开始。

其次，当某一商品即将销售完毕时，暂未补充新商品，这时就必须将后面的商品移至前排面陈列（销售），绝不允许出现前排面空缺的现象，这就是前进陈列的原则。如果不按照先进先出（前进）陈列原则进行陈列，那么后排面的商品将永远卖不出去。特别是食品，是有保质期限的，因此，采用先进先出的方法来进行商品补充陈列，可以在一定程度上保证顾客购买商品的新鲜度，这也是保护消费者利益的一个重要方面。

但值得注意的是，并不是所有的商品晚来货的生产日期就晚，在补充商品的时候要对比商品生产日期的先后，然后决定先后陈列次序。

（6）商品摆放要考虑货架的承重能力，注意安全，轻小的商品放在货架的上方，较重、较大的商品放在货架的下方等。货架高处的商品，易碎的商品，要注意检查，并采取防护措施；地堆商品要注意不要超高超大，以不超过 1.4 米高为宜；地堆、货架附近不要堆放库存，这样一是店堂不清爽，二是存在容易绊倒顾客等安全隐患。

6. 易于取放原则

顾客在购买商品的时候，一般是先将商品拿在手中从不同的角度进行了解，然后再决定是否购买。当然，有时顾客也会将拿在手中的商品放回原位。如果所陈列的商品不易拿取，也许就会仅因此丧失了销售机会。在通常情况下应遵循"二指原则"即商品的上端与货架层板之间的距离一般应控制在两个手指并起后的宽度为宜。过大则有违丰满原则、浪费陈列空间，过小则不利于拿取。

"投之以李，报之以桃"。商品陈列只有做到了方便顾客挑选、方便顾客拿取商品，同时又方便放回去，才能增加顾客的购买机会。对鲜肉、鲜鱼等生鲜商品，顾客喜欢挑选、又容易脏手，附近没有简单的拿取工具或供顾客洗手的设施，顾客因担心脏手、不能自由挑选等顾虑，对商品易持怀疑态度或干脆放弃购买。设置洗手池或一次性手套、夹子等简单工具，可减少顾客的犹豫。

7. 有力说明原则

通过视觉提供给顾客的信息是非常重要的，顾客往往通过陈列获得很多信息，如陈列的高度、位置、排列、广告提示及解说牌、POP等。商品陈列中应注意这些信息的正确使用。

8. 关联陈列（配套陈列）原则

关联陈列也叫配套陈列，即将与主力商品有关联的商品陈列于主力商品的周围以吸引顾客购买的方法。以主力商品为中心，要尽可能将与此类商品有关联的商品集中在同一场所，这种关联陈列可以依行业、商品特性、目标顾客等进行全面考虑。

（1）用途上的关联——如空调、电视、影碟、立体音响等陈列，再如在销售家庭装饰用品时，把地毯、地板装饰材料、壁纸、吊灯共同布置成一个色调和谐，图案美观，环境典雅的家庭环境，形成一种装饰材料的有机组合，让顾客在比较中感受到家庭装饰对居住环境的美化作用。

（2）附属上的关联——旅行用品如电动刮胡刀、电吹风、照相机、望远镜等陈列。

（3）年龄上的关联——老年用品如助听器、按摩器、小型电器、电热毯、频谱仪等陈列。

（4）商标上的关联——陈列商品以商标为纽带进行系列陈列，强生用品系列有婴儿润肤露、婴儿无泪洗发水、婴儿爽身粉、洗面露、面部调理液、面部凝露等产品，可摆放在一起。

关联商品的陈列应注意以下几个方面：①适时性；②降低容器、备品的成本；③同时要提高效率，防止商品的损耗。

9. 合理分配原则

门店货架宝贵，商品陈列不可能平均分配。销售好的商品排面大，陈列段位好，销售差的相反，这样才能实现销售最大化，同时销售陈列是个动态过程，要不断分析销售情况，做陈列调整。陈列排面和位置如以销售说话，才能杜绝人情关。商品陈列权和调整权以及商品的下架和新品的上架权要控制好，注意让适合的专人控制监督。对做特价优惠的商品，如果陈列在货架上，应适当扩大排面和调整到好位置，实现预期效果。

四、磁石理论及应用

所谓磁石，就是指超级市场的卖场中最能吸引顾客注意力的地方，磁石点就是顾客的注意点，要创造这种吸引力就必须依靠商品的配置技巧来实现。

磁石点理论是指在卖场中最能吸引顾客注意力的地方，配置合适的商品以促进销售，并能引导顾客逛完整个卖场，以提高顾客冲动性购买的比重。商品配置中的磁石点理论运用的意义就在于，在卖场中最能吸引顾客注意力的地方配置合适的商品以促进销售，并且这种配置能引导顾客走遍整个卖场，最大限度地增加顾客购买率。

（1）第一磁石　第一磁石位于主通路的两侧，是消费者必经之地，也是商品销售最主要的地方，此处应配置的商品如下。

① 消费量多的商品。

② 消费频度高的商品。消费量多、消费频度高的商品，是大多数消费者随时要使用的，

也是时常要买的，可将其配置于第一磁石的位置以增加销售量。

③ 主力商品。第一磁石陈列的商品，虽然以主力商品为主，但同业间也大多有这些商品，消费者很容易比较，故如何创造价格的优势，对卖场的经营非常重要。

（2）第二磁石　第二磁石位于次通路的末端，通常是在商店的最里头，第二磁石商品负有诱导消费者走入卖场最里面的任务。通常消费者走入卖场的最里面，发现缺货的状况非常多，那应如何来配置第二磁石的商品呢？

① 最新的商品。消费者总是不断追求新奇：10 年间不变的商品，就算品质再好、价格再便宜，也很难贩卖。新商品的引进，虽然伴随着风险，但还是要有勇气。将新商品配置于第二磁石的位置，必会驱使消费者走入卖场的最里面。

② 具季节感的商品。具季节感的商品必定是最富变化的，可借节气的变化来布置，也可吸引消费者的注意。

③ 明亮、华丽的商品。明亮、华丽的商品通常也是流行、时髦的商品。由于第二磁石的位置都较暗，故需配置较华丽的商品，当然在灯光的补强上，也非常重要。如果一般的灯光是 800 勒克斯，则第二磁石的灯光应达 1000 勒克斯。

（3）第三磁石　第三磁石指的是端架的位置。端架通常是基本的目标、面对着出口，也就是消费者就要离开了。第三磁石商品，就是要刺激消费者、留住消费者。

可配置如下的商品。

① 特价商品。特价商品通常以价格便宜来刺激，所以要用自有品牌或具季节感的商品来增加利益额。

② 自有品牌的商品。

③ 季节性商品。

④ 具第一磁石商品条件、高频度的商品。

（4）第四磁石　第四磁石指在陈列线的中间。是让消费者在长长的陈列线中间引起注意的位置。这个位置的配置，不能以商品群来规划，而必须以单品来规划。

可用下述方法，对消费者表达强烈愿望。

① 运用辅助陈列器材以吸引消费者，如突出陈列。

② 想贩卖的商品，要有明显的说明。

③ 特意的、大量的陈列。

（5）第五磁石　第五磁石卖场位于结算区（收银区）域前面的中间卖场，可根据各种节日组织大型展销，特卖的非固定性卖场以堆头为主。

在磁石点设计中应注意顾客的右转习惯。一般来说，长期的行为习惯使消费者在逛商店时也不自觉地沿着逆时针方向行走，因此在一个有许多支道的商店里，根据一般日用品挑选性和男性购买商品求速求便、不愿花时间比较的心理要求，日用品和一些男性用品通常应摆放在各个逆时针方向的入口处；而根据商品挑选性强和女性购买商品较挑剔，一般花较多时间的特点，这类商品和妇女用品通常应摆放在距离逆时针入口较远的地方；玩具商品陈列在儿童易见易动的地方为好；畅销或有特色的商品陈列在显眼的地方。不过在西方国家，也有些零售门店把热门商品放在一般的货架上，而把那些一般商品放在顾客最容易看到的地方。

五、商品陈列方法

1. 整齐陈列法

整齐陈列法是将单个商品整齐地堆积起来的方法。只要按货架的尺寸确定商品长、宽、高的排面数，将商品整齐地排列就可以。

整齐陈列法突出了商品的量感，从而给顾客一种刺激的印象，所以整齐陈列的商品是企业欲大量推销给顾客的商品，折扣率高的商品或因季节性需要顾客购买量大、购买频率高的商品，如夏季的清凉饮料等。整齐陈列的货架一般可配置在中央陈列货架的尾端，即靠超市里面的中央陈列货架的一端，但要注意高度的适宜，以便于顾客拿取。对于大型综合超市和仓储式商场来说，一般在中央陈列货架的两端进行大量促销商品的整齐陈列。

2. 随机陈列法

随机陈列法是将商品随机堆积的方法。与整齐陈列法不同，该陈列法只要在确定的货架上随易地将商品堆积上去就可。

随机陈列法的特点所占的陈列作业时间很少，这种方法主要是陈列"特价商品"，它的表现手法是为了给顾客一种"特卖品就是便宜品的印象"。随机陈列法所使用的陈列用具，一般是一种圆形或四角形的网状筐（也有的下面有轮子），另外还要带有表示特价销售的牌子。随机陈列的网状筐的配置位置基本上与整齐陈列一样，但是也可配置在中央陈列架的走道内，也可以根据需要配置在其需要吸引顾客的地方，其目的是带动这些地方陈列商品的销售。

3. 盘式陈列法

盘式陈列法即把非透明包装商品（如整箱的饮料、啤酒、调味品等）的包装箱的上部切除（可用斜切方式），将包装箱的底部切下来作为商品陈列的托盘，以显示商品包装的促销效果。

盘式陈列实际上是一种整齐陈列的变化陈列法。它表现的也是商品的量感，与整齐陈列不同的是，盘式陈列不是将商品从纸箱中取出来一个一个整齐地堆积上去，甚至就是整箱整箱地堆积上去。这样可以加快商品陈列的速度，也在一定程度提示顾客可以整箱购买，所以有些盘式陈列，只在上面一层作盘式陈列，而下面的则不打开包装箱整箱地陈列上去。盘式陈列的位置可与整齐陈列架一致，也可陈列在进出口处特别展示区。

4. 端头陈列法

所谓端头是指双面的中央陈列架的两头，是顾客通过流量最大、往返频率最高的地方。端头一般用来陈列要推荐给顾客的新商品以及利润高的商品。

在超级市场中，中央陈列架的两端是顾客通过流量最大、往返频率最高的地方，从视角上说，顾客可从三个方面看见陈列在这一位置的商品。因此，端头是商品陈列的黄金位置，是卖场内最能引起顾客注意力的重要场所。同时端架还能起到接力棒的作用，吸引和引导顾客按店铺设计安排不停地向前走。引导、提示、诉求可以说是其主要功能，所以端头一般用来陈列特价品或要推荐给顾客的新商品以及利润高的商品。端头陈列质量的优劣，是关系到连锁门店形象成功与否的一个主要方面。

5. 岛式陈列法

在门店的进口处、中部或者底部不设置中央陈列架，而配置特殊陈列用的展台，这样的陈列方法叫岛式陈列法。

如果说端头陈列架使顾客可以从三个方面观看的话，那么岛式陈列则可以从四个方向观看到，这就意味着岛式陈列的效果在门店内也是相当好的。岛式陈列的用具一般有冰柜、平台或大型的货柜和网状货筐。要注意的是，用于岛式陈列的用具不能过分高。如果太高的话，就会影响整个门店的视野，也会影响顾客从四个方向对岛式陈列的商品的透视度。为了使顾客能够环绕岛式陈列台（架、柜、筐）选购商品，应给岛式陈列以较大的空间。

6. 窄缝陈列法

在中央陈列架上撤去几层隔板，只留下底部的隔板形成一个窄长的空间进行特殊陈列，这种陈列就叫窄缝陈列。

窄缝陈列的商品只能是1个或2个单品项商品，它所要表现的是商品的量感，陈列量是平常的4~5倍。窄缝陈列能打破中央陈列架定位陈列的单调感，以吸引顾客的注意力。窄缝陈列的商品最好是要介绍给顾客的新商品或利润高的商品，这样就能起到较好的促销效果。窄缝陈列可使门店的陈列具有活性化，但不宜在整个卖场出现太多的窄缝陈列，这样的话，推荐给顾客的新商品和高利润商品太多，反而会影响该类商品的销售。

7. 突出陈列法

突出陈列法是将商品放在篮子、车子、箱子、存物筐或突出延伸板（货架底部可自由抽动的隔板）内，陈列在相关商品的旁边销售。

突出陈列法主要目的是打破单调感，诱导和招揽顾客。突出陈列的位置一般在中央陈列架的前面，将特殊陈列突出安置。

8. 悬挂式陈列法

将无立体感扁平或细长形的商品悬挂在固定的或可以转动的装有挂钩的陈列架上，就叫悬挂式陈列。

悬挂式陈列能使这些无立体感的商品产生很好的立体感效果，并且能增添其他的特殊陈列方法所没有的变化。目前工厂生产的许多商品都采用悬挂式陈列的有孔型包装，如糖果、剃须刀、铅笔、玩具、小五金工具、头饰、袜子、电池等。

9. 包装箱陈列法

将包装箱按一定规格裁剪后，把商品放入其中进行陈列。

包装箱陈列法能给顾客一种亲切感、易接近感，能节省陈列操作的人力、物力。在陈列时，可布置成直线、V形、U形等加以陈列。适合这种陈列方法的商品有：预计可廉价大量销售的商品；广为人知，深受顾客欢迎的品牌；中型、大型商品。

10. 投入式陈列法

投入式陈列法给人的感觉好像是把商品陈列在筐中一样，给人以深入人心、价廉物美的形象，可成为整个卖场的焦点。

投入式陈列法陈列的时间短，操作起来非常方便。那些本身及其价格已广为人知的商品，嗜好性、简便性较高的商品，低价格、低毛利的商品和不易变形、损伤的商品，均可采用这种陈列方法。

11. 不规则陈列法

在便利店中，中央陈列架能整齐地配置，这样就可以秩序井然地陈列商品了。但就是这种整齐的配置和有秩序的陈列，不容易变化和调整，时间久了这种配置和陈列会使顾客产生单调乏味感，降低顾客的购物兴趣。因此，可通过把各个中央陈列架的搁板形成错位安排来进行商品陈列，从而使顾客产生一种新鲜感和错觉，认为中央陈列架的商品又有了新的变化，从而吸引顾客选购商品。

12. 比较陈列法

把相同的商品，按不同规格、不同数量予以分类，然后陈列在一起，这种陈列法就叫比较陈列法。比较陈列法所要表现的经营者意图是促使顾客更多地购买。

13. 专题陈列法

专题陈列法也称主题陈列法，即结合某一事件或节日，集中陈列有关的系列商品，以渲染气氛，营造一个特定的环境，以利于某类商品的销售。

14. 关联陈列法

关联陈列是指在一个中央双面陈列货架的两侧来陈列相关联的商品。顾客按货架的陈列方向行走并挑选商品。

关联性商品应陈列在通道的两侧，或陈列在同一通道、同一方向、同一侧面的不同组别的货架上。其目的是使顾客在购买 A 商品后，顺便也购买陈列在旁边的商品 B 或商品 C。

15. 墙面陈列法

墙面陈列法是用墙壁或墙壁状陈列台进行陈列的方法。这种陈列方法可以有效地突出商品，使商品的露出度提高。对于一些高价格，希望突出其高级感的商品，可以采用这种陈列方式。

16. 情景陈列法

商家为了促销商品，将商品有魅力地表现出来的一种陈列技术，称为情景陈列。情景陈列就是商品卖相的一种表达方式，是一种为商品扮靓的技术，是为了更加吸引消费者的目光，引起消费者的兴趣，激发购买欲望的一种手段。它可以为消费者提供最佳的视觉效果与购买依据。情景陈列法是视觉传播的一种形式。是通过不同的色彩搭配、空间规划、风格描述等各个方面的设计来完成对室内环境的个性塑造，风格统一。借着独特的陈列艺术，来演绎自己的时尚与个性。

17. 橱窗陈列法

（1）综合式橱窗陈列　指将许多不相关的商品综合陈列在一个橱窗内，以组成一个完整的橱窗广告。

（2）季节式橱窗陈列　指根据季节变化把应季商品集中进行陈列。

（3）特写式橱窗陈列　指运用不同的艺术形式和处理方法，在一个橱窗内集中介绍某一零售店铺的产品，适用于新产品、特色商品的广告宣传。

（4）专题式橱窗陈列　指以一个广告专题为中心，围绕某一特定的事情，组织不同品牌或同一品牌不同类型的商品进行陈列，向媒体、大众传输一个诉求主题。

（5）系统式橱窗陈列　指将商品按照商品的类别、性能、材料、用途等因素分别组合陈列在一个橱窗内。

18. 图案陈列法

图案陈列法就是充分利用商品的形状、特征、色彩等，使用适当的夸张和想象，对商品进行摆放，形成一定的图案，使顾客既看到有关商品的全貌，又受到艺术的感染，产生美好的印象。在货品陈列中常用的图案陈列法如表 7-2 所示。

表 7-2　图案陈列方法及适用商品

陈列图案	商品摆放方法	适用商品
直线	把商品按大小或形状特征排成直线图案，注意把商标朝外，标价牌应整齐完整，字迹应清晰完整	形状标准、大小统一的商品
曲线	将商品摆成各种曲线形式的陈列，如三角曲线、直角曲线、圆弧曲线等	小件零星商品
塔形	利用商品的实际形式或外包装将促销品搭建成塔形的立体图案	玩具、文娱品和玩具等商品
梯形	将商品折叠好，并按照梯形逐层错叠，从而使商品的部分花纹和图案展现出来	折叠整齐的床单、毛毯、衬衫、时装等
构图	利用商品的色彩摆出如大红"喜"字等图案的陈列方法	有鲜艳色彩的商品
悬挂	将商品悬挂起来，展示促销品的图案	服装、绸缎、呢绒、被面、毛巾、手绢、袜子等软性商品

六、商品陈列注意事项

1. 商品陈列应体现系列化

每一类商品都有其不同的特征。表现商品特征的一个有效方法就是将同类商品按不同方式集中组合起来,构成较完美的几何图案。不同的商品系列还可用不同的底板作为陪衬。

2. 紧抓顾客心理

在许多情况下,顾客最关心的并非是商品的价格,而是其内在的品质。如用大图片展示一袋正在倒出的可可豆,这样的效果显然没有展示顾客品尝可可豆的情景来得好,因为顾客最关心的是可可豆的味道,而不是它的形状。因此建议连锁企业经营者在商品陈列之前首先应弄清楚顾客对该种产品已经了解了多少,最想要知道的是什么。

3. 兼顾实用性

有些商品,尤其是一些日用品,顾客对其功能已十分了解,因此,应着重向人们介绍的是这些商品的实用性。对一些纺织品、家用器具等普通商品应让顾客知道其制作原料,并按日常使用的方式展示在人们面前。如按平时使用方式摆放在桌上的餐具就比放在货架上和插放在面板上的使人印象更为深刻。

4. 示范商品优越性

形象化地展示商品内在和外观的质量是营销工作的一项基本技能。有一些商品在实际工作状态中才可显示其优越性能,这种方法远比文字说明更加形象化,如声控开关的展示,除了墙上的广告说明之外,展台上的家用电器可让顾客随意使用以切身体会这种声控开关的遥控性能。

5. 避免过分拥挤

不同的商品如果陈列得过分拥挤会挡住顾客的视线,从而影响到顾客对商品留下美好的印象。为了避免过多的商品展出受空间场地的限制,可将商品中的一部分精品在陈列时占据较多一点的空间,同类商品中的其余部分则可配以文字说明,在展台次要部分展出。商品经过分类组合陈列在几块不同的展示板上,顾客可有充裕的空间进行观察,从而能避免观赏集中陈列商品时的拥挤。展出商品的良好效果不仅来自其别具一格的布置设计,更取决于给观赏者留下充裕的观赏空间。

【知识拓展 7-4】

产品的生动化陈列

1. 产品的生动化陈列

产品的生动化陈列是指通过最佳的陈列地点、陈列位置、陈列形式以及活泼醒目、有创意、有冲击力的助销品,吸引消费者的眼球,激发他们的购买欲望,让产品通过陈列的形式就可以提升销售。一般说来,它需要在以下几个要素下工夫。

(1) 正确的产品 在实施产品生动化陈列时,产品是最重要的。一般会选择高回转率的商品,并且优先从高利润产品群中挑选。当然,产品的种类、规格必须符合市场和消费者的需要,并且有明显的竞争性。如果产品选择错误,陈列对销售的提升效果将无法发挥出来。

(2) 正确的地点 产品生动化陈列实施的地点应该是高人流区,位置能够符合消费者购买的习惯,能够有效地对竞争品牌的类似产品进行拦截。

(3) 正确的时机 产品生动化并不是任何时候都会有明显的效果,它往往被用于下列时机:季节性购买时段,尖峰购买时间,周末购物,或者配合广告和促销活动的时候。

(4)正确的数量 实施产品生动化陈列时要注意:一是要考虑陈列带来的销售增长,因此需要足够的库存以避免断货;二是需要足量的存货配合达到陈列的效果,这两者不可或缺。

(5)正确的价格 价格对于同类产品而言应该有明显的竞争性,在价格标志上应清清楚楚地告诉消费者购买时在价格上所能得到的好处。通常在陈列促销时价格上会有折让。

(6)正确的陈列形式 有足够的空间,应该符合或者大于产品的市场占有率,陈列容易拿取,容易比较,容易选择,容易看到。

2. 产品生动化陈列的好处

产品生动化陈列的根本目的是为了提升销售。

可口可乐公司曾经对消费者购买及饮用饮料的情形进行过深入调查和研究,在调查中发现了消费者在购买时存在两个明显的特征。

首先是产品生动化陈列可以大大促进冲动型购买产生。有将近70%的消费者在进入零售店时并没有决定要买饮料或者哪种品牌的饮料,他们是因为店内的产品陈列醒目激发了需求才临时决定购买的。因此,店内的产品生动化陈列可以有效获得这类顾客的生意。

其次,饮料属于扩张性消费,因为饮料是弹性消费品,消费者会因为刺激越多,买得越多;买得越多,也会喝得越多。有人做了一个实验:卫生纸、狗食、罐头汤、碳酸饮料4类产品在进行落地陈列的3个星期内,对销售状况进行研究发现,碳酸饮料摆得越多,销售得也越多。同样的,有特殊陈列和没有特殊陈列的产品,在销售上也有明显的差别。

在食品类和保健品类的销售方面,这一研究结果同样适用。在每年的保健品销售旺季(尤其是中秋节和春节期间),大部分食品区都有保健品的特殊陈列。零售数据研究也显示,在中秋和春节前后大约4个月的时间,大牌保健品制造商的销售量会占到全年销量的60%左右。

3. 产品生动化陈列的货架管理原则

无论是消费者直接从货架上选择产品还是通过营业员之手形成的销售,商品的货架管理都是十分重要的。足够的货架位置可以有效减少脱销现象,减少因为脱销给客户和消费者带来的不良影响,减少客户及公司因为产品脱销所带来的直接利润损失;对消费者而言,良好的货架管理可以帮助他们对商品进行比较和选择,帮助他们迅速发现所需的目标;而且,因为良好的货架陈列,可以帮助产品建立品牌形象。足够陈列面积的标准以陈列7~10天的正常销售量为好,否则会造成经常需要补货的现象,如果工作中哪一个环节出现问题,就极容易出现缺货的情形。如果需要比较大的陈列量配合销售量,那么选择一个额外的比较大的位置显然也是十分必要的。

在进行产品的货架陈列时,要注意不同类别的产品集中摆放,尽量做到分门别类。如果产品是水平方式摆放,那么同一品牌、不同规格的产品应该在两边摆放;如果是垂直摆放,那么同一个品牌、不同规格的产品应上下摆放。这样陈列的目的是为了建立一个巩固的品牌封面,强化品牌的视觉冲击力。

货架陈列中的黄金位置是以消费者视线为中心来决定的。在中国市场,黄金位置是以中国家庭主妇的平均身高155厘米为基准,距离货架70~80厘米,最佳范围是以视线下20°的地方为中心,向上10°和向下20°之间的区间。最适合顾客拿取的高度是75~125厘米,比较适合顾客拿取的高度可以提高到50~150厘米;陈列的极限为上方高度150~170厘米,下方高度30~60厘米。有的时候,产品摆放过低,虽然有存货在货架上,但是会形成通常所说的"视觉上的脱销"这种情况与实际的产品脱销，本质上没有差别，都造成了经营上的损失。

在进行产品生动化陈列的时候，销售人员要始终注意，竞争品牌在货架上必定有其相应的陈列位置，正确的选择是：没有必要（也很少有可能）把竞争品牌撤离货架，而应该是争取到比竞争品牌更有优势的位置，陈列面积至少应与产品的市场占有率相当。

本章小结

卖场是销售的前沿，卖场的合理设计与布局，能给消费者提供舒适愉快的购物环境。商品陈列是无声的推销员，应注意美观和实用相结合。

本章介绍了卖场的出入口、通道、照明、色彩等的设计与布局，说明了磁石理论，在此基础上介绍了商品陈列的原则和方法。

复习思考题

1. 简述卖场通道设计的要求。
2. 卖场照明分为哪几类？
3. 简述磁石理论以及各磁石点陈列商品的类型。
4. 简述商品陈列的原则。
5. 举例说明商品陈列的方法。

相邻陈列谁靠着谁

"我"究竟属于哪一品类？

单位需要接待客人，领导派小张去买大量一次性纸杯回来。

于是小张来到了大卖场里陈列着各种杯子的地方，在一堆陶瓷杯、玻璃杯中睁大眼睛拼命寻找纸杯而不得。

小张感觉有些沮丧，这时工作人员把他带到了纸制品区。原来，纸杯的供应商往往同时代理卷纸、盒纸等商品，大部分的零售企业为了便于管理，就将所有这些商品都归入"纸制品"品类，并陈列在一起。

这种情况并非偶然。现代零售业在组织商品的过程中，一般是首先按照商品特征进行大分类，然后按照制造方法、功能、产地等标准来做中分类，最后再按用途、产地、成分、口味等来进行小分类，并把同一类的商品陈列在一起。

但是，这种分类的指标更多是站在商品（或者供应商）的角度来划分，给卖场布局带来的影响就是：各个区域的分布也是以商品为出发点，如小家电区、果蔬区、纸制品区等。如此一来，一次性纸杯和卫生纸放在一块也就不足为奇了。

然而，这种分类法中却相对忽略了消费者的心理！购物者最重要！其实，重要的不是零售商认为它属于哪一类商品，而是消费者认为它属于哪一类商品。在消费者心中，纸杯和玻璃杯、陶瓷杯一样，都属于容器类，满足消费者饮水的需求，就应该陈列在一起。

实际上，从杯子这个品类的发展趋势看，纸杯恰恰是普通玻璃杯的替代品，对那些接待外客比较多的单位更是如此。以前客人对重复使用玻璃杯的卫生总是表示怀疑。如果商品管理者不理解这个道理，就很容易给出错误的陈列指导。

消费者希望便于比较和选择，考虑问题时，首先看它究竟和哪些商品比较像，潜在的思路是这些商品之间具有直接的替代性（产生选择）。例如，多半购物者习惯于到酒类区购买啤酒，如果将啤酒排入饮料品类，其表现多半不如可乐、果汁等。在做商品绩效评估时，它们很可能被列入待删除单品名单。但是零售商管理着成千上万的商品，有些商品可能没有直接的替代品。所以这就需要考虑它的另一个属性——相关性，即消费者认为它属于哪一类，和什么相关。有人可能会问：我怎么知道消费者把它归入哪一类？可以用调研问卷，或通过实验获知。

2000年初，宝洁公司推出了一个叫纺必适的产品，该产品能去除沙发、窗帘等不方便换洗的织物上的异味。这是个全新的产品，消费者没有任何认知，零售商归起类来也比较头疼。有的认为它类似空气清新剂，便归入空气清新剂品类；有的认为它属于织物护理，便归入家居用品类，放在布艺产品旁边。聪明的零售商则同时在这两个区陈列纺必适，静观消费者的反应，再决定把哪一个作为主要的陈列区。可惜的是，该产品最后退市了，这与它的陈列难题可能也有关系。

同一品类该按什么来陈列？

马上进入炎热的夏季，李先生想在卧室装台空调，由于所住房间不大，而且购买预算不多，所以他计划买一台1500元左右、功率1.5匹的壁挂式空调。

李先生在附近的一家电器卖场，看到在空调区有海尔、三星、志高、TCL、美的、格力等品牌，按照品牌来布局陈列，同一品牌的产品陈列在一起，每一品牌都有1匹、1.5匹到2匹等不同型号的柜机及挂机，基本上每个品牌都有针对李先生这种需求的产品。接下来李先生在心仪的几款产品中比较价格、功能、质量，但这几款空调机没放在一起，其间跨度还不小，他不得不来回回走着比较。

难道商店一定要按照品牌来陈列吗？

其实无论你按照什么来设计陈列，都必须围绕购物者的购物便利来进行，考虑消费者是按照什么样的程序来选择商品的，这才是最重要的。例如，购物者在购买婴儿纸尿裤时，会根据自己孩子年龄的大小，优先考虑是买大号的、中号的，还是小号的，然后才会考虑购买哪一个品牌。所以如果你一开始就按照品牌来陈列，会给消费者选择带来不便，她就需要在不同的品牌区域之间跑来跑去，就像李先生那样。

有一家外资超市这样设计空调分类：第一级分类是分体式、窗机和柜机等，第二级分类是按照空调的功率，比如1匹、1.5匹、2匹等。这种分类法更符合顾客的购买需求，有利于分析顾客需求，方便做出调整。在购买产品的过程中，影响购物者做出购物决策有一系列因素。这些因素有优先层次，也就是说购物者的思维过程是有一个序列的，将其称为"购物者购买决策树"。例如购买洗发水时，购物者会考虑品牌、功能、价格、发质等因素，但对购物者的调查表明，74%的购物者会优先考虑品牌，后考虑功能；只有26%的购物者会优先考虑功能，后考虑品牌。

商家还需要注意的问题：首先，购买决策过程是下意识的，购物者很难说出其中的步骤，利用调查所得到的购物者声称的购买决策重要因素，需要经过专业人员的综合分析，才能得到最终结论；其次，不同品类有着不同的购买决策，如洗发水、纸尿裤以及空调，它们的决策就各有特点，互不相同，其陈列分类也就有所区别；再次，在中国很多品类的购买决策中，品牌都占据着重要的位置，如化妆品、服装、洗发护发品类、口腔护理品类、妇女卫生用品品类。但品牌并非总是购物者做出购买决定的第一层面。品牌的重要性和所属的品类有很大关系。以洗发水和大米为例，购物者对洗发水品牌的偏好影响了对产品的选择，而购物者对大米品牌不如对大米产地和大米品质的层面更关心，大米的品牌重要性就较低。

不同品类之间还有什么机会？

刘女士喜得贵子，但伴随宝宝的一系列麻烦也都来了。其中之一就是购买婴儿用品。

首先，她来到了一楼卖场的奶制品区，在那里婴儿奶粉和成人奶粉放在一起；其次，宝宝吃饱喝足之后会小便，纸尿裤是离不开的，但超市将其归入纸制品品类，婴儿纸尿裤和纸巾等放在一起，在二楼卖场的最里面。于是她不得不抱着宝宝辛苦地来到二楼。第三，宝宝还需要……难道这就是时下商店所流行的"一站式购齐"吗？这就是各家商店挂在嘴上的"以人为本"吗？其实，目前在国外还有一种趋势，就是把品类管理推广到通道管理，把不同的品类混合在销售通道中，这对于提升顾客的购物便利性很有必要。不过这种混合也是有讲究的，不是随便混合的。人是经验性动物，当他们看到某种事物时，会根据自己的经验、知识进行联想，比如，看到皮鞋想到鞋油，看到礼物想到包装纸。如果将这部分用途相关和目标消费者一致的产品或品类摆放在一起或相邻陈列，很容易刺激冲动性购买和连带销售，使顾客在购买商品甲的同时顺便购买商品乙或丙，从而实现附加销售，使几种相关产品的销售量比单独陈列时更高。

哪些商品之间有相关性，需要陈列在一起呢？

你只要站在要买的东西附近问问自己：我在这里还想要买点什么？就能推测出应该在相邻的地方放什么。

资料来源：全球品牌网

思考题

1. 结合案例，说明大、中、小商品分类的技巧。
2. 不同品类的商品能陈列在一起吗？请说明原因。
3. 本案例对你有哪些启示？

实训项目

【项目一】以小组为单位，做一套卖场规划方案。
【项目二】对周边的超市进行调查，提出对超市商品陈列现状的看法及建议。

第八章 连锁企业促销管理

屈臣氏的促销

屈臣氏的促销活动每次都能让顾客获得惊喜,在白领丽人的一片"好优惠""好得意""好可爱"声中,商品被"洗劫"一空,积累了屈臣氏单店平均年营业额高达2000万的战绩。在屈臣氏工作过的人应该都知道,屈臣氏的促销活动算得上是零售界最复杂的,不但次数频繁,而且流程复杂,内容繁多。每进行一次促销活动更是需要花很多的时间去策划与准备。策划部门、采购部门、行政部门、配送部门、营运部门都围绕着这个主题运作。为超越顾客期望,屈臣氏所有员工都乐此不疲。屈臣氏在促销活动方面的造诣值得零售连锁企业借鉴。

2004年6月16日,屈臣氏中国区提出"我敢发誓,保证低价"承诺,并开始了以此为主题的促销活动,每15天一期,从那时起的一段时间里,笔者就一直参与并研究着促销活动带来的顾客反应以及屈臣氏各店营业额的变化。从笔者所收藏的一大堆《屈臣氏商品促销快讯》中,笔者把屈臣氏的促销活动发展大致分为三个阶段:2004年6月以前为第一阶段,在这段时间里,屈臣氏主要以传统节日促销活动为主,屈臣氏非常重视情人节、万圣节、圣诞节、春节等节日,促销主题形式多样,例如"说吧 说你爱我吧"的情人节促销,"圣诞全攻略""真情圣诞真低价"的圣诞节促销,"劲爆礼闹新春"的春节促销,还有以"春之缤纷""秋之野性""冬日减价""10元促销""SALE周年庆""加1元多一件""全线八折""买一送一""自有品牌商品免费加量33%不加价""60秒疯狂抢购""买就送"等为主题的促销活动;第二阶段是在2004年6月提出"我敢发誓,保证低价"承诺后,以宣传"逾千件货品每日保证低价"为主题,在这个阶段,每期《屈臣氏商品促销快讯》的封面都会有屈臣氏代言人高举右手传达"我敢发誓"信息,到了2004年11月,屈臣氏作出了宣言调整,提出"真货真低价",并仍然贯彻执行"买贵了差额双倍还"方针,这样一直到2005年8月,"我敢发誓"一周年,屈臣氏一共举行了30期的促销推广,屈臣氏的低价策略已经深入人心;第三阶段是2005年6月起,屈臣氏延续特有的促销方式并结合低价方针,淡化了"我敢发誓"的角色,特别是到了2007年,促销宣传册上几乎是不再出现"我敢发誓"字样,差价补偿策略从"两倍还"到"半倍还"最终不再出现,促销活动变得更是灵活多变,并逐步推出大型促销活动,如"大奖POLO开回家""百事新星大赛""封面领秀""VIP会员推广",屈臣氏促销战略成功转型。

随着零售业竞争的加剧，针对顾客的促销活动在营销环节中的重要性日益加大，连锁门店需要时不时地给顾客来一点"刺激"，促使顾客"惦记"着门店和门店销售的商品。如何有效地运用促销让顾客"好奇"而来，"满袋"而归，在市场竞争日趋激烈的今天，促销已经成为关系到门店生存和发展的大事。

资料来源：联商网

了解连锁企业促销的目标、要求；
熟悉公共关系促销；
熟悉POP广告的使用以及门店促销活动的实施与评估过程；
掌握营业推广的方法；
掌握促销策划的内容。

职业指导

通过本章的学习，能结合实际合理制定促销目标、正确确定促销时间和主题，能科学合理选择媒体和具体的促销方式，能对促销效果进行评估，并能进行简单的促销方案设计与策划；善于利用公关关系来扩大企业影响，提高企业公共形象。

第一节 促销概述

促销是指对既有和潜在顾客，运用各种积极方式，吸引他们并进而刺激其购买需求，以增进门店各类商品的销售。

一、促销目标与促销要求

促销目标中可以有销售目标，但销售目标并不是促销指标的全部！麦当劳的促销目标一直未变，沿用至今，其中对每次活动有如下规定：

① 把握客户，增进新客户及老客户到店率；
② 争取顾客的每次消费额有所增加；
③ 把握商圈，增进社会关系。

由此可以看出，企业促销的目标其实具有多样性，销售量只是其中之一。

1. 促销的目标

（1）吸引顾客　例如，可以用某一商品的低价吸引顾客进店，顺便购买其他正常价格的商品，从而打开商品销售的大门。

（2）提升企业形象　例如，可以用有特色的广告或商品展示来对特定的商品进行促销。

（3）及时清理存货　对于一些滞销的商品，通过促销加快资金的回笼。

（4）对抗竞争对手　促销是连锁企业应对竞争的重要手段，一系列新奇、实惠、有效的促销活动，会增加消费者对该连锁企业商品的购买欲望，从而有效地击败竞争对手。

2. 促销的要求

（1）促销要有新意和创意，不落俗套；

（2）促销要以消费者需求为核心，促销要有针对性；

（3）促销要全员参与，不仅导购要熟知促销活动内容，管理人员、收银员、理货员、前台服务员等相关人员都要熟知促销活动的内容，以方便宣传和为顾客服务。

二、促销时间及主题的确定

1. 促销时间的确定

在我国早就有天时、地利、人和的说法，机遇是客观存在的，但能否抓住机遇，利用机遇，则决定于人们主观上的认识能力和决策能力。对于领导人而言，能否抓住机遇，尤其是重大的考验。时机选得好，促销活动就能达到赢利、吸引更多客人、宣传企业文化等综合目的。

（1）连锁企业可以用来做促销的时机

① 新开业时。这是门店促销活动中最重要的一种，因为它与潜在顾客是第一次接触，顾客对门店的商品、价格、服务、氛围等印象，将直接影响其日后是否再度光临，所以经营者通常全力以赴，希望能通过促销活动给顾客留下一个好的印象，通常开业当日的经济效益也颇可观，可达平日业绩的5倍左右。

② 周年庆典时。这种促销活动的重要性仅次于开业促销，因为每年只有一次，供应商大多会给予较优惠的条件，以配合门店的促销活动，故其促销业绩往往可达平日业绩的1.5~2倍。

③ 节庆假日时。为配合节庆假日、民俗节日及地方习俗，门店一般都会举办促销活动。以吸引新顾客光临，并提高老顾客的购买品项及金额。通常其业绩可比非促销期间提高2~3成。

【知识拓展 8-1】

企业可以用来做促销的节假日

阴历节日

正月初一，春节。正月十五，元宵节。二月初二，龙抬头节。五月初五，端午节。七月初七，七夕情人节。八月十五，中秋节。九月初九，重阳节。腊月初八，腊八节。腊月二十四，小年。腊月三十（小月二十九），除夕。

阳历节日

1月1日，元旦。3月8日，妇女节。5月1日，劳动节。5月4日，青年节。6月1日，儿童节。10月1日，国庆节。国外节日有：2月14日，西方情人节。5月第2个星期日，母亲节。6月第3个星期日，父亲节。12月25日，西方圣诞节。除此之外还有教师节、护士节、记者节、党的生日、建军节、清明节等。

④ 竞争店促销时。它往往发生在商圈内竞争店数密集的地区。由于各式业态兴起，加上各连锁企业的门店有时距离太近，彼此客层商圈重叠情况严重，所以面对竞争店采取周年店庆促销或特价促销活动时，通常门店会相应推出针对性、竞争性的促销活动，以免营业额衰退。

⑤ 有突发性事件时。特定事件或突发事件，往往因为出乎意料，没有精神准备，使门店难有敏锐的反应。然而，如果经营者能快速反应，迅速决策，及时分析，总能先他人一步抢占商机。其做法通常如下。

首先，经常关注并及时掌握社会及商圈内有关事件及新闻，并研究其对门店经营及消费者购物心理的影响。然后，若发现良好的促销主题，则立即确定促销的商品及营业部门，在最短的期限内推出促销活动以抢夺先机，塑造门店的经营特色和差异化。

例如，台湾地区的7—11店除了以社区为邻居商圈之外，还举办过多次极具创意的主题性促销活动。其中非常成功的一次活动，是针对台湾多起绑架儿童案而及时赞助举办的"把爱找回来"活动——呼吁父母们别让孩子走得太远，以免误入歧途。并在每个7—11店设立信箱，希望通过信箱的协助，让想回家的孩子和想念孩子的父母，一起把爱找回来。这一活动温馨、令人感动，成为连锁企业关心社会的一次成功典范。其结果，不仅凝聚了顾客对7—11店的好感与向心力，而且也使它的服务层次提高，让商圈或社区的居民视它为日常生活中不可缺少的便利店。

（2）季节性商品的促销时机　季节性销售明显的产品，都存在淡旺季之分，每一年都在重复着淡旺季这种规律，促销也是每一年都要重复运作。店铺在旺季开始前期，需要对市场进行一定的告知性促销，以预热市场，目的是使商品能够顺畅地流入市场，得到市场的前期效果，为产品旺销季节的到来奠定基础，甚至达到提前启动旺季的效果。在产品旺季正式开始时，促销活动进入肉搏战，是近距离的短兵相接，基本都围绕着产品的直接销量。店铺必须把握好这个时机，在进行主打商品促销的同时，还利用低价低毛利的商品来干扰竞争品的促销活动，保证自己主打产品的销量。旺季结束之后，销售开始下降，为了延长旺季时间，店铺应立即进行促销，尽可能地消化库存，收回当年边际利润，保证来年有更好的竞争实力。随着市场进入淡季，此时店铺还有必要开展促销活动，目的不是为了销量，而是希望获得顾客来年更大的支持。

（3）非季节性产品的促销时机　对非季节性产品，选择适当的时机开展促销活动十分必要。非季节性产品的促销时机，应当以常规节假日、突发性事件和竞品针对性促销为选择依据，重点也还是为了产品销量。

机不可失，失不再来。在最佳的促销时机出现时，经营者就要果断出手，切不可迟迟疑疑从而失去了最好的机会，这就要求经营者平时不仅要有敏锐的商业嗅觉，更要在关键时刻敢想敢做。

2. 促销主题的确定

良好的促销主题往往会为促销活动起到画龙点睛的效果，所以应针对整个促销内容拟订具有吸引力的促销主题。促销主题的选择应把握两个字："新"，即促销内容、方式、口号要富有新意，这样才能吸引人，但也不必非要达到"语不惊人死不休"的境界；"实"，即简单明确，让顾客得到更多的、实在的利益。好的促销主题要符合下面原则的一个或多个。

① 趣味性。要让消费者感到有趣而参与，而非是奖品吸引。

② 新颖性。是同行没有做过的。

③ 热点性。与社会热点问题相关联，引人注目，如利用奥运会，可以设计"让世界的目光聚焦你的肌肤""我们与奥运会同在"等。

④ 符合大众心理。接近大众心理需求，关注消费动机，让消费者有亲切感，使活动有亲和力。

⑤ 突发性。活动主题带有偶然性、突然性，让消费者感到意外，受到震撼。

⑥ 深刻性。不要追求表面现象，哗众取宠，要有深度发掘，整个主题要深入提炼。

⑦ 原创性。不可简单模仿他人的促销活动、文化内涵及品味，要体现民族及地方文化特质及个性，耐人寻味。好的促销主题可以给消费者一个购买理由，有效规避价格战带来的品牌损害，所以主题一定要与促销需求相吻合，以简洁、大气、亲和力强的语言来表达，在不偏离品牌形象的基础上做到易传播、易识别、时代感强、冲击力强，而不是司空见惯的"买一送一、震撼热卖、特价酬宾"字样。

【案例 8-1】

一个成功的促销主题

1997年中秋节，一家国内企业实施了一项主题为"把你的声音带给你的父母"的Walkman促销活动——Walkman与月饼、水果等组合而成的礼盒，广受欢迎，销路异常好。中秋节传统意义上又是团圆节，这个时候，不管子女身在何方、工作忙碌与否，与父母进行情感交流，表示对他们的关心，是人类的天性使然。现代社会提供了一个空间，使得人们可以通过声音来传递情感。另一方面，在日常生活中，绝大多数的父母并不指望子女孝敬钱物，只是希望能够与他们经常沟通感情，而绝大多数的子女平时却是忙于工作或自己的小家庭，较少顾及父母。在中秋节，子女向父母送上一台Walkman，聊表爱心，自然会受到欢迎。由此引申开去，在现实生活中，在日趋激烈的商业竞争中，完全可以通过自己新颖的、独特的想法去确立促销主题，开发和创造一个市场。

资料来源：联商网

三、促销媒体的选择

促销媒体的选择要根据不同媒体的特点，用其所长，避其所短，综合考虑以下因素。

1. 商品的性质

促销的基本任务是把商品的基本信息传递给消费者。因此，商品的性质不同，要利用不同的广告媒体。例如商品技术性能不高，不需要展示商品的外观，可以选择广播和报刊媒体；如果商品技术性高，选择性强，可以利用报纸、说明书等媒体。需要表现外观的商品，则应该利用电视作为媒体。

2. 媒体传播的范围

不同媒体传播信息的范围有大有小，收到信息的人数有多有少，所以在选择促销媒体时，要考虑媒体传播信息的范围与商品的销售范围相匹配。

3. 消费者接触媒体的习惯

促销媒体要针对商场的目标消费者传播信息，而消费者只有接触媒体，才能接收媒体传播的信息。因此，商场在选择促销媒体时，应该考虑消费者接触媒体的习惯。

4. 媒体的影响力

媒体的影响力与促销的效果成正比，所以要想收到良好的促销效果，必须认真分析媒体的影响力。报刊的发行量、广播的听众数量、电视的观众数量及其声誉、网络媒体的传播范围等，都是影响力的主要标志。

5. 利用媒体的费用

一般来说，促销费用应该与商品销售量相一致。如果商品销售量大，商场要支付较高的促销费用。但是，在不影响促销目标实现的前提下，要力求节省费用，选择收费较低的媒体。

第二节　促销方式

一、广告促销

广告宣传是现代企业最常用的促销手段之一，广告促销是企业运用广告手段向消费者、厂商和各类社会机构提供各种商品或服务的信息、传播企业形象、扩大知名度和提高销售额的一种方法。广告能引发顾客的注意，引发顾客的兴趣，激起顾客购买行为。

（一）广告的种类

（1）根据广告的内容和目的划分　可分为商品广告、企业广告和公益广告。其中商品广告又可以分为开拓性广告、竞争性广告和比较性广告。

（2）根据广告传播的区域来划分　可分为全国性广告和地区性广告。

（3）根据广告媒体的形式划分　报纸、杂志、广播、电视、户外、网络。

（二）广告促销策划

在进行广告促销策划时，策划者首先必须确定目标市场，其次确定购买者的动机，然后再考虑广告宣传策划的五个关键决策（5M）。

广告要达到什么目的（任务——mission）。

要动用多少资金（资金——money）。

要向公众传递何种信息（信息——message）。

使用什么媒体及相应的形式（媒体——media）。

如何对结果作出评估（衡量——measurement）。

1. 确定广告的目标市场

广告的目标市场是一个企业的消费者市场，一般情况下两者的范围是相同的。如果连锁企业有特殊要求或对某产品针对特殊对象进行广告宣传，则广告的目标市场同企业的整体目标市场是有一定的差异。广告目标市场的确定受许多因素制约，如媒体、产品特征、企业实力、广告对象等。

目标市场一般可分类如下。

（1）以性别划分，男性市场、女性市场。

（2）以年龄划分，老年市场、中年市场、青少年市场、婴幼儿市场。

（3）以收入划分，高收入者、中等收入者、低收入者、失业者。

（4）以职业划分，目前我国的职业有工人、农民、士兵、教师、公务员、企业管理者、创业者、IT人士、传媒人士、宗教人士、商业人士、牧民、渔民、其他服务业人士等。

（5）也可以按地域、民族等进行划分。

当然广告目标市场可以进一步细分，也可以合并，或以不同的标准进行交叉划分，直到符合企业要求为止。

2. 确定购买动机

（1）求实动机　它是指消费者以追求商品或服务的使用价值为主导倾向的购买动机。在这种动机支配下，消费者在选购商品时，特别重视商品的质量、功效，要求一分钱一分货，相对而言，对商品的象征意义，所显示的"个性"，商品的造型与款式等不是特别强调。比如，在选择布料的过程中，当几种布料价格接近时，消费者宁愿选择布幅较宽、质地厚实的布料，而对色彩、是否流行等给予的关注相对较少。

（2）求新动机　它是指消费者以追求商品、服务的时尚、新颖、奇特为主导倾向的购买动机。在这种动机支配下，消费者选择产品时，特别注重商品的款式、色泽、流行性、独特性与新颖性，相对而言，产品的耐用性、价格等成为次要的考虑因素。一般而言，在收入水平比较高的人群以及青年群体中，求新的购买动机比较常见。改革开放初期，我国上海等地生产的雨伞虽然做工考究、经久耐用，但在国际市场上却竞争不过我国台湾地区、新加坡等地生产的雨伞，原因是后者生产的雨伞虽然内在质量很一般，但款式新颖，造型别致，色彩纷呈，能迎合欧美消费者在雨伞选择上以求新为主的购买动机。

(3) 求美动机　它是指消费者以追求商品欣赏价值和艺术价值为主要倾向的购买动机。在这种动机支配下，消费者选购商品时特别重视商品的颜色、造型、外观、包装等因素，讲究商品的造型美、装潢美和艺术美。求美动机的核心是讲求赏心悦目，注重商品的美化作用和美化效果，它在受教育程度较高的群体以及从事文化、教育等工作的人群中是比较常见的。据一项对近400名各类消费者的调查中发现，在购买活动中首先考虑商品美观、漂亮和具有艺术性的人占被调查总人数的41.2%，居第一位。而在这中间，大学生和从事教育工作、机关工作及文化艺术工作的人占80%以上。

(4) 求名动机　它是指消费者以追求名牌、高档商品，借以显示或提高自己的身份、地位而形成的购买动机。当前，在一些高收入层、大中学生中，求名动机比较明显。求名动机形成的原因实际上是相当复杂的。购买名牌商品，除了有显示身份、地位、富有和表现自我等作用以外，还隐含着减少购买风险，简化决策程序和节省购买时间等多方面考虑因素。

(5) 求廉动机　它是指消费者以追求商品、服务的价格低廉为主导倾向的购买动机。在求廉动机的驱使下，消费者选择商品以价格为第一考虑因素。他们宁肯多花体力和精力，多方面了解、比较产品价格差异，选择价格便宜的产品。相对而言，持求廉动机的消费者对商品质量、花色、款式、包装、品牌等不是十分挑剔，而对降价、折让等促销活动怀有较大兴趣。

(6) 求便动机　它是指消费者以追求商品购买和使用过程中的省时、便利为主导倾向的购买动机。在求便动机支配下，消费者对时间、效率特别重视，对商品本身则不甚挑剔。他们特别关心能否快速方便地买到商品，讨厌过长的候购时间和过低的销售效率，对购买的商品要求携带方便，便于使用和维修。一般而言，成就感比较高，时间机会成本比较大，时间观念比较强的人，更倾向于持有求便的购买动机。

(7) 模仿或从众动机　它是指消费者在购买商品时自觉不自觉地模仿他人的购买行为而形成的购买动机。模仿是一种很普遍的社会现象，其形成的原因多种多样。有出于仰慕、钦羡和获得认同而产生的模仿；有由于惧怕风险、保守而产生的模仿；有缺乏主见、随波逐流而产生的模仿。不管缘于何种原因，持模仿动机的消费者，其购买行为受他人影响比较大。一般而言，普通消费者的模仿对象多是社会名流或其所崇拜、仰慕的偶像。电视广告中经常出现某些歌星、影星、体育明星使用某种产品的画面或镜头，目的之一就是要刺激受众的模仿动机，促进产品销售。

(8) 好癖动机　它是指消费者以满足个人特殊兴趣、爱好为主导倾向的购买动机。其核心是为了满足某种嗜好、情趣。具有这种动机的消费者，大多出于生活习惯或个人癖好而购买某些类型的商品。比如，有些人喜爱养花、养鸟、摄影、集邮，有些人爱好收集古玩、古董、古书、古画，还有人好喝酒、饮茶。在好癖动机支配下，消费者选择商品往往比较理智，比较挑剔，不轻易盲从。

以上是对消费者在购买过程中呈现的一些主要购买动机的分析。需要指出的是，上述购买动机绝不是彼此孤立的，而是相互交错、相互制约的。在有些情况下，一种动机居支配地位，其他动机起辅助作用；在另外一些情况下，可能是另外的动机起主导作用，或者是几种动机共同起作用。

3. 广告促销5M决策

(1) 确定广告目标　连锁企业进行广告促销必须明确广告目标，也就是广告要达到的目的，这是广告促销的前提。

(2) 广告预算决策　广告预算是十分重要的，总部应该本着少花钱多办事的原则对广告资金进行严格而精确的预算。一般来讲，处于发展初期的连锁企业，应加大广告宣传力度来提高知名度，通过建立品牌优势来赢得顾客，扩大销售额，进入稳步发展的快车道，所以广告预算必须大一点。对于快速发展的连锁企业，广告预算应同销售额同比例增长。而对于成熟期的连锁企业，品牌优势已经建立起来了，可以适当缩减广告预算，但广告预算必须保持较高的弹性，特别是当竞争优势受到挑战时，应及时进行反击，这时，就应大幅度提高广告预算，进行强势营销。连锁企业的广告预算是按各分店销售额的百分比来提取的，这样就可以保证盟主广告费有稳定的来源，也有利于各分店进行财务控制和管理。

沃尔玛的广告策略

沃尔玛在广告方面有着自己的独特之处。沃尔玛很少做广告，即使做广告，投入也不会太多。从广告中节省了大量的费用。

沃尔玛采取了多种措施，尽量减少广告方面不必要的开支，以压缩广告量来压缩广告成本，同时做到保持商品低价。在每一家新店开张时，沃尔玛会大做广告，在热潮过后，就立即大幅度缩减广告量，或把广告的中心放在形象宣传上。

资料来源：价值中国网

（3）广告信息决策　广告信息决策是指连锁企业通过广告想以什么形式传递什么内容，这也决定了广告效果的好坏，所以连锁企业必须注意广告信息决策。要求这种信息的传递发布集中而明确，而且要能使观众过目不忘。

肯德基不同阶段的广告立意

好的广告立意能够使观众在瞬间记住产品的特性，提升广告的感染度。肯德基就是通过在不同的发展阶段运用不同的广告来获得消费者的认同。

在最初的形象广告阶段，肯德基着意刻画了一些其乐融融的家庭画面，努力营造一种来到肯德基就像回到家里的氛围。这对于树立肯德基的直观印象起到了很好的作用。现在肯德基的广告已步入了产品广告阶段，也就是说它的每一个广告都是针对一种特殊的产品，并且一般都运用于新产品推出的促销阶段。

肯德基的广告总是充满浓浓的人情味，这是对生活多重元素的深入挖掘。肯德基外带全家桶"加班篇"就体现了这一点。"加班篇"中老板一句"今晚要加班"，让准备下班的年轻人颇为不满，有偷偷溜走的，有满脸不悦的——这种情况每个人几乎都遇到过，面对临时加班，不满是难免的。创意人员敏锐地捕捉到生活百态中的这一幕。但老板是聪明的，"有外带全家桶哦"，一句话召回了不少人的心，加班一下子变得心甘情愿，原本紧张的劳资关系也一下子缓和了。整个创意没有新、奇、特，就是简简单单的生活内容，只是把每个人的反应夸大，同时这里面好像有每个人的影子，所以感觉十分亲切、平实。

另外一则"接妈妈下班篇"也充满了浓浓的人情味。"接妈妈下班篇"是从家庭的角度来考虑的：忙碌了一天的妈妈在晚上加完班匆匆赶出公司时，看见老公和孩子手捧"外带全家桶"在公司门外等她，心里十分幸福，既免去了做饭的辛苦，一家人又可以和和美美地团聚在一起，何乐而不为？同时一家人温馨欢乐的画面也更加突出了主题"有了肯德基，生活好滋味"。

这几个创意通过精心选取的几个生活画面，将外带全家桶的潜在受众一网打尽。

资料来源：民营经济报

（4）广告媒体决策　广告信息决策之后，接着就要进行媒体决策。连锁企业的各分店处于不同的地理位置，为了使广告有着最大到达率和暴露率，在制定广告决策时必须有一个切实有效的媒介计划，使广告预算在报纸、杂志、电视、广播、户外等媒介上合理分配和组合，从而使各种广告宣传媒介能够相互补充，相辅相成，发挥出最大的广告促销效果。选择媒体类型时，首先要考虑各种媒体的优势和劣势及其实效性和费用成本，结合自身的情况，根据各类媒体的特点，作出最优的选择。广告促销可以选择的媒体类型如下。

① 电视

a. 优点

一是广泛性。对于那些通过印刷性媒介所宣传不到或宣传形象不深的大多数群众，电视都可以宣传到并且发挥巨大的宣传效力。由于电视广告较少受所接受者文化程度高低的影响，特别是电视在现代家庭生活中扮演越来越重要的角色以后，电视广告的影响就更大了。

二是直观性。电视广告利用了视觉、听觉的综合效果，直观地显现商品，且具有示范作用，因此能给消费者以深刻的印象。美国玩具商经常选择几种尚未上市的新产品，在电视上大做广告，以其新、奇、美的特点吸引儿童发生兴趣。同时，对比较复杂的玩具，不仅示范如何使用，而且还示范如何保养。有时候，还配以一定的情节，使整个画面洋溢着浓厚的生活气息，含意深邃，寓情于乐，在轻松愉快的气氛中，激发了儿童的购买欲望。这样，广大顾客通过电视广告，不仅可以挑选上心爱的玩具，而且选购的时间也大大缩短了。

三是趣味性。不少电视广告以其富于想象力的动画和奇特的配音效果使观众兴趣盎然。

四是可容性。电视广告虽然比电台广告时间更短，一般只有10～15秒。但电视中的反复宣传，仍可使一些企业的产品得以大大"扬名"。

b. 缺点

(a) 广告制作耗时，而且花在广告主题内容上的时间较多。

(b) 顾客可选择的电视台多，相对而言，广告被顾客欣赏的概率也较低。

(c) 广告费用高，为节省开支，出现广告的频率较少，而且是读秒播出，稍纵即逝。

(d) 电视广告有一定的时段差异，除了黄金时段外，其他时段效果差。

c. 利用电视媒体促销的注意事项

(a) 若属于区域性促销，全国性电视广告费用太高，反而得不偿失，因此可试作地区性电视广告。

(b) 促销活动若不是大型活动，不必选择电视媒体。

② 广播电台。广播电台一直以来都有固定的人群喜爱。只要有一台小小的收录音机，随时可以获得有用的消息、音乐等，这点是其他媒体难以比拟的。

a. 优点

(a) 收听广播不受地点限制，广告到达率高。

(b) 广告费以月计算，费用较低。

(c) 广播内容更改容易，只需更改录音即可。

(d) 可以要求主持人加强促销主题，让顾客听得更清楚。

(e) 制作主题明确，对象易掌握。

(f) 广播电台大部分为地区性的，可以根据地区性顾客的实际情况做促销宣传。

b. 缺点

（a）广播电台大量增加，广告被收听的概率相对降低。

（b）没有影像，无法把产品的包装或外观传送给顾客。

（c）电台有区域性，不能满足大型活动的宣传需要。

c. 利用广播电台促销的注意事项

（a）事先了解该节目的收听对象，要找到合适的顾客群做广告才有效。

（b）可以利用电台不同的区域功能，做不同的促销广告。

③互联网 互联网被称为继报纸、广播、电视三大传统媒体之后的"第四媒体"，是跨媒体的数字化媒体。

a. 优点

（b）传播范围最广，是最具有全球影响的高科技媒体；

（b）保留时间长，报纸广告只能保留一天，电台、电视台广告甚至只保留几十秒，几秒，互联网上发布的商业信息一般是以月或年为单位。一旦信息进入互联网，这些信息就可以一天 24 小时一年 365 天不间断地展现在网上，以供人们随时随地查询；

（c）信息数据庞大，影像、动画、声音、文字；涉及政府、企业、教育等各行各业；写文章、搞研究、查资料、找客户、建市场、信息流、物流……；

（d）开放性强，全方位开放；

（e）操作方便简单，点点鼠标，浏览、搜索、查询、记录、下单、购物、聊天、谈判、交易、娱乐、报关、报税等，轻松实现，跟发传真、打电话一样简单；

（f）交互性沟通性强，交互性是互联网络媒体的最大优势，它不同于电视、电台的信息单向传播，而是信息互动传播，用户可以获取他们认为有用的信息，厂商也可以随时得到宝贵的用户反馈信息；

（g）成本低、效率高，互联网节省了报刊的印刷和电台、电视台昂贵的制作费用，成本大大降低，使大多数单位、个人都可以承受。网上访问，去杭州跟去纽约，没有区别；

（h）强烈的感官性，文字、图片、声音、动画、影像——多媒体手段使消费者能亲身体验产品、服务与品牌。这种以图、文、声、像的形式，传送大量感官的信息，让顾客如身临其境般感受商品或服务，并能在网上预订、交易与结算，将更大增强网络广告的实效。

b. 缺点

（a）抄袭复制现象严重；

（b）公信力不高；

（c）容易侵犯知识产权；

（d）信息垃圾泛滥等。

（e）报纸。报纸登载内容五花八门，可读性高，阅报已成为家庭生活中的重要内容之一。

a. 优点

（a）报纸版面可以调整控制，依经费的多寡来选择报纸的种类及版面。

（b）报纸广告内容、设计更改较容易，机动性大。

（c）报纸普及率高，且订报一份，全家均可享受阅报的乐趣。

（d）报纸广告较为经济，与其他宣传媒体相比，其费用并不高。

（e）文案的表达、描述弹性大，有足够的空间。

b. 缺点

（a）在重要时节，抢先登报纸广告的现象时常出现，如果没有被安排到好的版面，很难引起阅报者的重视，广告效果较差。

（b）寿命短，时效差。一张报纸隔天就成了"明日黄花"，其宣传作用已经降得很低了；形象表达手段欠佳，尽管随着科学技术的发展，印刷水平已经有了很大的改善，但报纸的印刷质量仍不够理想。

c. 刊登报纸广告的注意事项

（a）若本公司时常在某一报纸刊登广告，则版面配合度较高；否则，争取好版面就较为困难，因此，事先确认版面的位置很重要。

（b）报纸广告的商品内容或主题内容要能吸引顾客来店购买，因此商品内容必须精挑细选。

（c）报纸稿的审稿必须仔细。

（d）对于要竭力向消费者宣传其外形的产品，不要用报纸广告。

⑤ 杂志

a. 优点

（a）选择性强。不同的杂志有不同的读者群，而不同的产品也有不同的消费对象。

（b）版面集中，印刷精美，形象突出。大多数杂志都是用优质纸张印刷的，而且可以复制良好的黑白及彩色照片，可以起到很好的宣传作用。

（c）时效长，有较强的生命力。从时间来说，一般家庭、单位都有保留杂志、阅读过期杂志的习惯；从空间来说，一本杂志也绝不会只停留在少数几个人手里，而是会广泛流传，这些都扩大了杂志广告的宣传效果。

b. 缺点

（a）专业性强，因此受到阅读范围的限制。

（b）反映不及时，缺乏灵活性。

⑥ 户外广告。户外广告大部分利用建筑物的顶端或壁面，或利用主要道路旁边空地架设看板。这种广告在开幕前后或举办相当规模的活动时，效果还算可以。在制作户外广告时要注意下列几点。

a. 字体显眼明了，图案简单鲜明。

b. 可以考虑装设霓虹灯或投射灯。

c. 注意架设及施工的安全性，遇下雨、台风注意检修。

d. 看板材质好坏，必须事先考虑预计使用年限。

⑦ 交通车广告。交通车属于大众运输工具，其特性如下。

a. 上班族、学生搭乘较多。

b. 定点定时出现，对某部分人的接触率很高。

c. 车站是人潮集中处，效果佳。

d. 可以利用车内的清洁袋、椅套、灯箱及车身广告。

e. 交通车广告有一定的成效，但需注意字体要大，较适合开幕或大规模促销活动，小活动不必作此广告。

⑧ DM（Direct Mail）。DM是指直接将广告以信函方式寄到消费者（顾客）手中的做法。

a. 优点

（a）可以事先锁定目标客户，如促销女皮包，就以女性上班族顾客为主。

（b）可以事先锁定有消费能力的顾客，如高级化妆品的促销，需锁定中高收入的女性顾客。

（c）DM内容印制精美，商品丰富，可看性高。

（d）可用DM配合赠送或优惠活动，如DM附送折价券。

（e）DM 可直接送到消费者手中。

b. 缺点：因 DM 泛滥，没有特别的活动，收到 DM 的消费者可能不会拆阅，或者拆阅后马上丢掉。

⑨ 派报。通过派报员将传单、海报沿大街小巷送到顾客家中，这种做法类似夹报和 DM。必须注意以下三点。

a. 事先规划好派报区域并计算出户口数。

b. 派报完毕，派人复查是否已按区域派送。

c. 住高楼大厦的顾客没有办法派报，必须用其他促销手段告知本次促销活动的内容。

⑩ 包装。有人把包装广告称之为是"无声的推销员"。商品的包装是企业宣传产品、推销产品的重要策略之一。

精明的厂商在包装上印上简单的产品介绍，就成了包装广告。利用包装商品的纸、盒、罐子，介绍商品的内容，具有亲切感，它随着商品深入到消费者的家庭，而且广告费用可以计入包装费用之中，对企业来说，既方便又省钱。近几年，许多厂商干脆在商品的外包装（如塑料提袋等）上加印自己生产或经营的主要商品，从而扩大了包装广告的作用。这种广告形式主客两宜，获得了普遍欢迎。

（5）评价广告效果　广告活动评价要求对广告前、广告中、广告后的广告沟通效果和连锁店的经济和社会效应作出评价。

二、营业推广

营业推广指企业向消费者传递商品信息和企业信息，刺激和诱导消费者购买的过程。通常，狭义的促销指的就是营业推广。营业推广的根本目的是聚集人气，吸引顾客，提高销售额。根据调查，消费者进入商店计划性购买仅占 30%～40%，而冲动性购买则占到 60%～70%。连锁企业只有通过开展各种营业推广活动，才能提供销售额和效益。

（一）营业推广的策划程序

要想取得良好的营业推广效果，必须按照一定的步骤来执行营业推广活动。首先，必须明确营业推广的目标，拟定统一的促销计划，然后下达到各店铺具体实施。

1. 明确营业推广活动的目标

具体来讲可以概括成以下几个方面。

① 树立企业形象，参与市场竞争。企业可以通过大型的营业推广活动和企业形象宣传提高企业知名度，扩大企业在消费者心目中的形象，获得消费者对企业的认同。

② 刺激消费，增加销售额。在企业的正常销售阶段，通过采取一项或几项营业推广手段，推动商品销售，以提高销售额。

③ 优化商品结构，将滞销的商品推销出去，以加速资金周转。

④ 推广新产品。通过营业推广可以直接向消费者推广新的商品，大力选出消费新观念、新时尚、新生活方式。

2. 拟定营业推广计划

首先，由连锁企业负责促销的职能部门根据目标要求，分析研究最近商圈内竞争店动态、消费者收入水平及其购买力状况，拟定本次促销活动的诉求重点及具体做法。

其次，还需要获得相关部门的配合与支持，比如召集营业部、商品部及管理部相关人员召开促销会议，对促销活动的主题、时间、商品品种及价格、媒体选择、供货厂商的配合及竞争店的促销活动等仔细分析，以确保促销活动的有效实施。

3. 促销活动实施

要想让促销按照方案不折不扣地执行下去，就得对促销的每一个环节落实到位。许多看起来十分宏大的促销案，最终效果却一般。任何一个大型促销方案的成功，都取决于对方案的有力执行。离开了强有力的执行，策划只不过是"纸上谈兵"，甚至还会适得其反。而卖场内促销案的执行，需要内外两方面的配合。

(1) 内部执行　促销是一个需要卖场内各部门紧密配合的过程。对于促销本身来说，即便策划得再周密，在执行过程中哪怕只出现一点儿差错，都会给全盘活动造成影响。所以，内部执行是促销执行过程的重中之重。而内部执行又包括：部门间的配合和员工培训。内部如果职责不清，流程不畅，再好的促销案都会被毁了，要想促销活动有好的效果，必须连锁门店内部观念统一、上下一心、行动一致。

(2) 外部执行　如果说促销的内部执行为活动的顺利完成打下了坚实的基础，那么外部执行就是真正将促销方案变为现实。促销活动的外部执行，一方面是企业在遵循执行方案的前提下，不断根据市场情况做出相应调整的过程，另一方面是卖场的执行状况。如果连锁门店不按要求落实也是不行的，卖场的执行力也要列入控制的范围，怎么控制？这就要求连锁企业人员在促销谈判的过程中要确认每个细节，绝不能有模糊含糊的地方，在执行的过程中保持跟进，及时反馈调整。

另外，为了保证促销实施的效果，相关的准备也要到位。具体说来，连锁门店着重从以下几方面来准备。

① 特价准备。促销的价格是否对消费者有一定吸引力，是否与该活动的规模和形式相"匹配"？

② 赠品准备。赠品是否有吸引力，赠品到位的时间，以及各门店的分配量是否科学合理？

③ 准备货源。促销品类的产品库存是多少，是否需要补货？促销开展期间，是否具备及时调货和送货的能力？

④ 道具准备。相关道具的制作及进场时间安排是否到位？有无专业美工到现场安装？道具的使用是否正常？

4. 活动过后认真总结

每次促销活动结束后都要进行促销评估，评估工作的重要性就在于通过总结经验、找出缺点和不足，以使下次促销活动开展得更加有效。

(二) 营业推广类型

促销手段是指一系列具有短期诱导作用的具体促销方式，能刺激消费者需求，使消费者迅速产生购买行为，对扩大连锁店的知名度、击败竞争对手，特别是在滞销季节扩大销售有相当重要的作用。

连锁店在使用促销手段时，最好综合考虑季节性因素，利用节日庆典、换季或公司纪念日等有利时机进行，在一年的活动安排表上，要统筹规划，有张有弛，从而在消费者中不断制造消费热潮，保持永久的吸引力。

营业推广活动主要有以下类型。

1. 演出类活动

企业通过邀请著名的歌星、影星、艺术团、时装表演队、乐队等来演出，吸引这些明星的崇拜者和顾客前来观看和消费。如某连锁企业酒楼策划的西域风情表演，特意从新疆请来艺术团表演民族风情浓郁的新疆歌舞节目，另外还设计了很多顾客参与的活动，如盖头、祝酒等，活跃了气氛，吸引了顾客，从而增加了受益。

2. 节日类活动

企业可以举办中国传统节日活动,也可以举办外国节日活动。如在一年里可在春节、元旦、情人节、圣诞节、劳动节、中秋节、儿童节、国庆节、端午节等举办各种主题活动。

3. 娱乐类活动

企业可以在周末或特定的其他时间举办一些娱乐活动。如猜谜、抽奖、游戏等。通过这些活动形式,可以增加顾客的参与兴趣,加大客流量。

4. 有奖促销类活动

消费者通过购买产品而获得抽奖资格,并通过抽奖来确定自己的奖励额度。目前看来,有奖促销是富有吸引力的促销手段之一。许多消费者都愿意去尝试这种无风险的有奖购买活动。

奖品的设置要对消费者有足够的吸引力,分级奖项的设计要合理。抽奖率的计算要不能少于一定比率,否则会让消费者产生虚假感。

5. 有奖竞赛

连锁企业通过精心设计一些有关企业和产品的问答知识,让消费者在促销现场竞答来宣传企业和产品的一种做法。竞赛的奖品一般为实物,但也有以免费旅游来表示奖励的。竞赛的地点也可有多种,企业有时通过电视台举办游戏性质的节目来完成竞赛,并通过在电视节目中发放本企业的产品来达到宣传企业和产品的目的。

6. 折价销售

折价销售的形式常用的有以下几种。

(1)限时折扣 连锁门店在特定的营业时间内提供优惠商品销售的措施,以达到吸引顾客的目的。进行限时折扣时,要将折扣商品以宣传单、广播等形式告知顾客。

(2)折扣券 给顾客一个凭证,使顾客在指定时间内购买某种商品时可以凭此享受一定的折扣优惠,免付一定折扣的钱。一般来说,折扣券的发放渠道有以下几种形式。

① 直接发送。即通过登门拜访、街头拦送方式将折扣券送到消费者手中。

② 利用报刊、杂志等媒体发送。即通过在报刊、杂志上刊登广告的形式,让更多消费者知晓企业的促销活动,凭剪角到企业购物可享受折扣优惠。

③ 直接邮寄发送。连锁企业可在门店中选取部分商品。主要是顾客敏感的商品,以超低的价格出售,并将印刷精美的商品手册派送给潜在顾客,以吸引顾客前来购买,同时带动其他商品的销售。

(3)商品特卖活动 连锁企业在某段时间内,让一种或多种商品的价格下降幅度非常大,让消费者感受到实实在在的优惠,以达到吸引消费者的目的。

(4)购物返券活动 在连锁店购买满一定数额后,凭购物小票到指定地点领取相应数额的购物券。例如,买100返20、买200返50等。

【知识拓展8-2】

促销商品的选择

适合促销的商品一般有以下类别。

(1)品牌成熟度高的产品。

(2)消耗量大、购买频度高的产品。

(3)季节性强的产品。

(4)接近保质期的产品。

(5) 技术、包装、产品形态已属于弱势的产品。

7. 赠品促销

(1) 赠品促销适用的场合　赠品促销主要适合以下场合。

① 吸引顾客从其他企业到本连锁企业消费。

② 在本企业一次消费达到一定标准时。

③ 在销售淡季为了维持市场份额。

④ 促使顾客试用新产品，扩大新产品影响时。

⑤ 连锁企业举行庆典，为扩大影响时。

(2) 赠品促销的类型

① 免费赠送样品。免费赠送样品是将产品直接送到顾客手中的一种推广方式。当连锁企业推出一种新产品或新服务时，可向消费者赠送免费样品或试用作品，可以迅速引起顾客的注意，有助于快速打开市场，如北京华联连锁店送小袋味精、鸡精、化妆品等。

② 礼品促销。礼品促销是指以相当低的价格出售或免费赠送商品作为购买一定产品的刺激。连锁企业可以设计一些带有连锁企业形象标识的小礼品，比如钥匙链、卡通玩具等，在新店开业或消费者购买一定数量的商品时免费赠送或低价出售，这样相当于做了一次广告。

【案例 8-4】

麦当劳的赠品促销

麦当劳在儿童食品上使用赠品来打动儿童。如果按个数计算，可以这么说，麦当劳已成为世界上最大的玩具制造者，因为它每年专为它的欢乐餐厅就制造了 7500 万个玩具。

2001 年 4 月，麦当劳在广州为促销套餐推出小狗史努比玩具，成千上万的小顾客仅仅因为是麦当劳的史努比就疯狂抢购，广州三元麦当劳食品有限公司在 4 月到 5 月就在广州卖出史努比卡通玩具 23.3 万只，完成销售额 233 万元。

资料来源：21 世纪经济报道

③ 随货附送。此种随货附送的方式对于建立某类型商品或某品牌商品的知名度效果显著。家电型门店可以买 VCD 送 CD、买电视送台灯等方式促销某特定商品。而服饰门店可以买西装送领带、买西装送衬衣等，推广特定商品。

8. 服务促销

连锁企业的服务推广是企业以某种方式向顾客提供服务，以获取顾客的好感，进而促进销售的活动。

(1) 服务促销的特点

① 无形性。看不见、尝不到、摸不着、听不出。

② 易消失性。不能储存以供以后使用。

③ 不可分性。服务不能与服务提供者分离。

④ 可变性。服务质量取决于服务人员、时间、地点和方式。

(2) 服务促销方式

① 售前服务。介绍商品知识、解答顾客疑难、办消费者学校等，有市场铺垫、宣传商品、搜集情报的作用。

② 订购服务。连锁店铺设置订购服务部，安置计算机及各种通信设备，顾客可以通过网络、电话、传真、信函等多种方式订购商品，可以大大节约时间。

③ 送货服务。在顾客购买后，组织车辆和人员为顾客送货上门，有的安装调试和进行一定的培训。

④ 维修服务。为了方便顾客维修，连锁门店和生产商合作在消费者集中的地方，设立维修中心，或上门提供维修服务。如联想专卖店提供一年免费上门维修，五年保质的服务。

⑤ 销售服务。销售人员或服务人员的态度、行为是传递给顾客的最直接的信息。因而经营成功的连锁企业都要求员工有一流的服务水准，如麦当劳强调温柔、友爱、细致的优质服务。

9. 现场制作促销

现场制作促销是指经过专门训练的营业员或厨师在店堂现场表演。如今许多企业将一定区域租赁给其他商户经营，这些商户的加工就在店内进行，实行的就是现场制作。如店内面包加工、豆制品加工、冷拼加工等。现场制作促销对营造店内气氛、激发顾客的购买欲望十分有效。

10. 展销促销

展销促销是连锁企业邀请多家同类商品厂家在所属店铺内共同举办商品展销会，形成一定的声势和规模，让消费者有更多的选择机会。连锁企业可以通过这种方式对某类新产品在某个热销季节进行展销，如眼镜大联展、照相机联展、皮衣联展等。

【案例 8-5】

联华的促销活动

春节期间，联华组织了一年一度的生鲜食品节，开展了一系列的促销活动。该活动第一阶段以"低价位，抢占市场制高点"为出发点，通过工商联手令商品大幅让利，具体活动包括"申城蔬菜精品展""各地名果展""营养早餐系列商品展""159 种商品超低价销售""好酒贺新禧"等；第二阶段以国内最大现代化的联华生鲜食品加工配送中心正式竣工投产为契机，借事件行销，通过媒体推介，组织专业研讨会，树立鲜明的健康食品形象。联华企业配送中心 130 多种产品特价促销，向市民推荐方便菜肴最佳配菜组合，联华的口号"健康生活从这里开始"由此成为申城的热门话题之一；第三阶段的主题是"逛联华备年货，好心情祈丰年"，100 种"先生"牌方便菜肴、微波食品、暖锅系列及名酒参与"你点我配，名酒佳肴礼仪专递"促销活动，举办"贺喜大礼包送礼时尚展"等。这些活动环环相扣，一浪高过一浪，并在春节期间达到了高潮，产生了很好的促销效果。

资料来源：中国商贸

三、公共关系

（一）公共关系的定义

公共关系是指为了获得人们的信赖，树立企业或产品形象，或者帮助实施销售，用非付款的方式通过各种公共宣传工具所进行的活动。包括一切对企业或产品形象有利的公共宣传。如召开各种会议、提供各种优惠服务、开展公益性的社会（赞助）活动、展销、展览会等。

连锁企业的公共关系活动，对树立良好的企业形象、促进商品销售、提高企业竞争力具有特别重要的意义。连锁企业通过公共关系活动，建立良好的社会关系是树立企业形象的一个重要方面。这一方面是由于连锁店经营辐射面广，各连锁分店的经营环境千差万别；另一方面是由于连锁分店或处于繁华的商业区内，或处于居民区内，它需要同商圈内的政府主管部门、行业主管部门、社会团体等保持良好的公共关系，例如参加当地的公益活动，赞助当地的教育文化事业，邀请有关人员参加企业的庆典等，以树立良好的企业形象，扩大销售市场。

肯德基的公益营销

作为社会大家庭的一分子，肯德基以"回报社会"的企业宗旨来积极关心需要帮助的人，尤其是近年来当肯德基自身不断快速发展的同时，对中国的公益事业，尤其是中国儿童的教育事业的投入已成为肯德基"回报社会"的一个核心内容。

为了能使少年儿童在健康的环境中成长，肯德基每年均以各种不同的形式支持中国各城市地区的教育事业，从捐款"希望工程"等教育项目到资助特困学生、免费邀请福利院儿童和残疾儿童就餐；从举办形式活泼的体育文化比赛到捐赠书籍画册。近年来，肯德基还开展了生动活泼、寓教于乐的肯德基健康流动课堂；与电视台一起举办的"小鬼当家"冬令营和夏令营活动，受到孩子和家长们的喜欢。这些都体现了肯德基"回报社会，关心儿童"的企业文化。

据统计，十多年来肯德基直接和间接用在青少年教育方面及社会公益方面的款项已达6000多万元人民币，这些款项均用于帮助聋哑弱智儿童，贫困地区的失学儿童以及需要帮助的大学生和教育工作者。

对于肯德基来说，公共关系是一个简单而有创意的方法，提升了肯德基的公众形象，增加了利润，造福了社会。

资料来源：知网

（二）公共关系的特征

(1) 公共关系是企业与社会公众之间的一种相互联系；

(2) 公共关系的目的是为企业广结良缘，在社会公众中树立良好的企业形象和社会声誉；

(3) 公共关系活动以真诚合作、平等互利、共同发展为基本原则；

(4) 公共关系是一种创造人和的艺术。

（三）公共关系活动的形式

1. 策划新闻

策划新闻又叫媒介事件和制造新闻，是企业的公关人员利用记者对于新闻的不断需求，而有计划、主动地制造出能够吸引记者报道的有新闻价值的事件，目的是引起新闻界和社会公众的注意，使企业的名字经常可以在新闻媒介中出现，从而达到提高知名度、树立企业良好形象的目的。

曾成功地策划了"白沙飞机送学子""无本取息"购物活动的张大旗在其著作中谈了自己在这个方面的切身体会："聪明的广告人还应当善于制造新闻……通过制造新闻，可以引起新闻界的浓厚兴趣和高度关注，让一家又一家的新闻单位争相报道和评述，企业在这方面可以一个钱不花，做不是广告而胜广告的大宣传。"因此，成功地策划新闻，能够引起公众和新闻界的广泛注意，可以得到新闻媒介的争相报道，在公共关系实践活动中，对企业的知名度、美誉度的提高具有重要的作用。

具体来说，策划新闻的途径有以下几种。

(1) 根据社会公众热点来策划新闻 公众在不同时期，关注的"热点"问题也不相同。策划新闻者，要洞悉新闻媒体的运作规律，知道什么时间记者对什么新闻感兴趣，根据"热点"问题来策划新闻。据《杭州日报》报道，当伊拉克战争成为人们的热门话题时，杭州的一家餐馆抓住时机，适时推出了伊拉克战争菜。"布什小炒""阿帕奇鲈鱼""战斧式全笋"，不一而足。据这家餐馆的老板介绍说，伊拉克战争开打后，他突然灵机一动，决定在酒店门口两边摆放两排沙包作掩体，掩体后放几盆高大的棕榈树，制造出热带的氛围。门口的迎宾小姐和服务员一律穿上迷彩服，戴上迷彩帽。在大厅里，一张中东地图非常醒目，伊拉克的位置由红色标出。包厢门口本来应是二楼的方位图，现在也被一张伊拉克国家地图取代。地图边还停着两辆玩具坦克和两架"阿帕奇"直升机模型。"那什么叫'布什小炒'呢？"有客人问道，"就是布鱼和石鸡在一起的炒菜。"服务员回答说。一道空心的圆形油焖笋，就是"战斧式全笋"，用鸽子做的菜则叫"反战使者"。杭州的这家餐馆利用伊拉克战争的热点进行策划，取得了可观的经济效益。但有时，组织很难在一段时期内找到与公众关注的话题密切相关的内容，这就需要公关人员从不同角度和层次去挖掘。

（2）借助公益活动策划新闻　1990年5月，上海大江有限公司在收到北京新闻单位的求助信后，决定独自出资25万元人民币支持由新华社体育部、中央电视台体育部、《光明日报》《工人日报》《中国青年报》《中国体育报》等八家新闻单位主办的"迎亚运世界体育知识大奖赛"活动，从而使这一重大活动顺利展开。活动进行期间，大奖赛组委会在首都宾馆主办高层次、高规格的"大江经验座谈会"，请许多政府高级官员和经济学界的专家学者为大江公司的经营管理从理论上进行总结，吸引了众多的新闻记者专程赴上海大江采访，并产生了连续数日各大报纸的"大江系列专题报道"，中央电视台、中央人民广播电台也都有专题报道。这些宣传报道，使"大江"顿时名声大振，美誉四方，产生了远远超出出资25万元广告宣传的强大效应。

（3）借节日庆典来策划新闻　美国的拉蔡食品公司利用中国传统节日春节来制造新闻。拉蔡食品公司在中国农历新年来临之时，制作了系列拉蔡新年菜谱，以"春节期间全家齐动手烹调美味食品、享受天伦之乐"为题隆重推出。于是，一直默默无闻的拉蔡食品公司在这个新年期间成功地吸引了新闻界的注意，不少报纸和电视台都介绍了拉蔡的新食品。

（4）借名人效应来策划新闻　天津"飞鸽"自行车成为国际名牌就是一例。天津"飞鸽"自行车在国内享有盛誉，是原轻工部"金龙"奖得主，但在外国人眼里不过是"阿司匹林车"，即骑上去就累得满头大汗，可治感冒。改变国外公众对"飞鸽"品牌的不良印象，是"飞鸽"进入世界市场的关键。一个偶然的机会，天津自行车厂得知布什总统将偕夫人访华，就立即决定通过赠车表达中国人民对美国人民的友谊。他们选出造型美、重量轻、骑行方便的84、83型两辆彩车送到钓鱼台国宾馆。布什夫妇仔细地看了车子，连声夸赞，还兴致勃勃地骑上车子让众多的记者拍照。对此，国内外有上百家报纸进行了报道。很快，"飞鸽"变成了"总统喜爱的车""国家元首级的礼品"。在美国，一时间兴起争买"布什""芭芭拉"型"飞鸽"牌自行车的热潮。"飞鸽"一朝改变了40年的品牌形象。

（5）借新闻机构来策划新闻　一个企业如果和报社、电台、电视台等新闻机构联合举办各种活动，就能增加企业在新闻媒介中出现的机会。因为新闻机构参与了这一活动，自然会在自己的新闻媒介上报道这一活动的，组织因此也得到机会和广大公众见面，提高知名度。

2. 公益活动

公益活动是组织不计眼前利益，出人、出物或出钱赞助和支持某项社会公益事业的公共关系实务活动。公益活动是目前社会组织特别是一些经济效益比较好的企业，用来扩大影响，提高美誉度的重要手段。例如，服装公司为体育代表团赞助服装，饮料厂为体育代表团赞助比赛期间的饮料，社会组织、个人赞助教育事业。具体来说常见的公益活动有以下类型。

（1）赞助体育活动　体育活动拥有广泛的观众，往往也是新闻媒体报道的对象，对公众的吸引力比较大。因此，赞助体育活动，往往是企业公益活动的重要选择。常见的有赞助某一项体育运动、赞助某一次体育比赛和赞助体育设施的购置等多种方式。

(2) 赞助文化活动　文化生活是社会生活的重要内容之一。企业进行文化生活方面的赞助，不仅可以促进文化事业的发展，丰富公众的生活内容，而且可以培养与公众的良好感情，大大提高企业的知名度。这类赞助方式有：一是对文化活动的赞助，如对大型联欢晚会、文艺演出、电视节目的制作和电影的拍摄等赞助；二是对文化事业的赞助，如对科学与艺术研究、图书的出版和文化艺术团体等赞助。

(3) 赞助教育事业　教育是立国之本，发展教育事业是国家的基本战略。企业赞助教育事业，不仅有利于教育事业的发展，而且有利于融洽企业与教育单位的关系，有利于企业的人才招聘与培训，有利于树立企业关心社会教育的良好形象。常见的赞助方式有：

一是赞助学校的基础建设，如图书馆、实验楼等的建设，或者为贫困地区建校办学、修缮校舍或场地；

二是赞助学校专项经费，如专项科研基金和设立奖学金等；

三是赞助教学用品，如设备、器材和图书资料等。

(4) 赞助学术理论研究活动　各种学术理论研究活动，有的是直接服务于整个社会的，有的是某些社会生产技术的发展战略研究，企业可以自己设立机构，也可以长期支持某些学术研究机构的研究活动。企业赞助学术理论活动，既可以利用学术理论活动在公众中的影响，提高企业的知名度，又有利于得到专家的咨询和建议，从而改善企业的工作。

(5) 赞助社会福利和慈善事业　赞助社会福利和慈善事业，是指企业通过出资参加社区市政建设，为各种需要社会照顾的人提供物质帮助和开展义务服务活动等措施，对社会承担义务和责任，既有利于企业搞好与社区、政府和公众的关系，又有利于扩大企业的影响。

常见的赞助社会福利和慈善事业形式有赞助养老院、福利院、康复中心、公园、少年宫，在一些地区或单位遭受灾难时提供资助，出资修建社区马路、天桥以及赞助残废人事业等。此外，还可以赞助设立专项奖励基金，如抗击"非典"医护人员奖、发明家奖、见义勇为奖等。

总之，公益活动形式很多，作用越来越大，公共关系人员可以根据社会的需要和企业的能力，认真搞好公益活动的开展。

3. 庆典活动

庆典活动是组织利用重要节日和重要事件，举行的庆祝或典礼活动，是组织借助喜庆和热烈的气氛，对外扩大影响，对内增强凝聚力的重要手段。

组织的庆典活动形式多种多样，常见的类型如下。

(1) 节日庆祝　重大节日庆祝。如"母亲节""五一劳动节""国庆节"、元旦和春节等重大节日庆祝；企业特殊纪念日庆祝，如"周年庆典"。

(2) 工程典礼、开业典礼　如新建设项目奠基、落成，重要桥梁、道路通车，增加新设备、安装新的生产线等举行工程开、竣工典礼；企业新开店，经营项目刚开业等举行开业典礼。

(3) 签字仪式和表彰仪式　如重点项目和重大项目合同的签字仪式；为表彰先进集体和先进个人开展的表彰仪式。

4. 记者招待会

记者招待会又称新闻发布会，是由企业举办邀请记者参加的会议。一般是由企业的发言人直接向与会记者发布有关本企业的重要信息，并且回答与会记者的有关提问，目的是通过与会的记者把本企业的有关信息传递给公众。

5. 展览会

展览会是企业公共关系活动经常采用的一种形式。它是通过实物、文字、图表、模型、示范以及电影、电视、计算机网络等现代多媒体技术和手段，来展现其成果、风貌、特征的一种公共关系实务活动。它是一种综合运用各种媒介、手段进行复合性、双向性、直观性和高效性的传播，宣传和推广企业的产品，树立企业形象，建立良好公共关系的一种大型活动。

展览会可根据其目的、内容、规模等的不同而划分为以下几种类型。

(1) 按展览会目的

① 以盈利为目的营销型展览会，如生产性企业的新产品实物展览、商业性企业的商品。

② 以公共利益为目的的公益型展览会，如科普知识展览、保密知识展览和防治"艾滋病"知识展览等。

(2) 按展览会场地分

① 室内展览会，如小型、精密、贵重的物品展览一般都在室内进行。

② 露天展览会，如机械、汽车等大型工业品展览，多在露天举行。

(3) 按展览会内容分

① 综合性展览会。综合性展览会是指规模很大，内容全面，参展项目多，由专门性的组织机构负责筹办，其他组织应召参加的一种综合概括性强的展览活动，如世界博览会和国家或者地区博览会等。

② 专题展览会。专题展览会通常是由企业或行业性社会组织围绕某一特定专题而举办的主题鲜明、内容集中而有深度的展览活动。与综合性展览会相比，它的内容单一、规模较小，无综合性，如"中国酒文化博览会"就是专门以展示酒为核心，通过酒来展示企业文化和国家的酒文化。

第三节 促销策略

一、价格促销策略

(一) 连锁企业的价格促销定价方法

合理选择商品定价方法是价格促销策略成功实施的关键。连锁企业的商品定价方法归纳起来有如下几种。

1. 竞争参照定价法

竞争参照定价法是根据不同的竞争环境，参照竞争对手的价格，并以此为基准价来确定本企业产品价格的定价方法。

竞争参照定价法的具体形式如下。

(1) 以低于竞争对手的价格定价　无论竞争者的价格是多少，本企业产品的价格始终比对方低。

采用低价策略，意在维持或提高本企业产品的市场占有率，迅速扩大产品的销售量。

(2) 以高于竞争对手的价格定价　这种定价是在竞争对手的基准价的基础上，提高本企业产品的价格水平，以高价谋取高利润。采用高价策略，主要适用于以下情况：

① 连锁企业产品相对于竞争者的产品，有着显著的优势；

② 购买者在意识到这种相对优势的同时，愿付出高于竞争对手产品的价格；

③ 连锁企业的知名度、信誉度较高。

(3) 与竞争对手的价格一致　这是将本企业产品与竞争对手的产品同步定价，并随竞争对手产品价格上下浮动。企业使用这种定价形式，无论是产品的质量、成本，还是在知名度、信誉度等方面,都要与竞争对手不相上下才行,否则便难以奏效。

2. 毛利率法

连锁企业要薄利多销,经营者可以控制一个较低的毛利率,但并非各种商品均按相同的低毛利率加成出售。可以对所经营的商品划分类别。不同类别的商品按不同的毛利率加成,最终其综合毛利率较低。例如30%的商品品种按进价出售,20%的品种在进价上加成5%出售,30%左右的品种在进价上加15%出售,20%的品种在进价上加成20%出售,其综合毛利率为 $30\% \times 0 + 20\% \times 5\% + 30\% \times 15\% + 20\% \times 20\% = 9.5\%$,还是较低的。

这种定价策略的优点在于前两类适用于消费者使用量大、购买频率高、受欢迎的商品,按进价或低于进价出售,用于吸引顾客,树立企业形象,而后两类则为企业带来利润。

3. 折扣定价法

给予顾客以折扣是促销常用的方法,该方法在连锁经营中也被广泛应用,其主要形式如下。

(1) 一次折扣 即在一定时间对所有商品价格下浮一定比例,如店庆、节假日等。这种方法可以使连锁企业抓住销售旺季,树立连锁企业在消费者心目中的形象,阶段性地将连锁门店的经营推向高潮。

(2) 累计折扣 即连锁门店根据顾客购买商品的金额常年推出的定价方法,目的在于稳定那些经常光顾门店的顾客,使之在该门店连续购买,起到稳定顾客的作用。具体操作方法可以是发票累计折扣、优惠卡累计折扣等。

(3) 限时折扣 是指在商品保质期到来之前给予折扣的方法。

此外还有季节折扣、限量性折扣、新产品上市折扣、买一送一等。值得一提的是在采用折扣策略时,要考虑消费者的心理因素。一般降价幅度要较大,品种要精选,要有媒体宣传和广告配合。

4. 特卖商品定价法

特卖商品定价法指该商品的跌价幅度特别大,它对顾客有很强的吸引力。特卖商品是连锁门店的企业形象商品,是价格促销的重要方法。企业最好能每周甚至每天推出部分特卖商品,以极低的价格吸引顾客,从而带动连锁门店的整体销售,其目的是以特卖商品的低利润甚至亏本带来其他商品的销售利润。顾客云集,既渲染了气氛,也为连锁企业扩大了影响。

5. 销售赠品定价法

对于利润较高的产品品种,可以采用销售赠品的定价方法,即顾客购买了此种商品,无偿赠送可用于季节削价、限时定价或特卖定价的商品,由此刺激高利润商品的销售。

以上提及的连锁企业的促销定价策略,是商家经常采用的,随着连锁门店的不断普及,新的定价策略也会层出不穷。经营者一定要不断总结经验,充分发挥价格这把金钥匙的作用,使连锁企业的经营更上一层楼。

(二) 连锁企业实施价格促销策略应注意的问题

1. 严格控制敏感商品价格水平

据有关调查资料表明,70%的消费者的购买决定是在门店作出的,而他们只对部分商品在不同门店的价格有记忆,这部分有记忆的商品被称之为敏感商品。敏感商品往往是消费者使用量大、购买频率高、最受欢迎、省时、便利的商品,实行低价销售,可在市场上拥有绝对竞争优势,并树立价格便宜的良好形象。外资零售企业十分注重控制"敏感商品"的毛利率,他们在靠全面低价策略打开市场后,随后则靠敏感商品的低价来巩固和发展市场。他们往往进行深入详细的调研工作,经过精确计算确定无利、低盈利、高盈利的商品范围,长期保持 10% 左右的敏感商品实施较低的定价政策，用这部分敏感商品的低价位维持并强化其定位形象，并带动 90% 左右的正常价格的商品销售，从而达到以点带面，以小带大的促销目的。

2. 精心挑选"磁石"商品，常年不断进行特价促销

连锁企业每隔一段时间应搞一次例行促销活动，而促销活动的主要内容就是价格促销，要选择一些商品以非常低廉的特价形式招徕顾客，节假日、双休日更是促销的大好时机，且常年不断，周期性循环，一方面吸引大量的顾客光临，同时持续反复地向消费者传送价格低廉的冲击波，形成强烈的低价印象。

用来作为特价的商品也叫"磁石"商品，主要由两种类型商品组成：一类是低值易耗、需求量大、周转快、购买频率高的商品，由于这类特价商品消费者经常购买，价格熟烂在心，又便于比较，往往成为外资零售企业价格特别低廉的标志性商品；另一类是消费者购买频率不高，周转较慢，在价格刺激下偶尔购买的商品，这类商品主要是为了引发消费者购买欲望、加速商品周转而特价销售的。

3. 采用多种促销降价策略，不断变化价格注意点

连锁企业除了直接采用降价促销方式外，还要擅长运用攻心战术，实施心理价格策略，制定能拨动消费者心弦的价格。如门店内商品价格每每标为 8、9 等所谓"神奇数字"使消费者一方面产生吉利的好感，另一方面对价格产生一种错觉。某种商品定价为 29 元，消费者会认为只是 20 多元而非 30 元，便宜一个价位，无形中刺激了消费者的购买欲望。又如，连锁企业可以在某个特定时间提供优惠商品刺激消费者狂热的购买活动，如限定 16 时至 18 时面包 1 元 1 个。这种活动以价格为诉求重点，利用消费者贪小便宜的心理，刺激其在特定时段内采购特定优惠商品。不同的包装和商品分量也常用作辅助价格促销，例如某种品牌的奶粉为 500 克装，定价为 9.30 元，又推出一种 450 克装的产品，定价为 8.5 元，后者一时销路看好，因为消费者对重量的敏感要远远低于价格，尽管两种包装的商品单价相差无几，但后者却更容易吸引消费者注意。

此外，连锁企业还可以经常推出特惠包装、捆绑包装、奉送赠品、买二送一、赠优惠券等措施，尽管这些都是常用的陈年招式，但效果依然良好，为消费者所接受。

4. 将价格促销策略与其他促销策略联合使用，增强促销效果

连锁企业在实施低价策略时，可以将其与其他促销手段结合起来运用，如充分利用店内 POP 广告、堆头陈列等方法营造商品价格低廉的卖场气氛。另外还要重视特价品的陈列，将最吸引人的特价品放置在商场入口特设的陈列架上，其余的则分别陈列在店内各处，力求使消费者走完门店一周，才能全部看完门店推出的特价品，这样无形中延长了消费者的逗留时间，促使消费者在寻找特价商品时顺便购买其他的非特价品，这才是连锁企业特价品促销的真正原因。

【案例 8-7】

外资零售连锁企业的价格促销策略

美国的沃尔玛、法国的家乐福、德国的麦德龙、荷兰的万客隆、日本的佳世客和伊藤洋华堂等，这些跨国集团凭着雄厚的资金力量、多年的零售经营经验、先进的管理方法和管理手段，在中国零售业异军突起，正逐渐成长为一股越来越强大的势力。

从目前进入的外资零售连锁企业来看，大部分是采取大型综合企业和仓储式商店这种零售业态，并以低价格、多品种、大型停车场为其主要竞争优势。其中，外资零售企业的价格策略尤为突出，成为他们抢占中国零售市场的有力武器。外资零售企业采取低价竞争策略是有其一定的成本优势作为基础的，由于外资零售企业一次性采购批量大，具有全球性的议价能力，且实行直接从厂家采购、买断进货、定期结算、回购外销，因而能获得极为优惠的商品进价；再加上其相对较少的人力成本、高效率的物流配送、尽量缩减的广告宣传、偏离商业中心的商店选址和简单朴实的商场装修，使得其经营费用也相当低。因此，外商的低价竞争是建立在全方位降低经营成本的基础上实施的，与我国前些年商界刮起的"十点利""八点利"的那种纯粹在利润上做文章的降价竞争有着本质的区别。

然而，在对外资零售企业的价格进行全面、深入、细致的剖析后，就会发现其低价策略的表现形式十分灵活多样，并不仅仅是在低成本上直接低定价那样简单。而且，许多商品的价格与国内零售企业并无多大区别，却能给人们形成低价印象，这其中奥秘何在？原来，外资零售企业除了切实奉行"低费用、低毛利、低价格"的经营原则之外，更重要的还在于他们着眼于消费者心理感受所形成的效应，娴熟运用定价艺术，采用高超的价格策略，实施完善的价格管理，实行差别毛利率定价法。

低价策略并不意味着所有商品都实行最低毛利和最低价格。对不同商品采取差别毛利率定位，既能保证较高的利润水平，又能达到低价促销的效果。被人们称为"价格最大破坏者"的美国"现代超市之父"迈克尔·卡伦在创新一种零售业态的同时，也创新了一种定价方法。他在商品定价时即采用了差别毛利率定价法，他的做法是：27%左右的品种按进价出售，18%左右的品种在进价上加5%毛利出售，27%左右的品种在进价上加成15%出售，剩下的28%的品种按进价加成20%出售，所有商品平均毛利率在9%左右。目前，外资零售企业均采用这种定价策略，如一般食品、杂货商品所加毛利率仅为5%～6%，生鲜食品的毛利率为15%～16%，百货商品毛利率为15%～25%，它们的零售价格大部分比其他商场低10%左右，一部分与其他商场持平，从而保证了商场的低价定位和盈利水平。

资料来源：管理在线

二、会员制促销策略

争取更多的顾客是连锁企业维持正常经营的前提条件，如果达不到维持经营的最低顾客数量和销售额，连锁企业很难在市场上立足，企业赢取顾客的方式有两种：一是吸引新顾客；二是保持老顾客。

每一家连锁企业拥有的顾客群是特定的、有限的，吸引新顾客需要重新进行店铺定位，要投入很多的资金。在这种情况下，如何利用会员制保持老顾客、提高回购率和增加顾客购买量就成为连锁企业在市场促销战略中需要考虑的问题。

为了留住老顾客，争取顾客的反复购买和大量购买，连锁企业一般采取折让销售策略，即根据顾客的购买情况给予一定的数量或价格优惠。很多连锁企业都用会员卡来自动记录顾客的每一次购物情况并累计得分，顾客利用自己的得分可以兑换成现金或商品。

1. 会员制对消费者的促销作用

① 享受连锁企业提供的价格优惠；

② 享受连锁企业提供的优质全面服务；

③ 享受年底提供的年底分红或退还。

2. 会员制对连锁企业的促销作用

① 会费收入可观；

② 便于稳定老顾客，发展新顾客；
③ 掌握消费者信息。

三、POP 广告促销策略

POP 广告也叫卖点广告，主要目的是将店家的销售意图准确地传递给顾客，在销售现场直接促进顾客即时购买的冲动。

POP 广告的概念有广义和狭义两种，广义的 POP 广告指凡是在商业空间、购买场所、零售商店的周围、内部以及在商品陈设的地方所设置的广告物，都属于 POP 广告。如商店的牌匾、店面的装潢和橱窗，店外悬挂的充气广告、条幅，商店内部的招贴广告，服务指示，店内发布的广告刊物，卖点进行的广告表演，以及广播、电子广告牌等。

狭义的 POP 广告仅指在购买场所和零售店内部设置的展销专柜以及在商品周围悬挂、摆放与陈设的可以促进商品销售的广告媒体。

（一）POP 广告的作用

POP 广告的任务是简洁的介绍商品，如商品的特色、价格、用途与价值等。它可以抓住顾客心理上的弱点，利用精美的文案向顾客强调产品具有的特征和优点。POP 广告被人们喻为第二推销员。POP 广告的作用可以概括为以下几点。

① 传达门店商品信息。
② 创造门店的购物气氛。
③ 促进连锁企业与供应商之间的互惠互利。
④ 突出门店的形象，吸引更多的消费者来店购买。

（二）POP 广告的种类

1. 按 POP 广告体现形式分

（1）招牌 POP。招牌 POP 主要包括店面、布帘、旗、横幅、电动字幕，其功能是向顾客传达企业的识别标志，传达企业销售活动的信息，并渲染这种活动的气氛。

（2）货架 POP。货架 POP 是展示广告或立体展示售货，这是一种直接推销商品的广告。

（3）招贴 POP。招贴 POP 类似于传递商品信息的海报，招贴 POP 要注意区别主次信息，严格控制信息量，建立起视觉上的秩序。

（4）悬挂 POP。悬挂 POP 主要包括悬挂在门店卖场中的气球、吊旗、包装、空盒、装饰物，其主要功能是创造卖场活泼、热烈的气氛。

（5）标志 POP。标志 POP，即门店内的商品位置指示牌，它的主要功能是向顾客传达购物方向、流程和位置的信息。

（6）包装 POP。包装 POP 是指商品的包装，具有促销和企业形象宣传的功能。

（7）灯箱 POP。门店中的灯箱 POP 大多稳定在陈列架的端侧或壁式陈列架的上面，它主要起到指定商品位置和品牌专卖柜的作用。

2. 按广告所起的作用分

（1）销售型 POP　是指顾客可以通过其了解商品的有关资料，从而做出购买决策的广告。如手制价目卡、拍卖 POP、商品展示卡。

使用期限：拍卖期、特价期，多为短期使用。

（2）装饰型 POP　是用来提升门店形象，进行门店气氛烘托。如 POP 招贴画、悬挂小旗。

使用期限：较为长期性，而且有季节性。

3. 按所处的位置分

（1）外置POP　外置POP是将本门店的存在以及所经销的商品告之顾客，并将顾客引入店中的POP类型。

（2）店内POP　店内POP是将门店内的商品情况、店内气氛、特价品的种类，以及商品的配置场所等经营要素告知消费者的POP类型。

（3）陈列现场POP　是在商品附近的展示卡、价目卡及分类广告，它们能帮助顾客作出相应的购买决策。

（三）POP广告的设置与摆放

POP广告的设置与摆放要注意以下几点。

① 设置高度要合适。
② 数量要适中。
③ 设置时间要与促销活动时间保持一致。
④ 广告与商品之间的摆放位置要合理。
⑤ 保持清洁整齐。

第四节　促销活动的实施

一、制定有诱因的促销策略

1. 师出有名

以节庆贺礼、新品上市之名打消变相降价促销的负面影响。

2. 有效炒作

① "活动名"要有吸引力、易于传播。如某米酒厂家在酒店推广产品的加热饮用，促销命名为"青梅煮酒论英雄"；雀巢咖啡加送咖啡杯名曰"红杯欢乐送（颂）"。

② 赠品绰号要响亮。如肯德基的球星塑料人起名为"超酷球星派对"。

③ 赠品价值要抬高。如缤纷夏日防紫外线秘籍——太阳扇。

④ 限量赠送做催化。消费者总是买涨不买落，让消费者在活动现场看到赠品堆放已经不多，旁边赠品空箱子倒是不少，这种"晚来一步就没有赠品"的感觉会大大促进消费者的购买欲。

3. 尽量不做同产品搭赠

如"买二送一"，不免有降价抛货之嫌，结果可能"打不到"目标消费者，反而"打中了"贪便宜低收入的消费群。

4. 可用成熟品牌带动新品牌捆扎销售

要注意两者档次、定位必须在同一层次上（如果老品牌已面临种种品牌危机、形象陈旧就不可取）。如可口可乐公司的主力产品之一雪碧，在二三级城市很受欢迎。醒目是该公司继雪碧、芬达之后推出的又一新品牌，目标市场定位与雪碧相近。醒目上市与雪碧捆扎销售，在二三级市场取得了良好效果。

再如名噪一时的三株公司推出新品，与老产品三株口服液捆挷销售，但其老产品因为长期广告诉求对消费者承诺过高，同时又面临重大消费者投诉，品牌形象较差，与新品搭售反而拖了新品的后腿，最终以失败告终。

5. 面对消费者的促销政策坎级不宜太高,而且要提供多种选择

如买 1 袋/包送透明钥匙包一个;买 2 袋/包送荧光笔一支;买 5 包送飞镖玩具一套;买 1 箱送 T 恤衫一件。

二、选择合适的广告宣传品、赠品

1. 广宣品设计原则

(1) 广宣品风格应与目标消费群心理特点一致 如运动饮料宣传品基调:与体育赛事结盟、活力、迅速补充体力。中低价食品宣传方向:更实惠、更大克重、更多鸡蛋、更营养。儿童用品宣传风格:产品好吃/好用,赠品好玩,卡通化的诉求方式。

(2) 促销 POP 标价和内容 促销价与原价同时标出,以示区别;尽可能减少文字,使消费者在三秒之内能看完全文,清楚知道促销内容。

(3) 巧写特价 部分城市物价局规定不准在海报上标出原价特价对比字样,这种情况可把最不好销的口味写原价、其余口味写优惠价(如:海鲜味 2 元/包,其余口味 1.8 元/包)消费者自然明白。

(4) 师出有名 冠以新品上市、节庆贺礼等"借口"。

(5) 写清楚限制条件 如限购 5 包/人、周末促销、限量销售、售完为止、××日之前有效等。

2. 赠品选择原则

(1) 尽可能是新颖的常见用品 使消费者一看就知道是否实惠而且又受其新颖的造型、外观所吸引(太"生僻"的赠品,如魔方笔、蹬山刀,消费者不知道其用途或其用途不大,难以接受)。

(2) 高形象,低价位 如挂表、围裙、T 恤、计算器等价值感较强,但采购成本又较低的商品。

(3) 最好有宣传意义 如围裙、T 恤、口杯等。

(4) 与目标消费群的心理特点及品牌定位相符 如运动饮料赠奥运小纪念品;某中低价方便面赠味精;碳酸饮料赠变形摩丝、滑板、透明钥匙包。

(5) 赠品价值在产品价值 5%~20% 过低没有促销效果,过高会起负面作用。

三、确定促销商品储备数量

充足的货源是销售得以保证的基础。如果促销开展后出现缺货现象,往往直接影响促销效果。企业根据活动规模确定促销产品的储备数量。

促销开始前 7 天至结束后 8 天为促销进价配合期。也就是说,在促销期前 7 天就开始执行促销进货价格,在促销结束后的 8 天里依然在交易中保持促销进价不变,采购部应与供应商协调,进行价格调整。如果是销售情况好的门店,实际上能从这个有效期上多拿到约半个月的低价商品。

那么根据前 7 后 8 规则,促销开始前 7 天,如商品完全可以满足正常销售,则不能再下正常单。反之,可下少量正常单,只要保障促销开始前库存有效接近货架基础存量即可,从而享受促销进价;促销结束后 8 天内,也可适当扩充订货量以享受促销进价提供的毛利空间。

① 正常促销商品订货量=正常订货量×1.5－现有库存量;

② 惊爆商品订货量=正常订货量×3－现有库存量;

③ 部分因周转不佳而通过降价促销商品，应当适当控制订货量；

④ 促销期间往往配置特殊陈列，订货仍需依据商品特征及是否可退货慎重控制，应防止为大量陈列而大量订货，促销陈列结束后导致库存积压。

四、促销合作的洽谈

没有供应商的支持，卖场的促销就等于是"无源之水，无本之木"。而对于某些业态，做好一场促销的先决条件更为苛刻，例如百货店：一是要有80%以上的供应商参与到活动中来；二是要有20%的一线品牌能够全力配合商家的促销方式。于是，如何说服供应商参与到卖场促销中来，是商家需要考虑的重要课题。温柔点讲是"说服"，而对于卖场采购部或商场营销部来说，这就意味着一场场艰苦的谈判。如何在合作谈判中获得较好的效果呢？

1. 认清自己的商业环境

在与供应商谈判之前，基本的谈判地位都已经确定了！如果企业在区域市场所占份额大到了垄断地步，单靠"威胁"就能说服供应商参与促销。但随着零售商的扩张，这种好事越来越少了。尤其遇到一线品牌厂家，谈判更难。因此，如何说服供应商参与促销，就显得越来越有技术含量了。

2. 抓大放小

诸多供应商中，并非每一个都对企业促销活动意义重大。一线品牌、知名品牌都是本地所有门店都在抢的"香饽饽"。说服它们，肯定花费的工夫要多。而企业的资源、时间和精力都有限，因此需要制订好谈判计划。比如，重点放在一线品牌，或正追赶它们的准一线品牌。另外，在二线、三线品牌里，要把重点放在近期顾客最关注的那些品牌或产品上。

3. 确定真正的商业目标

谈判基本上有两种：竞争性谈判与合作性谈判。让供应商白掏费用支持的，就是竞争性谈判，肯定有一方要输；而劝供应商一起促销（买赠、折送等），一般都是合作性谈判，结果好了，对大家都有利。与供应商合作是最终的目的。

以前零售商完全强势时，采购人员大都喜欢采取强硬型的谈判风格；随着零售商店的增加，采购人员改变了谈判风格，喜欢温顺的风格。实际上，"合作"并不代表"放弃原则"，采购人员一样要以非常清晰的目标与原则与供应商谈判。例如，对方是否参与？以多大数量的赠品和折扣来参与？对促销宣传支持的力度如何？

那么，如何与供应商谈判呢？

（1）准备好创新性的促销方案。要准备好几个富有创新性的促销方案，供应商的经理每次要接到大量同质化的促销方案，如果你的方案没有什么新意，对方怎么相信这次促销会带来滚滚客流？

（2）准备好谈判资源。供应商很可能跟你讨价还价，因此在你谈判之前，一定要将手头的资源（新品促销位、DM抢眼位置等）梳理一遍，看哪些可以用于谈判。不要跟供应商在某个问题上纠缠。

当然，在所有谈判资源中，最重要的不是我方资源，而是对方即供应商的"资源"，要明了对方究竟想要什么？

（3）摆数据，讲道理。当对方说"很难知道效果怎么样啊！"就拿出上年同期或上个季度对方参与促销的业绩；如果对方说"这只是个别现象"时，就拿出跟对方最相似的竞争品牌历史促销业绩。或者，拿出近期几个竞争品牌就要赶上他的数据。

（4）早日制订促销计划。提早"掠夺"供应商促销资源，这一点非常重要！例如某地级市百货大楼里就有这样的高手：每次大型促销活动前，A经理就经常能提出好主意。最关键的，A经理自己总是能组织促销好。最近一次"买一百送五十"，A所在针织卖场的羊绒衫厂家几乎全线参加，鄂尔多斯、鹿王等平素从不参加活动的一线品牌也倾力而为，并赚得钵满盆盈。其实，这就是A经理提早计划、联络的结果，他的经验是：如果不及早动手与供应商沟通，一般这部分货源就会流向毗邻的省城了。

（5）凸显个人魅力。虽说在谈判时对事不对人，但供应商不一定这样想，因此供应商对你的印象会在谈判中起很大作用。平时卖场资源不紧张的时候，应该在力所能及范围内帮供应商几个忙，花点时间与供应商沟通下感情，交流些专业知识，这样对你在大促销时说服他们有很大作用。你平时认真，他们就会觉得你什么事都认真，把促销投入交给你也放心。

（6）避免情绪问题。重大的促销合作谈判不是一次就能解决问题的。有些问题对方并没有权限，那么，就直接要求见对方上司。但对当下的谈判对手不能有任何情绪化的表现。

（7）认真执行。对当下这次促销活动的精心执行，将大大提高供应商下次参与的积极性。

（8）回顾与强化。本次促销完了，赶紧拉供应商一起回顾。把得与失都摆出来，认真分析，这样可以提高形象分，并为下一次拉供应商"入伙"做好准备。还有，一定要拍些本次促销该品牌的火爆场面。因为供应商的销售人员更替很快，如果来个新人，怎么说服？没关系，把当年的合作促销照片拿出来，告诉对方。

五、效果预估和费用预估

效果预估：指根据所选企业的历史销量，综合考虑促销政策对产品流速带来的影响，作出促销期间销量的预估。

费用预估：根据销量预估配备相应的物料如宣传品、礼品，并根据所选企业的规模和促销期长短，预估销量，准备相应的促销人员预算。

常用的促销预算方法如下。

1. 销售百分比法

该法以目前或预估的销售额为基准乘以一定的百分比作为促销预算。

2. 量入而出法

该法是以地区或公司负担得起的促销费用为促销预算。即是指将促销预算设定在公司所能负担的水平上。以该方法决定预算，不但忽视了促销活动对销售量的影响，而且每年促销预算多寡不定，使得长期的市场规划相当困难。

3. 竞争对等法

该法以主要竞争对手的或平均的促销费用支出为促销预算。公司留意竞争者的广告，或从刊物和商业协会获得行业促销费用的估计，然后依行业平均水平来制定预算。

采用这种方法的原因有：①竞争者的预算代表整个行业智慧的结晶；②若各竞争者互相看齐，常能避免发生促销战。

但公司没有理由相信竞争者能以更合理的方法为它决定促销费用。各公司的情形都大不相同，其促销预算又怎能为别的公司所效法，而且也无证据显示，以与竞争者看齐的方式编列促销预算能真正防止爆发促销战。

4. 目标任务法

促销预算是根据营销推广目的而决定的，营销人员首先设定其市场目标，然后评估为达成给项目所需投入的促销费用为其预算。目标任务法是最合逻辑的预算编列法。以目标任务法编列促销预算，必须做到以下几方面：①尽可能明确地制订促销目标；②确定实现这些目标所应执行的任务；③估计执行这些任务的成本，成本之和就是预计的促销预算。目标任务法能使管理当局，明确费用多少和促销结果之间的关系，然而它却是最难实施的方法。因为通常很难算出哪一个任务会完成特定目标。

六、促销活动的检查、促销效果的评估

（一）促销活动的检查

促销活动的检查最常用的是促销活动检查表，即对促销前、促销中和促销后的各项要检查的项目进行列表检查。表8-1是某连锁企业促销活动检查项目。

表 8-1　某连锁企业促销活动检查项目

类别	检核项目	是	否
促销前	促销宣传单、海报、红布条、POP广告是否发放及准备妥当？		
	卖场人员是否均知道促销活动即将实施？		
	促销商品是否已经订货或进货？		
	促销商品是否已经通知电脑部门进行变价手续的操作？		
促销中	促销商品是否齐全？数量是否足够？		
	促销商品是否变价？		
	促销商品陈列表现是否吸引人？		
	促销商品是否张贴POP广告？		
	促销商品品质是否良好？		
	卖场人员是否均了解促销时间及做法？		
	卖场气氛布置是否活泼？		
	服务台人员是否定时广播促销做法？		
促销后	过期海报、POP广告、红布条、宣传单是否拆下？		
	商品是否恢复原价？		
	商品陈列是否调整恢复原状？		

（二）促销效果评估

促销效果的评估是连锁企业一项非常重要的工作内容，通过评估本次促销活动的效果，对其成功与不足加以认真总结，以便把下一次促销活动搞得更好。

1. 连锁企业促销效果评估的方法

一般来说，连锁企业促销效果的评估可以采用以下几种方法进行。

（1）前后比较法　选择促销活动前、促销活动中及促销活动后3个阶段的销售额来测评促销效果，一般会出现以下3种情况。

① 有效促销。连锁企业门店举办促销活动所期望达到了预期目标。连锁门店行促销活动后，很多顾客被吸引前来购物，来客数增加，销售额提升，收到了预期的理想效果。在促销活动结束后，由于促销期间连锁企业的各种宣传，使其知名度与美誉度提高，给顾客留下了良好的印象，再加上实质性的优惠促销活动，无形中提升了企业形象。因此，促销活动结束后，门店的销售额依然有所增长，从而形成了比较乐观的销售前景。

② 无效促销。促销活动的开展对于连锁门店的业绩没有任何帮助，门店的经营状况没有得到任何改善，而且所举办的促销活动浪费了一定的人力、物力、财力，促销效果很不理想。

③ 不良促销。这是连锁门店促销最忌讳出现的一种情形。此次促销活动虽然在促销期间使销售额有了一定程度的提高，但由于促销活动策划不当或管理不到位等问题，出现了某

些意外情况，严重损伤了门店的形象。

（2）消费者调查法　连锁门店真正能够长期持续经营依靠的是其良好的信誉及消费者的信赖。因此，对于消费者的反应不可忽视，在促销活动中或促销活动结束后，可以组织相关人员对特定的消费者群体进行抽样调查，向他们了解促销活动的效果。比如，询问有多少人对本次促销活动反映良好，其中哪些方面反映最好，哪些方面反映最差；顾客是否从中得到实惠；对今后的购物去向是否有影响等，从而掌握门店所举办的促销活动的效果。

（3）观察法　这种方法简便易行，而且十分直观。主要是通过观察消费者对连锁门店促销活动的反应，例如，消费者在限时折价活动中的踊跃程度，优惠券的回报度，参加抽奖竞赛的人数以及赠品的偿付情况等，对门店所进行的促销活动的效果做相应的了解。

总之，促销活动结束后的总结与评估，有助于提高门店的绩效。通常情况，如果促销活动的实施绩效在预期目标的95%～100%，则是正常情况；如果在预期目标的105%以上，则是高标准表现；如果在预期目标的95%以下，则有待在今后工作中改进和提高。

2. 连锁企业在促销效果评估中要注意的问题

（1）促销主题配合度评估　促销主题是否针对整个促销活动的内容？促销内容、方式、口号是否富有新意、吸引人？是否简单明确？促销主题是否抓住了顾客的需求和市场的卖点？

（2）创意与目标销售额之间的差距评估　促销创意是否偏离预期目标销售额？创意虽然很好，然而是否符合促销活动的主题和整个内容？创意是否过于沉闷、正统、陈旧，缺乏创造力、想象力和吸引力？

（3）促销商品选择的正确与否评估　促销商品能否反映门店的经营特色？是否选择了消费者真正需要的商品？能否给消费者增添实际利益？能否帮助超级市场或供应商处理积压商品？促销商品的销售额与毛利额是否与预期目标相一致？

（4）供应商对门店促销活动的配合度评估　供应商对连锁门店促销活动的配合是否恰当、及时？能否主动参与，积极支持，并为门店分担部分促销费用和降价损失？在促销期间，当连锁企业请供应商直接将促销商品送到门店时，供应商能否及时供货，数量是否充足？在商品采购合同中，供应商，尤其是大供应商、大品牌商、主力商品供应商，是否作出促销承诺，是否切实落实促销期间供应商的义务及配合？

（5）从总部到门店，各个环节的配合状况评估

① 总部运行状况评估。主要评估总部促销计划的准确性和差异性；促销活动进行期间总部对各门店促销活动的协调、控制及配合程度；是否正确确定促销活动的次数，安排促销时间，选择促销活动的主题内容，选定、维护与落实促销活动的供应商和商品，组织与落实促销活动的进场时间。

② 配送中心运行状况评估。配送中心是否有问题，送货是否及时？在由连锁企业配送中心实行配送的过程中，是否注意预留库位？合理组织运力、分配各门店促销商品的数量等几项工作的正确实施情况如何？

③ 门店运行状况评估。门店对总部促销计划的执行程度，是否按照总部促销计划操作？促销商品在各门店中的陈列方式及数量是否符合各门店的实际情况？

（6）促销人员评估　促销人员评估可以帮助促销员全面并迅速地提高自己的促销水平，督促其在日常工作流程中严格遵守规范，保持工作的高度热情，并在促销员之间起到相互带动促销的作用。

促销人员的具体评估项目有：促销活动是否连续？是否达到公司目标？是否有销售的干劲？是否在时间上具有弹性？能否与其他人一起配合工作？是否愿意接受被安排的工作？

文书工作是否干净、整齐？他们的准备和结束的时间是否符合规定？促销桌面是否整齐、干净？是否与顾客保持密切关系？是否让顾客感到受欢迎？

【知识拓展】

促销活动的有效实施离不开团队合作与明确分工

企划部——拟定促销计划、促销宣传、卖场布置、促销活动的评估；采购部——促销商品组织、特价谈判、供应商赞助与支持；门店楼面——促销商品特殊陈列、量贩销售、现场促销；防损部——促销活动的安全及防盗；电脑部——促销商品的变价；人力资源部——促销员的考核和派驻；客服部——促销商品扫描、卖场广播、赠品的派发；工程部——确保促销期间所有设备正常运转。

本章小结

在市场竞争日趋激烈的今天，促销已经成为关系到连锁企业生存和发展的大事。促销重点在于促销方案制订、促销策略的应用。连锁店要制订促销计划，确定突出主题，要求全员参与促销活动，同时注意POP广告促销的使用，从促销活动评估、人员组建和物料管理等方面加强促销活动管理。

本章介绍了连锁企业促销的目的、意义以及广告促销、营业推广、公共关系等促销方式，并详细介绍了各自可利用的具体形式和策略。

复习思考题

1. 简述促销对连锁企业门店营运的作用。
2. 促销的要求有哪些？
3. 列举营业推广的具体方式。
4. 列举几种广告媒体的优缺点。
5. 列举可利用的公共关系的形式。
6. 简述POP广告对连锁门店促销的意义与作用。

案例分析

案例一　同仁堂——苦甜"非典"方，亏本赚形象

2003年2月底3月初，广东省爆发SARS疫情，板蓝根需求量剧增。4月，疫情扩大到北京，北京市民人心惶恐。在这人命关天的关口，中医药专家站了出来，在媒体公布了一些推荐的旨在预防"非典"的多种中医药方，随后，北京市购买中药人数剧增，在4月8日、9日达到高潮，市场供应呈现严重不足。面对如此局面，北京市政府发出号召，要求北京各大医药企业积极行动起来投入到抗击"非典"疫情的行动之中，保证北京市抗击"非典"药品的充足供应。知名百年老字号——同仁堂作为国有大型医药企业，积极响应政府号召，几乎供应了北京市场近一半的"非典"中医药方，又一次成为光芒四射的明星。然而，令人意

想不到的是，如此大量供应"非典"方，在大家想象中应该受益颇多的同仁堂却称自己反而亏了本，此为何故？虽说此次行动对同仁堂而言并非单纯经济活动而不乏政治意义，然而与此同时，同仁堂作为上市公司，经营上的一举一动都要充分考虑到公司的损益平衡和资本市场股东的利益。在"非典"时期，同仁堂究竟经受了怎样的多重压力、考验和选择呢？

调整生产大量供应"非典"方

在同仁堂党组及时召开内部紧急动员会议后，同仁堂全员行动，机关处室干部也纷纷下到一线，到同仁堂的61家药店帮手，解决药店人力不足的问题。

然而，由于市场需求量超过同仁堂日常供应量的10倍左右，而且抓药程序复杂，药品供应严重不足，在此种情况下，同仁堂报北京市药品监督管理局批准，获准直接将药材煎制成汤剂出售，自4月13日起将两条国公酒的生产线改为抗击"非典"瓶装代煎液的生产线，有效地满足了消费者的需求，同时也减少了市民的熬药之累。同仁堂集团宣传处金永年处长称，这两条生产线第一天的生产量为2万瓶，其后每天以10万瓶的速度供应。

随着政府和专家引导，市民抗击"非典"需求向多方面转化，同仁堂也从26日起停止保质期为7天的"非典"方代煎液的生产，恢复国公酒的正常生产。据金处长介绍，这股"非典"方的需求热潮直到4月28号左右才渐趋平稳。在这期间，同仁堂的61家药店供应了北京市场几乎近一半的"非典"方。

苦心支撑不赚反亏？

对于同仁堂在提供"非典"方期间造成的损失，金处长介绍说，一方面是由于药材价格的涨价失控，另一方面是因为要遵守国家对"非典"药品的限价令。

在提供"非典"方期间，同仁堂药材用量比平日突然高出十几倍，后期采购量更是越来越大，而不少药材的市场价格水涨船高，同仁堂在"非典"方上已明显入不敷出。到4月底，"非典"方中几种用量比较大的药材价格猛涨，"苍术"从原来每公斤5元涨到26元，"贯众"从每公斤1元涨到8元，过去每公斤40元的金银花甚至被炒到了260元。政府发布"非典"方限价令后，实力不够的药店赔不起纷纷停售"非典"方，同仁堂虽然也感到压力越来越大，但是仍从政治高度看待抗击"非典"行动，抱着"舍我其谁"的心态苦心支撑着局面，一方面承受着巨大的体力上的劳累保证着北京市场"非典"方的充足供应，另一方面承受着药材价格疯长的压力按国家的限价提供药方。截止到5月7号，同仁堂共售出了近300万付"非典"方，由于各店的采购价格不统一，目前还不能确切统计出具体的亏损数字，但是不赚反亏是很显然的。

除了在供应"非典"方上的损失，同仁堂在国公酒上的损失是另一隐痛。据悉，国公酒与乌鸡白凤丸、六味地黄丸同为同仁堂的三大王牌产品，春秋两季是其销售旺季。而在"非典"方供应期间，同仁堂的这种畅销药酒在市场上销售断货。不过，供应"非典"方对同仁堂仍然具有积极意义。在这场人与天的斗争中，百年老字号先谋势再谋利的行为赢得了众人的信任和尊重，表现出了治病救人的赤诚，塑造了有良心的商家形象。在社会发生危机、国家和人民有危难的紧要关头，企业是否能够挺身而出，不仅表现出企业的社会责任感，也表现出了企业的实力。作为行业品牌价值第一的绩优蓝筹股，同仁堂的举动虽说在经济上有所损失，从长远看却为自己积累了形象分，于此而言，股东们当然不会不予理解和支持。

现在，从"非典"方中抽身而出的同仁堂及时跟进市场需求，调整产品结构，加大了抗病毒类药品如板蓝根冲剂、清热解毒口服药等的生产量。据金处长介绍，仅今年前4个月，板蓝根冲剂的生产量就相当于过去两年的生产量。看来，虽说在"非典"方中同仁堂有不少损失，但板蓝根的超量销售会给同仁堂带来前所未有的盈利。

资料来源：智慧流通网

思考题

1. 分析同仁堂大量供应"非典"方，苦心支撑不赚反亏的原因有哪些？
2. 供应"非典"方对同仁堂的有哪些积极意义，企业开展公益活动有哪些重要作用？

案例二　一次失败的促销

炎炎夏日，酷暑难耐，是很多商品的销售淡季。很多商品便借机进行促销活动，以便实现淡季不淡、反季节销售或增加销量的目的。总之，各个厂家在市场淡季的时候，谁也不敢偷懒。

福盈门品牌食用油是国内某集团旗下的高端品牌，虽然在国内排不上第一名，凭借集团的雄厚实力和不差的质量，在食用油市场一直也有稳定的表现。郑州市市场是公司的重点市场，进入淡季以来，销售一直不畅。一入六月份，公司经理蔡杰便考虑在大的卖场进行一次统一的促销活动，以便提升销量。经过客户走访，特别是促销主管张丽极力建议，认为福盈门是名牌不错，但美誉度一直比不上第一品牌年有余，因此在商超直接面对消费者促销时，关键是真正的让利和实惠，这样的销量肯定会大幅增长。

通过申请和走访市场，活动方案正式形成。

活动时间：6月27～28，周六、周日两天。

活动地点：郑州市所有大型卖场。

活动内容：现场对消费者进行促销，针对销售最好的品种——花生油（5升装）进行让利促销。

① 5升花生油进行特价销售，价钱从原来的每桶79.9元优惠到每桶73.5元；

② 每购买5升花生油一桶，赠送900毫升花生油一瓶；

③ 现场进行抽奖活动，每购买一桶花生油，均有一次抽奖机会，奖品从手提电脑到900毫升小瓶油不等，中奖率在47%。

同期的年有余品牌5升花生油价格销售到85元一桶，而福盈门这么大的力度，不信没人买！蔡杰似乎看到了人员排着长队在等着购买福盈门，而公司的货已经供不应求的局面的出现！

促销主管张丽也非常敬业，早上8:30就早早赶到了平日销售较好的家乐福企业，毕竟这次活动效果怎么样，和自己的建议直接相关。

周六上午，家乐福北环店，9点正式开始营业，人员陆陆续续到来，但是能走到最后靠里福盈门展架的人稀稀疏疏，尽管促销员大声招揽，临时促销也很尽力的吆喝，但展架前的人一直很少。直到上午10:30，统计一下，共销售20桶，和往常周六销售15桶相比，几乎没有多大效果。没多久，蔡杰收到张丽的电话，活动效果不好，不一会，其他企业的促销员陆续反馈，原来期望的活动效果并没有出现。

这次活动已经基本宣告失败。蔡杰跌在沙发里，不知道该怎样写这份促销活动报告。

思考题

1. 分析这次促销失败的原因？
2. 如果你是促销主管，你会怎么策划这次促销活动？

实训项目

以小组为单位,任选下面一题制订相应的促销方案。

1. 新开母婴用品专卖店,人气较差,请进行促销策划,以提升人气。
2. 品牌服装专卖店,位置较偏僻,人气不旺,请针对这种情况进行促销策划,以吸引客流,提高知名度。
3. 新开业大卖场,将于本月开业,为其筹备一场开业庆典。
4. 酒吧拟在"双十一"当天做促销,请帮其策划方案。
5. 酒店菜品较好,但人气较差,拟"十一"大促销提升人气,请为其促销策划方案。
6. 鲜花店情人节期间大促销,请为其策划促销方案。

第九章 连锁企业管理信息系统

引导性案例

沃尔玛给中国连锁企业信息化的启示

沃尔玛的信息化策略在业内一直受到好评，它是怎样一步一步完善自己的信息系统的呢？

2002～2005年，沃尔玛连续4年蝉联全球财富500强的首位，这与先进信息系统的采用是分不开的。沃尔玛创始人萨姆·沃尔顿曾经说过，他主张不惜代价建立先进信息系统的理念其实很简单，"我如果看不到每一件商品进出的财务记录和分析数据，这就不是做零售"。沃尔玛的神话无疑印证了信息化对现代零售企业的重要性。尤其是在信息技术大行其道的环境下，商战企业一旦落后，就会步步出错，直至被淘汰。

1981年，沃尔玛开始试验利用商品条码和电子扫描器实现存货自动控制，走在了其他零售商前面。采用商品条码代替了大量的手工劳动，大幅缩短了顾客结账的时间，更便于利用计算机跟踪商品从进货到库存、配货、送货、上架和售出的全过程。20世纪80年代，沃尔玛开始利用电子数据交换系统（EDI）与供应商建立自动订货系统。到1990年，沃尔玛已与它的5000余家供应商中的1800家实现了电子数据交换，成为全美应用EDI技术的最大用户。20世纪80年代末，沃尔玛配送中心的运行已完全实现了自动化。每种商品都有条码，由十几公里长的传送带传送商品，用激光扫描器和电脑追踪每件商品的储存位置及运送情况。到20世纪90年代，在整个公司销售的8万种商品中，85%是由这些配送中心供应的。

信息化是沃尔玛迈向成功的重要原因之一。一方面，沃尔玛通过供应链信息化系统实现了全球统一采购及供货商自己管理上架商品，使得产品进价比竞争对手降低10%；另一方面，沃尔玛还通过卫星监控各地的销售网络，对商品进行及时的进货管理和库存分配。

中国连锁企业的竞争也空前激烈。要想在激烈的竞争中胜出就必须建立更加完备的信息系统，通过信息系统的建立来强化规模经济的优势。

学习目标

了解连锁企业管理信息系统的层次与构成；

熟悉连锁企业管理常用的信息技术；

熟悉连锁企业管理信息系统的构成及功能；

掌握连锁分店的信息系统构成及主要功能；

掌握配送中心的信息系统构成及主要功能。

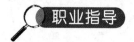

连锁企业的各个岗位都涉及管理信息系统的操作应用,通过本章的学习,能明确总部管理信息系统、连锁门店管理信息系统以及配送管理信息系统的构成和各子系统的功能,为以后从事连锁企业的各类工作打下理论基础。

第一节 连锁企业管理信息系统概述

连锁经营区别于传统商业经营的明显特点就是集中与分散的统一。连锁企业虽然是由各分散的连锁门店组成的一个整体,但是必须通过集中管理和规范化运作才能实现资源的最佳配置和优化经营,由此使连锁企业中的物流、商流、资金流和信息流构成一个庞大的网络体系。只有当信息流在网络中活跃起来并畅通时,配送中心、各连锁门店以及连锁总店各职能部门的业务活动才能高效地联系起来,发挥整体优势,真正实现连锁经营的规模效益。这就要求连锁企业必须借助于完善的计算机管理信息系统,而不是再凭经验或凭零散的市场信息的传统方式来经营管理。连锁企业规模越大,地域分布越广,信息化管理就越迫切。

连锁企业管理信息系统主要是指连锁企业的内部商业信息系统,它包括企业内部的计划、合同、进、销、存、核算、统计分析、辅助决策的整体管理控制,为连锁企业决策收集信息,加工处理信息,存储和检索信息,并把信息及时传输到企业内部和外部目标接收者。

一、连锁企业常用的信息技术

连锁企业信息系统常用的信息技术主要包括 POS、EOS、EDI、VAN、SIS、MIS、CRM 等服务性系统。

1. POS 系统

POS 系统,即销售时点信息系统,是指以商业环境为中心的进货、销售、存货和内部调配的信息管理系统。其中,进货信息管理系统负责商业环境与批发商或制造商之间的商品流通信息管理;存货信息管理系统负责商业环境内部对各级仓库保管商品的信息控制;内部调配信息管理系统负责商品在商业环境内部进行流转的控制;商品销售信息管理系统负责商业环境对客户的直接服务以及由此而产生的销售信息控制,通过自动读取设备(如收银机)在销售商品时直接读取商品销售信息(如商品名、单价、销售数量、销售时间、销售店铺、购买顾客等),并通过通信网络和计算机系统传送至有关部门进行分析加工以提高经营效率。

2. EOS 系统

EOS 系统,即电子订货系统,是指将批发、零售商场所发生的订货数据输入计算机,即通过计算机通信网络连接的方式将资料传送至总公司、批发商、商品供货商或制造商处。因此,EOS 系统能处理从新商品资料的说明直到会计结算等所有商品交易过程中的作业。这个系统负责商业环境与批发商、制造商之间的商品订购、运输、调配等信息控制。

3. EDI 系统

EDI 系统,即电子数据交换系统,是指将企业间交易往来的资料由从前的文书、传票等传统的交换方式改变成依循标准的表格及规约,利用电脑网络传送的表达方式。EDI 是一种对处理数据格式要求很严的报文处理系统。它通过通信网络、按照协议在商业贸易伙伴的计算机系统之间快速传送和自动处理订单、发票、海关申报单、进出口许可证等规范化的商业文件。

4. VAN 系统

VAN 系统，即附加价值通信网或电脑资讯网络。此系统可以对企业内部的所有资讯系统加以流通，成为企业间互相通信之网络。连锁企业通过 VAN 系统向物流企业订货，而物流企业也可以利用 VAN 系统向供应商订货。此外，库存的查询及出货的通知，完全由系统运作，可以减少各流程所需之时间。

5. SIS 系统

SIS 系统，即决策信息系统，能支持或改变企业竞争策略的信息系统。支持或改变企业竞争策略可从内、外两方面着手。对外，如向顾客或供货商提供新产品或服务。对内，则以提高员工生产力，整合内部作业流程。

6. MIS 系统

MIS 系统，即管理信息系统，是一个由人、计算机及其他外围设备等组成的能进行信息的收集、传递、存储、加工、维护和使用的系统，主要进行日常事物的操作。例如，可以利用 MIS 系统找出目前迫切需要解决的问题，并将信息及时反馈给上层管理人员，使他们了解当前工作发展的进展或不足。换句话说，MIS 系统的最终目的是使管理人员及时了解企业现状，把握将来的发展路径。

7. CRM 系统

CRM 系统，即客户关系管理系统。企业的客户可通过电话、传真、网络等访问企业，进行业务往来。任何与客户打交道的员工都能全面了解客户关系，根据客户需求进行交易，了解如何对客户进行纵向和横向销售，记录自己获得的客户信息。能够对市场活动进行规划、评估，对整个活动进行 360 度的透视。能够对各种销售活动进行追踪。

二、连锁企业管理信息系统的层次

连锁企业在经营管理活动中存在着丰富的信息资源，它们既是企业经营活动的组成部分，又是企业经营管理的决策依据。连锁企业信息的不断流动形成了信息流，它和商流、物流、资金流等密切相关且不断扩大，使连锁企业各方面管理和决策加大，为此需要利用信息技术进行信息管理，以达到信息管理制度化、规范化、科学化。连锁企业管理信息系统包括下面三个层次。

1. 作业层

作业层信息系统的主要职能是通过计算机技术代替部分手工操作，完成基本数据的采集。它主要从事日常事务性工作处理、报表处理和查询处理，包括销售数据的收集、统计、查询，产生销售报表，各种会计账簿的登录、查询以及产生相应的报表等。这是整个信息化战略的基石，没有解决好这一层次的信息化，就不能得到准确的数据、丰富的信息，更谈不上更深入的管理和分析。

2. 管理层

管理层信息系统主要是通过对基层采集的数据进行统计分析与对比，根据总部的经营方针，对连锁企业的人事、财务、库存、合同、销售、仓储等方面进行组织管理和微观控制。管理层处理来自作业层的数据，它产生的信息提供给决策层使用。

3. 决策层

决策层信息系统利用所获得的各类数据，运用模型库和方法库中的各种模型和方法，挖掘各种信息和规律，辅助决策者预测未来市场的变化趋势，制定正确的发展方向和策略。决策层信息系统处理所需的数据一方面是企业内部作业层和管理层的信息，另一方面是企业外部的各类数据。这些数据不但需要常规的即时数据，还需要历史数据。由于决策环境的不确定性，要解决的问题也是不精确的，决策信息系统只能提供辅助性的决策依据，决策者需要借助这些数据进行分析判断来提出最终的解决方案。

从上面三个层次可以看出，连锁企业管理信息系统就是要解决四个平台建设的问题：为顾客、供应商和本企业提供一个信息交互平台；为业务人员提供一个业务处理平台；为管理者提供一个控制平台；为决策者提供一个决策支持平台。

三、连锁企业管理信息系统的组成

完整的管理信息系统包括以下几个系统。

1. 社会商业信息系统

社会商业信息系统建立在公用数据网基础之上，跨接多个社会商业信息系统，目的是为了向有关主管单位呈报数据，向供应商订购商品，与银行进行账目往来，与下属单位进行数据交换，向公共数据中心提供有关信息等。社会商业信息系统的建立是社会信息化发展的必然趋势，它是建立 EDI、EOS、VAN 的基础。

2. 前台收款系统

前台收款系统除了要完成前台商品销售的收款之外，还要完成系统一定范围内的信息采集，为高层经营分析与制定决策奠定数据信息基础。目前，前台一般采用第三代 POS，即以 PC 为基础的收款机作为基本设备。

3. 后台管理信息系统

后台管理信息系统主要用于连锁企业经营过程中商品的进、销、调、存全过程信息的管理与控制，以及建立基于连锁企业内部信息系统的综合管理和自动化系统。后台管理信息系统是整个连锁管理信息系统的主要部分。

4. 决策支持系统

决策支持系统就是充分利用连锁企业内部的信息网和与企业内部网络相连的外部社会信息网，建立起连锁企业的管理信息综合数据库，在此基础上利用各种可行的预测和分析技术，形成符合连锁企业管理习惯的模型库，并根据企业各领导层的不同管理习惯，生成满足他们日常决策的方法库，为企业辅助经营决策提供基础。

5. 其他辅助系统

主要包括监控与防盗系统、消防安全系统、顾客自助查询系统、电子价格牌、大屏幕广告、多媒体导购、电话购物系统等。

四、信息系统管理在连锁企业中的作用

1. 提供准确及时的信息，提高管理效率

借助连锁企业信息系统和现代通信网，可以实时采集市场、销售、库存等方面的信息，进行快速处理，及时传递给商品生产者、中间批发商以及商品的消费者。这种物理信息采集处理传输渠道，可以保证提供的信息及时性强、错误少、信息比较详细，使连锁企业按需进货、中间批发商及时调整库存结构、商品生产者按照销售需要组织生产。同时，连锁企业信息系统的建立优化了连锁企业的运作过程，提高了整个管理的效率。如企业通过销售信息系统了解各门店的销售状况，实现配送中心和各门店的信息资源共享，利用及时、准确的信息进行有效的市场营销及配送。企业通过条形码管理系统实现了 POS 机的有效输入，可以实时为销售统计提供准确的数据，同时又节省了人工操作，便于盘点库存，减少误差。

2. 提高计划和决策的可行性

连锁企业信息系统可向经营者提供商品的进、销、存以及整个物流系统的信息,使经营者可以真正做到以销定进,以销定存,最大限度地降低商品的库存量,直至零库存。由于有连锁企业信息系统的帮助,才可能对成千上万种商品进行逐个跟踪管理,使单品管理得以实施,使经营计划和决策的可行性得到很大的提高。

3. 促进经营方式和观念转变

采用信息系统,可以极大地提高信息处理的速度,提高经营管理的效率。连锁企业信息的自动化、网络化改变了信息传递的方式,使信息采集传递更加及时,达到了实时的程度。如今因特网展示的网络广告、网上贸易、网上购物、网络银行和结算,改变了商品流通的方式和经营方式,也使商品经营者的观念发生了变化。

4. 促使连锁企业提高竞争力

信息化管理是连锁企业提升管理水平的必要的技术支持和保证。在一定程度上,企业的信息化水平,代表着企业的核心竞争能力。连锁企业的信息系统管理对其竞争力的影响是非常大的。以国内家电连锁业企业苏宁电器为例,其核心竞争力就来源于多年来不遗余力地推行信息化管理。目前,它已建立一体化的信息系统。包括:①以 ERP 为核心的信息平台;②BtoB、BtoC 电子商务平台;③视频、OA、多媒体监控组成企业辅助管理系统;④总部—省会级大区—子公司三级架构三网合一的强大网络体系。

信息系统管理实现了苏宁电器跨地区、跨平台的信息管理,统一了库存和客户资料,加上与此相应的物流、售后、客服等信息系统的应用,大大提高了公司的竞争力。

连锁企业的发展壮大不能仅仅依靠以价取胜的策略,更要加强信息系统的管理。只有建立一体化的信息系统,加强供应链的协调运作,利用稳定的物流管理网络形成统一的协作平台,不断提高企业的信息化管理水平,才能够真正提高连锁企业的核心竞争力。

第二节 连锁总部管理信息系统

连锁总部管理信息系统的功能就是对以总部采购部门和配送中心为主体所承担的商品的购进、存储、配送等各项活动所发生的信息进行搜集、加工、传递和使用。

一、连锁总部管理信息系统的目标

连锁总部的管理信息系统将搜集和积累的各种商品的销售信息、库存信息等进行统计分析。按照一定的数学模型对商品的销售趋势进行预测,对经营中的重大问题作出决策,并及时将各种决策信息发送到连锁门店和配送中心,以指导经营活动。其信息化管理目标是:

(1) 通过信息系统建立和完善全公司各个环节的业务流程,使连锁企业管理系统成为企业管理的一个平台和工具;

(2) 通过信息系统规范企业各个部门的职能范围,使全公司内部各部门的工作标准化、科学化、有序化;

(3) 通过信息系统使公司制定的各种市场销售策略能够及时准确地下达到每个分支机构和专卖店,并能及时得到市场的信息反馈,从而调整公司的市场策略;

(4) 通过信息系统在公司建立一个对市场变化的快速反应体系,使信息传输快速、及时、准确;

(5) 通过信息系统在公司建立一套完整的资源共享、管理和奖励机制,有效地发挥各分

支机构和连锁专卖店的优势,调动他们的积极性;

(6) 通过信息系统有效监控信息流、商品流和资金流及企业各种经营活动的状态,从而控制公司的运营成本,最大限度地降低库存;

(7) 通过信息系统建立企业与上游供应商之间的信息资源共享,即供应链管理系统应用;

(8) 通过信息系统,为企业的投资决策提供快速的、科学的依据,即决策支持系统应用。

二、连锁总部管理信息系统的构成

根据连锁总部管理信息系统的主要功能,可以将其划分为进货管理子系统、库存管理子系统、销售管理子系统、商品进销存统计与分析子系统、财务会计管理子系统、人力资源管理子系统、连锁总部决策支持子系统。其典型的系统结构如图9-1所示。

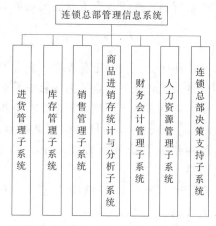

图9-1 连锁企业总部管理信息系统构成

1. 进货管理子系统

连锁经营主要实行联购分销制,大部分商品由连锁总部负责统一购进,以实现规模效益。进货管理业务流程包括:商品数量需求统计,查询供应商交易条件后,再结合配送中心库存情况和市场需求与供应情况,制订采购计划,统一向供应商采购商品,发出购货单后进行入库进货的跟催动作。进货管理子系统应该包括采购预警系统、制订采购计划、市场价格信息管理、供应商信息管理、购货合同管理、购货单据打印系统、到货管理等功能。

管理人员可随时调用采购预警系统来核对需要采购的商品。采购预警系统对比现有库存数是否低于采购点,如果库存数低于采购点就将此商品的情况打印出来,打印报表内容包括商品名称、建议采购量、现有库存量、已订购待入商品数量等数据。当采购预警系统打印出建议采购商品报表后,管理人员即可根据报表内容查询供应商数据,输入商品名称后从相应数据库中检索供应商报价数据、以往交货记录、交货质量等数据作为采购参考。系统所提供的报表有商品供货商报价分析报表和各供货商交货报表。

根据上述报表,管理人员可按采购商品需求向供应商下达购货单,此时管理人员需输入商品数据、供应商名称、采购数量、商品等级等数据,并由系统自动获取日期来建立采购数据库。系统可打印出购货单以供连锁企业对外采购使用。当连锁企业与供应商通过电子订货系统采购商品时,系统还需具备计算机网络数据接收、转换与传送功能。

购货单发出后,管理人员可用采购跟催系统打印预定入库报表及已采购未入库报表,作为商品入库跟催或商品入库日期核准等作业的依据。

2. 库存管理子系统

连锁总部对商品统一采购,对采购的商品也集中统一存储,最后再通过配送中心把商品统一调配到各门店。库存管理是对仓库中的商品和实物进行管理。

3. 销售管理子系统

连锁企业对连锁门店经营的同种商品要实行统一的价格管理,这包括连锁总部要对销售的商品统一定价,对各门店的销售信息进行分析,以便合理进货、合理定价。

4. 商品进销存统计与分析子系统

连锁企业总部需要总体把握商品进货、销售和库存的情况,并能对今后的趋势作出预测。该子系统是从不同角度、采用不同的方法，对商品进销存等各流转环节的各项指标进行分析与对比。分析的方法有结构分析法、对比分析法、差额分析法、平衡分析法等。连锁总部的管理人员知道分析与对比的结果后，才能及时发现问题，找出差距及原因，对销售趋势作出预测，进行事前控制，有助于加强经营管理。本子系统的功能有：

① 商品进销存计划完成情况分析；
② 商品进货及进货合同执行情况分析；
③ 商品进货来源和销售去向及方式分析；
④ 商品库存分析；
⑤ 销售商品分析；
⑥ 销售商品构成变化情况分析；
⑦ 商品进货、仓储管理费用分析；
⑧ 利润计划完成情况、销售利润、利润率分析等。

5．财务会计管理子系统

财务会计部门对外主要用采购部门传来的商品入库数据核查；核查供货商送来的催款数据，并据此给供应商付款；或由销售部门取得出货单来制作应收账款催单并收取账款。财务会计系统还制作各种财务报表提供给经营绩效管理系统参考。财务会计管理子系统包括商品核算、会计核算、财务管理三部分。

（1）商品核算　主要是商品进价成本核算和库存商品的实际成本及其变动的核算，可以实时准确地对单品进行核算。

（2）会计核算　主要包括账务处理、应收应付管理和内部往来核算。

（3）财务管理　包括利润的计算与分配、基金提取、资金分析、财务报表以及各项财务指标的计算与评价。

6．人力资源管理子系统

连锁企业的组织结构具有店铺数量多，分布广的特点。连锁总部要对总部的管理人员和各类员工，及各门店与配送中心的员工进行统一调配和管理。该系统包括人事招聘、考勤、休假、培训、业绩评估、福利等。

7．连锁总部决策支持子系统

总部决策支持子系统的核心是通过对各子系统集成的数据进行统计、分析，并建立数据仓库，进行数据挖掘，以辅助管理控制和作出战略决策。其主要功能包括：

① 数据收集、存储、处理、分析与检索；
② 决策模型的建立、存取和求解；
③ 提供各种常用的数学分析方法；
④ 对数据、模型和计算方法能方便地进行管理，包括更新、删除、修改和链接；
⑤ 提供方便的人-机对话接口，使决策者拥有决策过程的主动权，进行目标设定、方案评选。计算机网络与之配合，并以一定的响应时间支持决策。

同仁堂连锁管理信息系统

北京同仁堂连锁药店是著名老字号中国北京同仁堂（集团）有限责任公司旗下的二级独立法人药品零售经营企业，成立于2001年3月12日。

随着同仁堂连锁药店规模的扩大，门店增多，连锁结构越来越复杂，同时产生了许许多多亟待解决的管理问题。如：如何全面实施 GSP（good supply practice，良好供应规范）管理？如何强化采购管理？如何提高配送中心的运营效率？解决这些管理难题，依靠传统的管理手段已是困难重重，而管理信息化就是同仁堂连锁药店解决管理难题，实现管理创新的一条捷径。

2001年3月，连锁药店与某信息技术有限公司合作，开发出了北京同仁堂连锁管理信息系统，开发后，该系统已在总部、配送中心和四十多个门店成功投入使用。

"同仁堂连锁管理系统"基于 Internet，全面融入 GSP 管理思想，实现多品种、多渠道的物流配送，可与其他信息系统实现集成，对配送、渠道、线路等进行统一规划、合理布局，实现对药品流通的实时、动态跟踪和动态查询统计。

系统包括企业总部管理系统、二级配送中心（管理中心）系统、门店管理系统和批发销售管理系统四个子系统。几个系统既互相独立，又紧密关联，形成统一的药品物流管理系统。具体包括采购管理、配送管理、系统管理、结算管理、价格管理、销售管理、零售管理、GSP 管理、万能查询等功能模块。

该系统通过辅助完成 GSP 的达标、强化首营审批的执行、细化合同管理、统一价格管理而使管理流程得到了规范；通过实现规范管理（货位管理、优化存量控制、推进有效期管理），使运营成本迅速降低；通过实现统一销售控制、对客户和供应商设立信用评定制度帮助企业规避经营风险；通过增进信息沟通、强化门店控制、提供决策支持而提高了管理效率。

资料来源：联商网

第三节　配送中心管理信息系统

配送中心管理信息系统是对商品入出库、保管、货品集中、流通加工及配送等进行全面管理的信息系统。配送中心的物流操作作业是在计算机管理下进行的，以指示书的方式说明作业，配以物流控制、计算机控制的自动仓库，以及机械化分拣装置等来共同完成，还必须与总部和各分店的信息系统相协调才能实现其管理功能。

一、配送中心管理信息系统的构成

基本信息管理系统包括办公系统等，而数据通信与系统维护主要进行数据交换管理和数据库维护管理工作。配送中心管理信息系统结构如图 9-2 所示。

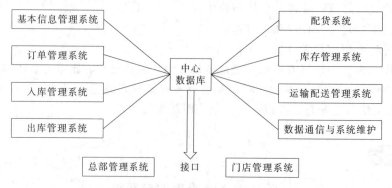

图 9-2　配送中心管理信息系统结构

（一）订单处理系统

订单处理系统主要包括两种作业。

1. 客户询价、报价与接收订单及处理

客户可以利用电话、传真和计算机系统联网等方式进行订货，当接到订单后配送中心就开始了接受订货的工作。一天中可以多次接收订单，在确定的时刻截止后进行订单的相应处理并指示出库。

作为接收订货所必要的信息包括客户名称、客户编号、订货日期、订货商品、数量、到货希望日期、到货地点、到货时间、包装形态等。

自动订单处理系统根据客户发送来的这些数据调用相应数据库，取得此项商品的报价历史资料、数量折扣、客户以往交易记录及客户折扣、商品供应价等数据，再由配送中心按其所需净利与运送成本、保管成本等来制订估价公式并计算销售价格。接着由报价单制作系统打印出报价单，经销售主管核准后即可送予客户，报价单经客户签回后即可成为正式订单。

在客户订购数据成为正式订单之前，销售人员还需核查在客户指定出货日期是否能如期出货。当销售部门无法如期配送时，可由销售人员跟客户协调，是否分批交货或延迟交货，然后按协调结果修改订单数据文件。销售人员还需检查客户付款状况及应收账款数是否超出公司所定的信用额度，超出额度时则需由销售主管核准后再输入订购数据。

当商品退回时，可按订单号码找出原始数据及配送数据，修改其内容并标示退货记号，以备退货数据处理。另外，还要可能针对不同客户采用不同价格，保证重要客户的优先配送，缩短订货的周期。

2. 订货确认

进行订货商品的核实，确认商品出库的可能性，做好出库准备。订货出库的可能性包括在库商品的核实，在途商品和已订货商品等。要考虑特急的订货和重要客户订货的优先顺序。

（二）入库管理系统

入库管理系统包括预定入库数据处理和实际入库作业。预定入库数据处理为入库月台调度、入库人力资源及机械设备资源分配提供参考。其数据来自采购商品的预定入库日期、入库商品、入库数量等。实际入库作业发生在供应商交货之时，输入数据包括采购单号、供应商名称、商品名称、商品数量等，可输入采购单号查询商品名称、内容及数量是否符合采购内容并用以确定入库月台，然后由仓库管理人员指定卸货地点及摆放方式并将商品叠于托盘上，仓库管理人员检验将修正入库数据输入。商品入库后有两种处理方式：立即出库或上架出库。

快速处理入库需要有技术的支持，如入库票据的条码生成，通过手持条码输入终端进行验货等。入库作业还要考虑出库的效率和保管的效率，如在距离入口近的货区优先存放。

（三）出库管理系统

出库系统包括出库商品的查找、发出出库指示和核对。

出库系统是以各分店的补货数据为基础做出货前的准备工作，进行库存货品对照、库存查找及货品核对。出库系统包括库存查找和货品集中核对系统，要求查找快速、错误率低。能够及时输出库存查找清单，并与装货单相核对。

接收订单后需要对出库部门发出出库指示，出库后为了销售额等的统计，还要做出实际出库报表。

对于出库管理，有出库计划、出库指示和未能出库等内容，出库计划包括出库日期的指定，每个客户的订货汇总、分批发货和完成发货等内容。

出库指示是对出库部门输出各种出库用的票据。未能出库是掌握出库的实态，对预订出库还未出库的情况的管理。

(四) 配货系统

配货作业是最重要的环节，对于各客户订单的商品名称、数量以及是否需要加工，到货时间和到货地点等信息进行与配货有关的处理，在防止配货错误的前提下，进行提高效率的作业指示。例如，每一个货位上设置配货表示器，在提示灯亮的指示和数量显示下，进行商品寻找作业，这样可以提高配货的效率并减少差错。

还可以通过打印配货清单的方式进行配货作业处理。采用播种式配货方式时，配货清单是根据以商品为单位的出库数据汇总，与作业人员的作业区域相对应的商品分类进行输出。当商品保管为固定货位的情况下，可按商品保管的货位顺序进行打印。如果商品保管为随机货位时，考虑作业人员的负荷，通过计算平衡从哪个货位开始进行出库，由商品和货位的关系来确定配货清单的打印。

采用"摘取式"配货方式时，按照配送的客户以出库票据为单位进行配货清单的打印，并进行配货作业。当商品的数量少时，应用这种方式可以减少下一步分拣的过程，是提高配货效率的有效方法。

(五) 库存管理系统

库存管理系统是配送中心管理信息系统的核心。库存管理的目标是提高库存精度，为配货中心提供实时准确的库存信息，合理地进行补货，削减损耗，使整个库存水平处于较低的状态，同时能满足各分销点的需求，保持动态平衡。

库存管理系统主要完成库存数量控制和库存量规划，以减少因库存积压过多造成的利润损失。它包括商品分类分级、采购批量及采购时间确定、库存跟踪管理以及库存盘点作业。

库存管理系统必须具备按商品名称、货位、仓库、批号等数据分类查询的功能，并设有定期盘点或循环盘点时间设定功能，使系统在设定时间自动启动盘点系统，打印各种表单协助盘点作业。当同一种商品有不同的存储单位时，系统具备存储单位自动转换功能。在移库整顿或库存调整作业时，系统具备大量货位及库存数据批量处理的功能。

(六) 运输配送管理系统

运输配送管理系统的任务是完成供货商与配送中心之间、配送中心与各门店之间的商品运输配送业务。此作业阶段包括指定运送车辆及实际装车、配送、配送途中的跟踪管理等作业。

配送管理部门执行派车计划系统，首先由管理人员将当日预定出货订单汇总，再将客户按其配送地址划分区域，然后统计该区域出货商品的体积与重量，以体积最大者或重量最重者为首选配送条件来分配配送车辆的种类及派车数量，制订出车批次、装车及配送调度，并打印配送批次规划报告、批次配送调度报表等。

确定配送装车批次后由出货配送系统打印客户出货单，集货人员持出货单及批次调度报表将商品由拣取区取出，并核定商品内容，然后集中于出货月台前准备装车。此时出货配送系统提供装车计划或配送路线选择系统，决定每辆车按订单的装车程序。配送路线选择系统可求得最短配送路径、最短配送时间或最低配送成本等最佳解，以决定配送顺序。商品装车后即由送货司机持出货单予以配送。

商品送达客户处后，出货单由送货司机缴回并输入数据。出货单还可通过计算机网络直接传送至客户计算机系统中，由对方在收到商品后传回确认收货凭证。这就要求系统具备对外的数据传输、接收和转换功能。

配送管理系统还具备配送途中数据传输及控制的功能，跟踪商品动向、控制车辆及车上设备；在配送途中有意外情况发生时，还可通过通信系统重新设定配送模式所需的参数，重新选择新的配送途径并告之配送人员，使配送工作顺利完成。

(七) 支持系统体系结构

在配送中心管理信息系统中,还包括一些必要的支持系统。

(1) 订货点分析系统　订货点分析系统包括商品金额 ABC 分析、库存 ABC 分析、畅销滞销品数据分析,以及从订货到入库的时间、相关预测数据分析、订货点和订货量分析等。

(2) 货区管理系统　以一定时期的库存情况为基础,以销售商品的趋势来决定现在货区的变更,利用货品管理主文件或者货区管理主文件所能反映的数据结构,输出调整对照清单。

(3) 配车支持系统　结合各种实际数据分析车辆安排、载货计划、车辆分派等,输出配车计划表,并根据配送规则的修改和新增交易方的追加等生成新的模式。

(4) 合理作业计划制订系统　从数量上把握现行的作业实态,制订最合理的作业计划。

(5) 物流劳务系统　根据综合数据统计分析,计算出物流、劳务等成本。

二、配送中心管理信息系统的功能

配送管理信息系统是以商品的物流管理为对象,以商品的到货、验货、库存、配货、出库为管理内容的管理信息系统。其功能如图 9-3 所示。

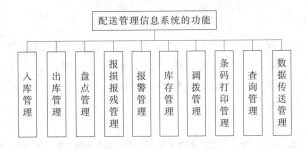

图 9-3　配送管理信息系统的功能

1. 入库管理

分为四种入库方式。

(1) 总部进货部应可将由进货单自动生成的入库单传入配送中心,配送中心在验货后对其审核确认。

(2) 总部销售部应可将由销售退回单自动生成的入库单传入配送中心,配送中心在验货后对其审核确认。

(3) 各连锁门店的退货单传入配送中心,配送中心在验货后对其审核确认。

(4) 特殊情况下的入库管理,如赠入等。

2. 出库管理

分为四种出库方式。

(1) 总部销售部应可将由销售单自动生成的出库单传入配送中心,配送中心在验货后对其审核确认。

(2) 总部进货部应可将由进货退回单自动生成的出库单传入配送中心,配送中心在验货后对其审核确认。

(3) 总部传入各连锁门店的配货单,配送中心在验货后对其审核确认。

(4) 特殊情况下的出库管理,如赠出等。

3. 盘点管理

包括盘点单的生成、打印、盘点数量的录入、盘点单的查询等工作。

4. 报损报残管理

包括报损报残商品的录入、查询功能。

5. 报警管理

包括库存商品上、下限的报警功能（含保质期的报警）。

6. 库存管理

包括货位的维护，可随时查询库存商品中的商品编码、名称、单位、库存单价、零售单价、库存数量、库存金额、售价金额、最高库存、最低库存、累入数量、累入金额、累出数量、累出金额、生产日期、有效期等。

7. 调拨管理

包括商品在不同货位间的调拨管理。

8. 条码打印管理

包括将本系统的自编商品条码转入条码打印机所自带的数据库，以便打印条码。

9. 查询管理

包括通过系统提供的万能查询器查询任意信息，如某一商品的入出库信息，某一段时间内所有的入出库明细、库存商品占压资金情况分析表等。

10. 数据传送管理

包括接收总部传送的商品变动信息，如新增商品、商品价格调整等，以及商品进货、批发销售、商品配送及门店的退货信息等；向总部上传信息，如进货入库验货信息、销售出库验货信息、库存商品盘点情况、报损情况和向各门店的配货、退货情况及配送中心发现商品积压或损坏时要求的退货单。

第四节　连锁分店管理信息系统

一、连锁门店管理信息系统目标

（1）通过信息系统将门店的销售信息和数据直接上报到公司总部，公司总部也可以实时查询到各连锁门店的销售和库存信息，然后由公司相应的职能部门对动态销售数据进行分析以便协调调货、产品生产或上游供应商的关系，改变传统的销售数据层层上报的方式，杜绝舞弊等现象。

（2）通过信息系统实现管理与监控，明确票据流、物流、财务之间的关系。

（3）通过信息系统实现对每个连锁门店销售人员的业绩考核及奖励。

（4）通过信息系统实现对老客户的及时、人性化的服务，不断发掘新的客户，即客户关系管理系统的应用。

二、连锁门店管理信息系统的构成

连锁门店的管理系统可分为两大部分：一是后台管理信息系统；二是前台零售开票系统。

1. 后台管理信息系统

后台管理信息系统中的基本信息管理包括录入、修改本连锁店的地址、电话等信息；随时查询商品信息（此信息是以总部为来源并不断补充的，连锁门店无权对其进行增加及修改）；录入、修改本店的职员信息，并对员工密码进行管理及权限限制。

货位管理应包括货位的维护，应可随时查询库存商品中的商品编码、名称、单位、库存单价、零售单价、库存数量、库存金额、售价金额、最高库存、最低库存、累入数量、累入金额、累出数量、累出金额、生产日期、有效期等；应可实时查询本店的有关商品数量、金额等信息，对在架商品做到心中有数，为商品资金占用、补货等提供依据。

此外，该系统还应包括入库、盘点、报损报残、报警、调拨、查询、数据传送管理等功能。零售管理应可进行零售日结，汇总前台的日销售信息，实时查询收款数据。并可随时查询销售情况，生成各种销售分析图表，如销售日报、旬报、月报、季报、年报。

2. 前台零售开票系统

前台零售开票系统是商品销售数据的来源，也是实现商品价值、进行交易的手段，对收款的严格管理可以防止错误信息进入系统，也可以防止收款过程中的作弊现象。

三、连锁分店管理信息系统的功能

连锁门店管理信息系统是利用收款机进行销售数据采集，并管理到每一种商品的补货、销售和在架以及销售数据的统计、向总部进行数据传送等全部管理功能的管理信息系统。它必须能够实时地掌握商品信息和顾客信息，为销售活动的正确决策提供具体数据。

连锁门店管理信息系统的具体功能如图 9-4 所示。

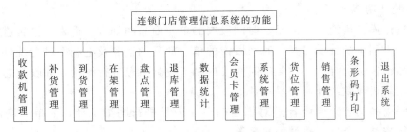

图 9-4　连锁门店管理信息系统的具体功能

1. 收款机管理功能

监测收款机实时状态，随时查看每一台收款机的开关状态，查看在每一台收款机上工作的收款员编码。查看收款机实时图形，随时查看每一台收款机的收款金额数、各时间段收款的累计金额数，并用直观的条形图显示在屏幕上。

2. 补货管理功能

（1）人工补货　由补货人员进行人工输入填写补货单，提出补货申请。

（2）自动补货　根据商品库中商品的在架数量与在架下限值进行比较，凡低于在架下限值的商品，系统将以在架上限值为标准自动填写补货单，提出补货申请。

（3）补货查询　对补货单进行查询。

3. 到货管理功能

（1）到货输入　对到货商品按照有关规定经确认后正式作为到货信息录入电脑。基本到货信息应包括到货单编号、到货日期、进货人、验收人、供应商编号、所采购的商品代号、批次、单位、数量、进到货单价、到货税额、折扣情况、生产日期、保质期等。

（2）到货查询　对已到货商品进行查询。

4. 在架管理功能

（1）对在架单一商品或分类商品的数量、金额进行统计。

(2) 对数量低于在架下限或上限的商品进行信息提示。
(3) 对于变价商品进行调价管理和查询编辑。
(4) 对在架商品按供应商进行统计。

5. 盘点管理功能

对库存商品的盘点，是连锁门店定期或不定期要进行的工作。由于在连锁门店管理信息系统中已存有各部门的商品台账，所以可以由系统自动生成各部门结存商品的清单、盘点报告单，以供人工实际盘点时参考；也可使系统输出的清单不包含账面结存数，而由人工实盘时填写实盘结存数，然后，再将实盘数与计算机结存数校核。一旦实盘数输入结束，得到认可，系统立即自动将账、物不符的商品清单列出，生成一系列商品溢缺单。

盘点报告单的项目有编号、日期、部门、商品代码、规格、批次、单位、数量、销价、金额、盘点人、复核人等。对历次盘点有溢缺的商品要进行查询浏览统计。

6. 退库管理功能

商品因质量或代销滞销等原因必须被退还给供货商，称商品退货。商品退货可以和商品的进货做相同处理，以负数形式表示商品的退货，并增补备注栏目填写退货原因。

(1) 退库输入　工作人员录入要退库的商品。
(2) 退库查询　对确认过的退库商品进行查询浏览统计。

7. 数据统计功能

(1) 到货返库销售统计　对某一时间段内的单一商品的到货、返库、销售进行统计。
(2) 商品毛利率统计　对某一时间段内的单一商品的毛利及毛利率进行统计。
(3) 商品销售综合统计　对某一时间段内销售收款情况进行统计，如收款总额、收款员收款统计、收款机收款统计、交易次数等。
(4) 单一商品销售综合统计　对销售的单一商品进行明细统计，如单一商品类销售情况，商品销售按类、金额、数量的排名等。
(5) 商品销售供应商统计　对销售商品按供应商进行明细统计，如供应商单一商品销售情况，商品按供应商销售、金额、数量的排名等。

8. 会员卡管理功能

会员卡的销售、修改、查询、挂失、恢复、更改、退卡和统计。

9. 系统管理功能

(1) 开店管理　开店前，从总部接收商品变更信息。
(2) 闭店管理　闭店后，上传总部本日补货和销售信息。
(3) 数据处理：闭店后，对销售数据进行处理，并修改在架商品库。
(4) 系统维护　对销售数据进行压缩备份。
(5) 数据维护　对商品在架的上、下限进行维护，对门店人员库进行维护。
(6) 初始化　对本系统的全部数据进行初始化。

10. 货位管理功能

(1) 商品货位维护和统计　对每一在架商品分配货位号和进行统计。
(2) 货架人员维护　输入每一货架所对应的理货员。

11. 销售管理功能

(1) 销售日报　对当日的销售情况进行统计及打印。
(2) 销售报表　对任意时间段的销售情况进行统计及打印。

12. 条形码打印功能
(1) 商品原有及自编条形码打印　通过条形码打印机打印商品原有或自编条形码。
(2) 收款员密码条形码打印　通过条形码打印机打印收款员密码条形码。
13. 退出系统

四、POS 机及 POS 系统

(一) POS 机的基本结构、分类及功能

1. POS 机的基本结构

POS 机的基本结构主要由电子器件和机械部件组成，一般由中央数据处理部件（主板）、数据存储器、键盘、打印机、显示器（屏）、钱箱和外部设备接口七个部分组成，如图9-5 所示。

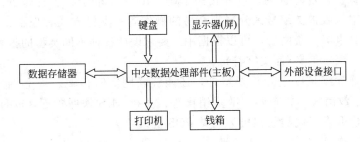

图 9-5　POS 机的基本结构

随着现代技术的发展，电子收银机的附件设备逐渐增多，常见的主要有以下几种。

(1) 外置打印机　POS 机除内置打印机外，还可连接外置打印机，如餐饮业中所用的厨房打印机和票据打印机。

(2) 条码阅读器　也称条码扫描器，是条码的读入装置，按外观可分为笔式、手持式、台式、卡式；按光源可分为红外光和激光。

(3) 磁卡读写器　是一种磁记录信号的读入或写入装置，将信用卡记录的信息读入收银机。它的种类和型号较多，从磁迹数量上分为单轨、双轨、三轨三种。

(4) 电子秤　现场称重计量商品时，电子秤将重量及其数据传给收银机。

(5) 调制解调器　即 Modem，将收银机的数据通过电话线传给电脑。

(6) 后备电源　即 UPS，用于断电后由电池直接向收银机供给电。

(7) 通信联网接口　其硬件由一组芯片或卡和物理端口组成，其软件由一组程序组成。主要有收银机之间通信接口及收银机与电脑连接的 485 接口卡。

2. POS 机的分类及功能

目前的 POS 机可以分为三类。一类机，在使用时一般少于 10 个部门，商品单价代码(PLU) 少于 350 个，结算方式少，一般提供金额表、收银员经营表、部门销售表、PLU 销售表，不具备通信能力。二类机可满足 20 个以上的部门，PLU 数多于 350 个，具有四种以上的结算方式，四种以上的报表功能，数据暂存后调出功能，能与电脑通信联网，有收银机附属设备接口。三类机亦称 PC-BASE 型收银机，是基于 PC 的新一代电子收银机，它在二类机信息采集的功能基础上增加了信息处理的能力。

从应用的角度来看，可以将 POS 机做如下分类。

(1) 实用型　该类机器在收款与现金管理时对每一笔交易进行小计，快速得出应付款，

根据所付现金，算出找零数额；在销售管理上加收服务费或折扣让利，更正登录错误或取消交易，办理商品退货；支付方式一般为二或三种，如现金、支票等；统计当日销售所得总金额，加收、折扣、更正统计；进行单站单联打印，打印每一笔交易金额、销售总额、销售数量、小计金额。

（2）经济型　除满足以上管理要素之外，还可以对经常性销售的商品采用快速键销售，销售时除输入交易金额外，还可输入 PLU，日结统计时得出重点商品销售情况及 PLU 销售情况；可注册 4～8 位收银员。通过密码区分收银员的交易情况，通过钥匙控制结账；支付方式为三种以上，包括现金、支票等；统计当日及当月销售所得总金额，加收、折扣、更正统计；单站双联或双站单联打印每一笔交易、销售总额、数量等。

（3）联网型　可以利用 PLU 表，店内的每一种商品都有唯一代码或条形码，销售时输入商品编码或利用条形码即可；联网定时传输，模拟实时传输，单机也可工作，连锁店可用远程联网，数据保护，定时查询，可外接条形码、IC 卡、电子秤、打印机；可注册 1～99 位收银员，通过输入收银员编号区分每笔交易的操作者；支付方式有现金、支票、信用卡、签单、外币、VIP 卡等；联网后，可以根据用户要求设计各种不同类型的报表，打印信息包括商品名、店名（汉字信息/西文字符）。

（4）高档型　除满足以上管理要素外，还能够联网实时传输，可上 Novell、Windows NT 网；支持非整数销售，如布匹、散货销售等；实行 MIS 软件管理，软件根据用户要求可更改，进行二次开发；此类收银机为三类 POS 机。

（二）POS 系统

目前，国内谈论的 POS 系统有两种说法：一种是商业应用的 POS（point of sales）系统，称为销售点实时系统，它是由电子收款机和计算机联机构成的商店前台网络系统。该系统对商店零售柜台的所有交易信息进行加工整理，实时跟踪销售情况，分析数据、传递反馈、强化商品营销管理。

另一种是指银行应用的 POS 机或 POS 系统（electronic fund transfer point of sales system），称为销售点电子转账服务作业系统，它是由银行设置在商业网点或特约商户的信用卡授权终端机和银行计算机系统通过公用数据交换网联机构成的电子转账服务系统。它的功能是提供持卡人在销售点购物或消费，通过电子转账系统直接扣账或信用记账的服务。

本书重点介绍商业应用的 POS 系统。

商业应用的 POS 系统其发挥管理功能的基本构件是，商品条形码、POS 收银系统、后台电脑。

POS 系统基本构件如下。

（1）商品条形码　商品条形码由商品包装上带有若干黑白条纹组成，标有数字的图案。商品条形码是一种商品识别标记，它是供光电识读设备向计算机输入数据的代码，其内容包含商品的生产国名、厂名、产品编号等信息。条码的定义是：由一组宽度不同、反射率不同、平行相邻的条和空，按照预先规定的编号规则组合起来，用来表示一组数据的符号，这个数据可以是数字、字母或某些符号。

当前，国际上有通用于欧洲的 EAN 条码，通用于美国和加拿大的 UPS 条码两大系统。EAN 条码与 UPS 条码可以兼容，它们分属于国际物品编码委员会（EAN）和美国统一编码委员会（UCC）。凡是加入条码组织的会员国可以获得该组织分配的国际统一编号前缀。中国物品编码中心于 1991 年正式加入国际物品编码委员会，委员会分配给我国的前缀码为 690，也就是以 690 为首的国际通用商品代码为中国商品代码，即 EAN 码。标准型 EAN 代码由 13 位数字构成，称为 EAN-13 代码。其中 3 位国家代码、4 位制造厂商代码、5 位商品代码和 1 位校验码。制造厂商代码由中国物品编码中心分配，商品代码由厂家编定，校验号是为了防止误读设置的。最近国际物品编码委员会又分配给中国物品编码中心一个前缀号"691"。

商品条形码是适应计算机的发展而发展起来的一种高速准确的数据输入技术。商品条形码应用在 POS 系统上，它利用收款机作为终端与主机相连，并借助光电识读设备录入商品信息，当带有条码符号所表示的信息录入到计算机，计算机从数据库中查找出该商品的名称、价格等，经过数据处理，打印出结算清单，并记录每一笔销售情况。POS 系统不仅实现了商品进、销、存的自动化管理，而且为顾客提供了最优质的服务，极大地提高了超级市场的经营质量和管理效率。

（2）POS 收银系统 连锁门店只有使用 POS 收银系统才能阅读商品条码。进行收银结账，并记录下商品的销售情况。目前较常用的 POS 收银系统主要有两种。

主档控制器＋电脑。该系统一般适用于规模较大，收银台数较多的超级市场。主档控制器可储存商品的主档资料，以批次方式将商品销售资料传至后台电脑，它可缓和后台电脑的工作负荷。

电脑收银机＋扫描器。该系统较适用于规模较小的超级市场，电脑收银机兼具收银机及存取电脑内商品异动档的功能。扫描器也称商品条码阅读机，它是 POS 收银机的重要组成部分。扫描器的原理是利用光线反射来读取条码反射回来的光源，再转译成可辨认的数字，以确认是否为建档之商品代号。目前 POS 收银机的扫描器一般有三种类型：一种是光笔；一种是手握式扫描器；一种是固定式扫描器。前两种扫描器的优点：一是价格便宜；二是较适用于商品较重条码位置不易看到的商品等。缺点是扫描感应较差，扫描动作常需重复多次才有感应。后一种扫描器与前两种优缺点正好相反。

（3）后台电脑 POS 系统要能正常运转，还要靠后台电脑建立起商品主档资料。当扫描器接收了商品条码信息后，就要到后台电脑寻找商品主档资料以辨识商品代号是否正确，然后接收该商品售价，并记录下该种商品销售数量。由此可知后台电脑是一个商品的信息库，也是对前台 POS 收银机的控制中心。因此，每一种商品在第一次进入超级市场销售时，一定要依据规定的格式，将有关该商品的基本资料输入后台电脑，这时该种商品才可销售。商品主档资料建立的权力在商品采购人员，当电脑人员接到采购人员的指令后，才可将商品主档信息资料输入后台电脑。对连锁超市公司来说，商品主档资料建立由总部采购部进行，如电脑联网的话，可传输各超市门店后台电脑，如不联网的话则可以将磁卡送至各门店，再输入至后台电脑建档。

（三）POS 作业系统主要的作业与管理功能

美国零售业协会曾对零售业运用 POS 系统做过一项调查。该调查显示，有 80％的零售业者认为"POS 系统是零售业唯一的方向"。由此可见，现代的零售业离不开 POS，连锁企业门店经营管理更离不开 POS 系统的运用，这是因为 POS 系统的作业功能和管理功能为连锁企业门店带来了巨大的利益。

1. POS 系统的作业功能

POS 系统的作业功能主要有以下几项。

（1）连锁门店在进行收银结算时，POS 收银机会自动记录商品销售的原始资料和其他相关的资料，并根据电脑程序设计要求，有一段时间的保证记录期。

（2）POS 收银机会自动储存、整理所记录的全日的销售资料，可以反映每一个时点、时段和即时的销售信息,作为提供给后台电脑处理的依据。

(3) POS 收银机上的小型打印机可打印出各种收银报表、报账、清账和时段部门账。

(4) 连锁企业总部的中央电脑可利用通信联网系统向每一家超市门店输送下达管理指令、商品价格变动、商品配送等资料。

(5) 中央电脑还可统计分析出每个门店的营业资料,产生总部各部门所需要的管理信息资料,作为总部决策的依据。

(6) POS 系统能迅速而准确地完成前台收银的工作,同时能保存完整的记录。

2. POS 系统的管理功能

(1) POS 系统能准确、迅速地获得商品销售信息,在商品管理上有助于调整进货和商品结构,减少营业损失,抓住营业机会。

(2) 可作为商品价格带管理,作为促进销售和进货最有力的依据。

(3) 可作为消费对象管理,有的放矢地进行商品进货和销售。

(4) 可作为营业时间带管理,以合理地配备营业人员,节省人工费用。

(5) 大大节省营业人员编制报表的时间,有益于现场实际销售作业。

(6) POS 系统可分类别地对商品进行 ABC 分析,也可根据营业资料做连锁门店与上周、上月和上年同期增加的比较分析,经营者据此可制计出企业发展的营业计划等。

另外,运用 POS 系统这一现代科学的管理手段,将为连锁企业提供更迅速、更精确、更有用的信息资料,为决策提供可靠的依据。连锁企业在流通中市场独立地位的确立,也离不开 POS 系统,连锁企业对消费趋势的把握,对新消费需求的创造更离不开 POS 系统。连锁企业就是凭借 POS 系统所把握的消费未来,主动地引导工业的生产。

运用 POS 系统会大大降低连锁企业的库存和提高销售的能力,大大提高商品的周转率和毛利率。由于运用 POS 系统可以准确地把握投向市场的商品种类、数量和价格,再加之商品采购和配送系统的配合,商品周转率和毛利率的提高、商品库存量和商品降价量的减少就成为是当然之事。

本章小结

连锁企业管理信息系统包括企业内部的计划、合同、进、销、存、核算、统计分析、辅助决策的整体管理控制,为连锁企业决策收集信息、加工处理信息、存储和检索信息,并把信息及时传输到企业内部和外部目标接收者。

本章首先介绍了连锁企业常用的 POS、EOS、EDI、VAN、SIS、MIS、CRM 等信息技术,在此基础上重点介绍了连锁总部管理信息系统、配送中心管理信息系统、连锁分店管理信息系统的构成及功能,并详细介绍了商业用 POS 机及 POS 系统。

复习思考题

1. 连锁企业常用的信息技术有哪些?
2. 连锁企业信息系统主要由哪几部分构成?各有什么特点?
3. 简述连锁总部信息系统的构成。
4. 简述连锁门店信息系统的功能。
5. 配送中心管理信息系统在连锁企业中起什么作用?由哪几个子系统构成?

6. 简述配送管理信息系统的功能。

华联超市计算机信息管理系统

华联超市计算机信息管理系统是一个区域性的大型网络，并且随着华联业务的发展，其数据量还将不断增长，因此系统设计应体现出充分的友好性、实用性、安全性、可扩充性、先进性和开放性等多项特性。

Sybase 针对华联超市计算机信息管理系统的实际需求和未来应用，提出了完整的数据库系统管理平台解决方案。其整体配置要点如下。

（1）整个系统采用集中式与开放的客户/服务器体系结构相结合的方式，分布存储、集中管理，可准确、快速、实时完成各项操作，实现高效联机事务处理（OLTP）和联机分析处理（OLAP）。

（2）采用多种先进技术手段，包括 Internet 信息管理技术、功能强大的事务处理服务器、开放的异构数据库互连接口等。

（3）能够实现双机互为备份，并在出现异常时自动进行切换，以切实保障数据库的连续可用性和数据安全性。

（4）能够实时地对数据库系统进行维护和调优，保证数据库系统的顺利运行。

（5）能够实现混合工作负载的优化，Sybase 通过逻辑内存管理器、逻辑进程管理器、资源控制器可有效优化混合工作负载，满足不断增长的用户数和企业应用的需求。

Sybase 配置方案具有如下几项核心优势。

（1）在数据管理方面，Sybase adaptive server enterprise（ASE）是当今众多 RDBMS（关系数据库管理系统）中性能极为出色的数据库服务器产品，支持传统的、关键任务的 OLTP（联机事务处理）和 DSS（决策支持系统）应用，也可支持 Internet 应用，提供数据库生产率、可用性和集成性。

（2）在数据复制方面，Sybase replication server 突破了分布式数据库的限制，为实际的商业需求提供了一种非常灵活的系统框架。基于事务的复制（比基于数据的复制具有许多优势），它提供了极高的 OLTP 性能，可实现对异构数据源的双向复制（可达到 25 种以上的数据源种类），同时可避免 OLTP 和 DSS 操作的冲突。

（3）在分布式应用方面，Sybase 通过 Open server 或 Power builder 可以开发多级体系结构的分布式应用。在这种体系结构中，数据库服务器、应用服务器、各种应用能够基于不同的软硬件平台，提高了系统的灵活性和可伸缩性能。

（4）在自定义服务器领域，Sybase 是唯一一个提供开放服务器端编程接口的数据库厂商，这为用户利用标准的 Open client/Open server 协议编写自定义功能的服务器，并透明地接入 Sybase 环境提供了可能。

信息管理系统应用效果

目前，华联超市信息管理系统运行着约 2 万件单品、5 万种不同包装规格的商品，系统运行良好。华联超市信息管理系统的成功实施，明显提高了超市系统各门市、配送中心、总部的通信和运行效率，并且实现了基本信息、物价管理、采购业务、配送管理、配送中心仓库管理、总部财务管理、商场管理、商场财务管理与POS销售九大关键环节的全面电子化，大大提高了管理效率，节省了运行成本，从而拓展了华联超市的利润空间并显著提升了华联超市整体的市场竞争能力。鉴于Sybase数据库系统对大数据量的快速响应和高效处理能力及其突出的生产率、可用性和集成性，华联超市公司表示，在华联超市信息管理系统的二期工程建设中将继续采用Sybase高效可靠的数据库管理系统。

资料来源：知网

思考题

1. 本案Sybase解决方案包括哪些内容？

2. 你赞成信息技术是企业管理系统的基础，只有把信息技术与企业管理结合起来，才能真正发挥管理信息系统的作用这一观点吗？请说明理由。

实训项目

调查一家连锁企业的信息系统，画出该连锁企业的信息系统功能构成图。

参考文献

[1] 陈玲,郝书俊,温晶媛. 连锁经营管理原理与实务. 北京:清华大学出版社, 2018.
[2] 童宏祥,王晓艳. 连锁经营管理实务. 第2版. 上海:上海财经大学出版社, 2016.
[3] 窦志铭. 连锁经营管理理论与实务. 第3版. 北京:中国人民大学出版社, 2016.
[4] 张倩. 连锁经营管理原理与实务. 北京:机械工业出版社, 2015.
[5] 马凤棋,王菲. 连锁经营管理原理与实务. 大连:大连理工大学出版社, 2014.
[6] 黄琳. 连锁门店开发与设计. 大连:大连理工大学出版社, 2014.
[7] 陈葆华. 连锁经营管理与实务. 北京:北京大学出版社, 2014.